**Como uma banda de festas
do sul da Califórnia salvou o heavy metal**

Greg Renoff

**Como uma banda de festas
do sul da Califórnia salvou o heavy metal**

Tradução:
Soraya Borges de Freitas

MADRAS®

Publicado originalmente em inglês sob o título *Van Halen Rising*, por ECW Press.
© 2015, ECW Press.
Direitos de edição e tradução para o Brasil.
Tradução autorizada do inglês.
© 2016, Madras Editora Ltda.

Editor:
Wagner Veneziani Costa

Produção e Capa:
Equipe Técnica Madras

Tradução:
Soraya Borges de Freitas

Revisão da Tradução:
Bianca Rocha

Revisão:
Jerônimo Feitosa
Maria Cristina Scomparini

Dados Internacionais de Catalogação na Publicação (CIP)
(Câmara Brasileira do Livro, SP, Brasil)

Renoff, Greg A ascensão do Van Halen : como uma banda de festas do sul da Califórnia salvou o heavy metal/Greg Renoff; tradução Soraya Borges de Freitas. – São Paulo: Madras, 2016.

ISBN 978-85-370-0989-5

    Título original: Van Halen rising: how a southern California backyard party band saved heavy metal
    1. Músicos de rock – Estados Unidos – Biografia 2. Van Halen (Grupo musical) I. Título.

15-11234   CDD-782.421660922

Índices para catálogo sistemático:
1. Van Halen: Banda de rock: Biografia 782.421660922

É proibida a reprodução total ou parcial desta obra, de qualquer forma ou por qualquer meio eletrônico, mecânico, inclusive por meio de processos xerográficos, incluindo ainda o uso da internet, sem a permissão expressa da Madras Editora, na pessoa de seu editor (Lei nº 9.610, de 19/2/1998).

Todos os direitos desta edição, em língua portuguesa, reservados pela

MADRAS EDITORA LTDA.
Rua Paulo Gonçalves, 88 – Santana
CEP: 02403-020 – São Paulo/SP
Caixa Postal: 12183 – CEP: 02013-970
Tel.: (11) 2281-5555 – Fax: (11) 2959-3090
www.madras.com.br

A ASCENSÃO DO VAN HALEN

Para Denise e nossos dois roqueirinhos

Índice

Agradecimentos 13
Introdução 15
1. Início 23
2. A Gênese da Mammoth 47
3. As Aventuras da Red Ball Jet 61
4. David Lee Roth Entra para o Van Halen 81
5. Avanço 109
6. A Batalha de Pasadena 137
7. O Concurso 157
8. O Golden West 181
9. Sem Potencial Comercial 209
10. Coisa de Filme 235
11. *Van Halen* 259
12. Calmaria Antes da Tempestade 283
13. Banda Lançada 301
Epílogo 333
Entrevistas do Autor 339
Referências Bibliográficas 341

Agradecimentos

Muitos contribuíram com a pesquisa para este livro e sua elaboração. Além de meus familiares, devo um agradecimento especial à minha esposa, Denise Dutton, que manteve a lareira de casa acesa enquanto eu trabalhava para terminar esta obra. Tive muita sorte que os participantes fundamentais na ascensão do Van Halen reconheceram o mérito deste projeto e tiraram um tempinho para falar comigo: obrigado a Pete Angelus, Michael Anthony, Marshall Berle, Donn Landee, Ted Templeman e Neil Zlozower. Michael Kelley partilhou com grande generosidade seu conhecimento sobre a cena do rock em Los Angeles na década de 1970 e foi um ferrenho defensor deste projeto. Roger Renick e Janice Pirre Francis cederam seu tempo e sua confiança e me ajudaram a fazer muitas conexões importantíssimas nas entrevistas chave. Debbie Imler McDermott e Kim Miller compartilharam as inestimáveis memórias de suas aventuras com o Van Halen. David Konow me apresentou ao meu fantástico agente, Bob Diforio. Matt Wardlaw me ajudou a garantir uma entrevista essencial, enquanto Nathan Hodge e D. X. Ferris me ajudaram a focar no resultado. Obrigado também a Jack David, Erin Creasey, Michael Holmes, Laura Pastore, Susannah Ames e todos da ECW Press. Vocês são os melhores.

Outras pessoas generosamente cederam seu tempo e sua energia para os aspectos práticos, como produzir e comercializar este livro. Andy Harris e Gita Varaprasathan gentilmente me hospedaram em minhas viagens de pesquisa a Los Angeles. Jesse Fink me colocou em contato com muitos indivíduos que me ajudaram a divulgar o livro. Ruth Blatt, BJ Kramp, Marshall Poe e Rich Zeoli me apresentaram plataformas para discutir este livro bem antes de seu lançamento. Vain Eudes colaborou com seu talento artístico no meu site e na capa original do livro. Jeremy Entin criou meu incrível site, vanhalenrising.com. Bill Flanagan e Robert J. Stoltz checaram os fatos e ajudaram a revisar o manuscrito, livrando-me de muitos erros. Rob Heinrich trabalhou com toda a paciência nos rascunhos de meus capítulos. O talentoso Jeremy Steffen corrigiu as cores e reparou com todo o amor muitas das imagens que aparecem no livro. Tom Broderick, Nik Browning, Douglas Guenther, Steven Rosen e Mike Wolf compartilharam seu precioso material informativo. Doug Anderson me mostrou seu fantástico Museu Van Halen. Lou Capoferri me ofereceu consultoria jurídica em um momento crítico. Obrigado a todos.

Eu também tive a sorte de ter vários amigos fãs do Van Halen, cujos e-mails e mensagens me lembraram de que muitos ansiavam por este livro. Obrigado a Gibson Archer, Aaron Cutler, Kevin Dodds, Scott Faranello, Jeff Fiorentino, Allen Garber, Jeff Hausman, Cully Hamner, Heath McCoy, Josh Peters, Mark Prado, Mark Reep, Grant Richards, Cary Schiffman e David Schnittger. Continuem assim.

Alguns indivíduos compartilharam suas fotografias raras e materiais referentes à banda e, ao fazer isso, enriqueceram muito esta obra. Meus mais profundos agradecimentos a Lorraine Anderson, Tom Bonawitz, Brian Box, Patti Fujii Carberry, Mary Garson, Dan Hernandez, Mike Kassis, Lynn Larson Kershner, Miles Komora, Jan Velasco Kosharek, Julian Pollack, Leslie Ward-Speers, Steve Tortomasi, Cheri Whitaker e Elizabeth Wiley.

Nas pesquisas para este livro, entrevistei mais de 200 pessoas. Aqueles que moveram esforços muito além do que precisariam para me ajudar incluem: Mark Algorri, Rusty Anderson, Vincent Carberry, Dennis Catron, George Courville, Martha Davis, John Driscoll, Bruce Fernandez, Jackie Fox, Kevin Gallagher, Tommy Girvin, Lisa Christine Glave, Tracy "G." Grijalva, Carl Haasis, Leonard Haze, Eric Hensel, Bill Hermes, Terry Kilgore, Chris Koenig, Jonathan Laidig, Greg Leon, Larry Logsdon, Debbie Hannaford Lorenz, George Lynch, Matt Marquisee, Rafael Marti, William Maxwell, Mike McCarthy, Dana MacDuff, Mario Miranda, Gary Nissley, Valerie Evans Noel, Nicky Panicci, George Perez, Maria Parkinson, Jim Pewsey, Gary Putman, Joe Ramsey (que Deus o tenha), Randy Rand, Janet Ross, Donny Simmons, Emmitt Siniard, Dana Spoonerow, Nancy Stout, Steve Sturgis, David Swantek, Dan Sullivan, Dennis Travis, Jack Van Furche', Terry Vilsack e Peter Wilson. Meu sincero agradecimento a cada um de vocês.

Acima de tudo, devo um muito obrigado aos responsáveis por inspirar este projeto: Michael Anthony, David Lee Roth, Alex Van Halen e Edward Van Halen. Os fãs esperam vê-los no futuro, e não pastando.

Introdução

À luz da popularidade perene do heavy metal, é fácil esquecer que a forma musical abrasiva estava em decadência em 1978. As bandas que lotavam grandes arenas apenas alguns anos antes, como Mountain, Deep Purple e Grand Funk, se separaram e desapareceram. Artistas de enorme sucesso como KISS e Black Sabbath viam as vendas de seus álbuns enfraquecerem em uma época em que a indústria desfrutava dos maiores lucros de sua história.[1] Até mesmo o Led Zeppelin, um dos fundadores do gênero, não lançava um álbum desde a primavera de 1976.

Com o declínio do metal, outros gêneros explodiam. O punk rock, com seu som agressivo e letras niilistas, criava raízes em Nova York e Londres. O movimento em ascensão, liderado na América pelo Television e os Ramones e no Reino Unido pelo The Clash e os Sex Pistols, conquistou a Inglaterra e parecia propenso a fazer o mesmo nos Estados Unidos. Como previu o lançador de tendências Seymour Stein da Sire Records no fim de 1977: "Boston, Nova York, São Francisco e Los Angeles curtem o punk agora... por volta de fevereiro ou março do ano que vem, o punk deve explodir na América".[2]

Enquanto o punk ainda tinha de provar seu apelo popular, o rock suave já tinha se tornado um colosso comercial. No início da década de 1970, cantores-compositores radicados na Costa Oeste, artistas country e folk e roqueiros lotavam estádios e dominavam as ondas do rádio. Em 1977, seu apelo não mostrava nenhum sinal de esmorecimento. Na verdade, os últimos lançamentos das duas principais bandas de rock de Los Angeles, Fleetwood Mac e Eagles, venderam 4 milhões de cópias cada um em menos de um ano após o lançamento.

---

1. Stephen Traiman & Robert Roth, "Wall Street: Mixed Music View", *Billboard*, 8 de outubro de 1977, p. 8.
2. Richard Robinson, "Punk Rock at the Edge of Commercial Breakthrough", *Valley News (Van Nuys, CA)*, 20 de novembro de 1977.

E ainda tinha o bate-estaca da música disco. O que começou no início da década de 1970 como um fenômeno urbano underground tornou-se uma sensação nacional da dança.[3] As emissoras de rádio de todas as faixas aderiram ao formato, e o rendimento da indústria fonográfica obtido da disco chegou a aproximadamente 4 bilhões de dólares por ano no fim da década.[4] As paradas da *Billboard*, naturalmente, refletiram a habilidade da disco de transformar vinil em ouro. A trilha sonora de *Os Embalos de Sábado à Noite*, por exemplo, impulsionada pelo apelo aparentemente ilimitado dos Bee Gees, vendeu impressionantes 20 milhões de cópias *apenas* em 1978.[5] E talvez na demonstração mais poderosa da força do gênero nas paradas, roqueiros como os Rolling Stones e Rod Stewart gravaram seus próprios singles com um tempero de disco.

Esse ataque triplo corroeu ainda mais a popularidade do heavy metal. A investida feroz do punk contra as convenções do metal derrotou os outrora poderosos dinossauros do Led Zeppelin e do Black Sabbath aos olhos de muitos fãs do rock. Colegiais que cresceram ouvindo o hard rock de Ted Nugent e Aerosmith no último volume encontravam os sons fáceis de ouvir de Peter Frampton e Jackson Browne em seus rádios quando chegavam à idade para votar. Outros jovens trocaram o couro pelo poliéster e agora encontravam seu relaxamento musical nas pistas de dança iluminadas e não mais nas arenas esfumaçadas.

Essas tendências levaram muitos observadores da indústria a declarar que os dias do metal estavam contados. A *Creem*, que apareceu para compreender o punk, perguntou: "Is Heavy Metal Dead?".[6] A *Circus*, que cobria a cena hard rock, questionou: "Will Heavy Metal Survive the Seventies?" e "Why Are Rockers Going Disco?".[7]

Até críticos especialistas em rock que antes agitavam a bandeira do metal pararam de saudá-lo em 1978. Sylvie Simmons deu um chute no saco do Motor City Madman ao escrever: "Ted Nugent toca no melhor bar de rock da região, mas isso não quer dizer que não está ultrapassado.

---

3. Peter Shapiro, *Turn the Beat Around: The Secret History of Disco* (New York: Faber and Faber, 2005), p. 214; Alice Echols, *Hot Stuff: Disco and the Remaking of American Culture* (New York: W. W. Norton, 2010), p. 195-198.
4. Mark Mehler, "Will Disco Be the Death of Rock?", *Circus*, 16 de janeiro de 1979, p. 34.
5. Brett Ermilio & Josh Levine, *Going Platinum: Kiss, Donna Summer, and How Neil Bogart Built Casablanca Records* (London: Rowman & Littlefield, 2014), p. 139-140.
6. Rick Johnson, "Is Heavy Metal Dead?", *Creem*, outubro de 1979, p. 42-46.
7. Robert Smith, "Will Heavy Metal Survive the Seventies?", *Circus*, 11 de maio de 1978, p. 27-28; David Fricke, "Why Are Rockers Going Disco?", *Circus*, 13 de março de 1979, p. 31.

O heavy metal em si está ultrapassado".⁸ Lester Bangs, outrora conhecido como o maior crítico de rock da América, concluiu: "Nós também devemos esquecer um retorno do heavy metal para sempre".⁹

Essas tendências e avaliações ajudam a explicar por que o Van Halen ficou sem assinar com uma gravadora em Los Angeles por anos até a Warner Bros. Records apanhá-los no começo de 1977. Os executivos da indústria fonográfica que encontraram o Van Halen, um quarteto composto por David Lee Roth nos vocais, Edward Van Halen na guitarra, Alex Van Halen na bateria e Michael Anthony no baixo, não tinham muito o que fazer com o grupo. Segundo a ideia da época, o vocalista, que não tinha lá muita habilidade, soava como uma imitação barata de um antiquado Jim "Dandy" Mangrum da banda de boogie rock Black Oak Arkansas. Da mesma forma, a guitarra era descontrolada demais para achar um nicho em uma rádio comercial. Ou seja, os executivos das gravadoras achavam a banda um anacronismo.

Além disso, o Van Halen era intenso e agressivo demais até para os caras do A&R (artistas e repertório) ligados em um hard rock baseado em riffs. O Van Halen não soava muito como a banda melódica e talhada no estúdio chamada Boston, o grupo ganhador de um disco de platina que em 1976 produziu o álbum de estreia mais vendido de todos os tempos. Soava ainda menos como o Foreigner, uma banda suave, mais comercial para o rádio, revelada em 1977. Uma autoridade não menos poderosa do que Bill Aucoin, empresário do KISS, disse à banda no fim de 1976 que eles "não tinham potencial comercial", e isso mais de três anos depois de os irmãos Van Halen se juntarem a David Lee Roth.

Em face dessa oposição aparentemente intratável, o Van Halen não gastou seu tempo tentando angariar o apoio de uma gravadora. Em vez disso, eles encheram sua agenda com datas e fizeram shows para valer. Muito antes de qualquer um além de San Gabriel Valley ouvir falar do Van Halen, eles tocaram em festas enormes em quintais, daquelas que viam as ruas suburbanas tranquilas virarem palco de mini-Woodstocks, e consolidaram sua reputação como a banda local mais abusada e famosa de Pasadena. Eles tocavam em botecos sujos, providenciando a trilha sonora para os primeiros concursos de garota molhada de Los Angeles. Quando as maiores casas noturnas não os contratavam, eles organizavam seus próprios concertos. Quando o Van Halen, ainda sem contrato,

---

8. Sylvie Simmons, "The California Jam Festival", *Sounds*, 8 de abril de 1978, acesso em 14 de outubro de 2014 (precisa de login), <http://www.rocksbackpages.com/Library/Article/the-california-jam-festival>.
9. Lester Bangs, "Heavy Metal: The Sinal Folution", *Hit Parader*, março de 1978, p. 57.

abriu para o poderoso UFO em maio de 1976, eles esmigalharam a banda principal, não deixando a menor dúvida de que o quarteto estava pronto para fazer parte dos grandes.

Os anos da banda no anonimato também a ajudaram a construir um repertório com um material original incrível. Embora a banda tenha começado como cover, eles compuseram ótimas músicas antes mesmo de assinarem com uma gravadora.[10] De fato, a banda escreveu seus futuros clássicos, como "On Fire", "Runnin' with the Devil", "I'm the One", "House of Pain", "Feel Your Love Tonight" e "Little Dreamer", muito antes de gravarem seu álbum de estreia com o produtor Ted Templeman.

Seus shows constantes e suas músicas originais extraordinárias ajudaram a banda a ganhar muitos seguidores locais. Como eles não tinham contrato com uma gravadora, sua grande popularidade surpreendeu até espectadores veteranos. O DJ e promoter Rodney Bingenheimer ficou chocado com o que encontrou quando foi ao Pasadena Civic Auditorium em abril de 1976 para ver o Van Halen tocar na frente de seus fãs locais. Como ele contou ao *Los Angeles Times*: "Quando cheguei lá, tinha algo como 2 mil garotos no lugar. Eles mesmos organizaram o show. Incrível".[11]

Gerar esse tipo de apoio fervoroso foi o plano da banda desde o início. "Nós fizemos uma campanha forte para arrebanhar seguidores quando começamos", Roth explicou depois. "Sempre que a gente tocava, atraía multidões cada vez maiores."[12]

Na primavera de 1977, a banda finalmente conseguiu um contrato e, em fevereiro de 1978, o álbum de estreia foi lançado. *Van Halen*, um LP de 11 faixas com uma cover do mega hit do The Kinks "You Really Got Me", parecia ser um tiro certeiro nas paradas, principalmente por vir com o amparo da Warner Bros. Records e do produtor e criador de hits Ted Templeman.

Mas os ditadores de tendências da indústria nos dois lados do Atlântico deram uma ouvida rápida no material cheio de adrenalina do disco e previram que o quarteto teria o mesmo destino dos gigantes moribundos do metal. Órgãos de imprensa como a *Hit Parader* e a *New Musical Express* fritaram o álbum, sugerindo que o Van Halen apenas reciclou o som do heavy metal do passado. O influente Robert Christgau exagerou ao escrever: "Por algum motivo, os Warners querem que

---
10. John Shearlaw, *Van Halen: Jumpin' for the Dollar* (Port Chester, N.Y.: Cherry Lane Books, 1984), p. 17.
11. Robert Hilburn, "Homegrown Punk-Rock Blossoming", *Los Angeles Times*, 4 de janeiro de 1977.
12. "Van Halen Has Enthusiasm", *Salina (Kansas) Journal*, 28 de maio de 1978.

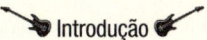

Um dos milhares de folhetos distribuídos pela banda e pelos organizadores para um dos shows do Van Halen no Pasadena Civic. Mary Garson/Hot Shotz

saibamos que esta é a maior banda de bar em San Fernando Valley".[13] Mas a *Creem* espezinhou ainda mais. Vendo o Van Halen como o último de uma espécie agonizante de dinossauros metálicos, a publicação previu que o quarteto "encontrará seu fim evolutivo em uma extinção rápida".[14]

---

13. Robert Christgau, "Van Halen", *Robert Christgau*, acesso em 16 de outubro de 2014, <http://robertchristgau.com/get_artist.php?id=1646&name=Van+Halen>.
14. Richard Riegel, "Van Halen", *Creem*, junho de 1978, p. 61.

Pensando bem, é claro que os críticos avessos ao metal não ouviram *Van Halen* com imparcialidade. Quando eles ouviram o swing rebolativo de "Ice Cream Man", agruparam o Van Halen ao boogie rock de grupos como Foghat. Quando eles ouviram a batida final e o riff monstruoso de "Runnin' with the Devil", rotularam o Van Halen como um Black Sabbath renascido. Quando eles ouviram o virtuosismo de "Eruption", classificaram o guitarrista da banda como apenas mais um clone egocêntrico de Ritchie Blackmore. Acharam que já tinham ouvido tudo isso antes e odiaram o que ouviram do Van Halen.[15]

Apesar das críticas hostis, *Van Halen* começou a vender. Impulsionado pelo primeiro single, "You Really Got Me", que chegou ao número 36 da parada de singles da *Billboard*, aumentou o burburinho em torno da banda e de seu álbum.[16] No início de março, *Van Halen* estourou na parada de álbuns top 200 da *Billboard* e acabou chegando ao número 19.[17]

Enquanto isso, o Van Halen fazia uma turnê mundial e tocava como se sua vida dependesse disso. Após anos de apresentações em Los Angeles, eles eram uma banda afiada e poderosa. Na primavera, a banda detonou os roqueiros melódicos do Journey e o grande guitarrista Ronnie Montrose, que os mantinham no show muito em parte por eles terem se tornado um atrativo. Logo depois, o Van Halen deixou essa turnê em busca de pastos mais verdes quando o álbum do quarteto de Pasadena ganhou disco de ouro na América ao vender 500 mil cópias.

Nos meses seguintes, o Van Halen roubou o show em todos os lugares onde eles tocaram. O consultor criativo da banda, Pete Angelus, que presenciou cada apresentação da turnê, comenta: "Com o aumento do sucesso – e isso aconteceu *muito* rápido – em cada local em que eles tocavam, não importando para quem abrissem, a resposta do público era simplesmente avassaladora". A banda era um furacão de força e energia que devastava tanto o público quanto outros artistas.

Vendendo mais de 2 milhões de álbuns em todo o mundo e empolgando centenas de milhares de fãs em 1978, o Van Halen impedia o heavy metal de afundar. Não acredita em mim? Veja a parada da *Billboard* e os desempenhos nas vendas de alguns outros salvadores em potencial, isto é, bandas jovens de hard rock/metal que se tornariam *gigantescas* na década seguinte. O álbum do AC/DC, *Powerage*, lançado em 5 de maio de 1978, empacou no número 133 e só ganhou disco de

---

15. Steve Esmedina, "This Week's Concerts", *San Diego Reader*, 6 de julho de 1978.
16. "Van Halen", *AllMusic*, acesso em 8 de julho de 2015, <http://www.allmusic.com/artist/van-halen-mn0000260206/awards>.
17. "Billboard Top LP & Tape", *Billboard*, 18 de março de 1978, p. 90-92.

platina em 1981.[18] *Stained Class* do Judas Priest, também lançado em 1978, chegou ao número 173 e só recebeu o disco de ouro em 1989.[19] *Taken by Force* do Scorpions, lançado em dezembro de 1977, não entrou para as paradas e vendeu menos de 500 mil cópias até hoje.[20] Essas bandas talentosas, apesar de gravarem discos ótimos com grandes gravadoras, ainda estavam a anos de distância de seus sucessos comerciais. Já o Van Halen conseguiu o sucesso logo de cara.

Uma banda novinha em folha chegar ao topo das paradas e se tornar uma atração ao vivo requisitada é sempre um feito raro.[21] Mas o Van Halen conseguiu algo ainda mais impressionante. Eles transformaram o som acomodado do metal em algo que soava fresco e vibrante, uma façanha que muitos considerariam impossível antes da data de lançamento de *Van Halen*.

Eles conseguiram isso realizando um milagre alquímico no álbum. Começaram conservando os elementos essenciais do metal: a atitude e os gritos, os acordes poderosos monstruosos e as acrobacias exageradas com a guitarra, além de ritmos intensos. Ao mesmo tempo, eles removeram as impurezas abrasivas: as estruturas musicais tortuosas, os temas líricos fantásticos e o som sombrio, o que tornava o metal intragável para tantos consumidores da década de 1970. Eles então adicionaram ganchos tão grandes que poderiam carregar uma baleia e refrões tão doces que apodreceriam os dentes. Com os gritos sobrenaturais de Roth e as pirotecnias inovadoras de Edward Van Halen na guitarra dominando cada uma das 11 faixas do álbum, o Van Halen destilou o heavy metal até chegar a seus elementos essenciais.

Portanto, quando os fãs de rock colocavam *Van Halen* para tocar, eles não ouviam jams longas e egocêntricas, nem pesados cantos fúnebres. Pelo contrário, ouviam o que Roth chamaria depois de "big rock": um ataque sonoro enxuto que combinava o poder do metal, energia e virtuosismo com uma tênue sensibilidade pop. Ao fazer isso, eles inventaram o pop metal: um hard rock mais agradável ao rádio, cativante o

---

18. Joe Bonomo, *Highway to Hell* (London: Continuum International Publishing, 2010), p. 4; "Powerage", *RIAA Searchable Database*, acesso em 14 de outubro de 2014, <http://www.riaa.com/goldandplatinumdata.php/table=SEARCH>.
19. Emily White, "Judas Priest Debut at No. 1 on Top Rock Albums", *Billboard*, 18 de julho de 2014, <http://www.billboard.com/articles/columns/chart-beat/6165345/judas-priest-debut-no-1-top-rock-albums>; "Stained Class", *RIAA Searchable Database*, acesso em 14 de outubro de 2014, <http://www.riaa.com/goldandplatinumdata.php?table=SEARCH>.
20. "Scorpions", *RIAA Searchable Database*, acesso em 14 de outubro de 2014, <http://www.riaa.com/goldandplatinumdata.php?table=SEARCH>.
21. Richard E. Caves, *Creative Industries: Contracts Between Art and Commerce* (Cambridge: Harvard University Press, 2001), p. 61-62.

bastante para vender milhões em um ambiente musical completamente hostil ao gênero.

No fim, o sucesso da banda provou a teoria da evolução musical e contrariou a afirmação de críticos e cínicos de que em 1978 o heavy metal estava condenado à extinção. Ao traçar o plano permanente para o hard rock mais popular e para a proeza na guitarra do heavy metal, o Van Halen redefiniu e revigorou o hard rock no momento em que parecia destinado à depreciação musical e à irrelevância cultural. Em outras palavras, a banda salvou o heavy metal do ferro-velho.

O que mais impressiona é que a forma como o Van Halen evoluiu até se tornar uma banda grande o suficiente para vender milhões de discos e habilidosa o bastante para eletrizar multidões em estádios foi envolta em mistério e suposições desde que a banda ficou famosa. É uma pena, porque, antes de qualquer um fora de Los Angeles conhecer a grandeza do Van Halen, tudo que tornaria os melhores episódios de um programa como o *Behind the Music* imperdíveis já tinha acontecido à banda. O caminho para o sucesso da banda não foi fácil nem curto. Foi uma jornada vertiginosa e cheia de tensão.

Capítulo 1

Início

É raro algo tão barulhento nascer em um lugar tão quieto, mas foi assim que aconteceu com a maior banda de rock da América. Na década de 1970, o Van Halen se tornou uma força musical em Pasadena, um subúrbio de Los Angeles com cercas branquinhas, ruas arborizadas e boas escolas. David Lee Roth se lembrou da vizinhança do passado na turnê de reunião da banda em 2007. "Do subúrbio... eu venho do subúrbio", Roth disse para uma casa lotada no Staples Center, em Los Angeles. "Sabe, onde eles derrubam as árvores e dão os nomes delas para as ruas. Eu moro na Orange Grove – não tem laranjeira lá; só eu mesmo... a gente tocava em festas nos quintais lá. Eu me lembro como se fosse ontem."[22]

Mas, anos antes de o Van Halen perturbar a paz de Pasadena, os futuros membros do grupo prepararam os alicerces de uma parceria que entraria para a história do rock. Logo depois de chegarem à América em 1962, os irmãos Van Halen resolveram se tornar excelentes músicos. Da mesma forma, David Lee Roth pretendia se tornar um cantor de rock, ou um rock star, como ele mesmo disse, antes de ele e sua família chegarem a San Gabriel Valley em 1963. O Van Halen só nasceu no início da década de 1970, mas a verdadeira gênese da banda remonta a uma década antes.

Antes de a família Van Halen fazer música na Califórnia, eles faziam na Holanda. Jan van Halen (ele colocou a primeira letra do seu sobrenome em maiúscula depois de chegar à América) nasceu na Holanda em 18 de janeiro de 1920, filho de Herman van Halen e Jannie Berg.[23] Quando a

---

22. John Albert, "Running with the Devil: A Lifetime of Van Halen", *Slake Los Angeles*, acesso em 22 de junho de 2013, <http://slake.la/features/running-with-the-devil-a-lifetime-of-van-halen>.
23. Atestado de óbito de Jan Van Halen, de posse do autor; "Alex Van Halen", *Drummerworld*, acesso em 16 de maio de 2012, <http://www.drummerworld.com/drummers/Alex_Van_Halen.html>.

Holanda foi invadida pelos nazistas em 1940, um jovem Jan entrou para a resistência holandesa e acabou virando prisioneiro de guerra. Assim que seus captores nazistas descobriram sua aptidão com o saxofone e o clarinete, eles o colocaram em uma orquestra que excursionava pela Europa ocupada pela Alemanha.[24]

Com o fim do conflito, ele tocou em grupos de jazz, caiu na estrada como parte de uma orquestra circense e depois tocou em programas de rádio ao vivo na Holanda.[25] Ele então se mudou para a Indonésia, onde conheceu e se casou com Eugenia van Beers. "Nosso pai foi para a Indonésia com um contrato de seis semanas em uma rádio, que se transformou em seis anos", lembra Alex. Após a queda do governo indonésio apoiado pelos holandeses, o casal se mudou para Amsterdã, onde deram as boas-vindas aos dois novos membros da família: Alexander Arthur van Halen, nascido em 8 de maio de 1953, e Edward Lodwijk van Halen, nascido em 26 de janeiro de 1955.[26]

Os meninos tiveram seu batismo musical logo cedo. Na Holanda, eles começaram a ter aulas de piano quando Edward tinha aproximadamente 5 anos.[27] Eles também viajavam com seus pais quando seu pai excursionava com grupos de jazz e big bands no final da década de 1950. "A gente era levado para todo lugar", explicou Alex ao *Los Angeles Times*. "Se meu pai ia pra algum lugar, nós todos íamos à apresentação e curtíamos juntos. Minha mãe não podia pagar por uma babá."[28] Edward acrescentou: "Crescemos na Holanda quando eu e Alex tínhamos 7 anos de idade e costumávamos cruzar a fronteira com a Alemanha para ir a casas noturnas onde ele tocava. Isso era normal para mim... ficar acordado até as 2, 3 horas da manhã me divertindo na casa noturna".[29]

Em 1960, a carreira de Jan estava em ascensão. Seus talentos lhe renderam um lugar no renomado Ton Wijkamp Quintet, que ganhou fama no Loosdrecht Jazz Festival na Holanda naquele ano.[30] Edward,

---

24. Debby Miller, "Van Halen's Split Personality", *Rolling Stone*, 21 de junho de 1984, p. 28; Ian Christe, *Everybody Wants Some: The Van Halen Saga* (Hoboken, N.J.: John Wiley & Sons, 2007), p. 7.
25. Jas Obrecht, "The Van Halen Tapes: Early Eddie, 1978-1982", *Best of Guitar Player: Van Halen*, março de 1993, p. 8.
26. Van Halen, "Van Halen Interviews", *YouTube*, 8 de julho de 2015, <http://www.youtube.com/watch?v=YfW4O0IKM_U>.
27. Obrecht, "The Van Halen Tapes", p. 8; Van Halen, "Van Halen Interviews".
28. Mike Boehm, "No Method to Their Madness", *Los Angeles Times*, 5 de setembro de 1991.
29. Mark Rowland, "Twilight of the Guitar Gods?", *Musician*, março de 1995, p. 45.
30. Christe, *Everybody Wants Some*, p. 8.

relembrando a carreira musical de seu pai na Europa, afirmou: "Meu pai foi um dos maiores clarinetistas de sua época. Ele arrasava, era incrível".³¹

Apesar do sucesso de Jan, a família Van Halen começou a pensar em se mudar. Alguns dos parentes de Eugenia, que moravam no sul da Califórnia, escreveram para Jan e Eugenia contando sobre a promessa da vida americana: "Tínhamos familiares que se mudaram para L.A.", disse Alex, "e eles sempre escreviam cartas falando do clima bom, das muitas oportunidades, entre outras coisas".³²

Convencida de que Jan poderia ter ainda mais sucesso na América, a família partiu da Holanda em 22 de fevereiro de 1962 em um navio a vapor. Eles carregaram consigo algumas malas, um piano Rippen e cerca de 75 florins. Para ajudar a pagar a passagem, a família entreteve os demais passageiros durante a viagem de nove dias. "Eu e Alex tocamos de verdade no barco enquanto chegávamos à América", Edward lembrou. "Nós tocávamos piano e éramos como uma exibição de aberrações infantis no barco."³³

Depois de chegar a Nova York, a família pegou um trem, cruzando o país até o sul da Califórnia, e se estabeleceu no próspero subúrbio de Pasadena, em Los Angeles, depois de gastar a maior parte de suas economias nas passagens para a América.³⁴ Como Edward resumiria depois: "Meu pai tinha 42 anos quando deixamos a Holanda e viemos para Pasadena com 15 dólares e um piano".³⁵

Apesar das vantagens da cidade, os sonhos de uma vida melhor acalentados pela família não se realizaram inicialmente. Em vez de se virem em uma casa dos sonhos no subúrbio, a família alugou um apartamento apertado no número 486 da South Oakland Avenue. Seu novo lar era tão humilde que todas as três famílias do prédio dividiam o

---

31. Citação de Edward Van Halen em Dan Hedges, *Eddie Van Halen* (New York: Vintage Books, 1986), p. 17.
32. Citação de Alex Van Halen em Gordon Matthews, *Van Halen* (New York: Ballantine Books, 1984), p. 11.
33. "Alex Van Halen", *Drummerworld*; Chris Gill, "Cast a Giant Shadow", *Guitar World*, edição de aniversário de 2010, p. 50.
34. "Alex Van Halen", *Drummerworld*; Kevin Starr, *California: A History* (New York: Modern Library, 2007), p. 242; Kirse Granat May, *Golden State, Golden Youth: The California Image in Popular Culture, 1955-1966* (Chapel Hill: University of North Carolina Press, 2002), p. 12.
35. Hedges, *Eddie Van Halen*, p. 18.

mesmo banheiro.³⁶ Nos quatro anos seguintes, a família se mudaria em Pasadena pelo menos mais duas vezes.³⁷

Nos seus primeiros meses na América, o clã Van Halen teve problemas maiores do que a moradia. "Meu pai não falava a língua... e ele nem sabia dirigir um carro, porque na Holanda se andava de bicicleta, pelo menos naquela época", disse Edward, quando se lembrava do primeiro emprego americano de seu pai como lavador de pratos no Arcadia Methodist Hospital.³⁸ Como seu pai nem tinha uma bicicleta, ele caminhava nove quilômetros para ir e voltar do trabalho,³⁹ e sua mãe começou a trabalhar como empregada doméstica.⁴⁰ Essas dificuldades levaram seus filhos a chamarem o "Sonho Americano" que os levou à América de "um monte de merda".⁴¹

Jan esperava sustentar sua família com a música, claro. "Para o meu pai, a América era a terra da oportunidade", lembra Alex. "Depois ele passou a pensar diferente, claro. O lance das big bands não estava rolando aqui também."⁴² Na verdade, quando chegou a hora de dar informações à cidade de Pasadena na lista municipal de 1962, Jan colocou "maquinista" como sua profissão.⁴³ Apesar disso, Jan encontrou um trabalho de meio período como músico.⁴⁴

No caso dos irmãos, as barreiras linguística e cultural, que a princípio os separaram de seus colegas, aproximaram-nos. Alex explicou: "A gente só tinha um ao outro como amigos. Por isso somos tão unidos. Não sabíamos nadinha de inglês. Isso teve um efeito duradouro sobre nós em termos de [aceitarmos] viajar e fazer turnês e não saber o que aconteceria no dia seguinte".⁴⁵ Edward concordou, acrescentando: "Nós éramos dois forasteiros que não falavam a língua nem sabiam o que estava acontecendo. Então nos tornamos melhores amigos e aprendemos

---

36. "Pasadena City Directories, 1962-1968", Pasadena Public Library, Pasadena, California, cortesia para pesquisa de Michael Kelley; Peter B. King, "Eddie Van Halen is Obsessed With His Art", *Doylestown (Pennsylvania) Intelligencer*, 28 de julho de 1988.
37. "Pasadena City Directories, 1962-1968".
38. King, "Eddie Van Halen".
39. King, "Eddie Van Halen".
40. King, "Eddie Van Halen".
41. Hedges, *Eddie Van Halen*, p. 17.
42. Boehm, "No Method to Their Madness".
43. "Pasadena City Directories, 1962/1963"; e-mail de Michael Kelley para o autor, 18 de fevereiro de 2010.
44. Boehm, "No Method to Their Madness".
45. Boehm, "No Method to Their Madness".

a nos manter unidos".⁴⁶ Mas, nos meses seguintes, os irmãos começaram a ter amizades com os garotos que conheciam na escola e na vizinhança.

Com os irmãos aculturados, o trabalho duro de seus pais começou a dar resultados. Em 27 de abril de 1966, eles compraram a casa de 83 metros quadrados localizada no número 1.881 da Las Lunas Street em Pasadena.⁴⁷ Todavia, os Van Halen ainda não eram tão prósperos. George Courville, que morava perto e conhece a família desde os 7 anos de idade, lembra: "Eles tinham a menor casa do quarteirão. Eram todas parecidas com bangalôs. Eles tinham dois quartos. Os garotos ficavam em um quarto e os pais em outro. Tinha só um banheiro, uma sala de estar, uma sala de jantar e o que eles chamavam de minicozinha".

Ross Velasco, que foi amigo íntimo dos irmãos, lembra-se de um incidente que destaca a vida no lar da família na década de 1960: "Alex e eu fomos à praia pegar onda. Alguém entrou na minha van enquanto estávamos na água e roubou todas as nossas roupas e até nossos sapatos. Então nós voltamos para Pasadena de sunga molhada. Quando paramos na casa de Alex, sua mãe estava na porta. Ela era um amor de pessoa. Ele contou para ela o que tinha acontecido e ela ficou muito chateada. Acho que na época ela costurava as roupas que ele usava. Ela ficou mais chateada ainda por ele ter perdido os sapatos".

Essa existência precária levou Jan e Eugenia a refletir sobre o futuro de seus filhos. Como eles achavam que a música proporcionava as melhores perspectivas, as aulas de música continuaram uma parte importante da vida dos irmãos. Eles aprenderam violino enquanto estavam no primário e no ginásio e Alex progrediu tão bem no instrumento que entrou para a Los Angeles All City Orchestra.⁴⁸ Mas seus pais tinham uma expectativa específica para seus filhos. "Minha mãe tinha essa ideia grandiosa de que nos tornássemos pianistas de concerto", Alex contou ao *Los Angeles Times*. "Nós continuamos por uns dez anos. Foi uma ótima base na música. Você aprende toda a teoria e isso te força a ouvir diferentes tipos de música."⁴⁹

Embora os anos de aula de piano de Edward e Alex sejam um capítulo bem conhecido da história do Van Halen, pouco se sabe sobre *quem* dava as aulas. Logo depois de se estabelecerem em Pasadena,

---

46. Citação de Edward Van Halen em Kevin Dodds, *Edward Van Halen: A Definitive Biography* (Bloomington, IN: iUniverse), p. 9.
47. "Jan and Eugenia Van Halen Joint Tenancy Grant Deed", de posse do autor; "Title Information, 1881 Las Lunas Street", de posse do autor.
48. Brad Tolinski, ed., *Guitar World Presents Van Halen* (Milwaukee: Backbeat Books, 2010), p. 86.
49. Boehm, "No Method to Their Madness".

Jan e Eugenia contrataram um velho pianista lituano chamado Stanley Kalvaitis. Ele ensinou os meninos por alguns anos na década de 1960. Desde sua primeira aula, os irmãos perceberam que Kalvaitis era bem exigente e severo. "Eu tive um professor russo que não falava uma palavra de inglês", Edward contou à *Guitar Player*, "e ele só ficava sentado lá com uma régua pronto para bater no meu rosto se eu errasse".[50]

Apesar dos parcos recursos da família, Jan e Eugenia não contrataram um professor qualquer. Kalvaitis era um pianista profissional experiente, formado no ano de 1914 no renomado Conservatório Imperial em São Petersburgo, Rússia, uma academia que treinou, entre outros notáveis da música, Pyotr Tchaikovsky. Enquanto estava no conservatório, Kalvaitis teve aulas com alguns dos maiores nomes da música clássica russa, incluindo o compositor, pianista e regente Nikolai Tcherepnin e o violinista Leopold Auer. Ele também foi colega de turma de eruditos como o compositor Sergei Prokofiev e o violinista Jascha Heifetz.[51] Edward e Alex acabaram aprendendo piano com um músico que estudou e tocou com talentos excelentes.

No caso de Edward, essas revelações lançam uma nova luz sobre sua posterior perícia na guitarra. Embora ele nunca tenha tido aulas de guitarra, sua base musical veio do estudo formal com um músico talentoso.

Kalvaitis, que reconheceu os dons de seus jovens pupilos, inscreveu-os no Southwestern Youth Music Festival, em Long Beach, entre 1964 e 1967.[52] Edward tinha sucesso nas disputas. "Eu era bom", ele contou ao jornalista Steven Rosen. "Você senta lá e pratica uma música o ano inteiro, e eles te colocam em uma categoria e o julgam. Acho que eu fiquei em primeiro lugar duas vezes e em segundo na última vez."[53]

Apesar das conquistas de Edward, nem ele nem seu irmão gostavam das aulas e da filosofia subjacente. Alex lembrou: "A gente ia a esses torneios, onde você recebe certa peça musical e eles te dizem como tocá-la, e se você não tocar como eles a interpretam, então você perde pontos. Bem, eu não acho que a música deva ser assim".[54] Edward se rebelava decorando a composição em vez de aprender a ler a partitura.

Mas Jan e Eugenia cediam às vontades de seus filhos deixando-os tocarem outros tipos de música com os amigos. Dana MacDuff, que frequentou a escola com Edward e Alex, lembra-se de uma dessas bandas infantis: "Eu estava no terceiro ano do primário da Hamilton

---
50. Jas Obrecht, ed., *Masters of Heavy Metal* (New York: Quill, 1984), p. 150.
51. F. C. Anderson, "People Talk", *Long Beach Independent*, 28 de janeiro de 1976.
52. E-mail de Carl Matthes para Michael Kelley, 15 de fevereiro de 2010.
53. Tolinski, ed., *Guitar World Presents Van Halen*, p. 87.
54. Citação de Alex Van Halen em J. D. Considine, *Van Halen!* (New York: Quill, 1985), p. 22.

Elementary School. A gente almoçava fora, perto de um caramanchão, e lá aconteciam apresentações para os alunos. Um dia tinha uma banda tocando; eram Ed e Al em uma banda chamada Broken Combs. Eu nem imaginava que eles fossem jovens músicos". O grupo de pequenos, com Edward no piano e Alex no saxofone tenor, era completado por Don Ferris no saxofone alto e os irmãos Hill na bateria e na guitarra.[55] "Eram apenas crianças da nossa escola. Ed tocava piano. Ele estava um ano na minha frente. Eu me lembro do cara, líder do grupo, dizendo: 'E, agora, o seu e o nosso favorito, Boogie Woogie!'. Eles tocavam esse tipo de música."

Para jovens que adoravam música, mas não curtiam tanto violino e piano, o rock movido à guitarra se tornou uma forte distração no meio da década de 1960. Edward observou que os irmãos foram "meio que protegidos" do rock antes de sua chegada à América.[56] Como lembrou Alex: "Edward e eu fomos seriamente treinados para nos tornarmos pianistas de concerto, mas então apareceram os Beatles e o Dave Clark Five, e demos adeus ao piano".[57] Alex, que tinha começado a fazer aulas de flamenco, queria agora uma guitarra elétrica, enquanto seu irmão cobiçava uma bateria.

Para pagar por esses instrumentos, os irmãos se tornaram entregadores de jornal. Rafael Marti, amigo de infância de Edward, lembra: "Alex tinha uma rota dupla. Acho que os dois tinham, pensando bem. Eles usaram o dinheiro para comprar equipamento. Aqueles caras faziam de um tudo para conseguir o que queriam".

Logo começou um atrito no lar Van Halen quando Alex e Edward deixaram de se comprometer com o piano e o violino. Alex, que se esforçava para melhorar na guitarra, viu seu interesse mudar para a bateria, que ele tocava com gosto quando seu irmão não estava por perto. Edward, por sua vez, passou a tocar guitarra enquanto continuava a tocar bateria. Apesar dos desejos de seus pais, ficou claro que os outros instrumentos dos irmãos não teriam um papel central em suas aspirações.

Em um curto período de tempo, os dois irmãos perceberam que um tinha afinidade com o instrumento do outro, o que os levou a fazer sua lendária troca. Como explica Alex: "Eu conseguia tocar todos os acordes e tudo o mais, mas, por algum motivo, meus dedos não se moviam rápido o suficiente. Eu sabia que estava limitado. Quer dizer, você pode praticar quanto quiser; se não dá, não dá. Não vai melhorar.

---

55. Steven Rosen, "The True Beginnings", *Classic Rock*, dezembro de 2005, p. 44.
56. Citação de Edward Van Halen em Hedges, *Eddie Van Halen*, p. 18.
57. Citação de Alex Van Halen em Philip Bashe, *Heavy Metal Thunder: The Music, Its History, Its Heroes* (Garden City, N.Y.: Doubleday, 1985), p. 131.

Mas eu percebia que, quando Ed pegava a guitarra, ele conseguia tocar melhor do que caras que tocavam há anos. Então, quando ele não estava, eu sentava na frente da bateria e começava a tocar".[58]

A troca fez sentido para Edward não só porque ele tinha talento para a guitarra, mas também porque o instrumento o inspirava de uma forma que não acontecia com a bateria. "As primeiras músicas que eu aprendi foram 'Pipeline' e 'Wipe Out' do Surfaris. Então eu ouvi uma música no rádio... era 'Blues Theme', de uma trilha sonora [do filme *Os Anjos Selvagens*]", ele contou à *Spinner*. "Era a primeira vez que eu ouvia uma guitarra distorcida e eu fiquei: 'Deus do céu, o que é isso?'. Eu não tinha amplificador na época. Eu fui pra Dow Radio em Pasadena e arrumei um fio para ligar no estéreo. Eu só botei a coisa no último volume e distorceu. Então, todo amplificador que usei depois disso era só no volume máximo."[59]

Rob Broderick, que era amigo dos irmãos, lembra quando Edward assumiu a guitarra de vez e botou as mãos em um amplificador. "Quando conheci Eddie, ele estava indo para a sexta série e eu indo pra sétima, e ele tinha um miniamplificador Fender Twin. Ele estava tocando algo como 'Day Tripper' e eu pensei: 'Uau, este garoto tá tocando bem pra caramba essa música e ele ainda tá no ginásio!'"

O interesse de Edward e Alex no rock só cresceu depois de eles formarem uma banda com um amigo. Jim Wright, que conheceu Edward na Jefferson Elementary School, em Pasadena, depois que ele foi transferido da Hamilton Elementary, se lembra: "Como meu sobrenome é Wright, eles colocaram o garoto novo com o sobrenome Van Halen do meu lado. Nós começamos a conversar e nos demos bem. Ed me convidou: 'Você quer almoçar na minha casa?'. Eu aceitei. Então fui para a casa em Las Lunas. Eu vi a guitarra e a bateria no quarto dos fundos".

Naquele dia, Edward tinha uma guitarra Sears Silvertone plugada em um Fender Deluxe Reverb. "Ed tocou algo e eu disse: 'Nossa, você toca bem pra caramba!'. Bom, uma coisa levou à outra e nós ficamos muito amigos. Isso foi na sexta, na sétima e na oitava série. Ed disse: 'A gente arranjou esse trabalho de jornaleiro. Por que você não junta um dinheiro, compra uma guitarra e eu te ensino a tocar?'". Depois de distribuir jornais por algumas semanas, Wright tinha seu próprio instrumento.

---

58. Citação de Alex Van Halen em Considine, *Van Halen!*, p. 23.
59. Steve Baltin, "Eddie Van Halen Dismisses Jimi Hendrix Comparisons", *Spinner*, 16 de março de 2009, cópia arquivada, acesso em 9 de julho de 2015, <http://www.vhnd.com/2009/03/17/eddie-van-halen-dismisses-jimi-hendrix-comparisons/.>.

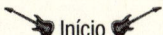

Ele lembra que um Edward de fala mansa estava ansioso para ensiná-lo. "Eu tocava a parte do baixo em uma guitarra comum, então eu não era bem um baixista." Wright, que não era um músico nato, diz que seu amigo deu o melhor de si para aprimorar sua técnica. "Eu tive aula de guitarra com Eddie Van Halen", ele ri. "Ele era muito paciente. Nunca ficava bravo. Eu nunca contei pra ninguém que tive aula com ele, porque hoje em dia só consigo tocar uns acordes com pestana. Ed me ensinou tudo que eu sabia tocar, e Al ficava frustrado porque eu tocava muito mal!"

Independentemente dos esforços de Wright, nascia uma nova banda. "Nossa banda primeiro se chamou 'The Sounds of Las Vegas' e depois apenas 'The Sounds'. Al escreveu 'The Sounds' em um pedaço de cartolina branca e grudou no bumbo."

Os irmãos então começaram a ensinar a Wright as músicas que conheciam e eles aprenderam umas músicas novas juntos. Isso significava que a princípio o repertório do Sounds consistia na maior parte de surf music. "Em grande parte tocávamos coisas como 'Wipe Out', 'Pipeline' e instrumentais assim. Eles gostavam dos Ventures." Edward lembrou depois que uma das primeiras músicas que ele aprendeu na guitarra foi "Walk, Don't Run" dos Ventures, sugerindo que o Sounds a tocava também.[60] Mais tarde a banda acrescentou músicas pop dos Beatles e dos Monkees, incluindo "Steppin' Stone". Wright lembra, porém, que eles as tocavam sem vocais. "Nenhum de nós gostava de cantar. Ed nunca cantou mesmo durante minha época com ele."

Em 1967, os irmãos descobriram o Cream, o power trio de blues rock inglês que ficou famoso na América depois do lançamento dos álbuns *Fresh Cream* e *Disraeli Gears*. Jim Wright conta: "Os dois eram fanáticos pelo Cream. Alex era muito fã do [baterista] Ginger Baker".

Edward, por sua vez, pirou com Eric Clapton. Naquele momento, Clapton era definitivamente o guitarrista mais famoso do mundo e sua técnica excepcional levou os fãs de rock a apelidá-lo de "herói da guitarra". Mas, por mais impressionante que isso seja, a atração inicial de Edward por Clapton vinha mais de sua formação musical do que qualquer outra coisa no "Slowhand". "Eu fiquei animado com o som e a levada que ele tinha", Edward explicou. "Para mim, uma guitarra soa como um saxofone. Meu pai toca sax e clarinete, e acho que vem daí. Mas Clapton parecia um sax tenor."[61]

---

60. Matthews, *Van Halen*, p. 12.
61. Citação de Edward Van Halen em Considine, *Van Halen!*, p. 29.

Wright diz que a obsessão musical dos irmãos significava ensaios com trabalho pesado e uma tensão significativa. "Nós aprendíamos músicas. Ed e Al tocavam seus álbuns. Eles ouviam uma parte, tiravam a agulha de cima do disco e praticavam. Al trabalhava nos arranjos. No início do aprendizado, ele dizia pro Ed coisas como: 'Você precisa acompanhar o ritmo'. Mas na maior parte do tempo ele o deixava quieto." Em vez disso, o intenso e teimoso Alex perturbava Wright, que sempre se sentiu um passo atrás dos irmãos e intimidado pelo Van Halen mais velho. "Acho que a gente reproduzia muito bem as músicas, mas eu nunca soava bom o bastante pro Alex, que era o chefe. Eu morria de medo dele. Ele não era muito bonzinho comigo."

Finalmente, o Sounds começou a se apresentar. "Os Van Halen tocavam na Marshall Junior High School", lembra Dana Anderson. "Era uma reunião na qual os garotos podiam mostrar seus talentos... Não sei se Ed se lembra disso. Eu estava sentado no público com uma garota chamada Sandy e comentamos: 'Nossa, esses caras são bons!'. Alex tocava bateria; Ed, guitarra, e eles tinham outro cara na guitarra."

Rudy Leiren, que trabalhou depois como técnico de guitarra de Edward, viu o mesmo show. Ele lembra: "Eu estava lá em cima na sacada da Marshall Junior High School, aqui em Pasadena. Lá embaixo no palco tinham esses três caras de jeans e camiseta branca, tocando as músicas das paradas de sucesso, as melhores músicas de hard rock da época. Eu fiquei encantado. Eles tocavam todas as músicas que eu ouvia no rádio".[62]

Além de aprender músicas sozinhos, Edward e Alex também receberam uma educação musical das mãos de seu pai do meio ao fim da década de 1960. Jan, que não apreciava os gostos de seus filhos, mas estava emocionado por eles entrarem na música, deu a Alex, Edward e Wright a chance de aquecer seu público. "O pai de Ed e de Al era clarinetista e nós também tocamos em uma casa noturna onde ele tocou. Nós seríamos a atração do intervalo do show de sua banda de polca. Eu, Ed e Al tocamos nossa música do Monkees. Esse foi nosso apogeu", ri Jim.

Nos anos seguintes, os irmãos seguiram seu pai de perto nas apresentações. Edward lembrou que Jan tocava em "casamentos, bar mitzvahs, polcas e toda essa merda... Meu pai tocava no Continental Club todo domingo à noite e nós o acompanhávamos. Ele tocava em um lugar chamado Alpine Haus, afastado da San Fernando Road, no Valley, e a gente usava o traje típico *lederhosen*".[63] Quando Jan deixava Alex, aos 13 anos,

---

62. Rudy Leiren, entrevistado por Steven Rosen, de posse do autor. Leiren lembrou que a banda que ele viu na Marshall foi o Genesis. Mas, na época, Leiren estava na sétima série. Edward, um ano mais velho que ele, estava na oitava. O oitavo ano de Edward foi de 1968 a 1969, aproximadamente dois anos antes da formação do Genesis.
63. Gill, "Cast a Giant Shadow", p. 50.

tocar bateria, ele pedia ao filho: "fique de cabeça baixa", na esperança de que ninguém percebesse que ele não tinha idade nem para dirigir.[64]

Essas oportunidades aumentaram com o crescimento dos irmãos. Rob Broderick lembra: "Nós estávamos jogando futebol no Victory Park e o pai deles aparece e fala '*Kom hier*' pro Alex. Ele queria que o filho substituísse um baterista naquela noite. Isso já tinha acontecido antes e eu não sabia. Mas então Jan decidiu arrastar Ed e eu junto para a 'banda baby' abrir o show".

Todos se dirigiram a uma grande casa noturna germano-americana no Hollywood Boulevard. Broderick se lembra de Jan usando seu *lederhosen* enquanto ajudava os meninos a montar o palco na frente de uma multidão "muito festiva, toda de alemães". Naquela noite, Broderick tocou a bateria enquanto Edward tocava guitarra: "Foi a primeira vez que ouvimos Eddie cantar" na frente de uma plateia, ele diz. "Tocamos 'Day Tripper' e tudo o mais dos Beatles." Segundo Broderick, no fim da noite, Jan "passou o chapéu" para os meninos serem pagos por sua apresentação. Edward lembrou depois que, em uma noite exatamente como essa, Jan arrecadou 22 dólares. Ele contou o dinheiro e entregou 5 dólares para Alex e Edward antes de dizer a eles: "Bem-vindos ao show business, meninos".[65]

Em 1963, Nathan e Sibyl Roth e seus dois filhos, David e Lisa, se mudaram de Massachusetts para Altadena, uma comunidade ao lado de Pasadena. Nathan, que estudava para ser oftalmologista, esperava abrir um consultório médico para sustentar sua família. David, nascido em 10 de outubro de 1954 em Bloomington, Indiana, descreveria sua nova vizinhança como "o centro do caldeirão multicultural da classe média baixa".[66] Alguns anos depois, Nathan e Sibyl tiveram outra filha, Allison.

No primário, Roth se apaixonou pela música e começou a absorver as influências que dariam forma ao som clássico do Van Halen. Mas, ao contrário dos irmãos Van Halen, que eram instrumentistas, Roth focou nos vocais.

Seu interesse por canto começou cedo. Quando tinha acabado de entrar no primário, Roth ganhou seus primeiros discos, todos do Al Jolson. Como ele contou à *Rolling Stone*: "Eu tinha uma coleção de discos velhos e frágeis de 78 rotações [de Jolson]. Aprendi cada uma

---

64. Miller, "Van Halen's Split Personality", p. 28.
65. Christe, *Everybody Wants Some*, p. 12.
66. David Lee Roth, *Crazy from the Heat* (New York: Hyperion, 1997), p. 27.

das músicas, além dos passos, que eu via nos filmes".[67] Roth explicou na *Musician* o que o atraiu no cantor, ator e comediante, há muito tempo falecido. Segundo Roth, Jolson "fazia algo completamente extraordinário. Ele tinha uma bela voz, muita convicção, determinação e um show que agitava o mundo". Roth recorda: "Aprendi todos os seus maiores sucessos aos 7 anos. Desde então, já sabia que cantaria em um palco".[68]

Embora a influência de Jolson nunca tenha diminuído, Roth chegou à Califórnia ao mesmo tempo em que a Invasão Britânica atingiu a América.[69] Ele acompanhava os Beatles, o The Kinks e os Rolling Stones.[70] Roth explicou: "A música ficou legal. Era tanta agitação que você assistia ao *The Ed Sullivan Show* e, numa semana, você via os Beatles e, na outra, os Rolling Stones. Ora, os Beatles vestiam ternos iguais sem lapela e botas pontudas".[71]

Ele também passou a adorar soul music. Roth ganhou um rádio de presente de seu tio Manny e se lembrou do momento transformador em que ele o ligou pela primeira vez: "Eu liguei e estava tocando Ray Charles cantando 'Crying Time', e na hora eu sabia que cantaria no rádio".[72] Roth cantava músicas de artistas da Motown, como Martha and the Vandellas, The Four Tops, The Temptations e outros cantores negros, como Major Lance, cujo sucesso "Um, Um, Um, Um, Um, Um", de 1964, foi o primeiro disco que Roth comprou.[73]

Quando Roth foi matriculado na Eliot Junior High School em Altadena, no outono de 1966, seu amor pela música já moldava suas aspirações. Ele disse à sua irmã mais nova, Lisa: "Eu vou ser um astro do rock". Como Lisa comentou com sua amiga Maria Parkinson (que apareceria depois no vídeo de "Yankee Rose" de Roth), ele não disse "Eu *quero* ser um astro do rock", mas, sim, "Eu *vou* ser um astro do rock".

Ele logo começou a contar sua visão para seus amigos. George Perez, que conheceu Roth na sétima série na Eliot, lembra que, um dia, ele e Roth engataram uma conversa sobre o futuro. Perez contou a Roth

---

67. Nancy Collins, "David Lee Roth: *The Rolling Stone Interview*", *Rolling Stone*, 11 de abril de 1985, p. 24.
68. Charles M. Young, "Van Halen", *Musician*, junho de 1984, p. 50.
69. Collins, "David Lee Roth", p. 24.
70. Van Halen, "The Van Halen Interview (Full Length)", *YouTube*, 8 de março de 2012, acesso em 8 de julho de 2015, <http://www.youtube.com/watch?v=UOTidtqG-Ko>; Fred Trietsch, "Van Halen, Short and Sweet", *The Drummer (Philadelphia)*, 4 de abril de 1978.
71. Roth, *Crazy from the Heat*, p. 29.
72. Citação de David Lee Roth em Christe, *Everybody Wants Some*, p. 14.
73. Matthews, *Van Halen*, p. 15; Redbeard, "In the Studio: 20th Anniversary of Van Halen", *In the Studio with Redbeard*, 1998, de posse do autor; Tim Ingham, "David Lee Roth", *Metro*, 27 de outubro de 2009, acesso em 8 de julho de 2015, <http://metro.co.uk/2009/10/27/david-lee-roth-636705/>.

que queria ser um jogador de beisebol, e então perguntou: "O que você quer ser quando crescer?". Sem pestanejar, Roth respondeu: "Um astro do rock". Perez relata: "Eu olhei pra ele e falei: 'Ah, tá, claro. Tudo bem. Brincadeira. Você? Ah, vá! Você é só um garotinho rebelde! Do que você tá falando?'". Bill Maxwell, que tocou depois em uma banda de garagem com os irmãos Van Halen, lembra-se de ter tido conversas semelhantes com Roth. "Muito antes de esse cara conhecer alguém da Red Ball Jet [a primeira banda de Roth], ele queria ser um astro do rock. Ele conseguiu. A gente ria dele: 'Você *nunca* será um astro do rock!'. Você sabe como as crianças podem ser malvadas." Mas, segundo Perez, não importava o que ele, Maxwell ou qualquer um pensasse, Roth "era determinado. *Determinado*".

Entretanto, Vincent Carberry, amigo de Roth que também estudava na Eliot, insiste que ele era um homem de muitas habilidades. Carberry o conheceu no nono ano, em algum momento após Roth sair e retornar para a Eliot depois de um semestre nada excelente na escola particular Webb School. "Acho que a gente provavelmente se conheceu indo pra casa a pé do Eliot Youth Club ou algo assim. Eu me lembro dele falando muito de música, mas ele também falava de outras coisas. Foi assim que começamos nossa amizade; nós dois éramos interessados em coisas que talvez a maioria dos garotos da nossa idade não se interessava, como livros novos e legais, como *Ardil 22*... Nós podíamos conversar sobre jazz, Lenny Bruce, etc., coisas de que a maioria dos caras da nossa idade nem fazia ideia. Muitos dos nossos conhecidos gostavam desse tipo de coisa ou do hard rock envenenado dos brancos. Poucas pessoas que conhecíamos gostavam dos dois. Dave tinha um conhecimento cultural bem abrangente."

Parte desse conhecimento envolvia cavalos. No início da adolescência, Roth se interessou por equitação, uma atividade que sua mãe também adorava. Dennis Neugebauer conheceu Roth no haras Arroyo Seco Stables, onde a mãe de Roth mantinha seu cavalo. "Eu tinha de trabalhar lá, porque minha avó era a dona", ele diz. "Ele era um bom cavaleiro. Sua irmã mais nova, Lisa, e sua mãe, Sibyl, também cavalgavam."

Roth arrumou um emprego no haras em 1967 e trabalhava com Neugebauer e Bill Maxwell. Maxwell explica: "Nós trabalhávamos lá levando os cavalos e éramos chutados ou mordidos por dois paus por hora".

A vida de Roth mudou completamente quando sua mãe caiu do cavalo no haras. Na época, ele estava no nono ou no décimo ano.[74] Sibyl

---

74. Jane Rocca, "What I Know About Women", *Brisbane Times*, 7 de abril de 2013, acesso em 8 de julho de 2015, <http://www.brisbanetimes.com.au/lifestyle/what-i-know-about-women-20130403-2h66p.html>.

acabou sofrendo uma lesão cerebral significativa e passou um ano no hospital, deixando Dave, seu pai e suas duas irmãs na expectativa e na oração enquanto ela convalescia.

A queda de Sibyl e a posterior dissolução do casamento de seus pais afetaram Roth de outra forma. Isso o libertou. Perez observa: "Ele era bem certinho no ginásio. Seu pai exercia uma grande influência e controle sobre ele. Dave não conseguia fazer muita coisa naquela época. Ele ia a bailes do clube para jovens na sétima e na oitava série e seus pais o buscavam. Eles tinham bastante controle sobre ele naqueles anos. Acho que a mudança aconteceu quando sua mãe caiu do cavalo. Depois disso sua liberdade explodiu".

Em 2013, Roth explicou ao *Brisbane Times* que os efeitos secundários da lesão de sua mãe tornaram insustentável o já frágil casamento de seus pais. "Quando ela saiu [do hospital]", Roth disse, "virou outra pessoa, e isso jogou mais lenha na fogueira latente de um antagonismo em seu casamento com meu pai. Aprendi que, quando não dá mais, acabou".[75]

Acabar, nesse ínterim, significava que Nathan Roth, cujo consultório ia bem, saiu da casa da família em Altadena. Carberry lembra: "Não sei o que aconteceu, mas foi depois dessas coisas que tudo foi por água abaixo entre os pais. O dr. Roth se mudou para essa casa moderna, grande e fria em San Marino, um subúrbio muito rico ao lado de Pasadena". Mais tarde, os pais de Roth se divorciaram, levando Roth a morar com seu pai enquanto ele estava no colégio.

Enquanto isso, as tensões aumentavam na residência dos Van Halen por causa da perda de interesse dos meninos no piano. Broderick relata a dinâmica familiar desenvolvida em volta desse ponto de conflito no fim da década de 1960: "Nós tocávamos na casa deles o tempo todo. Era uma casa pequena, menor do que você imagina. A mãe deles não conseguia se esconder do barulho da bateria e da guitarra. Nós estávamos tocando e eu perguntava: 'Cadê sua mãe?'. Eles diziam: 'Ah, ela está tirando uma soneca'". Com uma gargalhada, Broderick lembra que ele respondia, incrédulo: "Ela tá tirando uma *soneca*?".

Mas, como observa Broderick: "A bateria, a guitarra e o amplificador eram o incentivo. Eles conseguiam, mas *tinham* de praticar piano ou levavam bronca. Nós estávamos curtindo nos fundos tocando guitarra e a mãe dele aparecia e dizia: 'Edvahd! *Você tem de praticar piano*!'. Ele xingava,

---

75. Rocca, "What I Know About Women".

suspirava e dizia não. Mas ele *tinha* de praticar pelo menos 30 minutos por dia. Era assim: 'Se você quiser tocar guitarra, tem de tocar piano'".

Jim Wright relata uma cena diferente. Ele lembra que Jan e Eugenia sempre colocaram o piano em primeiro lugar, o que, pelo menos no caso de Edward, serviu para fazer dele um pianista melhor. "Antes de eles tocarem bateria e guitarra, tinham de praticar piano pelo tempo indicado pelo professor. Ed não poderia pegar na guitarra antes de terminar esse tempo. Acho que por isso ele aprendeu a tocar piano tão bem. Eles tinham de terminar seu ensaio de piano *antes* de tocar os outros instrumentos e eles queriam *mesmo* tocar guitarra e bateria."

De qualquer forma, Jan e Eugenia continuaram a se concentrar no ensino de piano para seus filhos, principalmente depois de Kalvaitis ter um gesto bem generoso. "Nós tínhamos aulas em San Pedro", Alex lembra. "Era um sacrifício e nós não podíamos mais. Nossos pais estavam trabalhando. Então ele nos disse: 'Se vocês vierem aqui no final de semana, ensino vocês de graça'. Então agora você se sente obrigado. Isso criou uma viagem cheia de culpa bem estranha. Ele tá fazendo isso de graça, então é melhor você fazer direito."[76]

Entretanto, Wright diz que talvez a demonstração mais clara da mentalidade de Edward de pôr a guitarra em primeiro lugar aconteceu *em* seus torneios de piano. "Eddie e Alex competiam nesses concursos de talentos. Todos nós íamos e Eddie levava sua guitarra. Entre as audições de piano, tocávamos as guitarras."

Esse tipo de dedicação ajudou Edward a progredir rápido no instrumento. Dana Anderson relembra o outono de 1967: "Conheci Ed no primeiro dia da sétima série. Acho que eu já tocava há uns dois anos e meio e ele tinha acabado de começar a tocar guitarra. Nós nos encontrávamos e tocávamos algumas vezes. Ele aprendia muito rápido".

Nos meses seguintes, Anderson descobriria que seu amigo tinha um ouvido musical incomparável. "Lembro de ir a uma loja de discos local e comprar o *Wheels of Fire* do Cream quando ele foi lançado [em agosto de 1968]. Nós ouvíamos algumas músicas no rádio. Então o levamos para sua casa com minha guitarra e meu amplificador para tirar a 'Crossroads'. Ele a ouviu inteira pela primeira vez, tropeçando aqui e ali. Na segunda vez, ele estava praticamente tocando junto."

No outono de 1968, aconteceram outras mudanças musicais no número 1.881 da Las Lunas Street. De repente, Wright resolveu encerrar sua parceria com os irmãos Van Halen. Nessa época, Edward e Alex fumavam, bebiam e andavam com garotos que não tinham a escola como

---

76. Van Halen, "Van Halen Interviews".

prioridade. Wright conta: "Um dia eu vi que o estilo de vida de músico me levaria pelo caminho errado. Eu estava mal no colégio. Parei de jogar beisebol. Estava fumando. Tinha drogas por todo lado. Então eu parei de andar com eles. Ed perguntou: 'O que aconteceu?'. Nunca tive a chance de explicar as coisas pra ele porque não queria que se sentisse responsável. Ainda me sinto mal sobre isso, porque não foi culpa dele".

Apesar desse baque, os irmãos não deixaram a falta de um baixista impedi-los de tocar. Brian Box, um gaitista amigo dos irmãos, lembra: "Eles ensaiaram algumas vezes na minha casa. Em muitos desses dias eram só Alex e Edward. Mais ninguém. Eles só estavam aprendendo a tocar, basicamente. Conheciam algumas covers. Uma música que tocávamos o tempo todo era 'Sitting on Top of the World'. Além do Cream, outra que tocávamos era 'Stormy Monday'. Mas eles não tinham um baixista nem um microfone. Por isso sempre procuravam por alguém que tivesse outro equipamento".

Mesmo sem baixista, eles ainda tocavam bem alto. Box conta: "Aconteceu uma coisa engraçada quando eles eram bem jovens e ensaiavam na minha casa. Os tiras apareceram. Eles entraram na casa dizendo: 'Seu vizinho de trás tá reclamando'". Box e os irmãos concordaram em abaixar o som e a polícia saiu, mas acabou voltando mais duas vezes na hora seguinte. "Então, finalmente um tira chega e diz: 'Se eu ouvir mais uma nota, alguém vai pra cadeia'. Na mesma hora, o Alex bateu na caixa." Box deixou a casa algemado.

Do outro lado da cidade, David Lee Roth começou o colegial em um momento de conflito racial na grande Pasadena. No outono de 1969, Roth, Carberry e Perez entraram para a John Muir High School no décimo ano, apenas meses antes de uma corte distrital federal declarar que o Distrito Escolar Unificado de Pasadena não conseguiu integrar suas escolas.[77] Como resultado, alunos de diferentes raças seriam transportados de ônibus por toda a Pasadena para promover um equilíbrio racial em cada escola. Mais tarde, Roth explicaria com uma certa licença poética: "Olha, eu fui para a escola onde eles começaram o serviço de transporte coletivo em Pasadena, Califórnia, e eu estava lá no primeiro ônibus".[78]

---

77. Ann Scheid Lund, *Historic Pasadena: An Illustrated History* (San Antonio: Historical Publishing Network, 1999), p. 179; Carter Barber, "Pasadena Busing Improves", *Star-News (Pasadena)*, 15 de setembro de 1970; Vincent Carberry, e-mail para o autor, 16 de setembro de 2014.
78. Considine, *Van Halen!*, p. 27-28.

Na época, a Muir tinha uma maioria de alunos negros, mas também havia um número significativo de hispânicos e asiáticos. Ao contrário de muitos alunos brancos da Muir, Roth abraçou e internalizou essa atmosfera racial. "Eu comecei a me ver como um negro", Roth declarou em sua autobiografia.[79] Ele explicou depois que seu amor por tudo da comunidade negra levou seus amigos brancos a botar um apelido nele: "Eu gostava de todos os tipos de dança, roupa e estilos musicais dos garotos negros e hispânicos de lá. Meus colegas da escola de brancos do outro lado da cidade me olhavam maravilhados e diziam: 'Olha lá o Diamond Dave. Bem brilhante. Um menino bem colorido'".[80]

Roth passou por outras transformações. Carberry conta: "No ginásio, ele tinha um penteado antiquado de menino inglês, como o de Malcolm McDowell em *O Lucky Man!* Ele usava o cabelo partido de lado com uma onda na frente dos olhos. Então, por volta do nono ano, ele começou a deixar o cabelo crescer".

O corpo de Roth também estava mudando. Perez, que há muito tempo tinha fama como lutador, "protegeu David por todo o ginásio e o início do colegial". Mas, com o passar do tempo, Perez notou que Roth estava ficando rasgado. "David me contou que estava malhando e fazendo coisas desse tipo. Ele fazia artes marciais. Ele estava ficando maior e mais forte, e eu notei que ele deixou de ser um magricelo como era antes. Ele estava aumentando de tamanho."

Ao mesmo tempo, Roth desenvolveu a *persona* que o ajudaria a ser um superastro do rock. Perez conta: "Lembro-me de que no colegial percebi que ele tinha me ultrapassado. Eu estava na frente dele em popularidade e de repente ele me passa, com toda a pose e popularidade, entre outras coisas. Ele passa por mim e eu penso: 'Caramba. Esse cara é especial. Ele realmente tem alguma coisa especial'".

O charme de Roth e talvez sua sensação de ser um homem negro preso em um corpo branco também fizeram dele o favorito das estudantes negras da Muir. Como relata Perez: "As garotas negras definitivamente piravam com ele. *Ah, sim.* Havia algumas de quem ele gostava. Acho que tinha uma que ele realmente amava. Não me lembro do nome dela, mas ela era bem atraente. Você deve se lembrar de que naquela época isso não era comum. Você até via caras negros com garotas brancas, mas não via muito o contrário".

---

79. Roth, *Crazy from the Heat*, p. 27.
80. Sandra Gurvis, "'Diamond Dave': Rock 'n' Roll's Jester", *Providence Journal*, 16 de janeiro de 1987.

Sua popularidade com garotas afro-americanas lhe deu um crédito significativo nas ruas, mesmo em outras escolas. "David era definitivamente um branco *legal* naquela época", Perez observa. "Lembro quando fomos a uma festa na Pasadena High School (PHS). Nós encontramos esses caras negros. Achei que fôssemos ter problemas com eles. Daí começamos a conversar e um cara fala: 'Ei, eu te conheço... você é aquele cara branco que sai com negras!'. David olha pra eles e começa a gargalhar. Depois ele e eu começamos a conversar sobre como sua reputação se expandiu para o lado leste de Pasadena."

Todas essas mudanças deixaram claro que Roth teria sucesso. Carberry diz: "Praticamente todos, bem, pelo menos nossos amigos em comum, percebiam que ele teria sucesso em alguma coisa. Muitos não achavam que ele fosse bom o bastante para ter sucesso na música, mas pensavam que teria sucesso com alguma coisa. Ele definitivamente tinha uma qualidade de astro, talento e, sabe Deus como, o dom do papo e da autoconfiança".

Muito antes de ser vocalista do Van Halen, Roth teve a chance de exibir essa autoconfiança no palco na Muir. Juliana Gondek, que fez um curso de teatro com Roth, lembra: "Na aula de teatro, ele era bem espalhafatoso e um verdadeiro palhaço. Era duro fazê-lo parar quieto para ele fazer o que você queria. Mas ele sempre foi extravagante. Sempre. Ele tinha um cabelo loiro comprido e essa personalidade enorme. Aquele David Lee Roth que ganhou fama no Van Halen? Ele apareceu no colégio".

Juliana logo nota que Roth fazia mais do que contar piada na aula de teatro. "Minha memória mais nítida dele é em uma peça do [dramaturgo polonês] Slawomir Mrożek. Ele escreveu *The Martyrdom of Peter Ohey* [*O Martírio de Pedro Ohey*]. É uma peça do teatro do absurdo sobre um homem de família normal morando em um pequeno apartamento quando de repente aparece um tigre na sua banheira. A peça toda é sobre o que ele vai fazer com esse tigre. É uma grande peça de protesto sobre o comunismo. David foi escalado como um marajá que chega da Índia para caçar o tigre. Então, nós criamos nosso próprio figurino. Ele encontrou uma calça de montaria justa que não deixava nada, nada, para a imaginação. Ele pôs um grande par de botas pretas sobre a calça justa. Estava sem camisa e bem bronzeado. Ele tinha um grande peitoral e não tinha pelo nenhum no corpo. Ele parecia um dançarino do clube das mulheres. Pensando bem, faz total sentido ele ter se vestido daquele jeito por ele ser David Lee Roth."

Os irmãos Van Halen continuavam sem um baixista fixo no meio de 1969. Mesmo assim, eles adoravam tocar e um dia carregaram seu equipamento para a casa de Bill Maxwell. Apareceram alguns dos outros amigos de Maxwell, que tocavam em uma banda de blues, e não demorou muito para uma jam session começar. Edward e Alex ficaram de olho no baixista da banda de blues, um adolescente mais velho chamado Dennis Travis. Travis relata: "Acho que minha técnica os impressionou, pois eu gostava bastante de tocar baixo rápido com várias notas... assim como seu baixista típico atual. Isso combinava com a admiração deles pelo Cream, pois Jack Bruce era um bom baixista".[81]

Nas semanas seguintes, Travis viu Alex e Edward tocarem mais algumas vezes. Na primeira vez, ele os viu tocarem com um baixista e supôs que eles finalmente tinham resolvido seu problema de formação. Mas, algumas semanas depois, Travis estava passando pela Marshall Junior High School e "ouvi o som inconfundível de Eddie e Alex". Ele entrou no ginásio e viu os irmãos com seu equipamento preparado na quadra de basquete. Entre as músicas, Travis perguntou: "Cadê seu baixista?".

Balançando a cabeça, Edward respondeu: "Nós nos livramos dele, porque ele estava mais interessado na namorada do que na banda".

"Vocês precisam de outro baixista?"

"Sim! Vamos buscar seu equipamento."

Depois disso, o trio dobrou a esquina na direção da casa de Travis. "Todos nós fomos lá", conta Travis, "pegamos meu baixo e meu amplificador e os carregamos até o ginásio, e eu tive minha primeira jam com eles. Se me lembro bem, era o início do verão de 1969".[82]

Nas semanas seguintes, Travis ensaiou com os irmãos. Eles também escolheram um nome: Trojan Rubber Company, um apelido ousado inventado por Edward.[83] Eles cogitaram acrescentar um tecladista, um prodígio local chamado Jim Pewsey. Depois de duas jams com ele, resolveram não convidar o tecladista sério e um tanto certinho para entrar na banda. Ainda assim, Edward e Alex não se esqueceriam de Pewsey.

A banda logo desenvolveu um repertório. Bill Maxwell, que costumava tocar com eles, lembra: "A Trojan Rubber Company tocava 'Foxey Lady' e 'Purple Haze' do Hendrix e um monte de coisa de *Disraeli Gears* do Cream. Nós tocamos 'Badge'. Tocamos 'White Room'".

---

81. E-mail de Dennis Travis para Michael Kelley, 26 de julho de 2010.
82. E-mail de Dennis Travis para Michael Kelley, 26 de julho de 2010.
83. Jeff Hausman, "Growing Up with the Van Halens", *The Inside*, primavera de 1995, p. 10.

Edward e Travis também ensinaram músicas um para o outro. Travis viciou o amigo principalmente em *Undead*, um álbum ao vivo da banda de blues rock inglesa Ten Years After, que tinha uma música que mais tarde se tornaria a marca registrada de Edward nas festas nos quintais. "Um dia, eu mostrei pra Eddie alguns dos licks de 'I'm Going Home' do Ten Years After", Travis lembra. "Ele os aprendeu tão rápido que te deixaria tonto. Era só mostrar para ele uma vez que ele pegava."[84] O Ten Years After, assim como o Cream, esticava suas músicas ao vivo, com a ginástica na guitarra de Alvin Lee servindo de ponto central de suas improvisações jazzísticas.

Embora nos últimos anos Edward tenha enfatizado a influência de Clapton sobre si, foi a performance do guitarrista do Ten Years After, Alvin Lee, em "I'm Going Home" que estabeleceu na cabeça de Edward uma nova marca para o virtuosismo do guitarrista principal. Embora a técnica refinada de Clapton inspirasse profundamente Edward, as progressões rápidas loucas e ardentes de Lee abriram os olhos de Edward às possibilidades da velocidade pura. Na verdade, foram as performances nota por nota de Edward em "I'm Going Home" que consolidaram sua reputação local como um prodígio no início da década de 1970.

Travis também conseguiu um lugar para eles ensaiarem e tocarem: a St. James United Methodist Church. Depois de reservar o espaço, eles anunciaram para seus amigos que tocariam lá. Gary Taylor, que mais tarde tocou com Roth na Red Ball Jet, conta: "Eu costumava assistir a esses caras na igreja. Eram os irmãos Van Halen com Bill Maxwell na guitarra e nos vocais e Travis no baixo. Eles eram um grupo principiante do ginásio que tocava incrivelmente bem. Eles costumavam trocar de instrumentos enquanto tocavam. Eles tocavam três ou quatro músicas e variavam os instrumentos". Dana Anderson relata: "Eles fizeram algumas apresentações lá. Era um centro da juventude. Tinha um pequeno porão onde eles podiam ensaiar, e eu me lembro que ele virava um tipo de festa. Acho que foi a primeira grande apresentação deles".

Embora as coisas fossem de vento em popa com a Trojan Rubber Company, um evento traumático abalou o lar dos Van Halen em algum momento daquele verão. Certa noite, um histérico Jan cambaleou para dentro da casa com a mão direita coberta de sangue. Larry Abajian, proprietário da loja de bebidas local frequentada por Jan, lembra: "Jan chegava em casa do trabalho e foi entrar na garagem. Seu vizinho de porta era o cara que entregava revistas *Hustler*, *Playboy*, basicamente todas as revistas pornográficas. Ele tinha deixado o trailer lá, bloqueando a garagem de

---

84. E-mail de Dennis Travis para o autor, 12 de setembro de 2014.

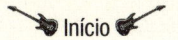

Jan. Então, o sr. Van Halen foi levantar o trailer com um reboque e ele caiu da plataforma, rolou e cortou seu dedo". Jan perdeu metade do dedo médio direito, uma lesão devastadora para um músico profissional.[85]

Enquanto Jan tentava se adaptar a essa cruel nova realidade, ele e Eugenia começaram a aceitar outro fato: seus filhos queriam ser músicos de rock. Então, em 15 de agosto de 1969, Jan levou Alex e Edward, uma das guitarras de Edward (talvez uma imitação de uma Gibson ES-335 da marca japonesa Lafayette) e uma flauta transversal para uma loja de instrumentos local chamada Music for Everyone.[86] Jan então vendeu os dois instrumentos e comprou, com um crédito com uma taxa anual de 18% com uma entrada de 20 dólares, uma Gibson Les Paul Goldtop novinha e um estojo para Edward e uma bateria nova para Alex a um custo total de $805,10, uma pequena fortuna para uma família humilde. Apesar de não gostarem de rock e de suas limitações financeiras, Jan e Eugenia apoiaram as aspirações de seus filhos comprando instrumentos para eles – no caso de Edward, sua primeira guitarra de qualidade profissional.[87]

Os irmãos aproveitaram muito bem. "Nós fizemos uma apresentação em um baile na John Marshall durante o verão", Travis conta. Edward, que adorava o modo como Travis tocava as músicas de Hendrix, encorajou uma troca de instrumentos no meio do show. "Naquela noite em que aceitei a oferta de Ed para tocar guitarra, toquei duas músicas do Hendrix, 'Purple Haze' e 'Foxey Lady', creio eu. Ed pegou meu baixo e tocou tão bem sem nunca ter tido uma aula que meu queixo caiu! Ele era tão bom assim."[88]

Algum tempo depois, a Trojan Rubber Company se inscreveu em uma batalha de bandas no Altadena Country Club. Travis lembra que eles alugaram um PA e amplificadores, porque a miscelânea de amplificadores deles parecia "cafona". Eles também convenceram um garoto da vizinhança, Gary Booth, a cantar naquela noite.

Quando eles apareceram, descobriram que eram os músicos mais novos da competição. Mesmo assim, Travis conta: "Nós aproveitamos ao máximo e fizemos nossa apresentação".[89] Além de uma música do Led Zeppelin, eles tocaram uma composição própria chamada "Ball Blues", com um solo de baixo de Travis. Também apresentaram duas músicas do

---

85. Para mais informações sobre o acidente de Jan, veja Eddie Van Halen, "How Eddie Van Halen Hacks a Guitar", *Popular Mechanics*, 19 de maio de 2015, <http://www.popularmechanics.com/technology/a15615/how-eddie-van-halen-hacks-a-guitar/>.
86. Bill Maxwell, entrevistado pelo autor.
87. Recibo da Music For Everyone, 15 de agosto de 1969, de posse do autor.
88. E-mail de Dennis Travis para o autor, 12 de setembro de 2014.
89. E-mail de Dennis Travis para Michael Kelley, 26 de julho de 2010.

Cream: "I'm So Glad", a única que Booth cantou naquela noite, e "Toad", o show de bateria de Ginger Baker de *Wheels of Fire*. Travis lembra: "Nós tocamos 'Toad', a versão inteira de 20 minutos, e eu não me lembro de nenhum erro no solo de bateria. Ele [Alex] já era incrível aos 16 anos".[90]

Uma das outras bandas que competiram naquela noite – e vencedora do concurso – foi um grupo de Pasadena chamado Colonel Savage. Don Ross, baterista da banda, relata: "Mesmo tendo ganhado, ficamos bestas de ver como Alex e Eddie eram bons. Na ocasião, nossa irmã Janet saía com Alex e ele aparecia para vê-la e nos ouvir ensaiar na nossa garagem em Sierra Madre. Janet mencionou que Alex tinha uma banda que também ia tocar na batalha em Altadena, então [nós] estávamos ansiosos para ver esses novatos. Ficamos pasmos em ver como eles dominavam fácil o Led Zeppelin, mas achamos na época que os vocais e a [falta de] presença de palco os prejudicaram".[91]

Nos meses seguintes, Edward e Alex melhoraram seu equipamento. Edward comprou um pedal wah-wah e seu lendário amplificador Marshall Super Lead de cem watts do fim dos anos 1960. O amplificador, que se tornaria a base de seu som de guitarra nos primeiros álbuns do Van Halen, tinha sido o receptor de áudio do vizinho Rose Palace. Muito para o desespero dos moradores de toda Pasadena, ele era ensurdecedor. Quando Edward o ligava no último volume, como sempre fazia, ele podia ser ouvido a quarteirões de distância.

Seu irmão também adquiriu uma bateria Ludwig de pedal duplo, provavelmente depois de juntar o salário recebido como operador de máquina. Esse trabalho, porém, quase custou a Alex seu futuro como baterista. John Nyman, que tocava bateria na Eulogy, uma banda que se apresentou com o Van Halen mais tarde, lembra o que Alex lhe contou: "Ele trabalhava em algum tipo de oficina de máquinas e cortou feio a mão, bem no tecido entre o polegar e o indicador, e quase teve o polegar arrancado, se o corte tivesse sido maior. Foi um corte profundo". Por sorte, Alex não teve uma lesão permanente e agora os dois irmãos, ainda adolescentes, tinham instrumentos profissionais para fazer uma ótima música.

Eles usaram o equipamento na Trojan Rubber Company, que passara a ser um trio com Travis no baixo. Bill Maxwell relata: "Foi um power trio, só os três caras, por um bom tempo. Eles só ensaiavam, ensaiavam, ensaiavam e aprendiam. Basicamente era isso".

Edward, Alex e Travis continuaram a buscar novas músicas. Durante o fim do verão de 1970, eles descobriram o Cactus, um quarteto

---

90. E-mail de Dennis Travis para o autor, 12 de setembro de 2014.
91. E-mail de Don Ross ao autor, 11 de janeiro de 2010 e 27 de julho de 2011.

de hard rock com o baterista Carmine Appice e o baixista Tim Bogert, a antiga seção rítmica do Vanilla Fudge. Quando eles botaram a primeira faixa do *Cactus* na vitrola, uma cover absolutamente alucinante de "Parchman Farm" de Mose Allison, o cabelo da nuca ficou de pé. Ela era pesada e rápida; um petardo eletrizante tocado em uma velocidade arriscada. Era como o Cream sob o efeito de esteroides. Era como Ten Years After sob o efeito de anfetaminas. Foi o projeto para os petardos boogie do Van Halen, como "I'm the One", "Ice Cream Man" e "The Full Bug".

Anos mais tarde, Appice explicou o que provocou a avalanche de potência e ímpeto da música. "Nós tínhamos muita velocidade", disse Appice. "Na época, 'Parchman Farm' era uma das músicas mais rápidas já gravadas. Nós quisemos que fosse assim. Tentávamos superar o Ten Years After. Eles tinham essa música bem rápida chamada 'I'm Going Home', então dissemos: 'Vamos deixar a nossa ainda mais rápida.'"[92]

Esse novo marco para velocidade e potência atraiu os irmãos Van Halen. De fato, "I'm Going Home" era um blues rock bem rápido que exigia uma habilidade extrema. Mas "Parchman Farm" levou as coisas a um nível mais elevado. Os irmãos Van Halen queriam, do fundo do coração, tocar rock *pesado*, rápido e intenso, e o boogie rock supersônico do Cactus atendia às suas vontades.

Edward, Alex e Travis tiraram a música aparentemente sem maiores delongas. Quando a Trojan Rubber Company, com Edward aos 15 anos na guitarra, tocou-a pela primeira vez para seus amigos, queixos caíram. Maxwell relembra: "Ele estava tocando na casa [de um amigo]. Acho que era 1970, no meio do ano. Ele tocava 'Parchman Farm'. Lembro que foi a primeira vez que a ouvi. Dá pra fechar os olhos e ainda me ver lá vendo eles tocarem essa música. Eles *arrasaram*. Foi a melhor vez que eu o vi tocar".

Edward e Alex Van Halen eram músicos adolescentes que tocavam melhor do que qualquer outro garoto de Pasadena e do que muitos músicos profissionais. Mas, mais uma vez, eles perderam seu baixista quando Travis se mudou com sua família em algum momento no fim de 1970. Entretanto, sua lenda só continuaria a crescer.

David Lee Roth encontrou os irmãos Van Halen mais ou menos nessa época. Neugebauer, que agora via menos Roth, conta: "Dave e eu vimos os irmãos Van Halen tocarem pela primeira vez em uma sinagoga

---

92. Sleazegrinder, "Desert Rats", *Classic Rock*, outubro de 2006, p. 55.

quando Dave e eu pertencíamos a esse grupo da juventude judaica chamado AZA. Nós ficamos maravilhados".

Depois, Roth e seu amigo foram para a casa da avó de Neugebauer e sentaram-se na grande casa da árvore no quintal. Os dois conversaram sobre o que tinham acabado de ver e ouvir e, do nada, Roth disse para seu amigo que ele pretendia ser um astro do rock. Neugebauer diz: "Lembro-me dele me fazendo perguntas, como: 'Cara, de onde os Beatles tiraram a ideia para Sgt. Pepper?'. E para 'Lucy in the Sky with Diamonds?'. Ele realmente queria ser um compositor". O rastilho foi aceso.

Capítulo 2

A Gênese da Mammoth

Por volta de 1971, o Genesis, um power trio composto por Edward na guitarra e nos vocais, Alex na bateria e o colega adolescente de Pasadena Mark Stone no baixo, tocava no porão de uma sinagoga em Whittier. Um grupo de partidários do Genesis apareceu para o show, incluindo os amigos dos irmãos Ross Velasco, Gregg Emerson, futuro técnico de bateria do Van Halen, e Brian Box. O público também incluía uns garotos que apareceram para apoiar as outras bandas na programação.

Os fãs do Genesis, que adoravam uma festa, foram preparados. Box lembra: "Tinha uma garrafa de Jack Daniel's que eu havia levado para aquele lugar. Eu estava bebendo, mas não estava mamado". Enquanto o Genesis tocava algumas covers do Black Sabbath e do Cream, a multidão de Pasadena dançava e assistia à banda tocar enquanto Box e seus amigos passavam a garrafa de mão em mão. "Mas de repente", conta Box, "um dos outros caras de lá deu um encontrão na gente e derrubou todas as garotas. Eu as ajudei a se levantarem pedindo desculpas". O outro garoto respondeu ao pedido de desculpas de Box com um empurrão. Imediatamente, Emerson e Velasco o jogaram no chão, encerrando o confronto. Todo vermelho e furioso, o agressor saiu correndo.

Box e os outros se viraram de novo para ver o Genesis. Mas, minutos depois, alguns policiais de Whittier invadiram a sala, de cassetete em punho. Como lembra Box: "Eu estava sentado assistindo à banda. A próxima coisa que eu sei é que todos esses tiras entraram e os garotos apontaram para mim. Os tiras me agarraram pelo cabelo e me arrastaram do local".

Velasco e Emerson não admitiram isso. Eles pularam nos tiras em uma tentativa de libertar o amigo. Box diz que isso foi "uma péssima ideia" deles, porque, além de descerem o cassetete, os tiras usaram gás lacrimogêneo em todos. Quando isso aconteceu, Alex encerrou a apresentação do Genesis e se jogou no meio da confusão.

Enquanto isso, Box tinha sido colocado dentro de uma viatura. Ele observava o tumulto se espalhar pela rua. Unidades de reforço chegaram quase ao mesmo tempo em que ele viu sua "garrafa de Jack Daniel's voar da multidão e atingir a viatura". Nesse ponto, a polícia tinha começado a prender todo mundo, incluindo Alex e seus amigos. Box continua: "Aqueles tiras realmente passaram dos limites. Isso me deixou muito puto", mas de qualquer modo eles ainda precisavam de Jan Van Halen para pagar a fiança e tirá-los da cadeia. Box declara, rindo: "Ainda bem que tiraram isso da minha ficha".

Anos depois, Alex e Edward lembraram que sua banda "pré-Van Halen" (chamada primeiro de Genesis, depois de Mammoth) tinha uma reputação de causar problemas. Edward explicou em 1985: "Parece que depois de Dave entrar na banda nós ganhamos essa nuvem negra desordeira e maluca sobre nós, por assim dizer. Mas nós já a tínhamos antes de Dave entrar na banda. As escolas não nos admitiam e ninguém queria nada com a gente".[93]

De fato, Edward está certo quando sugere que pessoas como diretores de escolas, coordenadores de grupos da juventude e pais odiavam o Genesis e a Mammoth por tocarem um blues rock abrasivo e heavy metal em volumes ensurdecedores.

Mas, é claro, adolescentes beberrões e endiabrados os adoravam pelos mesmos motivos. As bandas dos irmãos Van Halen tocavam alto, mas, ainda mais importante, tocavam muito bem. Anos antes de "Eruption", os garotos locais sabiam que Edward, então um adolescente, era um talento especial, o tipo de guitarrista que conseguia reproduzir qualquer solo. Eles também sabiam que adolescentes que conseguiam tocar lados inteiros de discos do The Who e do Black Sabbath sem errar uma nota possuíam uma habilidade musical espantosa. Muito antes de se ouvir falar em banda tributo, os irmãos Van Halen lotavam quintais e parques com jovens que sabiam que havia algo extraordinário nos três meninos que tocavam tão bem assim e sempre tentavam melhorar.

※

Na primavera de 1971, Mark Stone conseguiu ouvir o Genesis tocar em um casamento com um baixista chamado Kevin Ford. Ford tinha uma reputação de músico consistente, mas Stone não o achava tão bom assim. Então, quando Stone encontrou Alex Van Halen na PHS, ele lhe

---

93. Tolinski, ed., *Guitar World Presents Van Halen*, p. 92.

disse que conseguiria tocar melhor do que Ford e que gostaria de tocar com Alex e Edward. Logo depois, Ford estava fora e Mark Stone dentro.

Stone e os irmãos começaram a trabalhar. Eles tinham o mesmo amor por bandas de protometal e blues rock como Cream, Mountain, Black Sabbath, Deep Purple, Cactus e The Who. Eles ensaiavam na sala de estar dos Van Halen, ocupando o pequeno espaço com seu equipamento a ponto de ser difícil alcançar a porta da frente da casa. Quando os meninos ficavam com fome, a sra. Van Halen fazia grandes rolinhos de ovo, chamados *lumpia*.[94]

Quando chegou o verão, o Genesis começou a procurar mais lugares para tocar. Duas apresentações incríveis para bandas adolescentes eram os concertos de verão patrocinados pelos parques e pelo departamento de recreação de Pasadena, que aconteciam em dois parques, o Hamilton Park e o Victory Park. Essas apresentações ao ar livre, apesar de sua informalidade, ajudaram muito a divulgar os talentos do Genesis.

Nas noites de verão, o Genesis, acompanhado de algumas bandas esquecidas há muito tempo, começaria a pavimentar seu caminho. Stone e os irmãos Van Halen arrumaram um pequeno sistema de PA alugado. Embora o PA não tivesse tanta potência, o resto do equipamento tinha qualidade profissional. Alex preparava sua bateria Ludwig de pedal duplo prateada. Edward afinou sua Les Paul Goldtop e Mark fez o mesmo com seu baixo Lucite Dan Armstrong. Eles conectaram seus instrumentos em amplificadores potentes. Stone tocava com um Acoustic 360 enquanto Edward usava seu Marshall de cem watts, que ficava em cima de dois gabinetes Marshall. Antes de algum dos três ter idade para votar, todos eles tinham equipamentos usados por músicos importantes do rock.

Um baixista adolescente de Pasadena chamado Lee Gutenberg lembra quando viu o Genesis pela primeira vez: "Quando eu tinha 15 anos, via o Genesis aos domingos no Victory Park. A cidade financiava e eles programavam os Van Halen. Nem sei se eles eram pagos pelo show, mas eles tocavam lá em uma quadra de tênis ou de vôlei. Havia umas duas ou três dúzias de pessoas, e era só um lugar para conhecer garotas e tal. Eu tinha acabado de ver o filme *Woodstock* com Alvin Lee, e Eddie tocava 'I'm Going Home' do Ten Years After nota por nota. Era inacreditável. E Alex tinha um bumbo duplo com dois pedais. Estava escrito 'Genesis' em preto neles, em um estilo meio hippie".

---

94. Mark Stone, entrevistado por Michael Kelley, 6 de junho de 2010, de posse do autor; Cheri Whitaker, entrevistada pelo autor; John Driscoll, e-mail para o autor, 28 de janeiro de 2010.

É importante notar que a crescente fama local de Edward como guitarrista coincidiu com a vertente cultural do herói da guitarra. Desde o fim da década de 1960, os fãs de rock que gostavam de blues rock passaram a adorar guitarristas muito habilidosos em seus instrumentos, fazendo o rock feito de riffs de bandas da Invasão Britânica como The Dave Clark Five e The Kinks parecer brincadeira de criança. Esses inovadores tocavam os solos mais rápidos, limpos e com mais entusiasmo do que seus colegas. Em 1970, entre os principais músicos estavam Eric Clapton, Jeff Beck, Jimmy Page e o inovador americano Jimi Hendrix. Havia também as estrelas em ascensão: Paul Kossoff do Free, Leslie West do Mountain e Alvin Lee do Ten Years After.

Muito embora músicos como Clapton, Beck e Page acabassem ofuscando a habilidade de Lee, o lançamento de uma versão com mais de nove minutos de "I'm Going Home" no festival de Woodstock marcou sua chegada como músico. De fato, o trabalho veloz e intenso de Lee, presente no longa-metragem *Woodstock*, aumentou sua reputação como o guitarrista mais rápido do mundo.

Então, quando um garoto magrelo de 15 anos com um cigarro aceso entre os lábios arrasava com os quase dez minutos de solo da música, os adolescentes de Pasadena não acreditavam no que viam. Era simplesmente espantoso ver um músico local, com o apoio de uma banda que não errava uma nota, tocar nesse nível. Não teria sido muito diferente se um adolescente de uma gangue aparecesse para uma peneira de futebol americano em um parque de Pasadena e começasse a lançar passes como o melhor jogador do mundo por todo o campo, bolas atiradas para o outro lado do campo, espirais certeiras fazendo arcos como um arco-íris antes de cair nas mãos de atacantes velozes a 45 metros de distância, jogada após jogada, partida após partida. Garotos de 15 anos não tocavam como profissionais. Só que ele sim, porque Edward Van Halen tinha a habilidade de um guitarrista profissional antes mesmo de começar a se barbear.

O guitarrista Eric Hensel descobriu o Genesis mais ou menos no mesmo tempo que Lee Gutenberg: "Eu vi os irmãos Van Halen pela primeira vez por volta do verão de 1971. Eu e um amigo meu ouvimos falar de uma batalha de bandas no Hamilton Park. Tinha umas cinco bandas lá. Nós não sabíamos quem ia tocar, nós só fomos lá".

Como havia muitas bandas para tocar, o Genesis só apresentou duas músicas. Hensel diz: "Ed era mil vezes melhor do que qualquer um que eu já vi na cidade. Ele não só conseguia reproduzir essas músicas nota por nota. Ele pegava e as expandia além do que já estava lá".

Alex e Edward Van Halen tocam em um baile na escola só de meninas Alverno High School em Sierra Madre, Califórnia, no começo de 1973. LYNN L. KERSHNER

Hensel também enfatiza que já em 1971 os irmãos tinham uma ligação musical muito forte e profunda. "Não quero desmerecer a contribuição [de Alex], porque quando você via era a combinação dos dois. Eles eram uma dupla talentosa. Tinham uma sinergia entre si que era simplesmente inacreditável. Era como se eles pudessem ler a mente um do outro. Nunca foi só o Ed, era uma coisa dos dois."

Quando o Genesis terminou, Hensel e seus amigos olharam uns para os outros, perguntando os nomes desses músicos. "Isso foi antes de eu ter qualquer ideia de quem esses caras eram. Só fui descobrir duas semanas depois. Não era como um bando de caras de pé na plateia, balançando a cabeça e dizendo: 'Uau, é isso aí, esses caras são ótimos'. Nós ficamos lá boquiabertos, nos perguntando: 'Porra, quem são esses caras?'."

Como os adolescentes costumam fazer, eles fofocavam sobre como esses caras ficaram *tão* bons. Gutenberg se recorda: "Rolavam todos os tipos de boatos de que eles injetavam heroína embaixo da língua para ninguém descobrir. Isso era só um boato e maledicência do colégio. Também era porque as pessoas os invejavam. Alex era um grande baterista e

Eddie, um grande guitarrista. Era mesmo incrível. Eddie não desenvolveu seu próprio estilo, mas conseguia reproduzir qualquer um: Carlos Santana, Alvin Lee. Ele copiava seus estilos nota por nota".

Mas Hensel, que começara a acompanhar cada apresentação do Genesis que podia, constatou que Edward era mais do que um mímico talentoso. "Naquele ponto", diz ele, "eu já tinha visto quase todo mundo que já era reconhecido. Já tinha visto todos: Page, Clapton, Beck. Eu falava: 'Cara, eu paguei para ver caras que não eram tão bons quanto esse garoto'. Ele ligava aquela Les Paul naquele monte de Marshall com um som maravilhoso. A combinação dos dois era simplesmente espantosa. Ele cantava e tocava ou só tocava. Ele mal se movia. Só ficava de pé lá e tocava melhor do que 90% das pessoas que já paguei pra ver. Eu tive muita sorte de conseguir ficar a três metros de distância de alguém tão incrivelmente bom".

Os músicos que viam o Genesis promoviam a banda aos outros. O guitarrista Rodney Davey, que tocava em uma banda cover local chamada Uncle Sam, explica: "Tinha um parque em Sierra Madri e onde as bandas costumavam tocar. Foi a primeira vez que eu vi o Genesis. Eles tocaram todas as notas do lado B do primeiro álbum do Black Sabbath perfeitamente".

Quando Davey foi para o local do ensaio de sua banda, ele colocou o baixista Jonathan Laidig contra a parede: "Rodney apareceu no ensaio entusiasmado e fascinado. Ele dizia: 'Uau, meu, você precisa ver esses caras. Ele tem um Marshall. Eles tocaram Black Sabbath!'. Então, ele parou e baixou a voz: 'E eles tocaram 'I'm Going Home!'".

Laidig então os viu em uma festa em uma casa em Pasadena. Ele se recorda: "A primeira vez que os vi foi na sala de estar de alguém. A sala não devia ter nem seis metros quadrados; era minúscula. Eddie tinha esse enorme monte de Marshall. Eddie devia ter uns 15 ou 16 anos. Eram um bando de crianças, por isso era tão chocante".

O guitarrista Gary Putman e seus amigos também os viram em uma festa em Pasadena: "Quando eu os vi pela primeira vez, fiquei encantado", ele conta. "Eu vi Ed em uma sala, em uma casa antiga de Pasadena com piso de madeira, tocar 'I'm Going Home'. Nós vimos isso e pensamos: 'Isso é incrível. Tá ainda mais firme e intensa do que a original'. Ele pegou essas pequenas vias e acrescentou um lick aqui e ali, e eu pensei: 'Não sei nem se Alvin Lee ia conseguir fazer esse lick'. Era quase sobre-humano, se compararmos com o que veio antes. Agora eu acho que hoje tem guitarristas melhores na técnica do *sweep picking* e coisas assim, mas a mudança, essa mudança de paradigma que ele trouxe, é difícil de comparar. Todas essas histórias que você ouve? São todas verdade".

Entretanto, os membros da banda tiveram pouca sorte durante aqueles dias. Cheri Whitaker, namorada de Edward na ocasião, conta: "O Genesis tocava em festas bem pequenas. Eles ganhavam, literalmente, 30 ou 40 dólares nessas apresentações". Nesse ponto, ninguém no Genesis estava ficando rico tocando música.

Mesmo assim, eles ensaiavam por horas. Segundo Stone, em seus anos juntos como um trio, eles tinham um repertório que incluía músicas do *Live at Leeds* e do *Tommy* do The Who, como "My Generation" e "See Me, Feel Me, Touch Me". Tocavam "Spoonful", "Politician", "Sitting on Top of the World", "Tales of Brave Ulysses", "White Room" e "Crossroads" do Cream, e também "Paranoid", "Iron Man" e "Fairies Wear Boots" do Black Sabbath.[95]

Quando os pais de Edward e Alex se cansavam dos amplificadores na sala de estar, o Genesis praticava na casa dos amigos de Edward e Alex, Ross e Bill Velasco. Ross diz: "Eles sempre precisavam de um local para ensaio. Eles iam de casa em casa ensaiar e às vezes acabavam na nossa casa". Bill acrescenta: "Eles tocaram na nossa casa umas três ou quatro vezes. Meus pais não se importavam de eles tocarem na sala de estar, e então nós fazíamos festas à noite. Eles tocavam na sala de estar. Nós cobrávamos três dólares na porta. Isso foi antes de Dave. Eles tinham um gaitista, Brian Box, que às vezes participava do show".

A irmã de Ross e Bill, Jan, com 10 anos na época, lembra que seus pais eram bem tranquilos quanto ao Genesis. Ela explica: "Eu lembro de assisti-los ensaiar em nossa sala de estar antes de uma apresentação ou de uma festa na nossa casa. Eles vinham de tarde e ensaiavam. Consigo até ver Edward cantando 'I'm Eighteen' [do Alice Cooper]. Como eu não podia ficar para as festas, meu pai me levava ao boliche local e nós jogávamos sinuca até podermos voltar. Daí eu andava em volta do perímetro da casa e olhava por todas as janelas para ver se ainda tinha festa. Era tudo decadente demais para uma garota de 10 anos!".

Por volta do fim de 1971, Edward e Alex tiveram uma surpresa indesejável em uma loja de discos local. Edward tirou de uma caixa um LP chamado *Nursery Cryme*. Qual era o nome da banda? Genesis. Edward virou para o irmão e disse, rindo: "Olha, nós já temos um disco, Alex".[96]

---

95. Mark Stone, entrevistado por Michael Kelley, de posse do autor.
96. Doug Fox, "15 Years On: Eddie Van Halen Interview Revisited", *Van Halen News Desk*, 8 de julho de 2013, acesso em 8 de julho de 2015, <http://www.vhnd.com/2013/07/08/15-years-on-eddie-van-halen-interview-revisted/>.

Whitaker lembra das sessões de *brainstorm* depois disso. "Lembro de Edward dizer: 'Ah, tem outra banda chamada Genesis. Nós precisamos mudar o nome'. Claro que isso foi antes de qualquer um de nós ouvir falar do Genesis. Eu lembro deles pensando em nomes, e eles pensaram em todo tipo de coisa antes de escolherem Mammoth."

Essa mudança não atrapalhou sua popularidade. Quando os pais saíam da cidade, os garotos da PHS planejavam festas e contratavam a Mammoth. Dana MacDuff comenta: "Nós fazíamos essas festas em casa ou no quintal nos finais de semana. Todas elas eram divulgadas por boca a boca. Nós estávamos na escola e alguém anunciava: 'Olha, tem uma festa hoje à noite na casa do fulano e a Mammoth vai tocar'. Na verdade, parecia que eles tocavam em literalmente todas as festas aonde íamos. Nós os víamos o tempo *todo*. Eles eram a trilha sonora da festa e a garantia de uma boa festa. Nós pagávamos um ou dois dólares para entrar para pagar pela cerveja. Tinha umas cem, 200 ou 300 pessoas lá".

Mammoth, um power trio composto pelos irmãos Van Halen e pelo baixista Mark Stone, apresenta-se em Sierra Madre, Califórnia, no começo de 1973.
LYNN L. KERSHNER

Com o tempo, essas festas aumentaram. Debbie Hannaford Lorenz lembra que, quando os irmãos Van Halen apareceram, tinha "espaço nos fundos" quando eles tocavam em modestas casas do subúrbio na vizinha Altadena. "Dava pra entrar e caminhar", ela diz. "Mas em pouco tempo essas festas foram muito divulgadas. Eles distribuíam folhetos em muitas escolas. Era simplesmente incrível ver como cabia gente nas casinhas de Altadena. Aquelas casas não eram grandes e os quintais eram pequenos. Elas ficavam apinhadas de gente no fundo do quintal até onde eles tocavam. Às vezes não dava nem pra entrar na casa ou no quintal. Toda a frente da casa ficava cheia. E ainda tinha gente que subia e descia a rua, só pra ouvir a música que vinha de dentro, de tão alta que ela estava."

Apesar da reputação da banda, Edward se recusava a se deitar sobre os louros. O adolescente introvertido praticava sem parar e recusava quase todos os convites sociais para fazer isso. Taylor Freeland diz: "Edward era um cara muito legal e centrado. Ele não era festeiro. Aquela era a época da experimentação das drogas, então as pessoas saíam da escola pra ir a uma festa na casa de alguém. Nós fazíamos planos e convidávamos: 'Ei, Edward, vem com a gente'. Ele dizia: 'Não, eu tenho de ir pra casa *ensaiar*, cara'. Ainda hoje eu consigo ouvi-lo dizendo isso. Eram suas famosas palavras, e isso era tudo o que ele fazia. Ele é aquele caso clássico do cara que gostava de fazer uma coisa. Eles tinham uma missão". George Courville, que depois passou a arrumar os amplificadores de Edward, concorda e acrescenta: "Ed nunca gostou de maconha, porque esquecia os licks e as palavras das músicas. Ele bebia umas cervejas, mas nunca a caixa toda. Ed ficava em casa e não saía do quarto. Muitos acham que a técnica de Ed era natural. Não, ele ensaiava pra burro. Nós o deixávamos sentado na beira da cama. Voltávamos quatro ou cinco horas depois e ele continuava no mesmo lugar ainda tocando". Whitaker lembra que ele até levava a guitarra quando ia pra casa dela: "Ele sempre praticava na casa dos meus pais. Todo dia ele deixava a guitarra lá. Ele a deixava enquanto estava na escola. Ele sempre tocava pra mim 'Can't Find My Way Home' do Blind Faith, porque eu adorava".

Além de praticar, Edward estava sempre aprendendo músicas novas. Em uma época antes dos livros com tablaturas e tutoriais de guitarra no *YouTube*, o ouvido incrível de Edward lhe dava a habilidade de ouvir uma música uma vez e começar a tocar junto. Michael McCarthy, que cresceu em Pasadena, conta: "Eu já tinha visto o Eddie tocar no Hamilton Park, mas não o conhecia. Um amigo meu me disse depois que o conhecia. Eddie tinha uns 16 anos na época. Mas meu amigo disse que eu tinha de me tornar um guitarrista melhor antes de ser apresentado ao Eddie. Então, eu pratiquei oito horas por dia e daí meu amigo me disse: 'Certo, podemos ir'. Nós chegamos lá e Eddie e Alex estavam dividindo essa sala minúscula. O lugar cheirava a amplificador, pois havia um cabeçote e um gabinete Marshall ocupando metade da sala. Tinha uma foto do Ginger Baker em uma parede e do Eric Clapton na outra. Eddie colocou o *Fragile* do Yes em uma pequena vitrola barata Silvertone. O motor estava exposto e parecia que Eddie tinha aberto para consertar. Ele começou a tocar com 'Roundabout' nota por nota e depois acompanhou o disco inteiro, sem errar. Isso realmente me deixou pasmo, porque não era uma coisa fácil de tocar. Ele tinha um ouvido incrível".

Em busca de um desafio maior, a Mammoth logo fez apresentações tocando álbuns inteiros – em vez de músicas selecionadas de diferentes álbuns –, sua marca registrada. Freeland observa: "Quando eu ouço algo como *Master of Reality* do Black Sabbath, fico arrepiado, pois eu lembro do Edward e do Alex. Eu nem sabia que era do Black Sabbath na época. Eles tocavam *medleys* do Black Sabbath, do Cactus e também do Captain Beyond".

Entretanto, o compromisso da Mammoth em tocar as músicas exatamente como estão no vinil às vezes causava problemas. Brent Pettit lembra às gargalhadas: "Eu fui a uma festa onde a Mammoth estava tocando. Eles começaram a tocar uma música do Captain Beyond chamada 'Dancing Madly Backwards'. Eu costumava tocar esse álbum e essa música o tempo todo com fones de ouvido. Eu estava assistindo e de repente teve essa nota estranha durante o longo riff no meio da música. Eu pensei: 'Peraí, isso tá errado!...'. Depois eu perguntei ao Mark o que diabos deu errado e ele me disse que o disco deles, usado para aprender a música, tinha um risco e eles tinham de fazer a parte errada pra preencher o que não conseguiam ouvir".

Riscos à parte, em 1972, a Mammoth era a melhor banda de festas no quintal em Pasadena. Mas havia uma forte concorrente na forma da Uncle Sam, uma banda de três guitarras formada pelos três irmãos Pettit e um ótimo cantor parecido com Robert Plant, Chris Legg. Rafael Marti, velho amigo de Edward, lembra: "A Uncle Sam era rival da Mammoth. Os Pettits *odiavam* os Van Halen. Eles sempre os criticavam, tecendo comentários antes e depois das apresentações. Assim como a Mammoth, a Uncle Sam tocava covers perfeitas, exatamente iguais aos discos. Eles tocavam Alice Cooper, Led Zeppelin e coisas do Rolling Stones, como 'Can't You Hear Me Knocking' do disco *Sticky Fingers*. Chris, o vocal, tocava sax nela".

Por volta de junho de 1972, as duas bandas se enfrentaram em uma batalha de bandas. Semanas antes da apresentação, Brent Pettit, baterista da Uncle Sam, comentou com Roger Liston, seu professor de bateria, que sua banda competiria contra a Mammoth. Pettit, sabendo que Liston também não gostava da Mammoth, teve uma ideia. Ele perguntou se Liston não poderia tocar em uma música. O professor de Pettit, músico profissional veterano, concordou na hora.

Naquela noite, a Mammoth tocou primeiro e recebeu aplausos estrondosos. Depois veio a Uncle Sam e, como planejado, no meio da apresentação Pettit entregou suas baquetas para Liston. Laidig se recorda: "Então, Liston tinha aprendido a música e ela tinha esse solo que o Brent normalmente tocava. Quando nós fizemos isso na batalha das bandas, ele fez um solo de bateria matador. Não digo que ele era melhor do que Alex, mas, cara, ele matou a pau naquele solo". Pettit diz: "Ele botou a casa abaixo. Era um baterista extraordinário".

Depois do fim da apresentação da Uncle Sam, os juízes anunciaram a banda vencedora: Uncle Sam. A sala explodiu com os fãs da Mammoth saltando da cadeira, vaiando e gritando. Laidig ri: "É claro que todos os fãs da Mammoth e até outros garotos da sala ficaram furiosos. Eles gritavam: 'Isso é marmelada! Como você pôde fazer isso? Não é justo!'". Quanto a Pettit, ele admite: "Isso foi maldade com os caras da Mammoth, mas eles eram nossos rivais e o Roger não gostava deles".

Apesar do revés, a Mammoth queria mais competição. Em algum momento em 1972, a banda se inscreveu em outra batalha no Altadena Country Club, um local onde eles competiram antes como Trojan Rubber Company. Talvez lembrando que eles tinham usado um cantor chamado Gary Booth quando se apresentaram lá em 1969, Alex e Edward chamaram Booth de novo. Mas, prevendo o que estava por vir, dessa vez Alex queria que Booth cantasse, pois ele achava que seu irmão, tímido e de talento vocal limitado, "não bastava como nosso *frontman*". Booth, que a princípio concordou em fazer o show, deu pra trás no último minuto. Então, "Ed cantou", Alex contou a Steven Rosen. "Foi bom, mas não ganhamos."[97]

No outono de 1972, Edward e Alex receberam uma ligação de um aluno da Pasadena City College (PCC) chamado Paul Fry. Fry, que às vezes alugava seu sistema de PA para a banda, tinha uma proposta. Como diretor de

---

97. Steven Rosen, "On Fire", *Guitar World*, março de 2003, p. 60.

Edward Van Halen toca um acorde em sua Les Paul no fim de 1972.
JULIAN POLLACK

eventos dos alunos da escola, Fry organizou um concerto com a Manna, uma banda nova de folk rock que assinou com a Columbia Records.[98] O show seria em 28 de outubro no Auditório Sexson da faculdade, com capacidade para quase 2 mil pessoas. A Mammoth poderia abrir o show? Fry achou que a popularidade local da Mammoth ajudaria na venda dos ingressos, visto que a Manna, uma banda em grande parte desconhecida, não chamaria tanto público. Edward e Alex aceitaram.

Fry convenceu a Mammoth a fazer algumas melhorias no palco. Fry achava que a "falta de um visual" da banda os prejudicaria no grande espaço do Sexson.

Embora a banda usasse um ótimo equipamento, o trio colocava pouca ênfase em seu figurino e show. Jeff Burkhardt, um guitarrista local que carregava o equipamento para o Van Halen antes de a banda ficar famosa, lembra: "Eles usavam camisas de flanela Pendleton e jeans. Usavam jaquetas Levi's e botas, como se tivessem acabado de sair do trabalho no posto de gasolina e ido tocar. Stone parecia literalmente um

---

98. "Talent in Action", *Billboard*, 19 de fevereiro de 1972, p. 16; Paul Fry, entrevistado pelo autor.

Edward Van Halen viajando na música no fim de 1972. JULIAN POLLACK

lenhador". O guitarrista John Driscoll, que se apresentava com o Genesis, acrescenta que a banda não interagia com o público e não oferecia aos espectadores quase nada em termos de espetáculo.[99] Quando você via o Genesis, não tinha roupas espalhafatosas, coreografias loucas ou uma presença de palco impressionante. Sua música *era* o show.

A banda concordou em fazer algumas mudanças. Fry encorajou Edward a usar uma camiseta, suspensórios e um blazer em vez de uma Pendleton. Também lhe disse que um pouco de presença de palco era necessário, pelo fato de o local ter um palco maior e um sistema de iluminação elaborado e completo com holofotes.

Na noite do show, Edward ficou de pé no escuro ao lado de seu Marshall. Enquanto ele tocava as primeiras notas de "Rock and Roll, Hoochie Koo" do Johnny Winter, o holofote o iluminava. Aproximando-se com determinação, Edward desfilou na frente do palco e parou atrás de seu microfone, uma sequência que, segundo Fry, deixou o público maluco, pois eles nunca tinham visto Edward se mexer daquela

---

99. John Driscoll, "Tales from Old Pasadena", *The Inside*, verão de 1997, p. 8.

maneira. Mas, logo antes do solo da primeira música, o desastre deu o ar da graça quando Edward quebrou sua corda Ré. Fry observava, maravilhado, enquanto Edward terminava de tocar. Ele lembra: "Eddie era tão bom que ninguém percebeu que tinha quebrado!".[100]

Enquanto isso, o público ficou bem impressionado. Box diz: "Foi um grande concerto. Lembro que foi a primeira vez que vi Edward vestido daquele jeito. Ele estava com um paletó azul que dava um visual bem profissional. Nós ficamos convencendo-o a se mexer, porque ele sempre ficava parado no palco. Ele tinha essa atitude do Clapton de 'eu só vou ficar aqui e arrasar'. Finalmente ele começou a se mexer mais nesse show. Parecia que ele estava curtindo a música por finalmente ter começado a se mexer".

Rudy Leiren, anos depois, lembraria que a Mammoth ganhou o público naquela noite. "A Manna era muito profissional. Eles tinham uma boa sonoplastia com chuva,, trovões e coisas assim. Mas vou te contar. O público não quis nada com eles, e eles acabaram saindo do palco."[101]

Apesar do triunfo da Mammoth na PCC, a verdade era que nada realmente mudava para a banda, pelo menos na cabeça dos fãs. Nancy Stout, frequentadora assídua da cena de festas de Pasadena, lembra: "Ninguém em Pasadena acreditava que a Mammoth teria sucesso. Nós sabíamos que eles eram bons, mas era só diversão para nós. Eles tocavam covers, como coisas do James Gang, então era só entretenimento nas festas. Algumas das festas onde eles tocavam eram de graça e, em outras, nós pagávamos 50 centavos para entrar e podíamos beber quanta cerveja quiséssemos". Claro que, nos meses seguintes, as ambições e o objetivo da banda mudariam, mas isso viria depois da adição de um novo membro com um tipo de visão diferente para as perspectivas da banda.

---

100. Paul Fry, entrevistado pelo autor.
101. Rudy Leiren, entrevistado por Steven Rosen, de posse do autor.

Capítulo 3

As Aventuras da Red Ball Jet

Em Las Lunas, o som parecia nunca terminar. Bill Matsumoto, vizinho dos Van Halen, lembra: "Eu costumava subir na minha bicicleta Schwinn Sting-Ray e andar até a casa do [Rob] Broderick e passar pela casa dos Van Halen. Eu ouvia esse barulho saindo da casa. Eu os ouvia ensaiar *todo santo dia*".

Edward e Alex Van Halen trocando ideia nos bastidores no fim de 1972.
JULIAN POLLACK

Com o toque da caixa soando nos ouvidos, Alex a princípio não ouviu a campainha tocar um dia na primavera de 1971. Mas, quando ele abriu a porta, esse cara chamado Dave estava parado na entrada. Recentemente, em um bate-papo depois de uma festa, Roth disse que achava a banda *ruim*. Ele se apresentou como um cantor – ótimo, na verdade. Alex achou que ele pelo menos aparentava ser um. Seu cabelo castanho-claro caindo sobre os ombros e suas roupas eram mais diferentes do que qualquer um no círculo do Genesis vestiria.

Roth logo chegou ao ponto. Ele contou ao trio que "queria cantar" para o Genesis e, na verdade, ele era *o* cantor que eles precisavam.[102] Os irmãos se entreolharam, lendo a mente um do outro. Para Edward, cantar era complicado. "Talvez esse cara consiga cantar", ele pensou. Depois de relutar um pouco, Alex disse que Roth podia fazer um teste.

Edward explicou para a *Rolling Stone*, em 1995, o que aconteceu depois. "Nunca vou esquecer, nós lhe pedimos pra aprender algumas músicas, como 'Crossroads' do Cream e algo do Grand Funk Railroad, e depois voltar e nos ver uma semana depois. Ele voltou na semana seguinte e foi terrível. Ele não conseguia cantar. Então, é claro, larguei minha guitarra e disse: 'Al, eu já volto.'"[103] Alex relembra: "Eu fiquei completa e absolutamente horrorizado. Ed e Mark saíram da sala e eu tinha de contar ao Dave que não estava bom. Eu lhe ofereci outra chance e lhe dei músicas para praticar", pedindo para ele "voltar em uma semana".[104]

Uma semana depois, Roth voltou de novo. O Genesis tocou e Roth cantou, muito mal. "Ele voltou e soava como uma merda", Alex disse. "Ele estava completamente fora da entonação, do ritmo, e foi um tremendo fracasso."[105] Depois de Alex lhe contar que ele não foi bem de novo, Roth implorou por mais uma chance. Dana Anderson ouviu mais tarde dos irmãos que Alex deu então a Roth um teste final. Alex sentou na frente do piano da família e "tocou uma nota". Ele, então, "pediu para Dave cantá-la e, quando ele não conseguiu, eles imediatamente o dispensaram".[106] Roth, sentindo-se humilhado e furioso, saiu "soprando e bufando", Alex lembrou, "e foi isso".[107]

Por mais que Roth tentasse entrar para o Genesis, seu teste desastroso deixou claro que ele não cantaria nessa banda tão cedo. Já que o Genesis não o queria, ele começaria sua banda, uma que enfatizaria o

---

102. David Wild, "Balancing Act", *Rolling Stone*, 6 de abril de 1995, p. 46.
103. Wild, "Balancing Act", p. 46.
104. Rosen, "The True Beginnings", p. 46.
105. Rosen, "The True Beginnings", p. 46.
106. Dana Anderson, e-mail para o autor, 22 de fevereiro de 2010.
107. Rosen, "The True Beginnings", p. 46.

entretenimento acima do virtuosismo musical.[108] Seu grupo teria figurinos extravagantes, passos de dança estilosos e batidas contagiantes para a cena de festas de quintal de Pasadena. Quando sua banda estivesse tinindo, eles animariam o público e fariam todo mundo dançar e curtir. No centro da folia estaria Roth, a versão caseira de Pasadena do clássico cantor bailarino.

E, o mais importante, ele provaria que Edward e Alex estavam redondamente enganados em relação a ele. Suas ambições musicais, segundo ele explicou depois nas páginas da *Musician*, "foram motivadas principalmente por medo e vingança... Minhas músicas, minhas entrevistas, meu estilo de vestir... todas as vezes que saímos e nos apresentamos, sim, eu tô me divertindo, mas também tô me vingando de alguém".[109] Se Dave encontrou seu caminho, os irmãos Van Halen seriam pisoteados.

Algumas semanas depois do péssimo teste de Dave, os irmãos Van Halen e Stone chegaram ao Hamilton Park, de equipamento em punho, em uma tarde de quinta-feira em junho de 1971. O Genesis, acompanhado de outras duas bandas adolescentes, faria uma curta apresentação como parte da série de concertos gratuitos de verão do departamento de parques e recreação de Pasadena.

Enquanto o sol se punha, os três membros do Genesis jogaram conversa fora, fumaram e beberam goles de cerveja quente com seus amigos. Depois que o primeiro grupo terminou, uma banda desconhecida subiu ao palco. Quarenta anos depois, ninguém parece se lembrar do nome desse quinteto. Mas, antes de tocarem uma nota, uns 50 ou cem garotos, na maioria fãs do Genesis, se reuniram para ouvi-los tocar.

Enfim, o baterista rufou os tambores e fez soar um cowbell. As guitarras e o baixo entraram, tocando uma música conhecida. Kristopher Doe, que estava só olhando, lembra que, de repente, ele testemunhou a "entrada mais ridícula com Dave Roth pulando de trás do amplificador ao som de 'Evil Ways' [do Santana] e ajoelhando para cantar os primeiros versos".[110] Edward arregalou os olhos, olhou para os outros e pensou: "Caralho, Roth tem sua própria banda!".

---

108. Andy Secher, "The Wild Bunch", *Hit Parader*, setembro de 1981, p. 4.
109. Young, "Van Halen", p. 50.
110. Kristopher Doe, "Van Halen Announces Tour", You Know You Are From Old School Pasadena When, *Facebook*, 31 de dezembro de 2011, acesso em 8 de julho de 2015, <https://facebook.com/groups/113883598710531/180945635337660/?comment_id=183246871774203&offset=0&total_comments=57#_=>.

No decorrer da primeira música, ficou claro que Roth era bem diferente. Enquanto quase todos os outros músicos que tocaram naquela noite ficavam quase totalmente imóveis, Roth perambulava pelo palco, fazendo caretas para o público, mexendo os quadris e apontando para as garotas.

No público, a descrença reinava. Peter Burke, amigo de Edward e Alex, lembra que a banda de Roth não tocava nada "agressivo demais. Mas Dave usava seus jeans, desfilava pelo palco e dava seu show". Quando "Evil Ways" deu lugar a "Little Queenie" dos Stones, alguns espectadores gargalhavam e balançavam a cabeça. "Os Stones eram a maior banda do mundo em 1971", observa Rafael Marti. "Roth se achava o Mick Jagger. Eles estavam tentando ser os Stones. Roth fazia biquinho e desfilava feito um pavão". Como Edward contou à *Circus* em 1979: "Eu me lembro de uma apresentação com a banda do David uma vez e detesto dizer isso, mas nós éramos da banda que todos gostavam. Eles jogavam latas de cerveja e outras coisas na banda do Dave. Então ele nos odiava e nós o odiávamos por isso".[111] Quando começou a última música, "Brown Sugar", o incômodo se tornara implacável.

Ainda assim, pelo menos um garoto do público discordava. Miles Komora, um aspirante a baixista, tinha acabado de voltar a Pasadena depois de passar um tempo no norte da Califórnia e ouviu de seu irmão Mark que ele estava tocando guitarra em uma banda com esse cantor chamado Dave Roth. Miles diz que, embora "a dancinha estilo Mick Jagger de Roth" incomodasse, "o embaraço era porque nem todos os cantores fariam isso. Eles podiam se movimentar um pouco, mas não da maneira como ele fazia". No final das contas, Miles até achou o cantor "legal" porque "ele era diferente de qualquer outro" que ele já tinha visto em uma banda de garagem. Depois da apresentação do Genesis, ele resolveu propor ao seu irmão tocarem juntos.

Antes do fim do verão, o baixista de Roth saiu e Miles entrou na banda, que agora incluía Roth, os irmãos Komora, o guitarrista Gary Taylor e o baterista David Hill.[112] Miles sugeriu logo de cara um nome novo para a banda: PF Higher and the Red Ball Jet, que combinava os nomes de dois modelos de tênis populares com "Higher" servindo como um trocadi-

---

111. David Fricke, "Van Halen Hosts Rock's Biggest Party of '79, and You're Invited", *Circus*, 24 de julho de 1979, p. 32.
112. Gary Taylor, entrevistado pelo autor.

lho de adolescentes dopados com "Flyer". Depois de cortarem o apelido no meio, surgia a Red Ball Jet.[113]

Miles lembra que desde o início ficou claro que o "brilhante" Roth tinha uma visão. Ele "sabia o que queria e corria atrás, independentemente do que pudesse acontecer. Ele tinha essa noção". Nas reuniões da banda, Roth comentava: "Preciso fazer isso. Preciso fazer aquilo", quando eles se apresentavam. Mas, o mais importante, a Red Ball Jet precisava *praticar*. Miles diz que o desejo de Roth de ensaiar mostrava que, apesar de se sentir o máximo, ele sabia que ainda não estava pronto para o Carnegie Hall. "Tinha um talento natural, mas David era o primeiro a admitir: 'Eu não tenho um alcance vocal muito bom.'" Juntos, eles trabalhavam em um novo local para ensaios, o porão do consultório oftalmológico do pai de Roth na grã-fina San Marino.

Depois do fim do expediente do dr. Roth no consultório, a Red Ball Jet descia até o porão. Embora Roth quisesse trabalhar algumas músicas da Motown e de James Brown, a princípio eles tocavam composições de Chuck Berry, Bill Haley, Rolling Stones, Ten Years After, B. B. King, Beatles, Jimi Hendrix, Led Zeppelin e até do Jethro Tull. Taylor comenta: "Dentre todas as coisas, dá pra imaginar Dave Roth cantando *Sitting on a park bench*? Nós achávamos que podíamos tocar qualquer coisa. Éramos bem convencidos".

Depois de ensaiar por quatro ou cinco noites por semana por algumas semanas, a Red Ball Jet convidou seus amigos para assistirem ao ensaio. Vincent Carberry diz: "A Red Ball Jet ensaiava apresentações inteiras e preparava um show no porão. Era uma festa". Deixando a banalidade de lado, estava claro que, pelo menos para um membro da banda, esses ensaios representavam uma atividade séria. "Roth guiava a estética da banda", observa Ron Morgan, amigo de Miles Komora. "Ele já tinha muita ambição. Todos os outros estavam lá apenas para se reunir e tocar." Depois do ensaio, Roth se gabava da grandeza da banda e anunciava as próximas apresentações da Red Ball Jet, incluindo um encontro de alunos ao meio-dia da sexta-feira na Muir.

Naquela sexta-feira, o calouro Paul Blomeyer se sentou no auditório da Muir. Ao seu redor havia um verdadeiro arco-íris de alunos reunidos, incluindo muitos negros. Com o fim de semana logo ali e um encontro tirando os alunos das aulas, o local fervilhava.

Blomeyer, assim como muitos na sala, podia não ter ouvido falar da Red Ball Jet, mas ele conhecia Dave Roth. "Roth era veterano quando eu era calouro", diz Blomeyer. "Estávamos todos admirados. Ele parecia

---

113. Miles Komora, e-mail para o autor, 7 de junho de 2012.

exatamente como agora, só tinha mais cabelo. Ele era alto, magro e usava o cabelo comprido. O sistema escolar tinha se livrado do código de vestimenta como uma reação aos anos 1960, então ele só andava por lá de colete, sem camisa por baixo. Nós sempre o víamos sair para o estacionamento no almoço, e ele sempre parecia ter pelo menos duas mulheres com ele. Nós éramos um bando de colegiais nerds e só olhávamos para ele e dizíamos: 'Uau, é incrível alguém conseguir fazer isso.'"

Ao meio-dia, ouviram-se gritos e aplausos. Finalmente a cortina se abriu e os alunos reunidos, incluindo Jim Pewsey, futuro tecladista do Van Halen, e os amigos de Roth – Carberry, Perez e David Swantek –, assistiam enquanto a Red Ball Jet tocava sua primeira música. Partindo para um início rápido, Roth caminhou até a beira do palco e chutou uma bola vermelha no público. A Red Ball Jet tinha chegado.[114]

Os espectadores que conheciam Roth logo notaram as diferenças de atitude entre ele e seus companheiros de banda no palco. Pewsey lembra que, naquela época, "Roth aparecia de calça colada e com uma meia enfiada no meio das pernas. Sem brincadeira, isso é a mais pura verdade". Os outros quatro músicos, porém, não se juntaram a ele nesse excesso roqueiro. Perez lembra que, na ocasião, os outros "caras usaram calças de veludo cotelê ou jeans com camisas de flanela, com o cabelo longo repartido ao meio. Eram mais como Neil Young ou Crosby, Stills and Nash. Embora todos tivessem cabelos compridos, eles não combinavam".[115]

Depois da primeira música, o vocalista da Red Ball Jet falou com o público. Blomeyer conta: "Eu me lembro de ele dizer algo como: 'Olha só, gente, é sexta-feira! Vocês estão aí se olhando com muito *tesão*!'. Eu me lembro de pensar: 'Uau, ele disse tesão no campus? Legal!'".

Esse bate-papo no palco, porém, representou o auge do show. Enquanto a performance continuava, os alunos negros começaram a zombar. David Swantek diz: "Eu me lembro da Red Ball Jet tocando na frente de uma maioria de negros. Enquanto a banda tocava Beatles, o público ria e caçoava deles".

Apesar desse fiasco, a Red Ball Jet logo teve uma chance de redenção, dessa vez no novo centro recreativo da cidade de Sierra Madre. Infelizmente, isso não aconteceu. "Lembro de ter visto o David Lee Roth lá pela primeira vez", Mel Serrano se recorda. "Ele fez um show com sua banda, a Red Ball Jet. Foi horrível. Ele só gritava muito na maior parte." Lá também estava o baterista Harry Conway. Ele afirma que, embora estivesse claro que Roth "tinha 'o dom'", a banda como um todo era "abominável". E, mais uma vez, o esforço de Roth em deixar uma

---

114. Jim Pewsey, entrevistado pelo autor.
115. George Perez, entrevistado pelo autor.

lembrança inesquecível funcionou de todas as formas erradas. De fato, Serrano diz que essa performance foi "memorável, pois [Roth] subiu em uma das mesas de pingue-pongue, ela quebrou e ele caiu de bunda no chão! Foi hilário!".[116]

Depois disso, Roth limpou a poeira e voltou ao trabalho. Ele levou seu violão Vox Rio Grande para a escola para praticar ainda mais.[117] Roth comentou com a *Hit Parader*: "Eu adorava levar meu violão para a escola, sentar debaixo de uma árvore e tocar. Sempre me esquecia da hora e perdia aulas, mas logo descobri que dava para conhecer muito mais garotas sentado debaixo de uma árvore com um violão do que na aula de química".[118] Ao resumir o perfil de Roth na educação formal, Marvin Neuman, professor de música da Muir, contou à *Circus* em 1981 que "nada mais parecia interessar" Roth naqueles dias além da música.[119]

No almoço, ele contava a Carberry e Perez o que sua banda precisava para ter sucesso, incluindo um sistema de PA mais potente. Perez lembra: "Ele me dizia: 'Nós *precisamos* comprar um sistema de PA'. Eu me lembro dele falando o tempo todo na hora do almoço: 'Nós *precisamos* disso, *precisamos* daquilo'".

Aos poucos, os esforços de Roth começaram a dar resultados. Roth convenceu seu pai a adiantar-lhe um dinheiro para um sistema de PA melhor, um PA 850 acústico. Quando foi empregado, rendeu dividendos imediatos, segundo Perez. "Com certeza, quando ele comprou o PA [novo], fez uma grande diferença", principalmente fazendo os vocais de Roth serem ouvidos acima do resto da banda.

Roth também trabalhou para mudar o repertório e a identidade da banda. A princípio, ele travou uma guerra solitária para colocar um pouco de soul na Red Ball Jet, mas, quando o baterista saiu da banda e Roth recrutou seu amigo mais descolado, Dan Hernandez, ganhou um aliado bem-vindo.

Hernandez diz que ele e Dave tinham gostos musicais compatíveis. "Dave e eu estudamos no mesmo colégio. Eu tocava jazz com esses caras na casa de alguém e meio que lembro do Dave passando um tempo lá e

---

116. Mel Serrano, "You Know You're a Sierra Madre Kid When", *Facebook*, 27 de novembro de 2009, acesso em 8 de julho de 2015, <https://www.facebook.com/groups/2204894695/permalink/10150217830199696/?comment_id=10150217830574696&offset=0&total_comments=8&comment_tracking=%7B%22tn%22%3A%22R%22%7D>.
117. Eliot Sekuler, "Van Halen Wild and Wonderful", *Hit Parader*, setembro de 1982, p. 7.
118. Ron Hunt, "Van Halen: Too Hot to Handle", *Hit Parader*, agosto de 1984, p. 16.
119. Philip Bashe, "Van Halen's Teen Hearts", *Circus*, 31 de julho de 1981, p. 45.

tal. Tenho certeza de que ele cantava com a gente. Nós tocávamos jazz e blues." Quando eles não estavam tocando juntos, ouviam Janis Joplin, Jimi Hendrix e os Beatles, além de muitos discos da Motown e a emissora de jazz de Los Angeles, a KBCA-FM.

Porém, mais do que música, segundo Hernandez, o que os unia era o desejo mútuo de "se jogar no soul". Enquanto a PHS atraía mais alunos do lado da cidade "onde todos os brancos e ricos viviam", a Muir estava mais para um "caldeirão étnico". Essa atmosfera ajudou a produzir uma mesma abordagem da cultura e da identidade neles. "Dave queria andar com os irmãos, assim como eu", ele explica. "Nós éramos basicamente manos brancos que queriam ser negros... Acho que esse foi o maior motivo para Dave e eu nos darmos bem."

Quando o baterista magricelo montou pela primeira vez sua bateria velha no porão, os outros duvidaram que Hernandez daria conta do recado, mas, depois de alguns ensaios, ficou claro que ele era o ingrediente que faltava no grupo. Taylor lembra: "Danny fez toda a diferença na banda".

David Lee Roth e a Red Ball Jet arrasando do lado de fora de uma delegacia no centro de Los Angeles no fim de 1972. Da esquerda para a direita: Gary "Hurricane" Taylor, David Lee Roth, Dan Hernandez, Miles Komora e Mark Komora.
LORRAINE B. ANDERSON

Com Hernandez atrás da bateria, a Red Ball Jet começou a swingar. O balanço funk crescente da banda, diz Hernandez, "vinha de mim e de Dave. A gente queria botar um toque de funk no negócio. Queríamos que ficasse irreverente. Queríamos soar como James Brown, e Dave queria cantar como ele, e eu queria tocar como seu baterista. Nós queríamos ser versáteis. Isso era o que tentamos fazer. Estávamos tentando mostrar para as pessoas que éramos mais do que 'Shake, Rattle, and Roll' [do Bill Haley]".

Apesar dessas mudanças, a Red Ball Jet ainda tinha dificuldades em convencer o público a ver as coisas da sua maneira. No fim de 1971, Taylor lembra: "Nós tocamos em um colégio em Arcadia e eles jogaram biscoitos na gente. Eles não gostaram de nós". Enquanto o guitarrista temperamental continuou bravo por esse incidente humilhante por dias, Hernandez só ria quando, duas semanas depois, ele chacoalhou o travesseiro que ele usava para abafar o bumbo e pedaços de biscoito velho voaram pela sala.

Os diretores de escolas também encontravam motivos para detestar a Red Ball Jet, às vezes antes mesmo de a banda tocar uma nota. "Era para nós tocarmos na St. Francis High School", lembra Hernandez. "Dave usava, literalmente, um suéter de criança, pois era bem pequeno e justo. As mangas iam até os cotovelos e ele expunha metade de seu diafragma de tão pequeno. E a garota [Elizabeth Wiley] que costumava fazer as roupas para Dave tinha bordado um monte de lantejoulas brilhantes nele."

Enquanto Dave se arrumava, uma freira severa lhe disse que ele deveria usar uma camisa mais apresentável para um público de garotas católicas, *ou senão*... "Então, ele usava isso quando fomos tocar. Ela nos disse que a gente só poderia tocar se ele trocasse de roupa." Depois de uma conversa tensa, Roth mandou seus colegas de banda guardarem tudo. "Ele não ia se trocar", Hernandez diz, "então nós não tocamos".

O figurino e as palhaçadas de Roth também chamaram a atenção de outras pessoas religiosas de Los Angeles. Lorraine Anderson, que namorava Hernandez, lembra que um amigo na escola avisou a banda que uma igreja local queria contratar a Red Ball Jet, e a banda aceitou a apresentação. O show, ela diz, "foi no porão de uma igreja em Wilshire Boulevard". A banda preparou tudo e começou a "fazer todo seu espetáculo" na frente de um público composto de membros da igreja.

Depois de tocar algumas músicas, o grupo fez um intervalo. Enquanto Dave fazia piadas, um dos membros da banda entrou no camarim e anunciou que um espectador tinha acabado de lhe dizer que a banda tinha sido contratada para servir de "exemplo" dos males da obra do Demônio.

Anderson lembra que Roth e os outros logo começaram a sorrir. "Dave disse: 'Ah, eu vou dar um exemplo pra eles!'. Então todos eles tiraram as camisas. Dave abriu o zíper da calça. Ele deixou tudo pra dentro, mas abaixou a calça ao máximo, então dava pra ver uns pelos."

Quando eles começaram a tocar de novo: "As coisas ficaram pretas lá", Anderson diz: "Eles estavam tocando as músicas mais sugestivas. Dave provavelmente simulava sexo no chão. Foi fascinante, mas também aterrorizante, pois muitos dos espectadores eram verdadeiros cristãos ferrenhos que tinham certeza de estarem vendo o fim do mundo".

Depois da última música, os músicos logo desmontaram sua aparelhagem. Ela se recorda: "Nós voltamos para o camarim com o equipamento e tudo o mais e simplesmente montamos uma barricada na porta. Não sei como conseguimos, mas foi assim. Eles tinham uma janela bem grande e a gente saiu por ela. Todo mundo".

No começo de 1972, a Red Ball Jet finalmente começou a ver alguma luz no fim do túnel. Perez explica que ele contratou a Red Ball Jet para tocar em uma festa familiar para seu primo. Só depois de concordarem é que alguém da banda lembrou de pedir o endereço. No fim, a casa ficava em um bairro da periferia perto do Rose Bowl, uma parte da cidade que brancos não frequentavam.

Naquele dia, os garotos invadiram a casa. Perez diz: "Foi meio engraçado, porque a vizinhança ficou chocada de ver todos esses brancos vindo de todos os lugares. Então você tinha lá os mexicanos da Blair [High School] [escola de Pasadena] e da John Muir. Eu pirei, porque todo mundo estava lá". A mistura de brancos e latinos fora da escola, segundo ele, "não acontecia muito".

Enquanto o pequeno quintal lotava, a Red Ball Jet mandava ver na apresentação. "Dave apareceu como um Mick Jagger júnior", Perez lembra. Enquanto a banda se aquecia, "tinham esses garotos mexicanos sentados lá e uns garotos brancos também. Eles olharam uns para os outros e disseram: 'Ah, tá bom!'". Quando a festa ficou mais animada, até as figuras de autoridade se divertiam. "Tinham cinco adultos lá e a festa rolando. Minha tia estava lá e meu pai também. Os garotos entravam em casa e a gente tinha um barril de cerveja."

Em dado momento, porém, os vizinhos chamaram a polícia. "Os tiras apareceram", Perez conta, e "eles ficaram bem chocados. Eles disseram: 'Aqui é a periferia. O que todos esses brancos fazem aqui?'. Eles olham ao redor. Veem toda a comida, a bebida e a cerveja e não acreditam. Daí eles vão embora. Dias depois, claro, nós nos tocamos de que minha tia poderia ter tido problemas por dar cerveja a garotos, mas naqueles dias eles deixavam passar".

※

Mais tarde, Perez, descendente de mexicanos, não se surpreendeu que Roth tivesse conseguido facilitar essa reunião de tribos. "Muitos garotos que tentavam ter sucesso em bandas", ele explica, "não tinham a familiaridade com o gueto ou a periferia que David tinha. Ele até falava espanhol naquela época". De acordo com Perez, o círculo social de Roth na Muir, assim como sua escolha de amigos, refletia uma "compreensão das minorias. Ele apreciava e via o valor no que negros e mexicanos traziam" à cultura mais ampla da cidade. Como resultado, Roth e a Red Ball Jet reuniram, pelo menos por uma noite, grupos bem diferentes de pessoas.

Durante as férias de verão, Roth estava determinado a superar os irmãos Van Halen na cena de festas de quintal. Roth, em sua autobiografia, escreveu que "tocar nessas festas ficou competitivo rápido" e, por isso, "o conflito e a boataria" deram o tom da rivalidade.[120]

Naquele verão, Roth e o restante de sua banda tomaram uma atitude estratégica nessa rixa. Entendendo que eles jamais seriam páreo para o virtuosismo da Mammoth, eles aumentaram a aposta em se tratando de apresentação. Roth declarou em *Crazy from the Heat* que a Red Ball Jet fez "a jogada antes impossível de imaginar de *alugar* um palco portátil na Abbey Rents. Tinha cerca de 23 centímetros de altura, com pequenas plataformas elevatórias".[121] Com um palco embaixo dos pés e o sistema de PA acústico de Roth para projetar melhor sua voz, a Red Ball Jet partiu para destronar a Mammoth.

A batalha aconteceu em todos os bairros de Pasadena. Taylor destaca "o melhor show que nós provavelmente já tivemos". A casa estava construída na base de uma elevação suave. Taylor lembra: "Esse quintal tinha um pátio plano, que se elevava sobre uma piscina em um ângulo de 30 graus", formando um anfiteatro natural para os convidados.

Depois do início do show naquela noite, todos os olhos estavam em Roth. Perez diz que ele chamava a atenção, pois estava "vestido como um apresentador de circo. Ele usava calça de couro, colete e tal, com cabelo longo e tudo o mais. As garotas, minha nossa... elas faziam fila. Ficavam com a calcinha molhadinha só de olhar pro cara". Em sua autobiografia, Roth relatou suas técnicas: "No meio de um show em uma

---

120. Roth, *Crazy from the Heat*, p. 60-61.
121. Roth, *Crazy from the Heat*, p. 60.

festa, eu abaixava os suspensórios e os deixava pendurados em volta da bunda, e isso realmente mostrava meu físico".[122] Perez observa: "Essa presença de palco era o show. As pessoas queriam ver isso. Elas não iam ver a Red Ball Jet, mas, sim, o David. Essa era a jogada. Querendo zombar dele ou não, ele conseguia uma multidão". Leiren achava o mesmo, dizendo: "Todas as garotas apareciam para ver Dave e todos os caras apareciam para odiar Dave!".[123]

Em outra festa naquele verão, havia dois observadores com um interesse específico em Roth e na sua banda. Paul Fry relembra: "Uma noite, fui com o Eddie e o Alex ver a Red Ball Jet tocar. Eles estavam observando o inimigo, digamos assim".

O fato de os irmãos Van Halen irem ver a Red Ball Jet, uma banda que eles odiavam, sugere que eles possam ter percebido o vácuo entre as duas bandas começando a diminuir. Hernandez lembra: "O que eu sempre dizia sobre as duas bandas era que na verdade nós éramos rivais opostos; os Van Halen tocavam, mas nós tínhamos Dave! Eles eram uma banda de 'músicos' e nós éramos a banda do entretenimento". Apesar de sua habilidade musical superior, os irmãos pareceram apreciar quando Fry gritava sobre o barulho: "Isso *não* é páreo pra vocês! Vocês piraram?".

Mesmo se o grupo de Roth não fosse uma ameaça musical grave, Edward deu o crédito, ainda que com desprezo, a Roth por atingir seu objetivo, dizendo em 1979 que a Red Ball Jet "adorava um espetáculo, exceto que eles... não conseguiam tocar nota nenhuma".[124]

Em algum momento em julho, Roth começou a levar um antigo amigo aos ensaios da banda: um instrutor de caratê e dublê de Hollywood de fala rápida chamado Sonny Hughes. Um ano antes, talvez, Dave dividira seus sonhos de ser um astro do rock com Hughes depois de alguma das sessões de treinamento de Roth no célebre estúdio de caratê kenpo Ed Parker, de Pasadena. Hughes tinha experiência nesses assuntos, ele informou Roth, pois sua mãe tinha sido vocal de apoio de alguns discos do Sinatra e do especial de retorno do Elvis em 1968. Roth o chamou para assistir ao ensaio da Red Ball Jet, algo que Hughes logo tornou um hábito.[125]

Depois de Roth e Hughes começarem a conversar, eles traçaram planos para um show que estabeleceria um novo padrão para uma apresentação

---

122. Roth, *Crazy from the Heat*, p. 61.
123. Rudy Leiren, entrevistado por Steven Rosen, de posse do autor.
124. Fricke, "Van Halen Hosts Rock's Biggest Party", p. 32.
125. Sonny Hughes, entrevistado pelo autor.

colegial. Com Hughes ao seu lado, Roth apresentou a ideia à banda. Em vez de tocaram em um quintal, a Red Ball Jet alugaria o estádio de futebol da Eliot Junior High School. Na verdade, Hughes e Roth já tinham reservado o local no departamento de parques e recreação de Altadena e no conselho de educação.[126]

Para completar, o dr. Roth ofereceu ajuda para a banda de duas formas. Primeiro, ele concordou em pagar por propagandas na rádio. Segundo, ele prometeu alugar um helicóptero para levar a banda de um heliporto próximo ao solo da Eliot, pousando bem na frente de todos, como os Stones fizeram em Altamont. Quando eles tocassem o solo, abaixariam a cabeça, passariam pelo rotor de ar e iriam para o estádio e de lá para o palco, tudo enquanto a multidão perplexa olhava em delírio. Roth e Hughes não tinham dúvidas de que seria o show local mais exuberante da história de Pasadena.

Dias depois, Roth começou a desenhar o folheto do show. Ele já tinha visto folhetos o bastante na cidade para saber que muitos não tinham a garantia de uma segunda olhada. Isso não adiantaria dessa vez.

Taylor se recorda da sugestão de Roth: "David queria todos nus e cobertos com as guitarras". Miles Komora acrescenta: "Era aquela coisa de como atrair a atenção das pessoas pela publicidade", então "nós dissemos: 'Vamos ficar pelados e tirar uma foto'". No quintal do pai de Roth, a banda posou para uma foto no meio de grama alta e arbustos densos, dando a impressão de que acabaram de sair de alguma floresta primitiva. Os irmãos Komora e Taylor se agacharam em um semicírculo com as guitarras estrategicamente posicionadas para esconder os genitais. Hernandez usou um grande *cowbell* com o mesmo propósito ao ajoelhar entre eles. E no meio Roth ficou de pé, virado de lado, com sua perna esquerda dobrada ao lado do joelho e as mãos cobrindo a virilha, usando meias estampadas e extravagantes sapatos de salto alto. Como um toque final, todos ostentavam gravatas coloridas, que serviam apenas para reforçar o fato de que não usavam roupas.[127]

---

126. Dan Hernandez, entrevistado pelo autor; Miles Komora, entrevistado pelo autor; Gary Taylor, entrevistado pelo autor.
127. Roth, fã de Alice Cooper, ficou bem inspirado aqui por um golpe publicitário da primavera de 1972 criado por Cooper e seu empresário, Shep Gordon. Na viagem para o show do Cooper em 30 de junho em Londres, um caminhão plataforma rebocando um outdoor de Cooper nu, exceto por uma cobra enrolada em seu tronco, "quebrou" em Piccadilly Circus. Veja Ruth Blatt, "When Compassion And Profit Go Together: The Case Of Alice Cooper's Manager Shep Gordon", *Forbes*, 13 de junho de 2014, <http://www.forbes.com/sites/ruthblatt/2014/06/13/when-compassion-and-profit-go-together-the-case-of-alice-coopers-manager-shep-gordon/.>.

O infame folheto da Red Ball Jet com todos nus, verão de 1972. MILES R. KOMORA

Depois de uma ida à gráfica, eles discutiram como distribuir as 3 mil cópias do folheto picante antes da apresentação de 25 de agosto. Embora Miles questionasse o critério de colar todos por todo San Gabriel Valley, ele foi vencido. Os outros pegaram pilhas de folhetos e foram às ruas. Hernandez diz: "Os folhetos foram colados em toda a cidade, em postes; essas coisas foram coladas por todos os lugares".

Um dia antes do show, o diretor do departamento de parques e recreação de Altadena voltou ao escritório após relaxantes férias de duas semanas. Seu assistente deu uma batidinha na porta, entrou no escritório e lhe entregou o folheto, dizendo: "Olha pra isso! Eles estão em toda a cidade. Estão por toda a Lake Avenue e o Colorado Boulevard". O diretor deu uma olhada na foto dos cinco jovens peludos pelados e pediu para seu assistente chamar a pessoa responsável pelo evento no telefone. Agora.[128]

Logo depois, Hughes atendeu e explicou que tinha falado com *alguém* no departamento sobre a apresentação. Depois de mais um pouco de lenga-lenga, Hughes disse: "Bom, quando eu os levar de helicóptero...".[129]

---

128. Gary Taylor, entrevistado pelo autor.
129. Miles Komora, entrevistado pelo autor.

Dito isso, os olhos do diretor se esbugalharam. Taylor lembra que o administrador da cidade "achou que uma banda de rock and roll *nua* ia de helicóptero para esse show na Eliot Junior High School" e então tocaria sem nada além de suas gravatas engraçadas e suas guitarras. Ele cortou Hughes, disse que o show estava cancelado e bateu o telefone. Logo depois, porém, ele percebeu que tinha outro problema.

No dia seguinte, Hernandez pegou o *Star-News* de Pasadena. Na primeira página havia um artigo com a manchete: "Festival de Rock de Altadena Cancelado". Ele informava aos cidadãos interessados de San Gabriel Valley que o concerto programado na Eliot fora produto de um "desentendimento entre as partes". Hernandez acha que as autoridades de Altadena contataram o jornal "pela previsão de quantas pessoas apareceriam. Eles sabiam que era provável ter muitas pessoas".[130]

Como consequência disso, Taylor lembra que, embora o estrago tenha sido considerável, toda a travessura serviu a um propósito maior. "As pessoas ficaram putas. Mas, pensando bem, é aquele velho provérbio do show business: qualquer publicidade é boa."

No fim do verão, Roth aumentou ao máximo as oportunidades de festas no quintal da banda. Em setembro, Bobby Hatch, amigo de Roth, contratou a Red Ball Jet para tocar na casa de seus pais, que ficava na Michigan Avenue, perto da casa de Stanley Swantek, amigo de Roth. "Stanley me apresentou Dave Roth", Hatch lembra. "Ele se deu bem com a gente porque nós tínhamos um clube de garotos. Tinha uns 13 ou 14 [meninos] crescendo no nosso quarteirão. Nós costumávamos ficar na frente da casa dos meus pais. A gente chamava isso de 'muro'. Basicamente, se você não tinha um encontro à noite, ficaria no muro enchendo o saco dos vizinhos com música alta, só curtindo."[131]

Durante esses dias, um componente essencial no cenário das festas da Michigan Avenue era uma caminhonete de sorvete. Como Roth contou tantas vezes para o público na turnê do Van Halen em 2007: "A gente estacionava a caminhonete no quintal, tirava todo o sorvete e punha cerveja para a festa".[132] Embora Roth se recorde de Stanley Swantek dirigindo, David, irmão de Stanley, esclarece as coisas: "Esse cara chamado Tommy Lake comprou uma caminhonete de sorvete e a usou

---

130. "Altadena Rock Fest Cancelled", *Star-News (Pasadena)*, 25 de agosto de 1972.
131. Bobby Hatch, entrevistado pelo autor.
132. "Van Halen – Toronto – 2007 – Ice Cream Man", *YouTube*, 13 de outubro de 2007, acesso em 8 de julho de 2015, <http://www.youtube.com/watch?v=lQtijtfRoFM>.

como negócio pelo menos por um verão. A gente fazia festas [na nossa casa] e na casa do Hatch, que fica no fim da rua. Tommy costumava levar a caminhonete lá e às vezes a gente saía, vendia sorvete com ele e bebia a cerveja que a gente deixava guardada na caixa térmica". Durante um desses passeios embriagados de verão pela cidade, Lake contou aos irmãos Swantek sobre um velho disco do John Brim que ele tinha com uma música chamada "Ice Cream Man". David Swantek disse que seu irmão "pegou emprestado o disco e tocou ele pro Dave. De todo jeito, foi daí que a música [do Van Halen] veio".

Com a caminhonete de sorvete e a Red Ball Jet abrigadas na casa de Hatch, a festa começou e logo saiu de controle. Hernandez se lembra de tocar no quintal "lotadaço" com o helicóptero da polícia pairando no alto, apontando um holofote de alta potência na banda. Roth seguia a luz pelo palco, fazendo caretas para os farristas antes de os tiras acabarem com tudo.

Em outra frente, os esforços de Roth e Hernandez de trazer um pouco de soul à Red Ball Jet ganhou força no outono de 1972. A banda começou a tocar um pouco de James Brown, como "Cold Sweat", e mais Motown, como "Shotgun" do Jr. Walker & The All Stars, e algumas seleções do *White Trash* de Edgar Winter.

Com essas covers vieram algumas músicas originais, incluindo um número dançante inspirado pelo hit "Tequila", de 1958. Nele, Roth tocava saxofone e dizia o título e única letra da música – "Lotion!" – durante as pausas nos trechos instrumentais. O que unia todas essas músicas, pelo menos na cabeça de Roth, estava claríssimo. "Dave falava sempre: 'Precisa ter ritmo! Você *tem* de conseguir dançar", Taylor lembra.

Roth também convenceu os outros a usarem figurinos mais descolados. Miles e os outros foram até Hollywood e escolheram algumas camisetas vibrantes, calças boca de sino e sapatos extravagantes para dar um brilho no show da Red Ball Jet. Roth também levou seu visual a novas direções. Nessa época, ele começou a pegar dicas do florescente movimento glam rock, que tomou a vizinha Hollywood. Hernandez se lembra de que Roth ficou vidrado em David Bowie e no glitter rock e, por isso, ele "usava plataformas na Red Ball Jet". Elizabeth Wiley, amiga íntima de Roth que trabalhava com ele e o apoiou nos tempos de vacas magras com a Red Ball Jet e o Van Halen, lembra de decorar uma "linda jaqueta de couro com tachas e strass" e costurar um smoking de lamê para Roth, apenas dois de vários figurinos que ela e sua irmã, Linda, criavam para ele. Ela diz: "Dave tinha essas ideias, e nosso trabalho era realizá-las".[133]

No fim de 1972, Roth seguiu outra via em seu esforço de transformar a banda. O dr. Roth, com o encorajamento de seu filho, resolveu dar seus pitacos nos assuntos da Red Ball Jet. Ele e Dave tinham várias ideias, algumas das quais envolviam fazer teste em algumas casas noturnas de Hollywood, como o Gazzarri's, marco da Sunset Strip. O dr. Roth aconselhou, porém, que, antes de eles darem esse passo, precisavam de orientação profissional; então, ele contratou um consultor a 60 dólares a hora para ajudar a banda a preparar o show.[134]

Essa orientação veio de Carlton Johnson, um dançarino de sapateado e coreógrafo de Hollywood veterano. Antes de entrar no local de ensaios da Red Ball Jet, ele idealizou as séries de coreografias de filmes de sucesso como *Deu a Louca no Mundo* e programas de televisão de sucesso como *The Danny Kaye Show*, *The Sammy Davis Jr. Show* e *The Carol Burnett Show*.[135]

Nas semanas seguintes, Johnson ensinou uma coreografia para a Red Ball Jet. Hernandez lembra que todos, exceto Dave, "detestaram" a ideia de coreografar o show a esse ponto. Hernandez declara: "Como eu era o baterista, não estava envolvido nisso, mas Carlton tentou ensinar pra eles o que eles costumavam chamar de passo da Motown. Como você sabe, esta era uma banda de rock". Taylor diz que era inútil tentar transformar três desajeitados em Fred Astaire: "Ensinar um bando de garotos brancos a dançar assim? Dave é o único que tinha alguma chance, porque ele gostava e nós éramos garotos brancos ouvindo rock e blues de brancos".

Observadores tiveram reações semelhantes. Ron Morgan diz: "Miles me contava sobre esse coreógrafo profissional e eu só gargalhava. 'Você está brincando. Um cara da Motown vem pra ensinar vocês, branquelos, a dançar?'". Morgan então foi até o porão e viu "Miles, com aquele físico de jogador de futebol americano, sapatear tentando tocar baixo ao mesmo tempo". Kevin Gallagher diz que isso fez da Red Ball Jet "alvo de risos das outras bandas". Morgan acrescenta que tudo isso só

---

133. Elizabeth Wiley, e-mail para o autor, 24 de junho de 2012.
134. Dan Hernandez, entrevistado pelo autor.
135. "Carlton Johnson, 52, Film Choreographer and Tap Dancer, Dies", *Los Angeles Times*, 31 de dezembro de 1986, acesso em 8 de julho de 2015, <http://articles.latimes.com/1986-12-31/local/me-1211_1_carlton-johnson>.

reforçava a sensação de que "Roth era meio maluco, realmente bizarro, comparado com outros músicos que eu conhecia".

Mas nada disso era maluquice para Roth. Acrescentar uma coreografia influenciada pelos negros à Red Ball Jet fazia perfeito sentido para um garoto que crescera imitando os mais novos passos de dança do *American Bandstand*, reproduzindo os passos de dança de Al Jolson e James Brown e cantando junto com os discos do Louis Armstrong. De fato, quando Roth contou mais tarde a entrevistadores que ele teve mais influência musical dos Ohio Players do que do Deep Purple, ele não estava brincando.[136] Como Roth escreveu em sua autobiografia, ele tentou absorver a cultura negra "em todo o [seu] melhor, seja o Afro, as calças boca de sino, as plataformas. Seus carros, suas gírias, suas práticas".[137]

Hernandez diz que Roth consumia esses componentes da cultura negra popular para formar seu senso de habilidade na apresentação. "Ele era assim", ele explica. "Não era forçado ou manipulado pessoalmente. Se alguma coisa foi forçada ou manipulada, foi por causa do entretenimento. Ele é assim. Ele diria: 'Eu sou um artista.'" Então, um dia, quando Roth contou a Hernandez, enquanto almoçavam macarrão com queijo, que um de seus "maiores sonhos" era "ir pra Vegas, subir no palco, contar piadas engraçadas e dançar como um louco", assim como Sammy Davis Jr. tinha feito no Sands, Hernandez apenas balançou a cabeça e voltou a comer.

Deixando de lado as fantasias de Roth com Vegas, a banda conseguiu um teste no Gazzarri's. Acompanhando-os naquele dia estavam Carlton e o dr. Roth. Mas, quando a Red Ball Jet subiu ao palco, eles perceberam que duas de suas características, um poste no centro e uma escada em espiral na lateral, impossibilitariam sua coreografia de "Rock Me Baby" do B. B. King. Komora diz que Johnson tinha planejado para Taylor, seu irmão Mark e ele caminharem "em círculos ao redor ou atrás de David. Sabe quando você abaixa dobrando os joelhos e depois sobe? A gente estava fazendo algo assim". Depois de uma reunião improvisada, a banda decidiu que os três instrumentistas não dançariam.

As coisas foram de mal a pior quando eles começaram a tocar. A calça de Taylor era tão justa que rasgou, provocando risos nos espectadores. E, embora Roth dançasse pra caramba, o teste não deu certo. Miles Komora recorda que, depois que ele saiu do palco, "realmente me

---

136. Gerard Van Der Leun, "David Lee Roth", *Penthouse*, janeiro de 1987, p. 66; Young, "Van Halen", p. 50; Elizabeth Wiley, *Could This Be Magic: Van Halen before 1978* (Bloomington: Ind.: Trafford Publishing, 2012), p. 38; Roth, *Crazy from the Heat*, p. 28.
137. Roth, *Crazy from the Heat*, p. 35.

senti bem mal, porque Carlton estava lá vendo. Carlton disse: 'Ah, vocês tocaram bem'. Eu pensei: 'Ah, sim. Esta é a última vez que vamos ver ele', e assim foi!".

Embora a banda estivesse arrasada depois do desastre no Gazzarri's, o bem relacionado dr. Roth conseguiu algumas apresentações para a banda. "Ele conseguiu alguns lugares só mencionando que ele era o *dr. Roth*", conta Miles Komora. "Lembro que ele conseguiu apresentações na delegacia no centro de L.A., uma ou duas apresentações na USO... e uma em uma penitenciária feminina em L.A." Taylor se recorda: "Ele estava falando com a ABC Television, tentando conseguir colocar a gente no 'roteiro de casas noturnas' naqueles filmes feitos pra TV da época. O homem estava mesmo tentando nos colocar nos lugares certos para sermos notados. O pai do Dave estava praticamente tentando nos representar".

O interesse de Nathan Roth na banda, porém, acabaria prejudicando mais do que ajudando. Um dia, Dave e seu pai anunciaram que o dr. Roth merecia um voto, pois pagava as contas. Os outros não admitiram e largaram a banda. No fim, a Red Ball Jet acabou com um protesto.

Hernandez acha que Dave sabia que não daria certo. "Ele era muito ambicioso", observa Hernandez. "Então, ele tá na Red Ball Jet. Acho que ele está frustrado. Ele sabe o que quer fazer e o que quer ter por perto. Acho que ele entende que os irmãos Van Halen são músicos muito melhores do que nós. Ele quer se associar a esse tipo de qualidade, e por isso ele tinha uma luta como um artista."

Entretanto, Roth teve de reconhecer que, naquele momento, suas chances de entrar para a Mammoth eram apenas um pouco melhores do que as chances de entrar para os Rolling Stones. "Os irmãos Van Halen não gostavam dele", Leiren explicou. "Eles o achavam um babaca."[138] Mas isso não parecia incomodar Roth.

Em 1984, Roth explicou por que ele conseguia superar episódios como não conseguir passar nos testes e o fim de sua banda. "Eu sempre fui muito motivado", ele contou ao *London Sunday Times*. "Sempre me irritou pessoas dizendo: 'Cadê a ação? Ah, não tem ação aqui, vamos pra outro lugar'. Essas pessoas *nunca* vão encontrar a ação. Tem três tipos de caras no planeta. Tem aqueles que *fazem* as coisas acontecerem, os que

---

138. Rudy Leiren, entrevistado por Steven Rosen, de posse do autor.

observam as coisas acontecerem e tem aqueles que perguntam: 'o que aconteceu?'"[139]

Roth deu a Hernandez um gostinho de como o cantor levava a sério o poder do pensamento positivo no começo de 1973. O baterista tinha acabado de entrar para o seu primeiro grupo profissional. "Lembro-me de um dia quando ele veio a minha casa e eu tinha acabado de começar a tocar nessa banda de western swing. Isso foi depois da Red Ball Jet, mas a gente ainda saía um pouco. Isso foi antes do Van Halen."

Hernandez, sentado com a partitura na frente dele, desabafava com Roth sobre suas ansiedades. "Eu estava morrendo de medo por estar nos ensaios aos 19 anos como baterista com esses músicos de estúdio feras. Estava com as partituras em casa e mostrei pro Dave. Lembro-me de dizer a ele: 'Estou apavorado com essas partituras'. Elas desafiavam meu grau de habilidade."

Roth cortou Hernandez dizendo: "Cadê sua confiança?". Hernandez diz: "Nunca vou me esquecer disso. Ele dizia: 'Levanta, sacode a poeira... arrasa e tudo vai ficar bem'". Para Roth, essas não eram palavras vazias. Nos meses seguintes, ele seguiria seu próprio conselho.

---

139. Barney Hoskyns, "The Rock's Backpages Flashback: David Lee Roth and the Secret of Van Halen's Excess", *Rock's BackPages Archives*, 3 de janeiro de 2012, acesso em 8 de julho de 2015, <http://music.yahoo.com/blogs/rocks-backpages/rock-backpages-flashback-david-lee-roth-secret-van-162040845.html>.

Capítulo 4

David Lee Roth Entra para o Van Halen

O fim da Red Ball Jet poderia ter devastado Roth. Seus sonhos com a Sunset Strip foram destruídos depois de sua banda não passar no teste no Gazzarri's. Seu pai, que investiu tempo e dinheiro na banda de seu filho apenas para vê-la acabar, não apoiaria mais seus sonhos musicais. Por causa desses problemas, tudo o que lhe restara no começo de 1973 foi o pequeno sistema de PA que seu pai comprou.

Apesar desses reveses, Roth sentia-se destemido. De fato, ver-se sem banda era problemático. Mas, para um jovem de apenas 18 anos, que tinha resolvido ser um artista muito antes de fumar ou se barbear e depois estava tão determinado a se tornar vocalista que "nunca" lhe ocorreu avaliar se seria um bom cantor, isso nunca foi um empecilho.[140] Ele agora planejava entrar em uma banda local.

Embora houvesse alguns grupos talentosos na cidade, incluindo a Uncle Sam, o lugar ideal para Roth era a Mammoth. Aquela banda, agora um quarteto após a entrada de um tecladista, tinha construído sua reputação tocando covers precisas de músicas dos principais grupos de hard rock da época.

Embora Edward, que continuava a ser o principal vocalista da Mammoth, não gostasse de cantar, os irmãos Van Halen não tinham interesse em Roth. Por que teriam? Eles e seus amigos o viam como um riquinho mimado de San Marino. Deixando de lado a inveja entre classes, Roth não demonstrou evidência de ser um cantor competente em seu teste para a Mammoth em 1971.[141] Edward e Alex não achavam que ele melhorou quando o viram com a Red Ball Jet, uma banda que

---

140. Collins, "David Lee Roth", p. 24.
141. Wild, "Balancing Act", p. 46.

odiavam. "Ed e eu não suportávamos o filho da puta", Alex declarou para Steven Rosen. "A gente não suportava a banda nem a música."[142]

No entanto, Roth era destemido. De volta a 1970, ele tinha visto os irmãos Van Halen tocarem em uma sinagoga e, algum tempo depois, em uma festa. Roth contou ao *New York Post*: "Ainda me lembro da primeira vez que o vi [Edward] tocar em uma festa no quintal em Pasadena no colégio. Ele era incrível".[143]

Esse talento singular é o que Roth apreciava nos irmãos Van Halen. E, apesar do desdém da Mammoth e de seus fãs, Roth permaneceu confiante. Ele tinha um plano. De algum jeito, convenceria Edward e Alex a convidá-lo a entrar para a Mammoth.

Sem uma banda, Roth trilhou outros caminhos para realizar seus sonhos musicais. Em pouco tempo, uma oportunidade inesperada se materializou. "Eu conheci o Dave antes de ele entrar para o Van Halen", Debbie Imler McDermott lembra. "Nós trabalhamos juntos numa loja chamada London Britches em Pasadena, que vendia essas calças boca de sino justas e de cintura bem baixa, abaixo do umbigo." Em algum momento durante seu tempo de serviço na loja, Roth se aproximou do dono com uma ideia que ele teve para um comercial.

A jogada de Roth deu certo. Miles Komora se recorda: "Eu me lembro de que a primeira vez que ele esteve no rádio foi para a London Britches. Ele escreveu uma melodia e eles tocaram no rádio". David Roth, com seu violão e suas habilidades em composição, estreou nas ondas do rádio.

Depois do trabalho, Roth passava um tempo na residência dos Swantek na Michigan Avenue. Como conta David Swantek: "Roth era o melhor amigo do meu irmão Stanley no colégio. Eles saíam atrás de garotas juntos". Antes de uma noitada na cidade, Roth se divertia com os irmãos. David Swantek diz: "David Roth vinha pra casa da minha mãe o tempo todo. A gente sentava na varanda, fumava um baseado e Dave nos contava sobre seus planos para o futuro".

Os planos de curto prazo de Roth não incluíam esperar por uma ligação dos irmãos Van Halen. Com seu jingle da rádio no currículo, Roth procurou por trabalhos de trovador. "Depois do fim da Red Ball Jet e antes de entrar pro Van Halen", David Swantek diz, "ele decidiu: 'Bom,

---

142. Rosen, "True Beginnings", p. 46.
143. Dan Aquilante, "Return of Diamond Dave", *New York Post*, 26 de fevereiro de 2012, acesso em 8 de julho de 2015, <http://nypost.com/2012/02/26/return-of-diamond-dave/>.

David Lee Roth dedilha seu Vox acústico na casa de seu pai em San Marino, Califórnia, por volta de novembro de 1972. ELIZABETH WILEY

eu vou tocar em casas noturnas'". Inspirado talvez por cantores-compositores como Cat Stevens e Jackson Browne, Roth praticava violão na frente dos outros. "Desde que ele começou a se divertir na varanda, ele dizia: 'Ei, vou tocar umas músicas pra vocês, e vocês me dizem o que acham'. Ele tinha 'Ice Cream Man' e uma música chamada 'Honolulu Baby'."

Roth deu duro para aprimorar sua técnica. Hernandez observa: "Dave não tocava nada acústico na Red Ball Jet, mas ele adorava tocar. A gente tocava violão juntos. Nós tocávamos blues e criávamos palavras. Lembro de um dia chegar na casa dele em San Marino e ele estar tocando 'Peaceful Easy Feeling' [do Eagles], e foi lindo. Ele tocava e cantava bem".

Depois de ganhar aplausos de seus amigos, Dave fez um teste na Ice House em Pasadena. Quando ele tocou, levou uma bronca. Como ele explicou a um repórter em 1994: "No domingo tinha a noite de testes para entrar na casa noturna e, se você seguisse o clichê, o dono interrompia com uma voz zombeteira estourando no sistema de PA". Essa atmosfera de grande pressão, Roth comentou, "formava o caráter".[144] Edward confirmou depois o valor dessas experiências para Roth quando ele contou a Steven Rosen que Dave fez "coisas solo antes. Daí que veio 'Ice Cream Man'; ele tocava no violão na Ice House o tempo todo".[145] Em uma entrevista mais recente, porém, Roth admitiu que nunca conseguiu entrar para a lista de apresentações da casa: "Eu só cheguei até a noite de testes".[146]

Enquanto isso, a Mammoth tinha dois problemas. Primeiro, Edward, um adolescente tímido que nunca se sentiu confortável cantando, começou a detestar seu papel duplo como guitarrista e vocalista. Com seu cabelo cobrindo o rosto e um cigarro aceso preso na cabeça de sua Les Paul, ele gritava sobre a parede sonora da Mammoth até ficar rouco. "Eu nunca aprendi técnicas de canto", observou ele em 1996. "Então eu meio que fazia como o Kurt Cobain – depois de cinco músicas e três cervejas, minha voz já era. Sabe, eu só gritava e gastava minha voz."[147] Esse dever duplo também prejudicava sua técnica na guitarra. Como ele contou à *Guitar Player*: "Não suportava aquela porra! Eu preferia só tocar".[148]

---

144. Prentiss Findlay, "Roth Barnstorming 'The Entire World'", *Post and Courier (Charleston)*, 28 de julho de 1994.
145. Tolinski, ed., *Guitar World Presents Van Halen*, p. 48.
146. Van Halen, "Van Halen Interviews 5", *Vimeo*, 19 de junho de 2012, acesso em 8 de julho de 2015, <http://vimeo.com/42240360>.
147. Dodds, *Edward Van Halen*, p. 23.
148. Obrecht, "The Van Halen Tapes", p. 9.

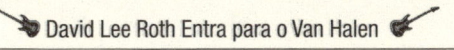

Alex Van Halen em um ensaio da banda Mammoth no Pewsey Dance Studio em Altadena, Califórnia, no começo de 1973. ELIZABETH WILEY

Segundo, a banda não tinha um PA. De 1971 em diante, Edward e Alex alugavam o equipamento de PA de várias pessoas. Eles alugaram um do Paul Fry, que tinha conseguido para eles a apresentação na PCC, e depois alugaram um sistema com Greg Pettit, que tocava na Uncle Sam, a principal rival da Mammoth.

Durante uma de suas visitas para pegar o PA de Pettit, eles tiveram um encontro inesperado. O guitarrista Nicky Panicci, que quando adolescente assistia aos ensaios da Uncle Sam, diz que em uma tarde no começo de 1973, Edward e Alex deram de cara com Roth no local de ensaio da Uncle Sam. Roth não perdeu tempo em pedir para os irmãos Van Halen o deixarem entrar para a Mammoth. Panicci se recorda que Alex e Edward o dispensaram enquanto saíam com o PA de Pettit.[149]

No início do verão de 1973, a paciência e o dinheiro de Edward e Alex acabaram. Um dia, Alex apareceu para alugar o equipamento de Pettit e ouviu que o preço tinha aumentado. Alex, um conhecido pavio curto, acusou Pettit de tentar cobrar demais da Mammoth e saiu depois de mandá-lo "se foder".[150]

Alguns dias depois, Miles Komora abriu sua porta e se deparou com os irmãos na entrada. "Eles vieram na minha casa e perguntaram: 'Ei, você tem o telefone do Dave? Nós queremos alugar o PA dele'. Então eu respondi: 'Tenho sim.'" Então, Alex ligou para Roth, que concordou em alugá-lo para eles.[151]

Como se conta na história *David Lee Roth Entra para o Van Halen*, depois de "alguns meses" alugando o sistema de Roth, Alex sentou com seu irmão e observou: "Olha, você não é tão bom assim como vocalista... Por que não colocamos ele [Roth] na banda e [daí] não precisamos mais pagá-lo?".[152] Edward explicou depois por que isso fez todo o sentido: "A gente estava alugando seu PA todo fim de semana por 35 dólares e ganhando 50 dólares nas apresentações. Então, ficava mais barato ele entrar pra banda".[153] Logo depois, a Mammoth virou um quinteto.

Nas semanas entre Roth concordar em alugar seu equipamento e os irmãos convidarem-no a entrar para a banda, estão os detalhes de uma das melhores jogadas do rock'n'roll de todos os tempos. Com seu PA 850 acústico como uma carta na manga e sua persistência como um

---

149. Nicky Panicci, entrevistado pelo autor.
150. Brent Pettit, entrevistado pelo autor.
151. *The Van Halen Story: The Early Years*, dirigido por Eduardo Eguia Dibildox (North Hollywood: Passport Video, 2003), DVD; Wild, "Balancing Act", p. 46.
152. *The Van Halen Story: The Early Years*.
153. Wild, "Balancing Act", p. 46.

O baixista Mark Stone e o tecladista Jim Pewsey da Mammoth tocam em San Gabriel Valley em agosto de 1973. Elizabeth Wiley

meio de entrada, David Lee Roth convenceria os irmãos Van Halen a reconsiderar sua recusa em deixá-lo entrar para a Mammoth.

☇

No começo de 1973, Jim Pewsey era o mais novo membro da Mammoth. Ele explica: "Tinha tanto teclado em todas as músicas nas paradas de sucesso que eles precisaram de um tecladista". Rodney Dave da Uncle Sam acrescenta que o amor de Edward por um dos maiores grupos de hard rock dos anos 1970 também fez do tecladista uma necessidade: "Ed era vidrado no Deep Purple. Jim era mesmo o cara certo. Ele conseguia tocar tudo do Purple com muito talento". A Mammoth, com Pewsey no órgão Farfisa e no piano elétrico Wurlitzer, tocava "Bloodsucker", "Into the Fire", "Smoke on the Water" e "Highway Star" do Purple.[154] Pewsey relata: "Nós tocamos *muito* Deep Purple, principalmente antes da entrada do Dave".

Deep Purple à parte, a banda ampliou seus horizontes agora com um tecladista. Além de suas músicas reservas de heavy rock, a Mammoth tocava "Ramblin' Man" do Allman Brothers, "Green-Eyed Lady" do Sugarloaf, "Time of the Season" do The Zombies e "Hope You're Feeling Better"[155] e "Soul Sacrifice" do Santana.[156] Na verdade, Edward diria depois que, de todo o material com teclado que a banda tocava na época, esta última faixa do Santana era sua favorita porque "nessa música o teclado arrasava".[157]

Pewsey diz que, depois de os irmãos alugarem o sistema de Roth pela primeira vez, ele começou a rondar a Mammoth, irritando pelo menos metade da banda. Vestindo calça justa de cintura baixa, plataformas e camisas extravagantes, Roth parecia deslocado quando comparado aos jeans azuis rasgados, camisetas brancas e camisas de flanela desbotadas da Mammoth. "Sabe, eu era bem mais conservador do que Dave", diz Pewsey. "Ele era um rebelde. Seu pai tinha dinheiro. A princípio não queríamos nada com ele." Já Mark Stone diz: "eu não gostava do Dave", porque "achava sua personalidade difícil e estranha".[158]

---

154. Eric Hensel, entrevistado pelo autor; Jim Pewsey, entrevistado pelo autor; Mark Stone, entrevistado por Michael Kelley, de posse do autor.
155. Lee Gutenberg, entrevistado pelo autor.
156. Mark Stone, entrevistado por Michael Kelley, de posse do autor; Jim Pewsey, entrevistado pelo autor.
157. Steven Rosen, "Diver Down Leaves No Sinking Feeling", *Record Review*, agosto de 1982, p. 13.
158. Mark Stone, entrevistado por Michael Kelley, de posse do autor.

David Lee Roth, novo vocalista da Mammoth, em agosto de 1973.
ELIZABETH WILEY

Então, como um cara que irritava os membros da Mammoth entrou para a banda? Pewsey sustenta que os irmãos Van Halen não decidiram simplesmente um dia deixá-lo entrar. Em vez disso, Roth "literalmente se enfiou" na Mammoth. "Não sei como dizer isso de outra forma", declara ele. Embora seja verdade que "ele alugaria seu velho PA acústico pra gente", essa foi apenas a jogada inicial de Roth enquanto ele trabalhava para ganhar a amizade dos irmãos Van Halen.

Algumas semanas depois de Roth e a Mammoth começarem a fazer negócio, Roth mudou as regras do jogo. Pewsey conta que, no dia de uma apresentação, Roth disse à banda: "Se vocês me deixarem entrar na festa de graça, podem usar meu PA". Dessa forma, ele conseguia sair com os irmãos e passar um tempo com eles entre os sets do show, bebendo cerveja e fumando cigarro.

Quando a estação de festas de quintal de Pasadena esquentou, Roth jogou seu trunfo. Pewsey lembra que, apenas horas antes de uma grande apresentação, Roth declarou que a Mammoth "não poderia usar [seu PA] mais, a menos que ele começasse a cantar algumas músicas conosco". Roth colocou a Mammoth em uma situação impossível. Mesmo com o temperamento explosivo de Alex, os irmãos sabiam que eles não teriam a quem recorrer. Pewsey diz que eles não tiveram escolha, e "então nós deixamos ele fazer isso". Quando a noite acabou, David Roth tinha cantado na Mammoth.

Pewsey relembra que Roth logo encontrou outra forma de se aproximar da Mammoth. Na época, a banda ensaiava no estúdio de dança da família do tecladista em Altadena. Nas primeiras noites do verão, quando eles estavam trabalhando, ele "simplesmente aparecia no estúdio de dança com" seu PA, em um gesto que o permitia ficar ainda mais junto da banda.

Durante essas visitas e em todo lugar onde ele os encontrava, Roth tentava convencer os irmãos do que ele poderia trazer à Mammoth, além de um PA em bom estado. Com cigarros Camel enfiados entre os lábios e cervejas nas mãos, Edward e Alex ficavam confusos na frente de um Roth animado enquanto ele diagnosticava as deficiências da Mammoth e expunha sua visão para o futuro da banda. Primeiro, os irmãos precisavam pensar e sonhar com coisas maiores do que festas locais regadas a chope e bailes escolares. Havia bares e casas noturnas em toda a grande Cidade dos Anjos, *centenas* deles, na verdade, onde bandas profissionais podiam exercer seu ofício em qualquer noite da semana.

Quando os irmãos responderam que não tinham muita sorte com apresentações em casas noturnas, Roth insistiu que as pessoas iam a esses locais *para sacudir o esqueleto*, não reviver Woodstock. "É porque vocês tocam todos os 20 minutos de 'I'm So Glad' do Cream, completa com solo de bateria, ao vivo, nota por nota, e é muito impressionante, mas não dá pra dançar."[159] A Mammoth tinha os músicos e a habilidade. Eles tinham de mudar a mentalidade musical e, mais importante, as músicas. "Vou verificar pessoalmente se é possível dançar cada uma das músicas", Roth garantiu. "Nós tocaremos rock, mas aqueles que você *consegue dançar*." Quanto mais Roth falava, mais os irmãos concordavam.[160]

No verão de 1973, com Edward farto de cantar e a banda cansada de ver seus lucros desaparecerem no bolso de Roth, os irmãos Van Halen discutiram se o convidavam a entrar para a banda. Como Alex revelou para Steven Rosen, os irmãos concluíram que a atitude e o carisma de Roth superavam suas deficiências como vocalista. "Ele não cantava porra nenhuma, mas era um cara bem convencido. Ele tinha o cabelo loiro comprido e andava por aí com uma certa confiança. Ele compensava a voz ruim sendo o tagarela sincero que parecia diferente. Nós imaginamos que sua técnica melhoraria com o tempo."[161] Com esse cálculo, os irmãos resolveram convidar Roth para ser membro da Mammoth.

Surpreendentemente, dessa vez Roth não fez um teste. Stone lembra: "Um dia, Al e Ed anunciaram: 'Dave está oficialmente na banda agora'".[162]

Em vista do péssimo tratamento que Roth suportou da Mammoth e de seus fãs durante seus dias na Red Ball Jet, isso foi sem dúvida um doce momento para ele. Os irmãos Van Halen o deixaram entrar para a sua banda.

No entanto, Edward e Alex consideraram pelo menos outro cantor. Umas duas semanas antes de Roth entrar para a Mammoth, Edward procurou Rafael Marti. Ele lembra: "Eddie veio na minha casa. Ele disse: 'A gente precisa de um vocalista. Você tem o telefone daquele cara?... O Legg, vocal da Uncle Sam, você me dá o telefone dele?'".

Marti diz: "Dava pra ver o que o Eddie tentava fazer. Eles precisavam de um *frontman*. Legg era um cantor muito bom. Ele soava como o Robert Plant, na verdade. Ele alcançava aquelas notas altas. Então eu disse sim, comecei a perguntar por aí para tentar conseguir o telefone do Legg, mas antes de eu responder ao Eddie ouvi falar que o Roth tinha entrado [pra banda]".[163] É improvável que Roth soubesse do último

---

159. Roth, *Crazy from the Heat*, p. 68.
160. Roth, *Crazy from the Heat*, p. 68.
161. Rosen, "On Fire", p. 60-61.
162. Mark Stone, entrevistado por Michael Kelley, de posse do autor.
163. Rafael Marti, entrevistado pelo autor.

esforço de Edward para encontrar outro para cantar, mas, independentemente disso, agora ele estava na Mammoth.[164]

As reações fortes provocadas pela mudança na formação não foram uma surpresa. Jonathan Laidig observa: "Quem ouviu que Eddie contratou Roth falou: 'Cê fez o quê?'". Marti lembra que, quando Roth entrou, todos os fãs da Mammoth "acharam realmente que eles [os irmãos Van Halen] tinham arruinado a Mammoth" e reclamaram com Edward: "'*Uau*, não acredito que você fez isso. Esse cara é uma merda'. Eddie se desculpava, mas nos dizia: 'Sejam legais com ele. Ele é bom'".[165]

Apesar da negatividade, Edward nunca hesitou em apoiar seu novo vocalista. Algumas semanas depois da entrada de Roth, Marti puxou Edward de lado no intervalo do show em uma festa na praia em Corona del Mar perguntando, com Roth ouvindo atrás, "Por quanto tempo você vai manter esse cara?". Edward defendeu Roth, dizendo a Marti: "Nós *precisamos* dele".[166]

Embora a habilidade vocal limitada de Roth com certeza alimentasse essas reações, ele não era pior do que Edward nos vocais. Para falar a verdade, *ninguém* pagava para ouvir Edward cantar. Marti destaca isso dizendo: "Eles faziam um lado inteiro do *Live at Leeds*, nota por nota. A parte instrumental era tão incrível que ninguém se importava com os vocais". Mesmo com Edward dando duro em seu papel duplo, ele não cantava melhor do que Roth. Obviamente, a oposição a Roth não se devia ao talento vocal.

Na realidade, era o estilo cultural e o gosto musical de Roth, mais do que sua técnica vocal, que irritaram todos da forma errada. Na Red Ball Jet, Roth usava figurinos extravagantes.[167] Além disso, seu caldeirão musical tirava muito de seu sabor de gêneros como R&B e glam rock em vez do hard rock.[168]

A sensibilidade musical da Mammoth não poderia ser mais diferente. Suas apresentações enfatizavam os sons mais sombrios e sinistros do início dos anos 1970: Cactus, os mercadores do boogie rock, Black

---

164. Chris Legg, entrevistado pelo autor.
165. Rafael Marti, entrevistado pelo autor.
166. Rafael Marti, entrevistado pelo autor.
167. Roth, *Crazy from the Heat*, p. 61.
168. Roth, *Crazy from the Heat*, p. 57, 63; Keith Phipps, "David Lee Roth", *A.V. Club*, 19 de junho de 2002, acesso em 8 de julho de 2015, <http://www.avclub.com/articles/david-lee-roth,13772>; Michael Hann, "David Lee Roth", *The Guardian*, 2 de fevereiro de 2012, acesso em 8 de julho de 2015, <www.guardian.co.uk/music/2012/feb/02/david-lee-roth-van-halen>.

Sabbath, os pioneiros do heavy metal, e Grand Funk Railroad, os intrépidos do blues rock. Até o Santana, e seu som com influências latinas, saía da zona de conforto da Mammoth. "Os irmãos e Mark realmente gostavam mais de hard rock do que eu", Pewsey observa. "Eu sempre quis tocar mais Santana, mas eles não queriam." Edward explicou para a *Rolling Stone* que naquela época ele não se interessava pelo tipo de música que Roth preferia, dizendo que, se "Cream e Led Zeppelin são brancos, então, sim, eu era bem branco".[169]

O ponto de vista de Edward, de certa forma, refletia o de seus fãs. A PHS, onde nasceu a Mammoth, continuou predominantemente branca no início dos anos 1970, apesar de a corte de justiça ter exigido a integração das escolas públicas municipais.[170] Os fãs da Mammoth fumavam maconha em Chevelles e furgões customizados no estacionamento da PHS enquanto seus aparelhos de som de oito faixas tocavam o *Vol. 4* do Black Sabbath, *School's Out* do Alice Cooper e *Machine Head* do Deep Purple no último volume. Isso era bem *Jovens, Loucos e Rebeldes*, no melhor estilo Pasadena. David Swantek, que frequentou a PHS enquanto seus irmãos iam de ônibus para a John Muir High School, resume: "Eu tinha muitos amigos, tanto negros como brancos. Todos os caras da PHS não lidavam muito bem com isso. PHS era uma escola branca... os atléticos jogadores de futebol e as líderes de torcida achavam que a Mammoth era a única forma de ser descolado".

Roth, claro, desenvolveu uma identidade musical e cultural diferente, que provocou uma transição difícil para ele ao entrar para a Mammoth. Edward disse que Dave "provavelmente tinha bem mais críticas, porque ele curtia David Bowie, usava sapatos plataforma e penteados engraçados".[171] David Swantek explica: "Os fãs da Mammoth já não gostavam do David, porque ele era o inimigo. Ele sempre foi o inimigo no passado, então foi preciso ter muita coragem para aceitar o David na banda, para ser honesto". A seu ver, Roth repudiava os críticos e sofria as consequências como um homem.

Com Roth na direção, a Mammoth avançou. Jose Hurtado, natural de Pasadena, lembra que uma das primeiras festas, se não a primeira, onde o quinteto tocou foi em uma casa local. "Meu amigo

---
169. Wild, "Balancing Act", p. 46.
170. "Busing Controversy Unsettled", *Boca Raton News*, 12 de março de 1972.
171. Edward Van Halen citado em Considine, *Van Halen!*, p. 28.

conhecia Steve Whitaker e a irmã de Steve namorava Eddie, assim nós contratamos a Mammoth."

Com cinco barris de chope no gelo e nenhum pai à vista, a festa começou em grande estilo. "Eles tinham um lugar pequeno pra tocar", lembra Hurtado. "Não era um quintal grande. Eles tocaram 'Superstition' [do Beck, Bogert & Appice] e coisas assim. Roth era bem convencido. Ele dizia oi ou algo assim, mas seu pai tinha dinheiro. Era um médico, certo? Então, Roth agia como um superastro. A polícia chegou por volta das 22 horas, então durou um pouco. Sei que muitos gostavam da antiga Mammoth ou do Genesis e não gostavam da banda com o vocal e os teclados; não gostavam tanto quanto antes, mas todos pareciam se divertir."[172]

A lembrança de Roth de sua primeira apresentação é menos otimista. Ele admitiu em sua autobiografia que "o público odiou sua primeira apresentação com a banda em uma festa no quintal".[173] Um problema enfrentado por ele é que ele não tinha experiência com as músicas que a Mammoth não hesitava em tocar. "Quando entrei pra banda", relembra Roth, "eu tentei cantar algumas das músicas. Tinha Grand Funk Railroad e Black Sabbath. A música era bem estranha pra mim. Eu nem tinha os discos. Tive de ir à Thrifty Drugstore para comprá-los. Fiz o meu melhor, que era péssimo."[174]

No dia seguinte, Edward, Alex e Roth refletiram sobre seu desempenho. Roth lembrou que, quando os irmãos Van Halen avaliaram, ficaram "chocados e horrorizados" com as deficiências de Roth. Ele, por sua vez, agora percebia como os fãs levavam a banda a sério. "Foi a primeira vez", observou ele, "que eu realmente percebi como um público pode ser possessivo em relação a um artista ou banda. Muito além do 'isso é uma ótima música', era quase igual a uma torcida de futebol. 'Ei, esta é nossa banda, eles *nos* representam.' Eu vim do outro lado da cidade, por assim dizer".[175]

Como membro mais novo da banda, Roth não teve muita sorte convencendo os irmãos Van Halen a mudarem sua abordagem musical. Não foi surpresa sua sugestão de que a Mammoth tocasse mais músicas pop. "Dave era mais artista do que músico", Edward disse em 1980. "Por isso, ele tinha uma visão melhor para a coisa comercial. Ele gostava mais do formato curto, porque as pessoas não prestam atenção por muito tempo."[176]

---

172. Jose Hurtado, e-mail para o autor, 7 de julho de 2012.
173. Roth, *Crazy from the Heat*, p. 75.
174. Roth, *Crazy from the Heat*, p. 73.
175. Roth, *Crazy from the Heat*, p. 73-75.
176. Mikal Gilmore, *Night Beat: A Shadow History of Rock & Roll* (New York: Doubleday, 1998), p. 201-202.

Roth acabou fazendo progressos. Pewsey diz: "Dave comprou 'The Jean Genie' do Bowie. Ele gostava dessa coisa glitter". A música do Bowie, assim como "Free Ride", "Hangin' Around" e a instrumental "Frankenstein" de Edgar Winter, logo se tornou material para a banda.[177] Pewsey lembra: "A gente tocava 'Frankenstein', mas, como eu não tinha um sintetizador Moog, cortamos essa parte. Em vez disso, Dave imitava o Moog zumbindo". Pewsey resume: "A verdade é que Dave mudou musicalmente os Van Halen e os Van Halen mudaram Dave".

Roth também pressionou a banda a adotar um toque mais soul, funk e blues. Com o apoio de Pewsey, ele propôs "Will It Go Round in Circles", hit de 1973 de Billy Preston. Os outros concordaram em tocar. Brent Pettit diz que, embora fosse diferente do cardápio usual da banda, "eles tocavam essa música *muito bem*. Eles deram sua própria interpretação". Roth teve menos sorte em se tratando do Pai do Soul. Pewsey se recorda "Dave gostava do James Brown. Ele nos amolou pra tocarmos 'Cold Sweat'. Pra falar a verdade, eu não sabia o que pensar quando ele sugeriu aquilo". Os irmãos, porém, sabiam o que pensavam disso. Eles disseram não.

Em meio a essas mudanças musicais, eles fizeram mais apresentações: festas no quintal, bailes escolares e eventos em associações de jovens. Ao longo do verão, Roth continuava a ser alvo da ira dos fãs descontentes da Mammoth. Patti Smith Sutlick se recorda: "Quando David Lee Roth era novo na banda, eu me lembro de ir a uma festa lá em Altadena... Havia todos esses caras do clube de carros que a gente conhecia. Eles ficaram *muito* indignados com a entrada de David Lee Roth na banda. David Lee Roth usava sapatos plataforma e eles jogavam latas de cerveja nele, gritando: 'Volta pra casa, Hollywood! Vai pra casa! Hollywood, vai pra casa!'" Debbie Imler McDermott se sentiu da mesma forma: "Quando ele entrou pra banda, não gostava dele como vocalista. Não sabia que ele tinha talento. Demorou um tempo pra eu me acostumar com ele. Lá estava esse cara desfilando pelo palco como um pavão. Ele era bem arrogante no palco".

Sem dar ouvidos às críticas, Roth vestia figurinos cada vez mais escandalosos, muito embora os outros membros não compartilhassem de seu senso de moda. Pewsey revela: "Quando ele entrou pro Van Halen, era mais discreto, sabendo que os irmãos não gostavam de como ele se vestia. Dave começou vestindo jeans quando entrou, mas suas calças

---

177. Roth, *Crazy from the Heat*, p. 66.

Edward e Alex Van Halen imóveis durante um intervalo instrumental enquanto David Lee Roth se apresenta para o público, em agosto de 1973. ELIZABETH WILEY

começaram a ficar cada vez mais justas e as roupas cada vez mais brilhantes. Enfim, ele ficava cada vez mais extravagante".

A mudança do denim para o lamê apresentava uma evidência visual de que a banda cover de hard rock favorita de Pasadena evoluía para algo novo. Patti Smith Sutlick explica: "Foi realmente uma mudança para aqueles que viam o Van Halen quando David Lee Roth entrou a bordo. A Mammoth e o Genesis eram mais sombrios, focados na guitarra, nos outros instrumentos. Todos eles pareciam com essas pessoas de cabelo comprido e escuro. David Lee Roth trouxe um novo tipo de espírito ao grupo, como um artista, um *frontman*. Acho que isso desagradou muitos no início, mas com os meses eles mudaram o tom".

Para aqueles não tão envolvidos emocionalmente com a velha Mammoth, essas mudanças tiveram um apelo inegável. Gary Putman lembra: "Adorei quando Roth entrou. Acho que eu gostava mais. De repente você ouve que ele entrou pra banda. Embora fôssemos obcecados por guitarra elétrica, falávamos sobre Roth e todos os aspectos únicos que ele adicionou ao Van Halen, além da música. Nós adoramos. Nos divertimos muito com Roth circulando com garotas e tudo isso".

O comentário de Putman destaca o fato de que Roth realmente ajudou a aumentar o número de fãs entre as mulheres. Patti Smith Sutlick explica que, mesmo com seus amigos jogando latas de cerveja em Roth, ela aceitou a nova formação. "Adorei logo de cara", ela lembra. Debbie Imler McDermott explica: "Quando eles ficaram mais populares em Pasadena, minhas amigas comentavam: 'Ai, você, você *conhece* ele?'. As garotas me pressionavam a apresentá-las a Dave. Elas ficavam *tão* animadas para conhecê-lo. Chegou ao ponto em que você tinha de tirar quase cirurgicamente as garotas do corpo dele. Elas se penduravam nele".

Enquanto isso, Roth acabou conseguindo dobrar a banda em relação a "Cold Sweat". Pewsey se recorda: "Nós arrasamos. Dave a usava como nossa música pra apresentar os membros da banda, dizendo o nome de todos. Ele dizia: 'Mestre James Pewsey no teclado!'". A adição dessa música, porém, tinha uma importância simbólica ainda maior: "Quando começamos a tocar 'Cold Sweat' ao vivo", Pewsey argumenta, isso mostrou que Roth "foi aceito na banda". Depois de semanas de tentativas, Roth conseguiu trazer soul e funk à Mammoth.[178]

---

178. Jane Scott, "Van Halen: You Can Keep That Cosmic Stuff", *Cleveland Plain Dealer*, 16 de março de 1978.

Avaliando bem, a entrada de Roth e a mudança no som da banda não retardaram o crescimento da popularidade da Mammoth. Tom Broderick, que mais tarde seria engenheiro de som da banda, diz que uma festa da Mammoth era "*o lugar... você precisava descobrir onde seria*".[179] Mas muitas dessas festas não duravam muito. Leiren se recorda que, quando a banda começava a tocar, "os tiras apareciam em dez minutos e acabavam com a festa. Acho que era bem raro uma festa ir até as 22 horas, que dirá passar disso".[180]

Art Agajanian, cuja família vivia em uma casa espaçosa com um grande quintal, resolveu contratar a Mammoth e dar uma festa espetacular que ele esperava ir até tarde da noite. Roth, em *Crazy from the Heat*, deu o crédito a Agajanian por levar o circuito de festas de quintal a outro nível. Ele escreveu: "As festas de quintal viraram uma forma de arte. J. C. Agajanian, o famoso promotor de corridas automobilísticas, tinha um sobrinho que morava em uma casa de cinco quartos, com uma piscina grande e muito espaço. Então, quando seus pais se separaram, ele dava uma enorme festa duas ou três vezes por ano".[181]

No pôr do sol, a multidão na casa de Agajanian estava animada, com algo em torno de 800 pessoas lotando o quintal. Os membros da Mammoth, que alugaram seu próprio holofote, arrumaram o palco do lado da piscina. Jeff Touchie, vizinho de Agajanian, lembra: "Naquela festa, muitos foram nadar. Eles tinham uma edícula lá, quase como um celeiro. Eles colocaram holofotes na janela apontados pra banda". Agajanian diz que ele sabia que a festa estava ótima quando viu que "tinha garotas pra todo lado". Pewsey diz: "Nós tocamos do lado da piscina e tinha garotas nadando peladas na nossa frente!".

Enquanto a banda dava duro na primeira parte do show, muitos na multidão achavam que a polícia apareceria, mas a celebração prosseguiu sem interrupção e a banda soava melhor do que nunca. Como reflexo dos esforços de Roth para dar à banda um som mais pop, a Mammoth melhorou os vocais. Marti observa: "Suas harmonias vocais melhoraram muito. Eles não tinham harmonias antes da entrada de Roth. Eu me lembro de ir à casa do Agajanian e eles tocarem 'Wildfire' do Spooky Tooth. Essa foi a primeira vez que a Mammoth fez harmonias".

Quando a segunda parte do show começou, a festa estava fervendo. Agajanian lembra: "Tinha pessoas dançando em cima da casa da piscina, festejando no telhado da casa, de pé em cima do escorregador,

---

179. Jeff Hausman, "Tom Broderick", *The Inside*, verão de 1997, p. 14.
180. Rudy Leiren, entrevistado por Steven Rosen, de posse do autor.
181. Roth, *Crazy from the Heat*, p. 59-60.

pulando da sacada de casa pra piscina. As coisas corriam bem e ninguém se machucou". E nem a polícia apareceu. No fim, "foi uma puta diversão. A Mammoth tocou dois sets completos, talvez mais, e eles ficaram felizes porque conseguiram tocar muitas músicas".

Apesar do domínio da Mammoth no circuito de festas de quintal, Roth sabia que eles precisavam aspirar a coisas melhores. O primeiro passo nesse processo seria encontrar um lugar fixo em uma casa noturna para a banda. Na verdade, o trio Mammoth tinha feito algumas apresentações em pequenas casas noturnas, como a Under the Ice House em Glendale e a Gas Company em Pasadena, mas nesses shows a banda tocava seu set usual de covers de hard rock na frente de seus fãs adolescentes.

O que Roth tinha em mente era algo completamente diferente: uma apresentação com as músicas das paradas de sucesso, o que significaria tocar um material mais comercial para um público mais maduro. Para encontrar um lugar adequado para tocar, a Mammoth fechou um negócio com um promoter adolescente de San Gabriel Valley chamado Angelo Roman Jr. Roman lembra que ele "tentava colocá-los em casas noturnas de rock e de músicas das paradas de sucesso, além de apresentações locais, como concertos em parques, uma atividade popular em meados dos anos 1970. Eu também tentei promovê-los para bailes em colégios e faculdades". Ele também conseguiu "festas beneficentes, apresentações em parquinhos e centros recreativos e shows em bailes de boas-vindas que pagavam algo em torno de 125 dólares para uma apresentação de quatro horas".[182]

Como a banda queria tocar em casas noturnas, eles precisavam fazer uma demo para distribuírem aos donos. Em 30 de julho, a Mammoth entrou em um pequeno estúdio em La Puente com Roman e fez o que talvez seja a primeira gravação demo da banda. O resultado foi uma fita com cinco faixas, abrindo com "Wildfire" do Spooky Tooth. Depois vinha "Will It Go Round in Circles" do Preston, seguida por "Superstition" do Beck, Bogert & Appice. Ainda tinha "Three O'Clock Blues" do B. B. King (uma música que Roth cantava na Red Ball Jet) e uma última música, talvez um cover do James Gang, que Roman anotou na fita como "Woman".[183]

---

182. Angelo Roman Jr., e-mail para o autor, 25 de janeiro de 2010.
183. Angelo Roman Jr., "Ebay Listing of Van Halen Recording from 1973", 15 de outubro de 2004, documento de posse do autor.

Van Halen, antiga Mammoth, faz uma primeira tentativa para conseguir se tornar uma banda de casa noturna, em outubro de 1973. ELIZABETH WILEY

Após muitas ligações, Roman finalmente conseguiu para eles uma apresentação em uma casa de Covina chamada Posh. Esse trabalho, porém, representava um desafio duro. O contrato pedia cinco sets de música, o que se traduzia em algo como 40 músicas. Edward explicou: "Na apresentação, você tinha de tocar cinco sets de 45 minutos, mas a maioria das músicas pop tem de três a quatro minutos, então era muita música pra aprender!".[184] Roman ressalta isso mencionando: "Quando eu trabalhei com eles, eles eram uma *pseudo*banda de músicas das paradas de sucesso" formada por músicos que preferiam muito mais ligar seus amplificadores no último volume e tocar rock pesado em vez de músicas pop. Essa habilidade limitada com o material das paradas foi, na visão de Roman, "o motivo pelo qual os donos das casas noturnas... não queriam contratá-los".[185]

No ensaio, Edward e Alex comentaram com Roth que eles quase certamente teriam problemas pra cumprir o contrato. Como se recorda

---
184. Gill, "Cast a Giant Shadow", p. 50.
185. Angelo Roman Jr., e-mail para o autor, 25 de janeiro de 2010.

Edward: "Foi bem difícil pra nós entrarmos nas casas noturnas... você tinha de tocar cinco sets de coisas das paradas de sucesso e a gente só tinha um".[186] Claro que para Roth, um otimista inveterado, isso não era problema. Edward lembra que a banda teve um plano: "A gente percebeu que poderia tocar nossas próprias coisas e ninguém se importaria desde que houvesse música".[187]

Eles testaram essa teoria. Pewsey se lembra que Posh "era um lugar pequeno. A bateria do Alex pegava metade do palco. O Mark meio que ficava atrás dele. Eu ficava mais pro lado do palco. Dave e Eddie ficavam bem na frente". Do primeiro set até o segundo, tudo correu mais ou menos bem, mas, por volta das 23 horas, já tinha esgotado o material mais adequado.

Agora a Mammoth começou a tocar hits do hard rock como "Smoke on the Water". Como era cedo demais para começar a repetir músicas, Roth pediu pelas poucas músicas originais da banda e, depois de terminá-las, emendou com uma intensa artilharia com Black Sabbath, James Gang e Captain Beyond, todas tocadas em um volume insano. Pewsey explica: "Eddie deixava todo seu equipamento no palco no show na casa noturna, mas só plugava o gabinete de cima pra ele ter um feedback". Mesmo assim, "ele colocava tudo no último volume. Era difícil pra mim ser ouvido boa parte do tempo, mesmo quando me ligavam ao PA, de tão alto que era o amplificador do Eddie".

Do som alto à música, o dono da Posh ficou farto de tudo. Edward contou à *Guitar World* o que aconteceu depois: "O dono da casa noturna caminhou até nós enquanto tocávamos e gritou: 'Parem! Eu contratei vocês pra tocarem as músicas das paradas de sucesso. Que porra é essa?'".[188]

A banda, porém, se recusou a parar. Pewsey explica: "Eu lembro que o dono cortou a força porque ficou furioso. De repente nós todos fomos cortados, mas então Alex tocou um solo, porque a bateria estava sem microfone! O dono não poderia ter ficado mais furioso, porque as pessoas estavam pirando com a gente e comprando bebidas".

Quando Alex finalmente terminou, o proprietário da Posh descarregou. "Ele nos disse pra dar o fora de lá e que não nos deixaria levar nosso equipamento", Edward disse. "Nós tivemos de voltar na semana seguinte pra pegar o equipamento. Sempre foi assim. Era 'o guitarrista toca alto demais' ou 'você é psicodélico demais'. Eles sempre reclamavam de mim."[189] Pewsey acrescenta: "Fomos despedidos depois de uma

---

186. Tolinski, ed., *Guitar World Presents Van Halen*, p. 185.
187. Gill, "Cast a Giant Shadow", p. 50.
188. Gill, "Cast a Giant Shadow", p. 50.
189. Gill, "Cast a Giant Shadow", p. 50.

noite", mas "não demos a mínima, pois sabíamos que continuaríamos a conseguir apresentações". Elas, porém, teriam de vir de outros promoters em vez de Roman, que tomou outro rumo alguns meses depois.

Em algum momento no fim do verão ou no outono de 1973, a Mammoth recebeu notícias indesejáveis na forma de uma notificação judicial de outra banda que exigia que Edward e os outros parassem de usar o nome de sua banda.[190] Michael Kelley, que frequentava a Strip nesses anos, explica: "A 'outra' Mammoth era de San Fernando Valley; eles tinham um ótimo baterista no estilo Cozy Powell chamado Rick Poindexter, e eu os vi uma vez na Starwood".[191]

A banda fez uma reunião para escolher um novo nome. Os irmãos, ainda pensando em sua banda como cover, queriam usar o nome Rat Salad, por causa da música do Black Sabbath.[192] Roth propôs Van Halen, pois "tinha força" e o lembrava do "nome Santana".[193] Alex contou mais tarde a Steven Rosen que ele e Edward foram contra a princípio, "porque não queríamos parecer convencidos".[194] Pewsey lembra que, quando os irmãos concordaram com a ideia de usar seu sobrenome, eles falaram: "É o nosso nome. Ninguém pode roubar isso". A Mammoth agora tinha um nome novo, que, para Edward, soava "enorme, como uma bomba atômica".[195]

Com Roman fora de questão, Roth tomou a liderança na tentativa de conseguir apresentações em casas noturnas. Enquanto ele criava sua lista de desejos de locais, um desafio logístico era levar seu equipamento, que não cabia nos carros. Para isso, Roth pediu ajuda a seu amigo Bobby Hatch. Segundo Roth, ele chamava Hatch, que tinha uma caminhonete, "sempre que queria pegar emprestados mais amplificadores de guitarra" para shows importantes.[196]

Hatch lembra que eles circularam por lugares em toda a cidade, incluindo uma casa noturna em Glendale, chamada Sopwith Camel, onde,

---

190. Angelo Roman Jr., entrevistado pelo autor.
191. Michael Kelley, e-mail para o autor, 22 de novembro de 2009; veja anúncio no *Los Angeles Free Press*, 26 de abril de 1974.
192. Rosen, "On Fire", p. 61.
193. Hedges, *Eddie Van Halen*, p. 35; Roth, *Crazy from the Heat*, p. 61.
194. Rosen, "On Fire", p. 61.
195. Tolinski, ed., *Guitar World Presents Van Halen*, p. 17.
196. Van Halen, "Van Halen Interviews 4", *Vimeo*, 20 de abril de 2012, acesso em 8 de julho de 2015, <http://vimeo.com/40734476>.

em outubro de 1973, se apresentava uma banda local chamada Steely Dan. Ele descreve como ele "era uma das únicas pessoas no público" quando o Van Halen fazia testes. "Eles eram ótimos", mas não conseguiam passar.

Roth estava determinado. Hatch explica que Roth "era o empreendedor. Ele deixava todo mundo ligado. Era incansável. Ele não parava". Sem se importar com os imprevistos, ele sempre parecia ter um plano. "Ele tinha *mucho huevos*", declara Hatch. "Não tinha medo de nada".

Roth e o restante da banda acamparam na casa de seu pai no outono de 1973 para gravar material original. "Nós fizemos uma demo na casa do Dave", lembra Pewsey. Pelo menos duas músicas sólidas de hard rock foram parar na fita, uma chamada "Gentleman of Leisure", com um riff influenciado por Johnny Winter que brincava de gato e rato com os cowbells de Alex. A letra da outra, "Glitter", prestava uma homenagem à tendência do rock em moda na época e foi propelida por um riff de protometal rígido que não faria feio em nenhum dos primeiros discos do Iron Maiden.

Com uma nova demo pronta, Roth guiou o Van Halen para o Gazzarri's, a casa noturna onde a Red Ball Jet tinha feito um teste no meio de 1972. Para a noite de domingo de testes, Roth se vestiu para o sucesso. Pewsey observa: "Lembro dele usando sapatos plataforma no Gazzarri's. Ele ficava muito alto com aqueles sapatos... todos, exceto Dave, usavam jeans". Deixando a moda de lado, Edward explicou depois que, nesse primeiro teste, o Van Halen tocou "algumas composições nossas" e um pouco de "rock and roll".[197]

Além de não tocar as músicas das paradas de sucesso que a gerência da casa queria, Edward tocava em um volume ensurdecedor, o que levou um funcionário da casa a interromper o teste gritando: "Você tá tocando muito alto, abaixa o volume!".[198] Fora essas questões de volume, Hatch diz que ele não conseguia explicar a falta de sucesso da banda. "Não sei por que" eles não conseguiam passar. "Eu ouvia muito eles e começava a pensar: 'Deus do céu, esses caras são incríveis'. Eles tinham uma boa batida e todos soavam bem juntos".

Com o aumento dos reveses, Roth reiterou aos outros que uma coisa importante que os prejudicava era a rejeição aos figurinos de palco. Roth já era, segundo Hatch, "um astro do rock *antes mesmo* de ser um. Juro por Deus. Dava pra *ver* que ele seria um astro, sério". Quando eles colocavam tudo na caminhonete e saíam pra essas apresentações, Roth

---

197. Rosen, "Diver Down", p. 12.
198. Rosen, "Diver Down", p. 12.

Edward Van Halen, de figurino novo, tira uma pausa para fumar enquanto seu irmão observa, em outubro de 1973. Elizabeth Wiley dizia aos outros quatro membros da banda: "Vocês precisam representar um papel". Hatch diz: "Foi ele quem convenceu Eddie e Alex a começarem a se vestir direito, porque, quando eu os levava ao Sopwith Camel e a outras casas noturnas, eles ainda se vestiam como velhos hippies. Era até engraçado. Dave Roth dizia: 'Vamos, pessoal, vocês precisam fazer isso. Precisam agir assim'".

Edward e Alex chegaram a uma encruzilhada. Eles poderiam ser iguais aos seus amigos ou poderiam seguir as orientações de Roth para construir uma imagem de banda que os diferenciaria. Bill Maxwell diz: "Todos nós usávamos Levi's, camisetas brancas e coturnos. Você não era visto vestido de outro jeito. Mas o Dave sim".

Mesmo assim, a ideia de vestir um figurino espalhafatoso era audaciosa para os irmãos. Debbie Imler McDermott explica: "Depois da entrada de Dave, a imagem da banda começou a mudar. Isso de imagem era tudo coisa dele. Ele era o extravagante. Quando eles começaram a usar lamê e plataformas, deve ter sido difícil pro Edward e pro Alex vestir as roupas. Quando eles eram mais jovens, só usavam Levi's, camisetas e tênis, porque era o que eles conseguiam comprar".

De fato, Roth queria que eles se vestissem como astros do rock, mas Edward nunca aspirou a esse tipo de estrelato. Ele confessou para a *Esquire* em 2012 que, quando jovem, "eu com certeza nunca ia querer estar no show business em que estou, isto é, com toda a fama e a glória, o glitter, o astro do rock, a parte famosa".[199] Ele tocou nesse mesmo assunto anos antes, dizendo: "Teve uma aula de inglês em que eu tinha de fazer uma redação sobre meus planos para o futuro, sobre o que eu queria fazer na vida. Eu disse que queria ser um guitarrista profissional, não um astro do rock".[200]

Ainda assim, Roth tentou instigar a confiança nesse tímido guitarrista. David Swantek relembra: "Uma noite, Dave aparece no Opala que seu pai comprou pra ele. Ele diz: 'Ei, o Eddie tá vindo aí. Elogia o cabelo dele. Eu o mandei no cabeleireiro em vez de cortá-lo na frente do espelho do banheiro. Foi um profissional que cortou'. Esse foi um evento e tanto. Ele diz: 'Fala que o cabelo dele tá bonito'".

Hatch estava lá e se lembra que, quando o guitarrista chegou, dava para ver que "Eddie se sentia tão mal, tipo: 'Isso não sou eu, eu pareço uma mulherzinha'". Mesmo assim, Hatch e os outros colaboraram dizendo:

---

199. David Curcurito, "Eddie Van Halen: The Esquire Interview", *Esquire*, 17 de abril de 2012, acesso em 8 de julho de 2015, <http://www.esquire.com/the-side/music/eddie-van-halen-interview-2012-8147775>.
200. Obrecht, *Masters of Heavy Metal*, p. 161.

David Lee Roth, usando óculos engraçados, posa fora do Caesars Palace em Las Vegas, 1973. PATTI FUJII CARBERRY

"Nossa, Ed! Seu cabelo ficou ótimo!". Swantek explica: "Isso meio que mostra como Dave trabalhava. Ele aparece e prepara tudo, depois o Eddie chega e nós dizemos: 'Nossa, você ficou bem, cara! Vamos fumar um!'".

Além de um novo corte de cabelo para seu guitarrista, Roth insistia com os membros da banda para terem mais presença de palco. Swantek diz: "Eu me lembro dele trabalhando na ideia de que a banda tinha de se movimentar. Uma das coisas que ele fazia desde o início era apresentar cada um dos membros da banda e fazer com que tocassem um solo, tentando construir a identidade de cada membro". Entretanto, Roth teve de ser cauteloso ao "pressioná-los" a mudar sua abordagem: "Ele tinha de tomar cuidado com isso, porque esses caras eram irredutíveis".

Em outubro de 1973, essas mudanças começaram a acontecer e o guitarrista David Perry estava lá para vê-los no baile da Arcadia High School. Ele relembra: "Eu estava no segundo ano. Não conhecia essa banda. Tinha muita animação enquanto eles preparavam os amplificadores e a bateria. Antes de eles começarem, o palco estava escuro. Em meio à escuridão, Eddie começou a tocar esse pequeno riff de entrada.

O lugar veio abaixo. Eu falava: 'Uau, ouve só isso!'. A luz se acendeu enquanto eles começavam a música. Eles tinham uma faixa escrita 'Vanhalen' com o antigo logotipo deles. Dave vestia um casaco bege, que tirou de repente enquanto andava. Ele vestia uma calça listrada preta e branca. Eddie usava um terno de veludo azul e tocava uma Les Paul. Eles tocaram algumas composições originais. Eu lembro que eles tocaram também 'La Grange' [do ZZ Top]".

Carl Haasis, um guitarrista da Arcadia, também viu essa apresentação. Ele lembra que, apesar dos melhores esforços de Roth para fazer o guitarrista se mexer, a presença de palco de Edward continuava limitada. "A primeira vez em que ouvi falar do Van Halen foi num show em um baile na Arcadia High School. Eles tocaram 'Saturday Night's Alright for Fighting' [do Elton John] e 'Free Ride' do Edgar Winter. Achei o som ótimo, mas me lembro de que o Ed ficava parado lá. Ele só olhava pra baixo e tocava. Ele não se movimentava muito."

Mesmo não conseguindo fazer Edward se mexer, Roth tinha suas próprias ideias para criar um espetáculo no palco. Em maio de 1973, Vincent Carberry, sua namorada Patti e Roth fizeram uma viagem de carro para a Cidade do Pecado. Antes de voltarem para casa, Roth foi às compras. Carberry explica: "Sabe aqueles óculos de plástico com um nariz de borracha grudado? Ele comprou um. Tinha uma armação de plástico, mas, em vez de um nariz de borracha, tinha um pênis! Ele comprou isso em uma loja de novidades e ficou usando no carro". Enquanto eles saíam de Las Vegas, Roth olhava "pela janela traseira para outros carros passando com crianças, velhinhas e tal, deixando todos chocados e putos".

Meses depois, o Van Halen tocou em uma festa de Halloween na Glendale High School. O primeiro set correu sem incidentes, mas então Roth encorajou Edward a fazer uma brincadeira no início do segundo set. "Depois do intervalo", afirma Pewsey, "Eddie apareceu com um chapéu de Groucho Marx e óculos com um pênis no lugar do nariz". Enquanto os alunos na plateia riam e apontavam, Roth decidiu chocar ainda mais o público. Talvez inspirado pelo modo com que David Bowie simulou sexo oral na guitarra de Mick Ronson durante a turnê do *Spiders from Mars*, Roth, para desgosto de Pewsey, "acariciou o nariz com sua boca enquanto Eddie o usava".

Por mais que tenha demorado para o público se recuperar, isso teve um efeito imediato no próprio Van Halen. Pewsey diz que ele se ofendeu com as ações de Roth e, depois de meses tolerando as palhaçadas e a personalidade de Dave, saiu da banda.

Para Edward, perder seu tecladista foi um alívio. "Nós tínhamos um tecladista", ele contou à *Guitar Player* em 1978. "Eu odiava porque eu tinha de tocar tudo exatamente igual a ele. Não dava pra improvisar entre os versos do vocal, porque ele estava fazendo alguma coisa pra preencher."[201] Houve outros momentos de tensão: "Minha guitarra saía do tom e ele ficava puto", relembra Edward. Pewsey, que tinha uma afinação perfeita, gritava para Edward: "Olha o tom, porra!". O guitarrista berrava de volta: "Vá se foder! *Eu* que comando a afinação!".[202] Aliás, "eu compunha músicas e o teclado não cabia", Edward explicou. Por isso, depois que o Van Halen se tornou um quarteto, permaneceria assim por toda a duração da carreira de 30 anos da banda.[203]

Além do fato de que a banda agora poderia dividir os lucros em quatro em vez de cinco, provavelmente pouco importava para Roth se o Van Halen tinha um tecladista ou não. Ele sabia que os membros essenciais da banda eram Alex e Edward e, para a surpresa de quase todo observador de Pasadena, Roth construiu uma parceria musical com eles. Nos meses seguintes, essa união seria o alicerce para o crescimento do Van Halen fora da grande Pasadena, mas não antes de provarem que eram a banda de rock mais perturbadora e talentosa da cidade.

---

201. Obrecht, *Masters of Heavy Metal*, p. 146.
202. Considine, *Van Halen!*, p. 30.
203. Rosen, "Diver Down", p. 13.

Capítulo 5

Avanço

Mark Algorri e Mario Miranda tinham um problema com o Van Halen. Os dois jovens empresários da música tinham acabado de ouvir os resultados da batalha de bandas de dezembro de 1973 da Pasadena City College, e o Van Halen eliminou as duas bandas que eles empresariavam. Gary Putman, que tocava guitarra em uma delas, lembra que o Van Halen ganhou tocando uma versão matadora do hit do glam rock "All the Way from Memphis" do Mott the Hoople. Putman observa que, embora seja uma música para piano, "Eddie dizia: 'Vou descobrir uma forma de fazer essa porra de riff – Dah Da Da Da Dah Da Da Da! – na guitarra'".[204] Graças à seleção musical de Roth e à criatividade de Edward, eles ficaram em primeiro lugar.

Enquanto o Van Halen desmontava o equipamento, Miranda entrou no palco. Roth o parou na hora.

"Ei, cara! Você precisa de alguma coisa? O que você está fazendo?"

Miranda se apresentou: "Ei, vocês são muito, muito bons. Nós temos uns contatos". Enquanto Miranda conversava com Roth sobre como ele e seu sócio poderiam ajudar o Van Halen a ser contratado por casas noturnas, Edward e Alex ficaram parados no canto, sem prestar muita atenção na conversa.

Roth ouvia sem paciência. "Não, eu faço tudo. Não precisamos de ninguém. Eu tomo conta dos negócios. Obrigado. Vamos ficar com seu cartão e avisamos se precisarmos de alguma ajuda."

Miranda entregou um cartão a Roth e se despediu.

É duro de acreditar que Roth e os outros botassem fé em suas perspectivas em casas noturnas, afinal, depois de semanas de esforços, a banda

---

204. Battle of the Bands – pesquisa cortesia de Michael Kelley.

ainda não tinha conseguido trabalho fixo. Para dizer a verdade, Roth revelou mais tarde que, durante seus primeiros meses na banda, o Van Halen foi rejeitado por *dezenove* casas noturnas.²⁰⁵ Mas os meses seguintes se provaram significativos para o Van Halen enquanto eles trabalhavam para se tornar mais do que a maior banda de festas de Pasadena.

Quando os irmãos Swantek ouviram de um vizinho que ele planejava dar uma festa no fim de dezembro, eles sabiam quem chamar. David Swantek explica: "Rob Heublein vivia perto de nós na Mountain Street em uma casa bem grande. Seu pai era um juiz e seus pais tinham viajado. Bem, ele nunca tinha dado uma festa antes. Mas ele conhecia a gente, Dave Roth e os irmãos Van Halen".

Só precisou disso. Um grande número de adolescentes chegou na residência de Heublein antes de o Van Halen começar a tocar. Assim que as músicas do grupo começaram a reverberar pela vizinhança, garotos em carros abriam os vidros e ouviam o Van Halen a quarteirões de distância. Logo a casa e o quintal estavam repletos de jovens agitados.

Para Heublein, o tamanho da festa seria afinal o menor dos seus problemas. Mais à noite, depois de Charles Levor entrar em uma briga com outro jovem, o adolescente deixou a festa jurando que voltaria para acertar as contas. Como noticiou o *Star-News*, ele cumpriu com sua palavra. Ele voltou com 15 ou 20 de seus amigos, que vieram armados com "duas facas, uma espingarda de caça, possivelmente outro revólver e um instrumento contundente, possivelmente uma garrafa ou um cano". Momentos depois, tiros foram disparados. Levor foi ferido com "50 tiros de chumbo grosso nas costas" e dois outros homens ficaram feridos, um com uma facada grave e o outro com uma lesão por objeto contundente.²⁰⁶

O caos da noite deixou uma impressão indelével. Tom Hensley, amigo de Edward, afirma: "Eu estava na entrada e vi os dois tiros. Levor correu, tropeçou e caiu bem no meu pé. Não importa se você está na guerra ou em Los Angeles, quando alguém aponta uma arma assim, é assustador. Talvez tenha sido o primeiro tiroteio vindo de um veículo em movimento, há 40 anos".

---

205. "41 Years Ago Today – Van Halen Hits the Sunset Strip", *Van Halen News Desk*, 4 de abril de 2014, acesso em 8 de julho de 2015, <http://www.vhnd.com/2014/04/04/40-years-ago-today-van-halen-hits-the-sunset-strip>.
206. Keith Murray, "Pasadena Party Erupts in Violence", *Star-News (Pasadena)*, 24 de dezembro de 1973; "Shooting Suspect Arrested", *Star-News (Pasadena)*, 13 de janeiro de 1974.

Algumas semanas depois, o Van Halen se ocupava com outra apresentação. Em um esforço para convencer os adolescentes a participarem da celebração do centenário de Pasadena, os administradores da cidade encorajaram um comitê de adolescentes conscientes de seus deveres cívicos a organizar um show gratuito com bandas locais, que aconteceria na escadaria da prefeitura de Pasadena. Embora os grupos não fossem pagos, no show de janeiro de 1974 eles poderiam tocar na frente de milhares de pessoas.[207]

O quarteto logo soube que seria uma das quatro bandas selecionadas. Cada uma tocaria por uma hora. Às 20 horas, o show abriria com a Scottie and the Hankies, uma banda revival do rock dos anos 1950, seguida pela Kismet, uma banda de jazz. Depois da apresentação do Van Halen, o Headwinds, um grupo de rock progressivo, fecharia a noite. Com as peças no lugar, o presidente do comitê, Michael Jensen, contou ao *Star-News* que previa poucos imprevistos, exceto uma chuva ou um público grande demais.[208]

Naquela noite de sexta-feira, cerca de 2 mil jovens se reuniram na frente do palco enquanto os Hankies abriam os trabalhos. Steve Bruen, guitarrista do grupo, lembra que ele e seus parceiros de banda usavam "peruca e faziam um tipo de show revival dos anos 1950 como a Sha Na Na. Foi o máximo". Depois que a Kismet veio e foi, o público aumentou para quase 5 mil pessoas, bem mais do que os organizadores esperavam.

Com um cheiro forte de maconha pairando no ar, o Van Halen apareceu. Enquanto Roth conduzia a banda por seu set, a multidão ficou incontrolável. Os espectadores, com a cabeça cheia de bebidas e drogas sintéticas, começaram a brigar. Adolescentes com olhos semicerrados e pernas trêmulas começaram um empurra-empurra para se livrarem da multidão. Nessas aberturas, os bêbados se socavam até desmaiar. Dana Anderson conta: "Eu me lembro desse show. Foi bem violento. Um cara chamado Taylor estava lá comigo. Era aquele tipo de cara que jogava futebol americano, malhava o tempo todo e tinha um temperamento horrível. A gente estava indo embora e alguém esbarrou nele e derramou sua cerveja. Ele bateu tão forte nesse cara que a primeira coisa a

---

207. Tom Livingston, "One More Dance", *Star-News (Pasadena)*, 30 de janeiro de 1974.
208. "Street Dance Highlights Pasadena's Centennial", *Star-News (Pasadena)*, 23 de janeiro de 1974.

atingir o chão foi sua cabeça. Acho que os tiras apareceram depois disso. Tenho certeza de que ele ficou bem machucado".

A polícia de Pasadena já tinha visto o bastante. Nos bastidores, dois policiais agitados chamaram os membros do comitê para um canto, dizendo que em meio às brigas e garrafas jogadas nas viaturas, o show saiu do controle. Se as coisas não se acalmassem, eles cortariam o som do Van Halen.[209]

Depois de uma conversa intensa, firmou-se um compromisso. Roth fez uma declaração indiferente pedindo para todos pegarem "leve com a bebida". Como resposta, o público vaiou e riu. Durante o resto da performance do Van Halen, os tiras abriram caminho pelo público e começaram a confiscar o álcool, derramando, de acordo com o *Star-News*, "bebida suficiente para encher uma loja de bebidas".[210]

A apresentação na prefeitura é um marco perdido na história do Van Halen. Naquela noite, a banda tocou diante de seu maior público até então, composto na maioria de fãs. "O público do show da prefeitura foi lá pelo Van Halen", afirma Karen Imler, que assistiu ao show. Scott Finnell da Hankies completa: "Todas as pessoas que apareceram não nos conheciam, mas conheciam o Van Halen. Eram todos os garotos que iam às suas festas". Tudo isso significou, como observa o guitarrista Terry Kilgore, que esse show "os tornou ainda mais populares" em toda a cidade. Anos depois de se apresentar por toda Pasadena, o Van Halen agora conseguia atrair milhares de pessoas.

Um mês depois, surgiu outra oportunidade. Jack Van Furche', filho adolescente de um médico bem-sucedido, tinha acabado de se inscrever como membro de um clube de furgões customizados. "Eu estava tentando entrar no clube na ocasião", ele lembra. "E eles sempre passavam pra todos algum tipo de iniciação. A minha foi: 'Jack, você precisa dar uma festa pro clube'. Eles pensaram: 'Ah, os pais dele nunca vão deixar ele dar uma festa naquele lugar'. Eu cheguei para a reunião seguinte uma semana depois com meu padrasto, e ele disse: 'Tá bom, vamos lá! Quantos barris de chope encomendamos?'... Dois dias depois, eu entrei pro clube".

Não é para menos que o clube quis que Van Furche' preparasse uma festa. A residência de seus pais era uma mansão em estilo Tudor abrigada no coração de San Marino, um dos códigos postais da nata do Golden State. "A casa de Jack era enorme. Parecia um castelo", explica

---

209. Livingston, "One More Dance".
210. Livingston, "One More Dance".

Cartão de visita de Edward Van Halen, guitarrista da Mammoth, 1973.
Cheri Whitaker

Debbie Hannaford Lorenz, namorada de Jack na época. O quintal tinha mais de 10 mil metros quadrados, com um paisagismo em terraços que desciam de trás da casa, e era margeado por árvores maduras. Os níveis mais baixos do terraço tinham quadras de tênis e uma piscina. Em suma, era uma propriedade feita sob medida para uma festa gigantesca.

No dia seguinte, o telefone tocou no número 1.881 da Las Lunas. Van Furche' conta: "Liguei pro Eddie e disse: 'Esse show é pro meu clube de furgões. Preciso de uma banda boa. Vocês podem ir?'". Os dois adolescentes se encontraram e chegaram a um acordo. "Tudo foi feito no verso de um pequeno cartão de visitas no qual ele assinou e anotou tudo pra mim, dizendo: 'Fica com meu cartão. Nos vemos lá!'" Anos depois, Edward explicou à *Rolling Stone*: "A gente tocava em festas nos quintais lá em San Marino, a parte rica de Pasadena, onde Roth morava. Os pais saíam no fim de semana e os filhos davam uma festa e nos contratavam. A gente arranjava um pequeno palco Abbey Rents, luzes baratas e cobrava um dólar".[211]

Enquanto isso, Van Furche' e seu clube imprimiram centenas de panfletos e os espalharam em todos os lugares.[212] O folheto prometia "Bebidas + Dança", além da música do Van Halen, tudo por dois dólares.

Um dia antes da festa, ficou claro que a campanha promocional deu certo, talvez certo demais. Van Furche' explica: "Naquela época tinha a

---
211. Wild, "Balancing Act", p. 46.
212. "Police Quiet Van Gathering in Pasadena", *San Marino Tribune*, 14 de março de 1974.

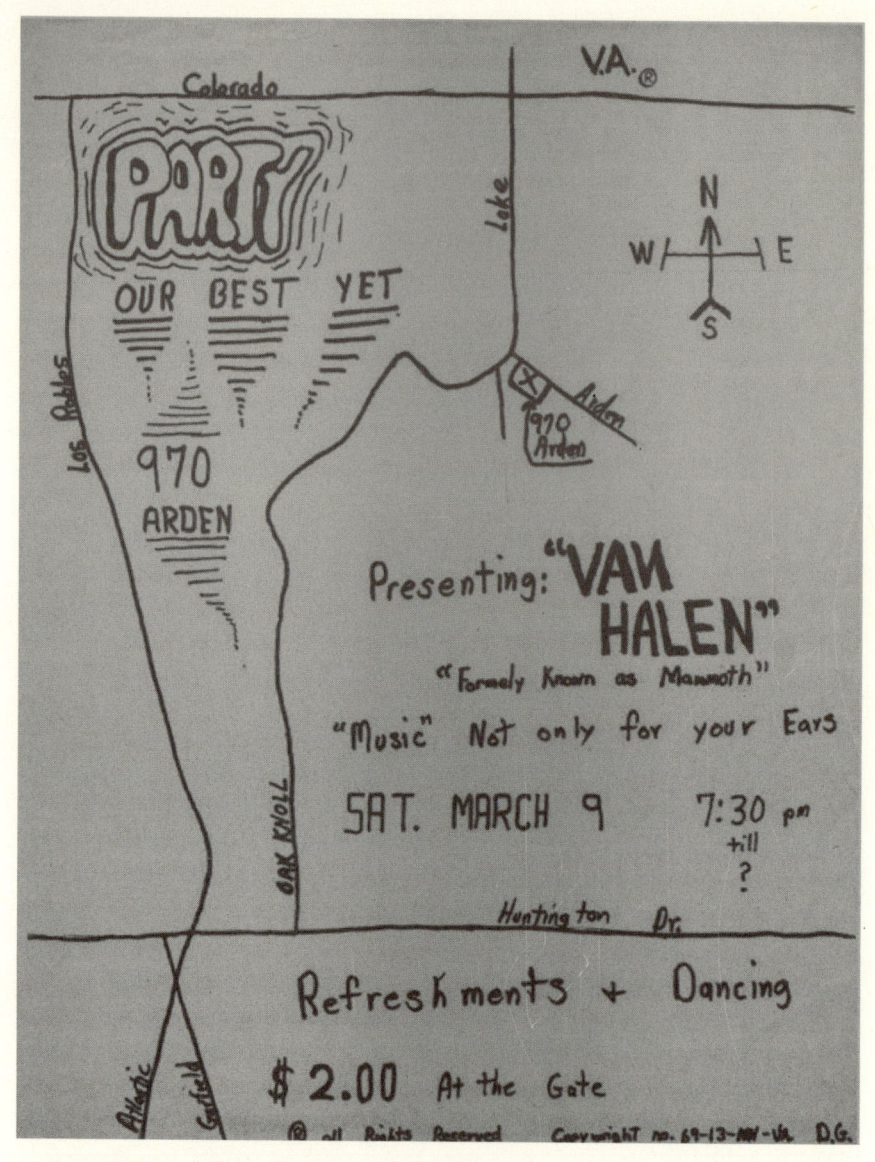

Folheto da festa de quintal épica do Van Halen em março de 1974, que atraiu um público de milhares de pessoas. Da coleção de Tom Bonawitz

rádio KMET-FM e nas sextas-feiras e nos sábados eles sempre anunciavam na rádio quando tinha alguma coisa acontecendo na cidade. De alguma forma, um de meus panfletos chegou até lá e eles disseram no ar: 'Ei, o Van Halen vai tocar este fim de semana entre a Arden Road e a Oak Avenue'".

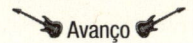

Na tarde de 9 de março, as preparações começaram na residência de Van Furche'. Nas quadras de tênis, o Van Halen testava a iluminação e fazia a passagem de som no palco alugado. Dentro da casa, uma loja de bebidas local entregava uma dúzia de barris. Van Furche' e seus amigos também criaram um plano para impedir que os penetras pulassem os muros da propriedade. Reforços nesse sentido viriam dos membros do Vagos, um clube ilegal de motoqueiros que, depois de um convite do clube de furgões, acrescentou a festa ao seu calendário social.[213]

Ao anoitecer, ficou claro que uma porcentagem significativa dos jovens de San Gabriel Valley resolveu ir. Lorenz se recorda que desde o início da noite "as pessoas chegavam ao quintal dizendo como demorou só pra chegar a pé até a casa". Quando elas contaram em que ruas estacionaram, ela perguntou: "Tão longe assim? Não dava pra estacionar mais perto?". Mas, quando ela olhou para a casa atrás, ela entendeu melhor o que acontecia. Sob a arcada que levava ao quintal, ela se lembra das pessoas coladas umas nas outras enquanto tentavam entrar.

Quando a grande área ficou quase lotada, o Van Halen começou a tocar. Lorenz se recorda: "Eles estavam bem no fundo do quintal. Como você podia vê-los pela cerca da quadra de tênis, de qualquer lugar dava pra ver, porque o quintal se elevava. Eles realmente conseguiram tocar por um bom tempo. Foi incrível". Nas quadras, a rapaziada dançava. Karen Imler diz: "Eu me lembro de dançar em uma festa enquanto o Van Halen tocava blues e Led Zeppelin".

Às 21h30, a festa fervia. Um grande número de pessoas estava dentro da casa. O quintal era um mar de gente. "Eu me lembro de ficar de frente pra casa", diz Lorenz. "Parecia um bando de sardinhas em lata no quintal. Era uma multidão. Tinha milhares de pessoas lá. Tinha gente até no quintal da frente."

Então, ouviu-se o barulho de uma hélice de helicóptero. Quando todos olharam para cima, um holofote de uma intensidade de 3,5 milhões de velas iluminou o quintal.[214] Chris Holmes, que mais tarde receberia um disco de platina com a W.A.S.P., uma banda de shock rock dos anos 1980, relembra: "Era uma festa enorme. Ela saiu de controle e, então, os tiras apareceram com o helicóptero, claro, que estava apontando uma luz que iluminava toda a rapaziada no quintal". Depois que o holofote não conseguiu dispersar a multidão, o piloto, usando os alto-falantes do helicóptero, começou a mandar as pessoas circularem.

---

213. Janice Pirre Francis, entrevistada pelo autor.
214. "Copter Aids Police in Surveillance Role", *Courier (Pasadena City College)*, 4 de maio de 1973.

A banda e o público nem se abalaram. Edward e Mark aumentaram o volume dos amplificadores enquanto Roth contava piadas. "Quando o helicóptero apareceu, a banda achou engraçado", diz Lorenz. Van Furche' completa: "O helicóptero voou acima das nossas cabeças por uns 45 minutos com o holofote e Dave o seguia de propósito. Desde o início, ele viu aquela luz e a usou como iluminação do show, porque a luz batia bem no palco, bem em cima deles. Foram holofotes instantâneos".

Enquanto isso, dúzias de policiais de San Marino tentavam entrar à força na propriedade. Lorenz lembra que, enquanto o helicóptero pairava no ar, ela e seus amigos estavam no meio do quintal, de costas para a casa, assistindo ao Van Halen. "Então, de repente, um policial me dá um tapinha no ombro, eu me viro e tudo atrás de mim estava completamente vazio. Eu nem percebi que todos tinham sumido! Nem me toquei." Van Furche' observa: "A polícia demorou mais de uma hora para passar pela multidão e chegar até as quadras de tênis onde a banda estava. O show finalmente acabou quando um policial tirou o microfone de Roth da luz".

Lorenz, que morava na casa na época, entrou na residência e encontrou alguns amigos no quarto de Jack. Com as luzes apagadas, Lorenz e os outros olhavam pela janela para o caos na longa estrada circular e na rua. "Ficou todo mundo fulo da vida com a polícia por terminar uma noite tão maravilhosa", ela relembra. No quintal, os convidados atiravam pedras e garrafas na polícia.[215] Janice Pirre Francis, que depois ajudou os promoters a organizar shows do Van Halen, viu garotos nas ruas próximas "virando latas de lixo, botando fogo nelas e destruindo propriedades".

Mais perto da casa, uma horda de jovens partiu para cima de uma viatura. "Sabe quando você consegue balançar um carro até virá-lo?", Lorenz diz. "Eu vi isso acontecer. A gente estava no quarto do Jack olhando pela janela e juro que eles viraram uma viatura na frente da casa."

Nos dias seguintes, os convidados espalharam boatos sobre a noite nos corredores das escolas. O jornal local deu até uma notícia sobre o evento. O *San Marino Tribune* relatou que esse "encontro de furgões" tinha parado o tráfego por quilômetros e, por volta das 23 horas, tinha estourado uma "desordem", pontuada por projéteis atirados.[216]

Os irmãos Van Halen ainda se lembravam dessa festa 25 anos depois. Em uma entrevista, Alex se recordou que "tombaram quatro viaturas" naquela noite. Edward contou: "Nunca vou me esquecer de

---

215. "Police Quiet Van Gathering", *San Marino Tribune*.
216. "Police Quiet Van Gathering", *San Marino Tribune*.

David Lee Roth e Edward Van Halen ensaiam em uma garagem em Altadena, Califórnia, no começo de 1974. Elizabeth Wiley

O guitarrista e o vocalista do Van Halen trocam ideias em um ensaio em Altadena, no começo de 1974. Elizabeth Wiley

Alex Van Halen dá a batida no ensaio, no começo de 1974. ELIZABETH WILEY

uma festa de quintal onde nós tocamos uma vez. Deu até no jornal. Dezenove pessoas foram presas e tal. Nunca vou esquecer quando um grupo de caras pegou um policial, tirou suas algemas e o algemou em volta de uma árvore!".[217]

Justamente por isso, a polícia de San Gabriel Valley também não iria esquecer. Além do tumultuado concerto na prefeitura, a festa de Van Furche' deixou claro que, em se tratando do Van Halen e de seus fãs, estava na hora de tomar medidas mais drásticas. Francis elucida esse ponto observando que a festa de Van Furche foi uma das responsáveis pela "má fama das festas de quintal e das 'cervejadas'" entre as autoridades. Entretanto, os membros do Van Halen as viam como um negócio como qualquer outro, mas em maior escala. "Adolescentes loucos?", Edward comentou. "Sim... esse era nosso público."[218]

---

217. Redbeard, "In the Studio: 20th Anniversary of Van Halen".
218. Redbeard, "In the Studio: 20th Anniversary of Van Halen".

Alguns dias depois, Roth ligou para Miranda. Ele se lembra que Roth perguntou: "O que você pode fazer por nós?". Miranda provavelmente mencionou que Algorri tinha um primo que trabalhava com os Beach Boys e Jan & Dean. Um incentivo mais imediato era uma chance de tocar no Gazzarri's. Roth disse: "Nós já fizemos teste lá. Bill Gazzarri não gosta da gente". Miranda explicou que o autoproclamado "padrinho do rock'n'roll" havia contratado recentemente Algorri e Miranda para testar as bandas para ele, liberando-o de uma tarefa que ele desprezava. Eles garantiriam que o Van Halen tocaria alguns sets em uma noite com o clube aberto para o dono avaliá-los. Graças a Algorri e Miranda, o Van Halen teve outro teste no Gazzarri's.[219]

O quarteto estava determinado a conseguir dessa vez. Eles se retiraram ao seu novo local de ensaio, uma garagem velha localizada no número 1.940 da Maiden Lane em Altadena, em uma propriedade de uma amiga de Roth, Elizabeth Wiley. Seus ensaios de quatro horas, que ocorriam seis dias por semana, passaram a ter uma intensidade extra.[220] Taylor Freeland, que muitas vezes via os ensaios, lembra-se da rotina: "Eles passavam as músicas e, se tivesse uma que eles precisassem trabalhar, seria assim: Alex contava com as baquetas, *um-dois-três-quatro*! E o som era *igualzinho* ao disco. Então, no meio, dava pra ouvir Edward berrando: 'Não, não, *não*!'. Alex gritava: 'Que foi, PORRA?'. Daí rolava uma discussão. Então você tinha de sair e fumar. E eles começavam de novo. Foi assim por anos". Vincent Carberry diz que, enquanto os ensaios da Red Ball Jet eram pura diversão, o que ele via na garagem da Maiden Lane era "bem rígido e sério. Era puro *negócio*".

Kilgore, amigo íntimo de Edward, salienta que havia um membro da banda que mantinha todos focados, ou senão... "Ninguém lembra", ele observa, "que Al comandava aquele grupo e praticamente tinha a última palavra devido a vários motivos, o principal deles era que ele podia facilmente chutar" quem não concordasse. Quando Alex ficava calibrado com várias latas de Schlitz Malt Liquor, a favorita da banda, ele descontava em todos. "Lembro de muita porrada no Stan Swantek, em mim, no Ed, no Gregg Emerson e em quem mais estivesse por perto."[221]

---

219. Mark Algorri, entrevistado pelo autor.
220. Wiley, *Could This Be Magic*, p. 31.
221. Terry Kilgore, "Alex on His Original Ludwig Kit", *Facebook*, 7 de julho de 2012, acesso em 8 de julho de 2015, <https://www.facebook.com/photo.php?fbid=4171377133901&-set=a.1531548979847.2076546.1568434049&type=1&comment_id=2414580&offset=0&total_comments=5>.

Solo de Edward Van Halen no Lanterman Auditorium em La Cañada, Califórnia, em 22 de novembro de 1975. Mary Garson/Hot Shotz

No dia do teste, Algorri e Miranda, acompanhados por Putman, ajudaram os quatro músicos a carregar o equipamento. "Imagina só", diz Miranda, "você chega ao Gazzarri's e tem um palco no meio e à direita e à esquerda tem mais dois palcos menores". Em uma área menor em cima, tinha outro palco. Enquanto o Van Halen se preparava em um dos palcos laterais de baixo, os membros da banda olhavam ao redor. As paredes eram cobertas de enormes fotos em preto e branco de alguns dos antigos vencedores da marca registrada da casa, os concursos de dança "Miss Gazzarri's", incluindo a gatinha Barbi Benton. Colados na parede também tinham pôsteres fluorescentes, que brilhavam na luz negra quando a casa estava aberta. Mas, com as luzes acesas, a casa era um lugar sujo e encardido.

De fato, o Gazzarri's de 1974 estava bem longe da casa que recebeu o The Doors e o Buffalo Springfield em 1967. "O Gazzarri's não ia bem na época", admite Algorri. "Ele tinha uma péssima reputação. Detesto usar essa palavra, mas realmente tinha. Ele despencou do topo." Dave Connor, um músico que também tocou na casa em 1974, concorda: "A gente tinha a sensação de que aquela casa noturna já tinha visto seu dia. O Whisky era um lugar bem melhor para tocar. O Gazzarri's já era. Não era um local badalado. Você tinha a sensação de que foi em uma ocasião, mas realmente dava pra perceber que seu dia tinha passado".

Depois das 21 horas, o Van Halen começou a tocar na frente de um público considerável. Roth estava vestido para o sucesso em Hollywood, com um suéter de menino bem justinho, calça boca de sino justa e de cintura baixa da London Britches e plataformas.[222] Até Alex e Eddie, que ainda consideravam que camiseta e jeans sujo eram um bom figurino de palco, se vestiram melhor para a ocasião. "Então, por volta da época em que fizemos o teste pra tocar no Gazzarri's na Sunset Strip", Edward contou à *Rolling Stone*, "eu comprei plataformas e quase quebrei o tornozelo".[223] O tímido Stone, enquanto isso, recusou-se a se enfeitar, deixando o vocalista e o guitarrista da banda, como Edward lembrou, parecendo dois "idiotas de cabelo comprido, plataformas e cara de tonto!".[224]

Embora Roth pressionasse há muito tempo por essa mudança de imagem, a verdade é que os jovens músicos de rock ambiciosos de Hollywood se vestiam assim graças à influência do glam rock. Na Rodney Bingenheimer's English Disco, astros do glam rock como David Bowie circulavam em meio a um grande número de adolescentes com roupas loucas. De acordo com a *Newsweek*: "A pista de dança é um caleidoscópio vertiginoso de shortinhos de lamê, vestidinhos frente-única de paetê, calças com strass no bolso de trás, qualquer coisa de brechós e muitas transparências. Durante os intervalos, garotas de 14 anos em plataformas de 15 centímetros cambaleavam até os banheiros para se atracar com seus parceiros do momento".[225] Essa atmosfera extravagante fazia da English Disco, e de Hollywood por tabela, o que a *New Musical Express* descrevia como a "meca para pré-adolescentes descolados do sul da Califórnia e pros ardentes músicos do rock britânico".[226]

Naquela noite no Gazzarri's, porém, ficou claro que o Van Halen mudou mais do que o figurino. Eles também dispensaram o abrasivo hard rock que o dono da casa, Bill Gazzarri, odiava e, em vez disso, ofereceram uma apresentação com material mais tocado nas rádios. "Nós aprendemos 'Mr. Skin' do Spirit", Edward contou para Steven Rosen, "para nós realmente tentarmos fazer uma coisa que não era nós, só pra

---

222. Wiley, *Could This Be Magic*, p. 35; Elizabeth Wiley, entrevistada pelo autor.
223. Wild, "Balancing Act", p. 48.
224. Tolinski, ed., *Guitar World Presents Van Halen*, p. 185.
225. Peter S. Greenberg, "Clockwork Rodney's", *Newsweek*, 7 de janeiro de 1974, p. 48.
226. Mick Farren, "Rodney Bingenheimer's English Discotheque Revisited", *New Musical Express*, 28 de dezembro de 1974.

conseguir uma aprovação para tocar lá".[227] Algorri lembra: "Eles fizeram uma apresentação bem comercial. Eles definitivamente tocaram algumas boas músicas do ZZ Top. O set era bem forte e muito bom".

Depois do show, Algorri e Miranda saíram ao encalço da banda. Os quatro músicos sentaram em um muro atrás da casa noturna, fumando e bebendo enquanto conversavam sobre a apresentação. Quando os dois promoters se aproximaram, Roth perguntou o que Bill Gazzarri achou do Van Halen.

Algorri disse: "Ele não gostou de vocês no começo".

Depois de três testes seguidos para tocar na casa, Roth ficou vermelho de raiva.

Miranda logo disse: "Peraí. Não, isso foi no começo, cara. Algorri conversou com o Bill. Ele se acalmou".

Algorri continuou explicando que eles estavam programados para apresentações regulares. "Nós vamos tentar colocar vocês aqui dentro, se quiserem tocar".

Poucos dias depois, as festas renderam um contrato. O Van Halen tocaria de 4 a 7 de abril e de 11 a 14 de abril, com uma parcela de seu pagamento indo para Algorri e Miranda. Assim que a última caneta saiu do papel, Roth tinha atingido um objetivo que tanto queria. Ele era vocalista de uma banda com um emprego no fim de semana na Sunset Strip.[228]

Mas, antes de um primeiro fim de semana completo de apresentações do Van Halen no Gazzarri's, eles tinham outro show. Foi em 29 de março em San Marino, mas dessa vez na escola da cidade, onde o Van Halen abriria para a Honk, uma banda de surf rock de sucesso.[229]

Na noite da apresentação, umas mil pessoas estavam no auditório, incluindo uma caloura chamada Robyn McDonald.[230] Ela viu o Van Halen tocar covers e originais. Então, Roth, inspirado talvez pelas façanhas de Jim Morrison em Miami em 1969, tentou um truque de figurino. Robyn lembra: "David começou a abrir o zíper e abaixar a calça no meio da música". O diretor da escola foi na direção dele na hora. "O diretor Jack Rankin", explica ela, "subiu ao palco e fez David levantar as calças".[231] Depois do show, Rankin, assim como tantos outros moradores de San

---

227. Rosen, "Diver Down", p. 12.
228. Mark Algorri, entrevistado pelo autor.
229. Bill Urkopina, entrevistado pelo autor.
230. Bill Urkopina, entrevistado pelo autor.
231. Robyn McDonald, e-mail para o autor, 10 de agosto de 2011.

Marino, estava farto do Van Halen. Mark Stone relembra: "Nos disseram depois que não podíamos tocar lá de novo... Nós fomos expulsos da escola porque Dave era lascivo demais".[232]

Antes de deixarem o campus, Algorri conheceu duas jovens, uma das quais tinha um interesse particular no vocalista do Van Halen. Ele se recorda: "Depois da coisa, as duas garotas vieram até a porta do auditório. Uma era lindíssima, com um visual bem dramático. Elas estavam em uma limusine Cadillac preta do lado de fora. Descobrimos que a mãe da garota bonita era uma atriz. Não me lembro do nome, mas ela era uma atriz famosa anos antes. Ela tinha ouvido falar de David Roth e tinha essa queda inacreditável por ele".

Parece que essa belezura tinha uma proposta para o Van Halen. "Ela anunciou: 'Quero pagar por uma fita demo'". Como Algorri e Miranda não tinham dinheiro para bancar uma gravação, isso pareceu promissor. Algorri encontrou Roth e o informou. Ele respondeu: "Sim, claro, isso parece ótimo". Após as apresentações, as garotas tomaram cerveja com a banda no estacionamento, fizeram planos de agendar o estúdio nas próximas semanas e conheceram melhor o Dave.[233]

Na noite de 4 de abril, Miranda deu uma espiada na entrada do Gazzarri's. A fila era longa e a casa fervilhava de gente. O Van Halen tocou três sets naquela noite, com, segundo Miranda, "muitas músicas das paradas de sucesso" e umas poucas músicas originais. "Eles tinham originais, mas não tantas para tocar a cada set." Naquele fim de semana e no seguinte, Algorri lembra que eles "começaram a levar muita gente, porque a banda obviamente tinha inúmeros seguidores. Eram esses garotos de Pasadena que começaram a aparecer com certa frequência. Eles viraram uma sensação".

Embora a banda tenha se orgulhado de sua estreia no Gazzarri's, Alex e Edward estavam cada vez mais insatisfeitos com o desempenho de seu baixista. Stone às vezes não era "nada profissional", o que se tornou um problema quando a banda fazia apresentações cada vez maiores. "Stone os irritava nos dias das festas de quintal", segundo Eric Hensel. "Eles davam um intervalo na apresentação e o Alex penava para encontrá-lo

---
232. Mark Stone, entrevistado por Michael Kelley, de posse do autor.
233. Mark Algorri, entrevistado pelo autor.

para continuar o show. Eu me lembro do Ed chamado por ele no PA algumas vezes e o Ed até sorria, mas dava pra ver que ele não estava feliz com isso. Stone geralmente era o último a voltar dos intervalos, porque ele ia pra fora fumar um baseado com alguém."

O interesse na farra era algo compartilhado por todos os membros do Van Halen, claro. Bill Maxwell observa: "Mark gostava muito de beber, mas todos os outros também". Porém, por mais álcool que o restante da banda tomasse, Stone parecia tomar mais. "Acho que o Edward tinha um problema com a memória do Mark", afirma Burke. "Ele não conseguia se lembrar das músicas."

Anos depois, Edward deu detalhes sobre o declínio de Stone. "Nós começamos a tocar em casas noturnas como o Gazzarri's", ele explicou, "e o antigo baixista que tínhamos fumava maconha e haxixe demais. A gente tinha um repertório... que você *tinha* de lembrar, e ele estava sempre tão alterado que tocava uma música diferente".[234] Em 1995, Edward deu mais detalhes à *Rolling Stone*: "A gente tinha esse baixista que era muito criativo, mas fumava haxixe demais. Ele estudava pra ser farmacêutico, juro por Deus. Ele passava mais tempo em casa construindo moléculas de LSD. A gente tocava em festas com um repertório de cem músicas e ele não lembrava de nada".[235] Esses erros, que prejudicavam o progresso da banda, aborreciam principalmente Alex, diz Maxwell. "O Stone e o Alex não se olhavam nos olhos. Quando o baterista e o baixista não se olham, você tem problemas."

Enquanto os problemas com Mark Stone pioravam, o Van Halen continuava a se apresentar. No começo de 1974, a banda se uniu a um empresário do entretenimento de Los Angeles chamado Ray Engel. Ele, porém, não era promoter de rock, mas, sim, de festas temáticas de sexo.

Engel contratou o Van Halen para tocar na casa noturna Proud Bird em 26 de abril. No material de propaganda, ele proclamava que "se você quiser algo bem fantástico e diferente, junte-se a nós" para "Glamour, Glitter, Insanidade... Números Circenses, Fantasias, Pintura Corporal, Celebridades e Rock'n'roll", cortesia de um quarteto de Pasadena.[236]

Elizabeth Wiley, que acompanhou o Van Halen a esse "Baile Excêntrico", lembra que ela e Dave foram dar uma olhadinha no lugar.

---

234. Mary J. Edrei, ed., *Top Rockers of the 80s* (Cresskill, N.J.: Sharon Publications, 1985), p. 186.
235. Wild, "Balancing Act", p. 46.
236. Propaganda da Proud Bird, de posse do autor.

Andando juntos, eles se maravilharam com "as coisas estranhas que eles viram à venda nas cabines", incluindo "camas cheias de pregos, chicotes com nove tiras, botas de salto agulha com metal na ponta e... testes para filmes pornôs".[237]

Depois do fim da apresentação, Roth "conheceu uma gata", como ele escreveu em *Crazy from the Heat*. "Fui parar na casa dela, no quarto." Quando ele abriu seus olhos vermelhos de manhã, viu que "cada centímetro quadrado de suas paredes, do teto e a frente da cômoda estavam cobertos de fotos de vocalistas de rock". Roth, o futuro *frontman* extraordinário, tinha levado para a cama sua primeira groupie profissional.[238]

Na sexta-feira seguinte, o Van Halen deu um show como banda principal no PHS Auditorium, com duas outras bandas de apoio. Brown Eyes, um sexteto de funk-jazz, abriu o show, seguido pela Snake, um power trio de Arcadia, com Michael Anthony Sobolewski nos vocais. Anthony, um jovem calmo com tórax em barril, não só tocava baixo na banda, mas também servia de vocalista, empresário *de facto* e motorista.[239]

Anthony, por coincidência, cresceu tocando e trabalhando em sua técnica no baixo apenas a alguns quilômetros de distância de onde Dave e os irmãos Van Halen cresceram. Como seus futuros colegas de banda, Anthony, seus irmãos e seus pais se mudaram para San Gabriel Valley durante a década de 1960. Ele tocou trompete quando criança e adotou o baixo no fim dos anos 1960. Seu primeiro grupo, Poverty's Children, era um negócio familiar, com seu irmão Steve tocando bateria e um amigo, Mike Hershey, tocando guitarra.[240]

Assim como os irmãos Van Halen, os pais de Anthony apoiavam suas aspirações musicais. Com ele e seus irmãos mordidos pelo bichinho do rock, seus pais deixavam que eles tomassem posse da garagem em Arcadia. Joe Ramsey, que cresceu perto de Anthony, relembra: "Mike era ótimo quando éramos mais jovens. Ele é dois anos mais velho que eu. Eu o conheci através de seu irmão mais novo; a gente tocava junto numa banda. Costumávamos ensaiar na casa de seus pais. Eles tinham uma sala de ensaio, que era uma garagem à prova de som onde dava pra ensaiar... A gente podia tocar alto que ninguém ligava".

---

237. Wiley, *Could This Be Magic*, p. 35.
238. Roth, *Crazy from the Heat*, p. 193-194.
239. Young, "Van Halen", p. 54.
240. "Michael Anthony Biography", *Van Halen: The Official Website*, acesso em 8 de julho de 2015, <http://web.archive.org/web/*/http://van-halen.com/newsite/mikebio.html>.

Michael Anthony Sobolewski, futuro baixista do Van Halen, com um de seus primeiros grupos, por volta de 1969. Jeff Hershey

Anthony ensaiava na garagem com suas diferentes bandas. Uma foi um power trio de vida curta chamado Balls. Werner Schuchner, guitarrista da banda, diz: "Nós tocávamos Led Zeppelin e Humble Pie. Tínhamos um bom baterista e Mike cantava muito bem".

Outra das bandas de Anthony se chamava Black Opal, que tinha mais uma vez Mike nos vocais e no baixo. Ramsey se recorda: "Eles tocavam muito Blue Cheer e, como o meu cérebro de 13 anos na época me permite lembrar, uma versão incrivelmente fiel de 'Fire' do Jimi Hendrix com Brad Becnel mandando ver na guitarra solo. Brad era um prodígio absoluto. Ele devia ter uns 16 anos e tocava solos de guitarra muito rápidos. Era ótimo!".[241]

---

241. Joe Ramsey, "Garage Band", *Facebook*, 25 de julho de 2009, acesso em 8 de julho de 2015, <https://facebook.com/note.php?_rdr=p&note_id=112786957270>.

Para Anthony, essa apresentação com o Van Halen não era seu primeiro encontro com Edward, Alex e Mark. Como ele contou em uma entrevista em 1998: "A primeira vez que eu vi esses caras tocarem... foi ainda como a Mammoth em um baile que o colégio [Arcadia] fazia todo ano no campo de futebol e a banda deles estava tocando. Era Eddie, Alex e o baixista na época, chamado Mark Stone. Eddie fazia os vocais".[242]

Dois anos depois, Anthony, assim como Roth e os irmãos Van Halen, frequentava a PCC. Embora eles não tivessem se conhecido de fato, seus caminhos se cruzaram. Anthony, que se formou em música, explicou: "Eu ia a uma aula de improvisação de jazz e passava pelo Alex no caminho, acabando de sair da aula dele. A gente só se olhava, mas era algo distante, por causa da rivalidade entre bandas. Você nunca dava oi ou cumprimentava, você só acenava. Mas todos se conheciam".[243]

Na tarde da apresentação, o Van Halen encarou uma crise. Anthony lembra que a Snake "tinha um sistema de PA que eu pegava emprestado de um dos professores da Arcadia High School... Acontece que o PA deles [do Van Halen] estourou durante a passagem de som. Então, eu lembro de o Eddie vir até mim e me perguntar se podia pegar nosso PA emprestado". O cortês Anthony respondeu: "Sim, claro. Pode pegar".[244]

O show começou algumas horas depois. Após a apresentação da Brown Eyes, a Snake, com Anthony nos vocais e no baixo, Tony "Codgen" Caggiano na guitarra e Steve Hapner na bateria, subiu ao palco. O trio atacou logo de cara com "Nothin' to Lose" do KISS.

Da coxia, os irmãos Van Halen viam Michael Anthony. Ironicamente, na Snake, Anthony se via na mesma posição que Edward estava antes de Roth entrar para o Van Halen. Ele explicou para a *Guitar World* em 1991: "Eu era o vocalista da minha banda e não me sentia muito confortável nessa função. Eu só queria me concentrar na minha técnica no baixo".[245]

No entanto, ele fazia bem as duas coisas, o que botou as engrenagens para funcionar na cabeça dos irmãos. Como Edward contou à *Guitar Player* em 1978: "Nós todos ficamos bestas porque ele era vocalista e líder de sua banda".[246] Sem dúvida, eles também observaram que a

---

242. Redbeard, "In the Studio: 20th Anniversary of Van Halen".
243. Considine, *Van Halen!*, p. 37; John Stix, "Michael Anthony: The Last of the Pre-Van Halen Bands", *Guitar for the Practicing Musician*, dezembro de 1987, p. 17.
244. Redbeard, "In the Studio: 20th Anniversary of Van Halen".
245. Brad Tolinski, "Iron Mike", *Guitar World*, setembro de 1991, p. 99.
246. Obrecht, "The Van Halen Tapes", p. 9.

Snake tocava músicas como "Walk Away" do James Gang, "Superstition" do Beck, Bogert & Appice e "Still Alive and Well" do Johnny Winter, que faziam parte do repertório do Van Halen.

Uns 15 minutos depois, a banda principal subiu ao palco.[247] Roth desfilou até o microfone enquanto os aplausos cessavam. Depois de tomar fôlego, ele anunciou: "Bem-vindos a todos. Nós somos o Van Halen e nosso negócio tá *quente*!".

Dito isso, o Van Halen fulminou. Depois de abrir com uma composição de Stone arrastada e pesada chamada "I'm With the Wind", eles tocaram covers como "Raging River of Fear" do Captain Beyond, "I Come Tumblin'" do Grand Funk Railroad e "Waitin' for the Bus" do ZZ Top.

Eles também tocaram mais de suas composições. Elas incluíam "I Can Hardly Wait", com um riff que Edward trabalharia de novo depois em "D.O.A." do *Van Halen II*; "Glitter", que apareceu na demo da banda no outono de 1973, e uma versão embrionária de "Outta Love Again", uma melodia com um riff ascendente no meio que mostrava a influência de "Dancing Madly Backwards" do Captain Beyond nas primeiras composições de Edward. "In a Simple Rhyme", uma das músicas originais mais perfeitas da banda, também entrou na apresentação daquela noite, além de outra do álbum *Women and Children First* de 1980, o boogie-blues rock de "Take Your Whiskey Home".

Enquanto o Van Halen tocava, Anthony observava Edward e Alex. Ele se lembra nitidamente de "ficar na coxia vendo eles tocarem e dizer pra mim mesmo: 'Esses caras são ótimos. Eles têm uma habilidade incrível!'". Roth, com uma bengala como adereço de palco, veio rebolando até ele. "De repente, Roth desfila até mim. Ele usava um coletinho e seu cabelo parecia um gambá, tingido de preto com uma listra branca no meio. Ele diz: 'Ei, você gosta dos meus meninos?'"[248] Depois de uma olhada em Roth, Anthony disse a si mesmo: "Jesus, tira esse cara da minha frente!".[249]

No meio do set, Alex e Edward fizeram longos solos. O solo de Edward agradou ao público, mesmo que os irmãos tenham pegado parte dele emprestada de sua sequência do Cactus. "Se você ouvir 'Eruption'", afirmou Carmine Appice do Cactus em 2006, "é a mesma coisa do início de nossa música 'Let Me Swim'. Nunca reparei, mas, se você ouvir as duas, tem um acorde, depois tem um lance da guitarra, depois vem

---

247. Richard Garbaccio, "Van Halen Rocks Students", *Pasadena (High School) Chronicle*, 10 de maio de 1974.
248. Christopher Buttner, "Michael Anthony of Van Halen", *PRThatRocks*, 2004, <http://www.prthatrocks.com/interviews/michael.html>.
249. Considine, *Van Halen!*, p. 37.

'*Bim, Bam, Bowmmm*', daí muda a escala e tem mais guitarra. É a mesma introdução de 'Let Me Swim'. Igualzinha".[250]

A segunda última música da noite foi "Believe Me". Essa música, que desapareceu do cânone do Van Halen antes de eles gravarem o álbum de estreia, destacava o lado progressivo da banda, com seus compassos ímpares, os intervalos com parada e volta com força e alguns riffs absolutamente matadores.

Então veio o arremate do set, "Show Your Love" – renomeada depois de "I'm The One" para o álbum de estreia do Van Halen em 1978 – no último volume nas caixas de som. Com sua mescla de batidas rápidas, ela soava como "I'm Going Home" sob o efeito de esteroides. Após um floreio final, o Van Halen se despediu e saiu do palco.

Quando Edward e Alex viram Algorri nos bastidores, eles o puxaram de lado e sussurraram: "Estamos nos livrando do Mark. Queremos conhecer aquele cara".[251] Logo depois, eles chegaram em Anthony. Depois de bater um papo sobre a vida na PCC, eles se prepararam para seguir caminhos separados.[252] Antes de saírem, porém, Anthony disse para Edward: "Talvez a gente possa fazer um som juntos qualquer hora dessas".[253]

Nos dias seguintes, Edward não se esqueceu de Anthony. O guitarrista tinha uma aula sobre leitura de partitura e arranjo na PCC com Jonathan Laidig, Roth e Mike Franceschini, amigo de Anthony.[254] Edward comentou com Franceschini que Stone estava saindo da banda. Franceschini então deu o número de Anthony para Edward.[255] Duas semanas depois, o telefone tocou na casa de Sobolewski em Arcadia. Anthony relembra: "Recebi uma ligação do Eddie e do Alex uma noite e eles me pediram pra ir tocar com eles".[256]

Anthony confessa que os talentos musicais dos dois o intimidavam. "Eu tocava em festas no quintal", ele contou a Steven Rosen, "e

---

250. "Carmine Appice: Eddie Van Halen Seems to Be Out of His Tree Right Now", *Blabbermouth*, 6 de outubro de 2006, acesso em 8 de julho de 2015, <http://www.blabbermouth.net/news/carmine-appice-eddie-van-halen-seems-to-be-out-of-his-tree-right-now/>.
251. Mark Algorri, entrevistado pelo autor.
252. Buttner, "Michael Anthony of Van Halen"; Redbeard, "In the Studio: 20th Anniversary of Van Halen".
253. Stix, "Michael Anthony: The Last of the Pre-Van Halen Bands", p. 17.
254. Jonathan Laidig, entrevistado pelo autor.
255. Steven Rosen, "Ace of Bass", *Guitar World Presents Van Halen: 40 Years of the Great American Rock Band*, julho de 2012, p. 63.
256. Redbeard, "In the Studio: 20th Anniversary of Van Halen"; Considine, *Van Halen!*, p. 37.

esses caras tocavam no Gazzarri's em Hollywood".[257] Ele pediu para um de seus irmãos o acompanhar até Altadena por um "apoio moral".

Quando ele chegou à garagem na Maiden Lane, notou que Roth não estava lá.[258] Apesar disso, eles afinaram os instrumentos e tocaram um material bem técnico. "Aqueles caras eram musicalmente tão avançados e estavam muito além do que tocávamos na Snake", diz ele. "A gente fazia um rock direto, com um ritmo padrão 4/4. Eles faziam essas coisas 5/4. Eu só tentava acompanhá-los." Anthony acrescentou: "Acho que eles ficaram surpresos comigo, porque eu me adaptei direitinho", o que ele credita ao fato de "gostar de tocar jazz no baixo" e fazer um curso de improvisação de jazz na PCC.[259]

No meio dessa jam session de três horas, Anthony sentiu uma vibração "mágica" na sala. Como ele contou a Steven Rosen: "Você se junta, toca com as pessoas e pode tocar blues em todas as 12 escalas, e é tipo: 'É isso aí, legal'. Ou então você começa a tocar uma coisa e nós simplesmente viajamos... Al tinha uma caixa de Schlitz Malt lá, a gente tomou algumas cervejas e continuamos a tocar por horas a fio". Por fim, quando eles terminaram, os irmãos trocaram uma ideia e então perguntaram: "Ei, você quer entrar pra banda?". Anthony conversou brevemente com seu irmão, que "estava bem espantado", antes de olhar de novo para Edward e Alex e dizer: "Sim, claro!".[260]

Mas, antes que a banda pudesse liberar Stone, a oportunidade de fazer a demo se materializou. O estúdio precisava ser usado imediatamente, então Stone, sem ainda saber seu destino, tocou na gravação. Após uma rodada de bebidas pela manhã, o quarteto passou o dia no estúdio Cherokee em San Fernando Valley. A fita resultante continha gravações de "Take Your Whiskey Home", "In a Simple Rhyme", "Believe Me" e "Angel Eyes". Esta última, uma balada suave que Roth tocava sozinho em um violão de 12 cordas, mostrava o impacto que artistas do soft rock como James Taylor e os Eagles tiveram nas primeiras composições de Roth. A música, que a banda pensou em incluir em *Van Halen II*, continua sem um lançamento oficial até hoje.

---

257. Rosen, "Ace of Bass", p. 63.
258. Rosen, "Ace of Bass", p. 63.
259. Tolinski, "Iron Mike", p. 99; Stix, "Michael Anthony: The Last of the Pre-Van Halen Bands", p. 17.
260. Rosen, "Ace of Bass", p. 63.

O baixista Mark Stone ensaia com o Van Halen em Altadena, Califórnia, no começo de 1974. Elizabeth Wiley

A formação clássica do Van Halen se diverte na casa do pai de David Lee Roth em San Marino, Califórnia, no verão de 1974. Elizabeth Wiley

Com o fim das gravações, todos foram para Hollywood para se encontrar com o primo de Algorri. "Rick Donovan é meu primo", Algorri explica. "Ele preparou a demo no estúdio Cherokee. Ele era pupilo de Roger Christian, coautor de várias das primeiras músicas dos Beach Boys." Na época, Donovan era produtor e vice-presidente de um selo chamado Custom Fidelity, que fazia álbuns de compilação de músicas das paradas de sucesso. Algorri deu a fita a Donovan. No fim, porém, Donovan "não ficou muito impressionado e aquilo não levou a lugar nenhum. Meu primo não achava que seria um produto comercial". Esse episódio manchou a credibilidade de Algorri e Miranda com o Van Halen, e seu relacionamento profissional terminou algumas semanas depois.

Quando os boatos sobre o futuro de Stone com o Van Halen se espalharam, músicos demonstraram surpresa com a mudança. Peter Burke diz: "Mark Stone era um bom músico. Tinha uma ótima métrica e seu som era maravilhoso". Brent Pettit concorda e acrescenta: "Eu respeitava muito Mark Stone. Ele é inteligente. Ele nos ouvia tocar e perguntava: 'Ei, cara, como você faz aquilo? Dá pra me mostrar?'". Bill Maxwell observa que, além de ser um músico talentoso, Stone "compôs *muito*" do que o Van Halen tocou nesse período.

Mas, mesmo se não houvesse outras questões com Stone, o fato de não gostar de cantar fez dele um candidato ruim para uma banda que agora enfatizava as harmonias vocais. Quando Paul Fry cruzou com Edward, ele disse que demitir Stone não seria uma coisa fácil. Edward retrucou: "Paul, eu só não quero mais cantar sozinho". De fato, os vocais foram o principal ponto. "Stone era um músico excepcional", diz Algorri, "mas rolava um atrito, porque ele não cantava e eles queriam harmonias vocais. Esse era o problema. Por isso ele foi mandado embora".

Da perspectiva de Stone, sua técnica pagou o preço de sua dedicação dividida entre a escola e a banda, mais do que qualquer outra coisa. "Eu fiquei dividido entre essas duas coisas", ele explicou. No final das contas, "eu não conseguia mais acompanhá-los" e então "nós nos encontramos um dia e eles me pediram pra sair".[261] Como Alex diz com tanta diplomacia a Steven Rosen: "O motivo para deixarmos Mark ir era que ele parecia ter outros interesses além da música".[262]

Ao mesmo tempo, no entanto, o talento e o foco de Anthony possibilitaram essa mudança. Burke diz que muitos dos amigos de Edward e Alex que tinham visto a Snake tocar na PHS pensaram: "Mike canta melhor do que Dave". Além disso, a dedicação de Anthony à música parecia com a dos outros três membros do Van Halen. Werner Schuchner afirma: "Eu sempre pensei que Mike era importante para o Van Halen estar junto, por ser tão sério. Eu me lembro de ele pedir para seu pai nos levar a um lugar onde ele comprou amplificadores acústicos novos. Não me lembro quem pagou por eles, mas eu me lembro de ele levar isso bem a sério". Como Leiren explicou: "Você precisa mesmo ter aquele algo a mais. É só isso que precisa querer. Stone não tinha isso. Ele gostava da música. Gostava de tocar, mas também gostava da farra. Ele não tinha aquela mesma dedicação de quando você come, dorme, vive e respira música".[263]

Para Stone, tudo isso foi difícil de aceitar. "Por um bom tempo", confessa ele, "doeu muito. Foi difícil. Foi duro deixar aquela banda, pois eu sabia que eles estavam destinados à grandeza. É como dizem: 'Não saia antes de acontecer o milagre', e eu saí".[264]

---

261. *The Van Halen Story: The Early Years.*
262. *The Van Halen Story: The Early Years.*
263. Rudy Leiren, entrevistado por Steven Rosen, de posse do autor.
264. Christe, *Everybody Wants Some*, p. 25; *The Van Halen Story: The Early Years.*

Por fim, essa mudança na formação realça basicamente que Alex, Edward e Dave reconheceram que eles abriram o caminho para algo especial. Seu tempo juntos produziu um entendimento mútuo de que sua mistura particular de talentos e personalidades, apesar de todas as suas diferenças artísticas, gerou uma sinergia que deu ao Van Halen sua potência musical e o apelo popular. Por todo o verão de 1973, os irmãos rangiam os dentes enquanto Roth cantava uma versão depois da outra cheia de falsetes de "Cold Sweat", sorrindo e desfilando pelo palco. Roth, por sua vez, se frustrava com a determinação dos irmãos de tocar aquele heavy metal tecnicamente sofisticado em vez de um material pop mais acessível. Mas, nos meses seguintes, os três membros principais da banda encontraram uma forma de fundir suas visões musicais de tal forma que a habilidade instrumental dos irmãos Van Halen pudesse florescer junto das primeiras noções de entretenimento de Roth. Anthony, com seu forte vocal de apoio e muita habilidade, parecia ser exatamente a peça perdida do quebra-cabeça.

Capítulo 6

A Batalha de Pasadena

O batalhão do condado de Los Angeles, com dúzias de homens fortes equipados para o tumulto, corria pela Madre Street em Pasadena. Uma música ensurdecedora, cortesia do "VANHALEN", segundo os folhetos espalhados pelo chão, saía do quintal bem iluminado no fim do longo quarteirão. Enquanto eles seguiam na direção da grande festa, os policiais empurravam vários adolescentes bêbados rindo e cambaleando pela rua suburbana apinhada de carros. No alto, um helicóptero da polícia circulava no frio ar de novembro, com seu holofote apontado para a propriedade. A voz do piloto saía como um estrondo pelo alto-falante do helicóptero, anunciando: "Atenção! Este é um evento ilegal! Circulando! Não fazer isso resultará em prisão imediata!".

Quando os policiais chegaram na frente da casa térrea, o comandante avaliou a situação do meio-fio. A casa se localizava a aproximadamente 68 metros da rua. Garotos bêbados e chapados enchiam os quintais e entravam e saíam da casa. Ele estimou que havia umas 1.500 pessoas na propriedade. *Crianças malditas. Onde estão seus pais, caralho?*

Ele olhou para o rosto de seus oficiais. Eles previam uma luta. Assim como ele, ficaram cansados de passar seus turnos de fim de semana invadindo grandes festas do Van Halen em áreas não registradas ao redor de San Gabriel Valley. Mas essa era a maior que eles viram e acontecia em uma das melhores vizinhanças de Pasadena. Além disso, estava completamente fora de controle. No início da noite, os policiais que responderam às queixas de barulho enfrentaram uma barricada de pedras e garrafas jogadas da propriedade. *Lançadas provavelmente pelos mesmos merdas que viraram aquelas viaturas da polícia de San Marino naquela festa gigantesca do Van Halen em março.* Era hora de mandar uma mensagem.

O comandante encarou seus homens e ordenou que ficassem em posição de ataque. Eles formaram uma falange, com seus capacetes verde e dourado brilhando sob os postes de luz. Abaixaram as viseiras, levantaram seus escudos e elevaram seus cassetetes à posição de ataque. A Batalha de Pasadena estava prestes a começar.

Alguns meses antes, Don e Mary Ann Imler avisaram seu filho, Denis, então com 22 anos, e suas filhas adolescentes, Debbie e Karen, que eles passariam um mês, em junho de 1974, em sua casa de férias no México, sem eles. "Eles adoravam viajar", Karen, a mais nova dos três, se recorda: "Meu pai era mais velho e tinha acabado de se aposentar do Departamento de Polícia do Condado de L.A. Ele era vice-inspetor. Era o nível mais alto no departamento que alguém poderia chegar. Ele atuava com adolescentes e narcóticos".

Debbie explica que sua mãe sempre acreditou que seus filhos se comportariam enquanto os pais viajavam. "Como meus pais saíam o tempo todo, não tinha tanta supervisão", diz ela. "Minha mãe dizia: 'Juízo, hein? Eu confio em vocês!'." Debbie acenava com a cabeça, séria, mas pensando: "Tá, vai nessa!".

Logo depois que o carro de seus pais saiu da entrada, Denis traçou seu plano de dar a primeira festa de quintal dos Imler. A casa deles era perfeita para um evento desses. Ficava em um terreno de mais de 4 mil metros quadrados e havia um terreno baldio de 2 mil metros quadrados atrás da propriedade, formando um quintal fundo.[265] Sua localização, que era literalmente do outro lado da rua da casa de Art Agajanian, também era ideal. Como ficava na esquina da Madre Street com a Huntington Drive, uma estrada movimentada com seis pistas que era uma das principais vias públicas de Pasadena, era fácil de achar a casa. Eles compraram chope gelado e contrataram uma boa banda ao vivo. Na hora de escolher o grupo, a decisão foi fácil. Todos os três queriam que o Van Halen tocasse.

"Eu ia pra escola com Alex e Edward", Denis explica, "Alex era da minha série. Nós saíamos juntos. Eu era amigo deles e, depois do início da banda, a gente caía na farra juntos". Debbie, que trabalhou com Roth na London Britches, também conhecia os irmãos Van Halen bem, mesmo que alguns de seus amigos não aprovassem sua amizade com Edward e Alex. "Eles moravam do outro lado da estrada. Minha família e meus amigos que moravam no nosso bairro, Chapman Woods, vinham de uma criação privilegiada. Eles perguntavam: 'Por que você sai com *aqueles* caras?'. Isso vinha do fato de eles serem de uma classe mais baixa. Eu os

---

265. Debbie Imler McDermott, entrevistada pelo autor.

levava às festas e meus amigos questionavam: 'Hm, por que você é amiga *deles*?'. Mas eu gostava deles como pessoas, não só por sua música."

Apesar de Karen não conhecer os membros da banda tão bem quanto seus irmãos, ela *adorava* a música do Van Halen. "Bom, quando eu tinha uns 14 ou 15 anos, fui a uma festa não muito grande. Nós sentamos na grama e eu vi Eddie tocar. Lembro de ter ficado chocada com seu talento. Eu adorava rock e conhecia música. Tinha ido a vários shows ainda bem jovem. Ao ouvi-lo e compará-lo com os artistas que fizeram aquelas músicas, me lembro de pensar: 'Esse cara vai ser famoso'. Cheguei nele depois e disse: 'Você soa melhor do que os músicos que tocavam essa música. Você toca melhor do que eles também.'"

Denis não perdeu tempo. Ele ligou para Alex e perguntou se poderia contratar a banda para tocar em uma noite de sábado em junho. Denis diz: "A festa era uma oportunidade para tocar na frente de uma multidão enorme e não sairia caro para todos, pois eu cobrei só um dólar". Por seus serviços, Denis pagou a eles um montante fixo de 300 dólares.

Para a banda aceitar esse trabalho era moleza. Eles ganhariam mais dinheiro em algumas horas do que em um final de semana inteiro na Strip. Também teriam a chance de expandir ainda mais a quantidade de fãs tocando na frente de centenas de garotos. Como declarou Roth anos mais tarde: "Nós imaginamos que a princípio devíamos apenas pegar qualquer apresentação que aparecesse, fosse em algum ginásio imundo de escola ou em uma venda em garagem, porque sabíamos que seria a forma mais rápida de aumentar os seguidores".[266]

Dias antes da festa, os Imler contaram aos amigos que o Van Halen tocaria em sua casa. Denis, em um raro momento de precaução, resolveu não distribuir folhetos, imaginando que a propaganda boca a boca bastaria para garantir um grande comparecimento. No grande bairro Chapman Woods moravam dúzias de adolescentes e algumas famílias com sete ou oito filhos, e todos se conheciam.[267] Mesmo se aparecessem mais pessoas do que o esperado, a grande propriedade comportaria a multidão. Ele encomendou dez barris de chope, um pequeno palco e algumas luzes.

---

266. Andy Secher, "Van Halen Blasts Apart Myth of Mellow California Sound", *Sunday World Herald Magazine (Omaha)*, 17 de agosto de 1980.
267. Jeff Touchie, entrevistado pelo autor.

O baixista Michael Anthony, ostentando uma roupa dourada de lamê, garante o vocal de apoio no Lanterman Auditorium em La Cañada, Califórnia, em 22 de novembro de 1975. MARY GARSON/HOT SHOTZ

Quando chegou o sábado, Michael Anthony sentiu frio na barriga. Como mais novo membro do Van Halen, a apresentação era sua primeira festa com a banda. Ele tinha tocado em muitas festas com a Snake, mas eram apenas reuniões para tocar com os amigos, de jeans e camiseta. Ele sabia que as festas de quintal do Van Halen eram outros quinhentos; elas eram maiores e mais brutais.

Mas havia outro motivo para a preocupação de Anthony. Embora o quarteto se enfeitasse em Hollywood, ele esperava usar sua roupa de festa comum. Mas, antes do show, Dave avisou: eles usariam o figurino do Gazzarri's na festa dos Imler. Anthony explica: "Aqueles caras estavam em Hollywood no Gazzarri's e sabiam o que os destacaria. Isso definitivamente nos diferenciou das outras bandas na área. Mas isso foi influência do Dave. Se fosse por mim, Ed e Al, usaríamos jeans e camisetas".

No início da noite, a festa estava agitada. Havia algumas centenas de garotos no quintal. Alguns se misturavam na frente do palco, em frente à piscina em forma de rim. Outros pulavam e nadavam. Mas estava ainda mais lotado em volta dos barris.

Os membros do Van Halen logo saíram da casa, um a um. Roth, claro, estava sem camisa e vestia uma calça justíssima, e até Edward ostentava uma capa preta e uma calça prateada de lamê.[268] O último a sair da casa foi Michael Anthony, com um olhar inocente no rosto enquanto observava um público que incluía seus amigos íntimos e sua namorada, Sue. Ele se recorda: "A primeira apresentação em um quintal que eu fiz com eles foi em uma festa na Huntington Drive. Minha [futura] esposa tinha feito uma roupa dourada de lamê pra mim. Eu mal conseguia andar pela multidão com ela".[269]

Perto do palco, um aspirante a guitarrista de 13 anos chamado Dave Shelton olhava pasmo. Apesar do virtuosismo de Edward e do carisma de Roth, a primeira coisa que ele lembra sobre a festa é o traje de Anthony. "Eu me lembro de Michael Anthony usando um coletinho dourado brilhante", diz ele, às gargalhadas. "Ele parecia um macaco tocador de realejo. Só faltava um chapeuzinho e estava pronto!"

A festa começou animada com a banda tocando ZZ Top. Enquanto a rapaziada dançava e brindava, Roth desfilava feito um pavão com o estrondo da banda atrás dele. À medida que aumentava a empolgação da galera, as pessoas se comprimiam contra o pequeno palco. Shelton diz: "Eu me lembro de estar perto do Eddie. Eles tinham esse sistema de PA em uma coluna na qual as pessoas se recostavam e eles gritavam: "Desce do PA! Ele vai cair!".

Com a cerveja rolando e o álcool subindo, Michael e Edward saíram do palco para dar uma pausa enquanto Dave e Alex se preparavam para o solo de bateria da banda. Com Alex atrás da batera, Roth ajoelhou na frente.

Carl Haasis viu essa pequena encenação. "Roth fazia essa pose em que ele dobrava a coluna pra trás, como na contracapa de *Van Halen*. Ele tinha um tubo plástico na boca e o tubo ia até o pequeno tubo de ar do tom-tom. Então, Alex tocava e Roth soprava para fazer *do do do dooo*. Isso aumentava a altura do som, porque entrava ar na bateria." Shelton tinha a sensação de que essa parte da apresentação não saía tão bem quanto o resto do show. "Ah, era meio sem graça", diz ele, sorrindo. "Ele estava ajoelhado chupando a coisa."

Dentro da casa, Denis se divertia muito quando um amigo deu um tapinha nas suas costas. "Os tiras estão aqui!", seu amigo gritou em seu ouvido. Denis deu um último gole na cerveja e saiu pela porta da frente.

---

268. Hausman, "Tom Broderick", p. 22; Miller, "Van Halen's Split Personality", p. 77.
269. Michael Anthony, entrevistado pelo autor; Miller, "Van Halen's Split Personality", p. 77.

Seus olhos pousaram em um grupo de policiais de Pasadena no quintal. Alguns garotos fugiram dos policiais e da linha de viaturas estacionadas no meio-fio, com as luzes coloridas girando na escuridão. Outros não cederam, pois estavam chapados demais para se importar.

Depois de Denis se identificar como dono da casa, os policiais explicaram que eles receberam queixas sobre o barulho. Se Denis quisesse que a festa continuasse, teria de tirar os garotos da rua e pedir para a banda abaixar o som. Denis concordou e se desculpou, garantindo aos oficiais que ele acalmaria as coisas e manteria as pessoas dentro da propriedade. Com isso, os policiais viraram e voltaram para as viaturas. A festa continuou.[270]

Embora possa parecer surpreendente que a polícia deixasse uma festa enorme cheia de adolescentes continuar, Eric Hensel explica que, até o verão de 1974, a polícia de Pasadena era bem "amigável" com os adolescentes e tinha um "tipo de política de 'não vi, não conto'" em se tratando de festas. Segundo ele: "Se a festa ficasse barulhenta demais e você recebesse queixas, eles enviavam algumas viaturas". Como, muitas vezes, os "filhos dos policiais também estavam nessas festas", eles relutavam em prender alguém. Ele continua: "Deu pra ver os tiras pararem na frente da casa. A gente estava lá fumando um baseado e tal. Tinha pessoas em todos os lugares: no gramado da frente, no quintal. Aí esses tiras entraram, encontraram o dono e disseram que eles receberam queixas por causa do barulho. 'Nós vamos deixar a festa continuar se vocês abaixarem o volume e mandarem todos pro quintal. Você precisa tirar todo mundo da rua'. Eles deixaram a coisa rolar até a meia-noite ou uma da manhã. O Van Halen tocou uns dois ou três sets antes de alguém acabar com tudo". Roger Renick, um cantor que se apresentava em muitas dessas festas, acrescenta que, até quando os tiras apareceram, não tinha muito drama. Ele lembra: "Por um bom tempo, as festas de Pasadena pareciam ter uma fórmula que funcionava e, em geral, todos conheciam a rotina. Folhetos, ingresso, barris de chope, muitas pessoas, grandes quintais, banda tocando, polícia aparecendo, fim da festa e todos ficavam putos, mas iam embora pacificamente".

No fim, a primeira festa dos Imler terminou sem incidentes. Debbie diz: "Na primeira festa, o Van Halen tocou a noite toda. Nós só fomos incomodados pela polícia quando apareceram pra dizer: 'Tire as pessoas da rua'. Foi uma noite bem divertida". Quando tudo terminou, os Imler e seus amigos trabalharam até altas horas da manhã para recolher o lixo e ajudar a banda a guardar o equipamento.

---

270. Debbie Imler McDermott, entrevistada pelo autor.

Depois de Denis pagar a banda, ele e suas irmãs contaram o punhado de dinheiro arrecadado na porta. Mesmo depois de pagar as despesas, ele terminou algumas centenas de dólares mais rico. Enquanto Denis sorria, Debbie observou que a noite teve outro resultado positivo. "Os vizinhos pareciam ter aceitado" as festas no quintal, pois a polícia nunca voltou. Mas essa premissa seria testada em apenas alguns meses.

Quando Don e Mary Ann Imler voltaram para casa, eles pareceram apenas levemente irritados depois de ouvirem sobre a festa. A casa parecia em ordem e os relatos dos vizinhos de multidões enormes e filas de carros com certeza eram um exagero. Além disso, seus filhos eram grandinhos o bastante para cuidar de si; então, eles planejaram voltar ao México em novembro, dessa vez com alguns dos amigos de Don do departamento do xerife e suas esposas. Entusiasmados com o sucesso, os irmãos Imler não viam a hora de fazer tudo de novo.

No início de novembro, Denis, Debbie e Karen começaram a fazer do próximo evento a melhor festa da história de Pasadena. Eles contrataram o Van Halen, claro, de novo por 300 dólares. Mas, para essa segunda festa, eles dobraram a encomenda de chope e usaram um palco e uma iluminação melhores. Denis conta: "Nós instalamos luzes da Hortie van Lighting de Pasadena para iluminar o palco maior, que ficava nessa placa de concreto no quintal ao lado da piscina. A gente tinha uma casa da piscina. Nós montamos holofotes no teto da casa da piscina para iluminar a banda". Segundo Roth, todos esses componentes são "o que diferenciavam as festas do Van Halen de todas as outras festas em quintais".[271]

Além desses preparativos, Denis tinha alguns outros truques na manga. Para impedir penetras de entrarem na propriedade sem pagar e manter os convidados mais afoitos fora da casa, Denis e seus amigos construíram uma cerca temporária com correntes e um portão ao longo da lateral da casa que dava para a Huntington Drive. Alguns de seus amigos, agindo como seguranças, impediam os farristas de entrarem pela frente da propriedade na Madre Street e orientavam todos a entrarem – e pagarem – no portão. Os convidados então seguiam direto para o quintal de trás.[272] Na época, Denis diz, ele acreditava que isso o ajudaria a "controlar o grande público".

---

271. Roth, *Crazy from the Heat*, p. 79.
272. Debbie Imler McDermott, e-mail para o autor, 11 de junho de 2014.

> **Party**
> **Sat. Nov. 9**
> **Beer & Music**
> **"VANHALEN"**
> **Madre & Huntington**
> **$1.00 a head**
> **DONATION**

Folheto da festa do Van Halen em novembro de 1974 que provocou um tumulto em uma tranquila subdivisão de Pasadena. DA COLEÇÃO DE TOM BONAWITZ

Para aumentar o comparecimento, além dos lucros, Denis imprimiu folhetos para a banda, seus amigos e suas irmãs distribuírem. Uma semana antes da festa, "nós pegamos milhares de folhetos e fomos a todos os lugares, escolas e por todo o caminho até Van Nuys e os distribuímos a todos. A gente adorava uma farra", Karen diz, rindo. O folheto prometia uma noite de "Cerveja & Música" com o "VANHALEN", tudo por uma contribuição de "$1,00 por pessoa".

Nas escolas de toda Los Angeles, os alunos espalharam os folhetos. Lori Cifarelli, aluna da Mayfield Senior School, uma escola católica só para meninas, lembra: "Você levava os folhetos pra escola. Eles estavam em todo lugar: *Um dólar! Bebida à vontade!* Todos iam, sem exceção. A gente pagava um dólar pra entrar, tinha barris de chope, claro, e sempre rolava maconha. Em geral, era o Van Halen que tocava. A gente ia aonde os folhetos nos levavam".

Na semana da festa, o Van Halen aceitou a oferta dos Imler de deixar a banda ficar e ensaiar na casa. Debbie diz que o Van Halen "deixou o equipamento na casa. Quinta e sexta, eles ensaiaram na nossa sala de estar. Foi bem legal". Karen ressalta a incongruência entre a festa de arromba do Van Halen e a decoração moralmente antiquada da sala. "Quando a banda ensaiava na nossa sala", diz ela, todas as "placas e cinzeiros comemorativos do departamento do xerife de meu pai ficavam lá".

Além de um espaço para ensaios, a casa dos Imler tinha outra atração para a banda. A casa estava sempre cheia de garotas deslumbrantes, incluindo Debbie, Karen e a namorada de Edward, Kim Miller. Karen lembra: "Uma vez quando eu encontrei Dave, ele disse: 'Sabe o que me vem à cabeça quando penso na sua casa?'".

"Não. O quê?", ela respondeu.

"A música 'La Grange'", Roth respondeu com um sorriso, referindo-se à ode do ZZ Top ao Chicken Ranch, imortalizado depois no filme *A Melhor Casa Suspeita do Texas*".

Karen levou na brincadeira. Ela ri: "Eu fazia piada atendendo o telefone na casa: 'Mustang Ranch!'. Como sempre tinha garotas por lá, muitos caras apareciam. O que posso dizer? Era assim. Era uma casa com muitas jovens e nenhum pai".

No sábado, o Van Halen levou o equipamento para fora e fez a passagem de som. Jeff Touchie, que tinha ficado a maior parte da semana na casa, lembra: "A gente passava um tempo no quintal e eles tocavam. Mesmo tendo visto um milhão de vezes, era sempre bom. Naquela época, você nunca enjoava do Van Halen, porque Edward era incrível; ele só sentava e tocava uns riffs. Alex ficava na bateria. Eles tocavam uma música, davam uma pausa e brincavam. Eles ficavam prontos pra tocar alguma coisa e perguntavam: 'O que você acha disso?'. E faziam uma pequena jam. Era sempre divertido. A gente só bebia cerveja e jogava conversa fora. Era relaxar e ficar de papo pro ar".

Enquanto isso, por toda Los Angeles, centenas de jovens se preparavam. Eles separavam seus pacotinhos de droga e gelavam a cerveja. Chamavam amigos, anunciavam e faziam planos para uma caravana para Pasadena. Eles vinham de comunidades de San Gabriel Valley, como Duarte, Flintridge, La Cañada e West Covina. Até adolescentes de San Fernando Valley de Glendale e Calabasas fizeram a longa viagem até a esquina da Huntington com a Madre. Leiren explicou que, para quem quisesse se soltar, uma apresentação do Van Halen era *o* lugar para estar naquela noite. "Sempre que quisesse encontrar *alguém*, você ia às festas de quintal do Van Halen".[273]

Mesmo parecendo que quase todo jovem de Pasadena soubesse da festa, até aqueles que não foram avisados sabiam como descobrir onde seria a ação noturna. Marcia Maxwell conta: "Tinha uma certa loja de bebidas, a Allen Villa Beverage, na Allen Street com a Villa. Não era muito longe de onde os Van Halen moravam. As pessoas avisavam ao dono, Larry: 'Vou dar uma festa. Aqui está meu endereço', então *todos* iam lá se informar. A gente batia ponto lá todo fim de semana. Todas as garotas se arrumavam, dirigiam até lá, entravam e perguntavam: 'Onde é a festa?'. E lá íamos nós! Geralmente tinha uma festa todo fim de semana. Se não era com o Van Halen, era com alguma outra banda. Rolava *muita* festa".

Por volta das 19 horas, o Van Halen pulou no palco e ligou os instrumentos. Dave brincou com os parceiros de banda enquanto olhava para o grande quintal, já fervilhando com centenas de garotos. Do portão no canto traseiro da propriedade, os jovens debandavam para o quintal e competiam por um lugar na frente do palco. Apesar dos esforços de Denis de obrigar todos a pagar, alguns moradores de Chapman Woods, que conheciam um atalho pelo terreno baldio atrás da casa, entraram de penetras no quintal. Outros tentavam pular a cerca da Huntington Drive ou entrar furtivamente pelo quintal da frente, sendo levados de volta pelos amigos do anfitrião que guardavam o perímetro da propriedade.

No palco, Roth olhou para trás na direção de Alex uma última vez antes de sorrir para o público. Ele levantou o braço, levou o microfone aos lábios e gritou. Só então, disparou os detonadores de pirotecnia da banda, mandando para o céu nuvens negras. Ele observou em sua autobiografia: "Coloque um pouco de pólvora em latas e então, quando você aperta o interruptor com o pé, ele aciona e você tem um grande e colorido 'fooomm!' – uma bomba de fumaça".[274] Enquanto isso acontecia, Edward tocava um solo incandescente como uma introdução à música de abertura potente da banda.[275] O ataque para estilhaçar os sentidos do Van Halen começou.

---

273. Rudy Leiren, entrevistado por Steven Rosen, de posse do autor.
274. Roth, *Crazy from the Heat*, p. 82.
275. Tim Tullio, "TT... tell us what you think", *Vintage Amps Forum*, 29 de abril de 2003, acesso em 8 de julho de 2015, <http://www.vintageamps.com/plexiboard/viewtopic.php?p=148352&sid=05c2d070c7bfa4ec2c674a93ea3dd98e#p148352>.

Em volta do palco, garotos se reuniam e curtiam a música, mas, bem lá na frente, um bando de garotas tinha os olhos grudados em Roth. Debbie se lembra: "Roth usava calças boca de sino justas e baixas. Ele tinha esse belo peito peludo. Ele gostava de coisas vistosas. Muitas vezes ele não usava camisa, só uma echarpe esvoaçante. Ele tinha esse lindo cabelo loiro comprido e sedoso". A aparência e a personalidade de Roth tinham um efeito forte principalmente na irmã dela, Karen, que tinha uma bela queda pelo vocalista do Van Halen. "Ele usava essas calças justinhas", ela lembra. "Ele era muito sexy."

Nas ruas, os carros competiam por vagas e a rapaziada a pé seguia direto para a casa dos Imler, sabendo que, quando o Van Halen começasse a tocar, não havia como dizer quanto tempo duraria a festa. Debbie Hannaford Lorenz diz que, quando ela ouve uma música do Van Halen hoje em dia, é transportada de volta àqueles momentos logo depois de chegar a uma festa. "Lembro de andar pela rua com todos os carros e a música ecoando em todo lugar, e dava pra saber que era uma festa do Van Halen. Era uma sensação muito emocionante e elétrica. A gente ficava animado de ir. Eu adorava. Adorava aquela sensação passando pelo corpo todo."

Os vizinhos também sentiam coisas – suas janelas balançavam e carros passavam por suas casas, buzinando e cantando pneu.[276] Karen Imler diz: "Era uma loucura. A Huntington Drive se transformou em uma verdadeira pista de corrida".

Às 19h30, os moradores frustrados começaram a ligar para a polícia. Touchie explica que os Imler "moravam no limite entre Temple City e Pasadena. Como Chapman Woods não era incorporada, às vezes a polícia de Pasadena aparecia e outras vezes os xerifes apareciam". Seja lá por que motivo fosse, nessa noite a resposta para a aplicação da lei veio do quartel do departamento do xerife em Temple City.

Enquanto isso, a festa estava animada. O Van Halen tocava tudo, de números funk do James Brown e dos Rolling Stones a trituradoras de crânio do Humble Pie e da Montrose, com algumas composições originais para incrementar. Roth e Edward se alimentavam da energia do público enquanto ficavam sob o holofote, que brilhava da casa da piscina, uma cortesia de Ross Velasco, velho amigo de Edward e Alex.[277] Como Roth escreveu em *Crazy from the Heat*: "Nós alugamos um holofote Trooperette... Nós o colocamos em cima da oficina, que ficava do outro lado da piscina, e ele nos iluminava. Você o abria bem para pegar

---

276. Jeff Touchie, entrevistado pelo autor.
277. Ross Velasco, entrevistado pelo autor.

a banda toda, até ter algum tipo de canto ou solo... então você diminuía o ponto para focar na ação".[278]

Sob o feixe de luz, o público apinhado de gente se movia em ondas, com os garotos mais bêbados segurados no alto pela pressão do público. Em volta da piscina, pessoas jogavam outras na água e corriam pelo pátio, rindo alto. Camisetas molhadas abundavam, segundo Touchie: "Uns jogavam os outros. As garotas corriam seminuas e bêbadas e pulavam na piscina!".

De repente, as pessoas no lado direito do palco se espalharam quando uma porta de vidro se espatifou. Dana Anderson explica: "Eu me lembro nitidamente da festa na Madre com a Huntington. Eu tomei PCP naquela noite, então eu estava subindo pelas paredes. Eu só me lembro de passar por uma porta de vidro que estava do lado direito de onde a banda tocava no quintal. Eu a atravessei descalço. Não tive nem um arranhão! Nem me lembrava disso. As pessoas tiveram de me contar: 'Você quebrou a porta, cara!'".

As coisas estavam tão loucas quanto dentro da casa, que, apesar dos esforços de Denis, estava cheia de pessoas. Marcia Maxwell diz que nas festas do Van Halen "tinha muita bebida, muita diversão, muitas drogas na casa. Tinha muita metaqualona, mescalina, cogumelos e peiote. Além de cocaína. As pessoas usavam colheres e lâminas enroladas no pescoço. Era tão cafona. Eles usavam uma colher de coca enrolada no pescoço como um símbolo de status".

No portão, Denis e seus amigos enchiam o bolso de dinheiro enquanto uma multidão enorme esperava para entrar na festa. Denis parava de vez em quando, apontando e gesticulando para seus amigos agarrarem quem tentasse invadir o quintal. Por lá também estava uma garotada que não quis pagar, mas não se deu ao trabalho de pular a cerca. Eles só ficavam encostados na cerca, ouvindo o Van Halen.

Embora Denis estivesse ganhando dinheiro muito rápido, surgiu um problema grave. Debbie observa: "A Huntington Drive é um boulevard largo e enorme e os porteiros não conseguiam liberar a entrada da rapaziada rápido o bastante. A multidão se esparramou pela Huntington, que tinha um limite de velocidade de 70 quilômetros por hora". Não demorou muito para as três vias ficarem bloqueadas e os motoristas buzinarem enquanto tentavam desviar de um grupo de garotos no asfalto.

Com o congestionamento formado, Denis gritou para seus amigos pararem de coletar o dinheiro. "Nós começamos a empurrar as pessoas pra dentro do quintal sem pegar o dinheiro delas só pra tirá-las

---
278. Roth, *Crazy from the Heat*, p. 76.

da Huntington", conta Debbie. "A rapaziada aparecia às centenas e a gente não conseguia botá-los pra dentro rápido o suficiente."

Depois das 20 horas, os policiais de Temple City apareceram pela primeira vez. Denis Imler lembra: "Só tinha uma hora de festa quando o departamento do xerife do condado de L.A. reagiu". Segundo o *Pasadena Star-News*, os investigadores avistaram Denis no portão e pediram para ele "aliviar as coisas" ou a festa acabaria. Denis prometeu que faria isso enquanto continuava a mandar as pessoas para o quintal. Quando a multidão deixou a Huntington Drive, os policiais voltaram às viaturas e saíram.[279]

Mas, depois disso, o departamento continuou a receber chamadas de emergência. Havia tantos carros no bairro que, pela primeira vez na história, teve um congestionamento no melhor estilo L.A. na Madre Street. Garotos andavam por todo lugar em Chapman Woods. Mijavam em arbustos. Estacionavam nos gramados das pessoas. Havia lixo e vidro quebrado espalhados na rua. E que barulho! Parecia um ataque aéreo. Gritos e berros sobrenaturais e ensurdecedores ecoavam pela vizinhança, e a animação digna de um estádio de futebol não tinha acabado. Um morador até jurou ter ouvido explosões. Os rádios dos policiais não paravam de receber ordens para todas as unidades próximas se dirigirem para a esquina da Huntington com a Madre.

Mais uma vez, os policiais chegaram. Uma rápida olhada na cena deixou claro para o comandante da unidade que Denis Imler não fez muito para "aliviar" a festa. Na verdade, o número de pessoas na propriedade dobrara na última hora. Denis lembra: "Eles me viram e disseram: 'Os vizinhos não vão tolerar isso. Nós vamos acabar com isso'. A festa estava tão grande que bloqueava o tráfego na Huntington Drive. Eles me disseram que eu organizei um 'encontro ilegal'". Enquanto Denis continuava a conversar com o superior, outros policiais mandavam todos ao redor voltarem para casa. *Já*.

Denis, filho de um comandante do departamento de xerife de Los Angeles, sabia que os policiais agora falavam sério e a festa *tinha* de acabar. Ele abriu caminho pelo público e foi até o palco. Só isso já foi uma proeza. "Parecia Woodstock", afirma Touchie. "Você olhava e só via essa massa de pessoas na frente do palco. Andar por ali até o palco era quase impossível. Parecia uma muralha de gente."

Depois de gritar e acenar, Denis chamou a atenção de Roth. O Van Halen continuava a tocar enquanto Roth se aproximava galopando até o dono da festa. Ele se abaixou enquanto Denis gritava: "Eles vão acabar

---

279. "21 Arrested in Pasadena Party Melee", *Star-News (Pasadena)*, 11 de novembro de 1974.

com tudo! Vocês precisam parar de tocar!". Denis esperou Roth parar a música, mas o vocal do Van Halen continuou cantando e dançando. "Ele me ignorou e eles continuaram tocando. Roth tinha controle de tudo; ele provocava o público." Denis, frustrado, decidiu então resolver as coisas ao seu modo. Enquanto ele passava pela porta de vidro quebrada, ele olhou para o alto. Um helicóptero da polícia se aproximava.

Denis encontrou Debbie e lhe disse que a festa tinha acabado. Ela se recorda: "Denis entrou correndo em casa e desligou a eletricidade do palco". Depois, ele foi para o quintal garantir aos policiais que a festa tinha terminado.

Alex Van Halen, todo suado e de olhos esbugalhados, entrou voando pela porta dos fundos. Ele gritou com Debbie e todos ao redor: "Quem cortou a energia?".

"O Denis", Debbie o informou.

"Que merda!"

Ele colocou o plugue na tomada, voltou para a bateria e o Van Halen continuou a tocar. Debbie diz que daí "isso aconteceu de novo algumas vezes entre Denis e Alex".

Por volta dessa hora, um desordeiro na Huntington Drive acabou com qualquer chance de um fim pacífico para a festa. Denis conta: "Uma hora, quando a polícia mandava todos dispersarem, alguém jogou uma garrafa de cerveja que acertou uma viatura". Debbie acrescenta: "Jogaram garrafas nas viaturas estacionadas na Huntington Drive. Não me lembro quem fez isso, mas sei que ele era um verdadeiro desordeiro. Ele quebrou as janelas e um para-brisa".

O *Star-News* noticiou que muitos seguiram o exemplo depois da primeira leva de projéteis. Os policiais "encontraram uma barricada de pedras e garrafas" enquanto se reuniam em volta da propriedade. Touchie viu garotos atirando projéteis do quintal por cima da cerca na Huntington Drive. "Tinha umas 15 ou 20 viaturas no lado da Huntington Drive", diz ele. Esses arruaceiros "viraram umas seis viaturas". O que tinha começado como uma festa do Van Halen agora se tornava um tumulto em grande escala com a trilha sonora da banda.[280]

Enquanto os policiais se retiravam de cena, o reforço se preparava em Temple City. Um chamado tenso soava no rádio sobre o "encontro ilegal" em Chapman Woods. Os policiais vestiram seu equipamento de choque, furiosos por seus companheiros estarem sob ataque. Mas talvez tudo isso fosse inevitável. As festas de quintal do Van Halen ficaram cada vez maiores e mais desordeiras nos últimos meses; uma delas

---

280. "21 Arrested in Pasadena Party Melee".

virar um tumulto era só questão de tempo. Não tem problema. Os oficiais eram bem treinados e tinham toda uma variedade de métodos de controle que podiam empregar. Verdade seja dita, todo o departamento tinha perdido a paciência em se tratando das festas do Van Halen.

※

Lá de cima do telhado da casa da piscina, Ross Velasco conseguia ver as luzes de pelo menos duas dúzias de viaturas se dirigindo e se reunindo a 400 metros da Madre. Quando os oficiais pisaram na rua, eles pegaram seus escudos antitumulto e vestiram os capacetes.[281] Tão alarmante quanto isso, o departamento levou um camburão, sugerindo que prisões em massa eram iminentes.[282]

Velasco olhou para baixo no quintal e gritou para Peter Wilson e seus amigos, que logo se juntaram a ele no topo da estrutura. Wilson diz: "Nós resolvemos subir no telhado para não sermos afetados quando a batida policial viesse. Tínhamos uma visão aérea de tudo. A gente sabia o que estava por vir, porque dava pra ver a área de preparação do xerife e os carros se aglomerando na rua". Ele imaginou que ficaria sentado quietinho observando os procedimentos, já que ele e seus amigos se prepararam bem "atacando o armário de bebidas" e "talvez o armário de remédios", admite ele, rindo.

Enquanto tocavam, os quatro membros do Van Halen viram Velasco apontando e sabiam que o show estava prestes a acabar. O quintal não poderia estar mais cheio. O helicóptero pairava no ar, com a luz apontando para baixo e o policial vociferando no alto-falante: "Circulando!". Essa música seria a última da noite.

Com o som estrondoso da banda atrás de si, Roth sabia exatamente o que fazer para o *grand finale*. Enquanto Edward, Alex e Michael concluíam a música com um crescendo de bateria, baixo e guitarra, Roth acionou os detonadores de fumaça da banda mais uma vez. Enquanto os espectadores recuavam atordoados, seis nuvens de fumaça em formato de cogumelo subiram ao ar noturno e faíscas caíram do céu. O tempo todo, os dedos de Edward corriam para cima e para baixo no braço da guitarra enquanto Roth berrava. Bill Hermes, um músico companheiro de festas, observa: "Os detonadores foram uma ideia brilhante, porque eles tatuaram uma memória do Van Halen no nosso cérebro com o choque de vê-los estourando!".

---

281. Debbie Imler McDermott, entrevistada pelo autor.
282. Jeff Touchie, entrevistado pelo autor.

A notícia da invasão iminente se espalhou rápido. Tom Broderick foi correndo para seu carro com alguns de seus amigos. Ele contou ao *The Inside*: "Eu me lembro de estar sentado lá fora quando os tiras chegaram e estacionaram na rua... Todos eles desceram a rua em formação com seus cassetetes e capacetes em estilo militar. E a gente só viajando".[283] Hensel tinha acabado de sair também quando as linhas de oficiais passaram correndo. Ele diz: "Eles apareceram em Pasadena com 50 ou 60 viaturas e quatro caras em cada uma com todo o equipamento antitumulto. Eu e meu amigo estávamos saindo quando os tiras apareceram. Nós vimos eles entrarem, foi incrível. Eu nunca tinha visto nada assim em Pasadena". Em *Crazy from the Heat*, David Lee Roth relata o que sentiu naquele momento: "As viaturas apareceram estacionadas em uma fila, com todas as luzes e muito estardalhaço. Era tudo bem emocionante e meio assustador, pois você podia ir pra cadeia e seus pais teriam de ir lá te soltar e talvez até pagar por um amigo ou dois. Foi ótimo".[284]

Os convidados mais sensatos sabiam que era hora de sair. "O helicóptero era sempre o primeiro aviso", afirma Terry Vilsack. "Quando ele chega, todo mundo some, apenas se dispersa. É como quando você acende a luz e vê as baratas fugindo!"

Mas, para aqueles chapados demais para correr ou bêbados demais para perceber o que acontecia, o ataque policial veio sem muito aviso. Depois de entrarem em formação, os policiais correram para o quintal, com cassetetes balançando, spray de pimenta na mão e gás lacrimogêneo no ar. Wilson olhou perplexo para baixo do telhado enquanto "eles formavam uma fila logo abaixo de nós. Eles expulsaram todos do quintal com os cassetetes. As pessoas corriam em pânico, derrubando os pacotes de drogas no chão". Roth chamou isso de estratégia de "cercar e encurralar": "Os tiras entravam de supetão, em uma grande fila, no estilo do futebol americano".[285]

De costas para a casa da piscina, a polícia investia, expulsando a multidão do quintal com violência. Peter Burke lembra: "O departamento do xerife apareceu e começou a empurrar as pessoas com muita brutalidade. Digo, garotas. Foi bem assustador". Art Agajanian relata: "O Departamento do Xerife de Temple City foi bem duro com os garotos. Eles usaram spray de pimenta e gás lacrimogêneo e desceram o cassetete neles".

---
283. Hausman, "Tom Broderick", p. 14.
284. Roth, *Crazy from the Heat*, p. 75.
285. Roth, *Crazy from the Heat*, p. 76.

Em seguida, os agentes da lei tentaram esvaziar o telhado. "Eu me lembro deles agarrando as pessoas", diz Karen, "como o namorado da minha irmã na época, eles o tiraram do telhado". Ross Velasco, que cuidou da iluminação a noite toda, "experimentou spray de pimenta pela primeira vez" naquela noite.

Preso no meio do combate, Denis só podia ficar e observar enquanto convidados em pânico e policiais enfurecidos pisoteavam a paisagem e derrubavam todas as floreiras do pátio. Garotos presos dentro do cercado da piscina pulavam sobre ele tentando escapar, com os policiais avançando sobre eles com as algemas na mão.

Então, um infeliz que tentou pular a cerca prendeu o pé e caiu bem em cima do cano de abastecimento de água da piscina, danificando-o. A água jorrava no pátio, formando uma poça cada vez maior. Debbie Imler, alarmada, observava enquanto a água jorrava cada vez mais perto do palco. Ela lembra: "Toda essa água começou a transbordar e derramar em uma cascata na direção do palco e de todo o equipamento elétrico da banda". Em um acesso de raiva, ela agarrou o jovem que tinha danificado o cano e deu-lhe um tapa no rosto.

Peter Burke estava perto de lá. Ele conta: "Lembro de algum tipo de inundação que começou a escorrer no equipamento. Fui eu que me aproximei com um rodo e disse: 'Ei, cara, *cuidado*!'. Daí o Edward pegou o rodo da minha mão e puxava a água enquanto todos os outros consertavam o cano. Essa foi minha contribuição para o show!". Com a água vazando no quintal, Denis correu até o registro e fechou a água da casa.[286] Mais tarde naquela noite, Edward contou, tremendo, a Debbie: "morri de medo de ser eletrocutado".

Enquanto isso, a polícia confrontava a banda. Roth explicou que a estratégia do grupo para batidas policiais era encolher os ombros e declarar à polícia: "Cara, estamos com a banda. Este é o nosso equipamento. Não sabemos nada disso, cara. Só fomos contratados para tocar no que achamos que seria uma festa normal. Não tem porra nenhuma de normalidade nessa festa. Só queremos ir embora. Apoiamos vocês".[287]

Mas Michael Anthony se lembra de que essa fala não funcionou como mágica nessa festa: "Os tiras disseram que iam nos prender. Eu achei que íamos pra cadeia. Ficamos realmente apavorados. Sim, essas festas eram incríveis. Tinha umas 2 mil pessoas naquele quintal".

Embora os membros da banda não tenham ido para a cadeia, 21 garotos foram levados algemados por acusações diversas, de posse de narcóticos

---

286. Debbie Imler McDermott, entrevistada pelo autor.
287. Roth, *Crazy from the Heat*, p. 76-77.

a "suspeita de desobediência à ordem de dispersar", nas palavras do *Star-News*.[288] Uma vez nas mãos dos policiais de Temple City, os problemas de um jovem estavam apenas começando. Steve Bruen explica que os oficiais do xerife "eram muito piores do que os tiras de Pasadena. Os tiras de Pasadena sentiriam cheiro de maconha no seu carro e diriam: 'Só joga isso fora e vai pra casa'. Os tiras de Temple City te arrastavam, te batiam e te atormentavam por todo o caminho até a cela. Eles diziam: 'Já tá chorando e pedindo pela mamãe?'. Esse tipo de besteira".

Depois de desobstruir o quintal, o comandante e seus oficiais invadiram a casa e confrontaram os Imler. Karen lembra: "Os tiras invadiram a casa. Eles gritaram com a gente, usavam todo aquele equipamento antitumulto com os capacetes e os cassetetes e nos diziam para sair. Lembro que eles bateram na cabeça do meu irmão". Karen Imler acrescenta que ver seu irmão apanhar e uma de suas amigas algemada enfureceu Debbie. "Minha irmã gritava: 'Seus nazistas!'", Karen lembra. "Foi até engraçado. Mas eles nos mandaram sair, até eu! Da minha própria casa!"

Com todos no quintal da frente, as negociações começaram. O oficial acabou concordando em deixar algumas pessoas, incluindo os Imler, permanecerem na casa. Patti Smith Sutlick, amiga íntima de Karen, explica: "Só me lembro de sair na frente com ela [Karen]". Ela selecionou "as pessoas que ficariam em sua casa. Edward foi uma delas; não sei se Alex também foi". Com isso, os policiais saíram e os convidados remanescentes entraram na casa.

Depois de Denis colocar gelo na cabeça e contar o dinheiro, ele e Debbie foram até a cadeia pagar a fiança de seus amigos. Eles voltaram algumas horas depois, percebendo que, mesmo com todo o dinheiro ganho, ele ainda não tinha dinheiro suficiente para a fiança de ninguém. Sentado com seus amigos e sua família, ele observou que, embora tenha sido uma ótima festa, ele sabia que "tinha exagerado quando as pessoas ainda se dirigiam à festa depois da chegada da polícia".

Na segunda-feira seguinte, na Praia de Rosarito, um grande sol laranja se projetava no céu no fim da tarde. Enquanto Don e Mary Ann Imler observavam o espetacular pôr do sol e bebericavam margaritas, seus amigos chegaram na casa de férias vindo de Pasadena. Na bagagem havia uma cópia do *Star-News* de segunda-feira.

---

288. "21 Arrested in Pasadena Party Melee."

Aqui os relatos variam sobre como os Imler receberam a notícia sobre o tumulto na festa com o Van Halen na sua casa. Gary Baca, um primo da família Imler, *jura* que Don e Mary Ann sabiam da festa enquanto ela acontecia. Ele diz: "Os pais do Denis estavam sentados em seu chalé de férias na Praia de Rosarito em Baja. Assim como todos naquela época, eles recebiam a transmissão da TV americana por antena. Seja qual for o programa que estivessem assistindo, ele foi interrompido quando a TV passou a transmitir informações ao vivo de um helicóptero, mostrando sua casa cercada pela polícia. Então eles viram ao vivo, na TV. Foi assim que descobriram sobre a festa".

Mas os filhos contam uma história diferente. Debbie diz que o amigo de Don o puxou de lado e sussurrou que tinha algo para lhe contar. Longe do alcance de suas esposas, ele entregou o *Star-News* a Don. "Meu pai abriu o jornal e viu o artigo descrevendo a festa". O texto, que aparecia na segunda página da primeira seção, tinha a manchete "21 Presos em Tumulto em Festa em Pasadena" e relatava que "uma multidão desordeira de mil pessoas" tinha cercado a propriedade dos Imler.[289]

Depois de Don ler o texto, os dois conversaram. Ele perguntou a seu amigo: "Devo contar a Mary Ann e voltar pra L.A.?". Seu amigo o aconselhou a não contar e a ficar, até porque a festa já tinha acabado havia muito tempo.[290] Porém, deixar sua esposa no escuro não impediu Don de se questionar sobre a atual condição de sua casa e de seu quintal. "Ele não ficou nada feliz", Denis lembra.

Entre os habitantes de certa idade de San Gabriel Valley, a apresentação do Van Halen na casa dos Imler é uma lenda. Karen Imler resume: "Foi uma loucura. Anos depois, qualquer um que eu encontrasse sempre mencionava isso, até a banda". Terry Kilgore declara: "Na casa dos Agajanian e dos Imler, eles reuniram de 1.200 a 1.800 pessoas no quintal". A diversão e a empolgação que essas celebrações geravam só estimulavam a demanda por mais. Dana Anderson diz que a mesma questão sempre aparecia entre seus amigos: "A gente sempre perguntava: 'Onde vai ser a próxima festa do Van Halen?'".

David Lee Roth, talvez melhor do que ninguém, compreendeu o efeito que a "campanha" de festas de quintal do Van Halen tinha no aumento de seus "seguidores".[291] Em 1987, ele perguntou a um repórter

---

289. "21 Arrested in Pasadena Party Melee."
290. Debbie Imler McDermott, entrevistada pelo autor.
291. "Van Halen Has Enthusiasm."

da *Penthouse*: "Você se lembra daqueles primeiros filmes com Mickey Rooney e Judy Garland? Naqueles filmes era sempre: 'Ei, o sr. Ziegfeld está chegando à cidade! Eu tenho um quintal. Podemos transformá-lo em um palco!'. Eu passei os últimos dez anos da minha carreira tentando transformar um palco de 1 milhão de dólares em um quintal".[292] Roth sabe. As festas nos quintais como o dos Imler fizeram de Los Angeles a área do Van Halen.

---

292. Van der Leun, "David Lee Roth", p. 188.

Capítulo 7

O Concurso

David Lee Roth deu um gole na cerveja e encharcou o ambiente enquanto ouvia os berros da multidão nessa noite de junho de 1976. Jovens com rostos ansiosos pressionavam o peito contra o palco da The Rock Corporation, uma casa noturna de Van Nuys. Corpos quentes e suados lotavam cada centímetro quadrado da pista de dança, formando uma aglomeração composta de todos os tipos de pessoas, de membros de gangues de motoqueiros e menores de idade a mulheres alcoólatras e jovens garotas do Valley. Fora da entrada, carros potentes roncavam os motores na rua enquanto os seguranças fortões da casa detinham grupos de homens vestidos de couro e jeans que simplesmente não queriam ouvir que não tinha mais nenhum espaço dentro da "The Rock". Eles, assim como todos na rua lotada, não queriam perder a ação que estava prestes a começar.

No palco, Roth pegou o microfone e disse em um tom barítono profundo e afetado: "Moças, é a última chamada para as participantes do concurso de camiseta molhada! *Última chamada!*". Logo depois, o dono da casa, Jeff Simons, acompanhado por cerca de uma dúzia de jovens garotas bêbadas usando regatas de alcinha brancas se encaminharam sob os holofotes. Conforme as garotas se alinhavam perto de uma pequena piscina infantil, Roth apresentou a primeira garota enquanto ela entrava na piscina. Quando ele terminou seu gracejo sexualmente sugestivo, ela levantou a mão para o alto e acenou para o público enquanto Simons derramava uma jarra de água gelada no seu seio, deixando sua camiseta transparente. Após essa deixa, o Van Halen começou a tocar "Walk This Way" do Aerosmith, dando à garota encharcada a chance de chacoalhar e balançar os seios para o público. Enquanto esse processo se repetia, bêbados se inclinavam, gritando e se estapeando nas costas pela euforia do momento. No palco, o Van Halen tocava riffs alucinantes. Roth e o resto do Van Halen, como Simons contou depois, "se sentiam em casa nesses concursos de camiseta molhada".

Quando chegou a vez da última competidora, ela resolveu, em um impulso, tentar melhorar suas chances de ganhar o bom prêmio em dinheiro do concurso. Ela descaradamente levantou o top encharcado, expondo seus grandes seios. Urros ensurdecedores vinham do público, que aumentou quando algumas das outras garotas logo seguiram o exemplo. Com as jovens gostosas, molhadas e sem camiseta chacoalhando no palco e o pandemônio percorrendo o público, um conhecido sorriso se formava no rosto de Dave. Nesse momento, sua banda estava bem no meio da promoção mais brilhante que ele apresentou em um bar de Los Angeles.

Dois homens que assistiam ao show relutantes no fundo da casa, porém, discordavam. Encostados na plataforma elevada, ao lado da jukebox da The Rock, dois membros disfarçados da delegacia de costumes do departamento de polícia de Los Angeles viam agora tudo o que precisavam. Eles saíram de seu canto e se prepararam para acabar com este evento, agora ilegal.

No começo de 1975, o Van Halen buscava horizontes mais amplos. Embora as festas de quintal em Pasadena e as apresentações no Gazzarri's continuassem a rotina do grupo, o Van Halen começou a procurar novos locais para tocar além de seu lar em San Gabriel Valley e de Hollywood. "A gente tinha um grande mural com um mapa e pequenos alfinetes", lembrou Michael Anthony em 1978. "Tem centenas de casas noturnas e outros lugares para tocar na Califórnia, e nós tocamos em todos eles, cinco sets de 45 minutos por noite, em uma média de seis noites por semana."[293]

Mas, quando o Van Halen analisava esse mapa e ligava para essas casas, eles descobriram que os lugares que pareciam mais interessados em contratá-los eram bares pés-sujos, como o Walter Mitty's de Pomona, que atraíam uma clientela de operários agressivos. "Nós passamos por muitos maus bocados", declarou Alex. "Anos tocando nos piores bares de motoqueiros que você já viu. No meio do segundo set, alguém sendo esfaqueado lá fora e metade do público saindo pra ver enquanto ainda tocávamos. Isso desencoraja qualquer um."[294] Terry Kilgore, que tocou nesse mesmo circuito, lembrou que eles eram uma "merda. Edward chamava todos esses lugares de 'os buracos'. Eles eram horríveis.

---

293. Dan Warfield, "Van Halen: From the Starwood to Offenbach", *European Stars and Stripes*, 24 de outubro de 1978.
294. Considine, *Van Halen!*, p. 39.

Eram hamburguerias sujas e acabadas com garçonetes gordas que serviam cerveja".

A banda acumulava longos quilômetros nas rodovias de Los Angeles, dirigindo para oeste, de Pasadena para San Fernando Valley, ou para o sul até a costa de Redondo Beach e para leste até Pomona. Refletindo sobre esse momento na história da banda, Roth explicou em 1978 porque, mesmo o Van Halen continuando a ser um azarão da cidade das estrelas, os quatro músicos não desanimavam em seus planos fora de San Gabriel Valley: "O sul da Califórnia é um lugar enorme. Tem muitas áreas afastadas. Você tem Orange County a 160 quilômetros de San Bernardino, que fica a 305 quilômetros da praia. E, quando tocávamos em todas essas cidades, nos afastávamos de Hollywood. O Van Halen nunca foi grande em Hollywood, mas éramos grandes em San Bernardino".[295]

Ambições à parte, essa estratégia suburbana estava longe de ser uma receita para o sucesso financeiro. Embora às vezes a banda juntasse cem dólares por cinco ou seis horas de trabalho no palco, Leiren se lembra de algumas noites, após a banda escolher receber uma participação na bilheteria em vez de um pagamento fixo pela apresentação, "quando a banda não ganhou um tostão" depois de tocar.[296] Mas, mesmo quando a banda ganhava um salário tolerável, ele mal cobria as despesas. "A gente ganhava 75 paus por noite", Edward contou à *Record* em 1982, "não dava nem para pagar a gasolina, as cordas e a pele da bateria". (Por causa desse pagamento baixo, os irmãos Van Halen complementavam a renda de outras formas, principalmente se apresentando como funcionários públicos municipais de Pasadena e San Marino e cobrando os moradores a estamparem os números das ruas nas guias de suas casas.)[297]

Embora empobrecessem os membros da banda, essas apresentações favoreceram seu desenvolvimento de três modos importantes. Primeiro, esses bares pés-sujos ajudaram a transformar o Van Halen em uma banda que, em 1978, seria potente, amadurecida e boa o suficiente para empolgar públicos em estádios. Como algo mais imediato, isso envolvia tocar, como explica Roth, "cinco sets por noite de hard rock, nada de coisas lentas", para públicos compostos na maioria por alcoólatras, loucos por velocidade, apaixonados por motos e criminosos principiantes de regiões industriais distantes de Los Angeles, todos querendo um rock pesado e bebida gelada e que, pelo menos a princípio, nunca tinham ouvido falar do

---

295. Pete Oppel, "Van Halen's 'Big Rock' Ready 'To Sweep Across the Land", *Dallas Morning News*, 25 de novembro de 1978.
296. Rudy Leiren, entrevistado por Steven Rosen, de posse do autor.
297. Dan Forte, "Van Halen's Stylish Raunch", *Record*, junho de 1982, p. 14.

Van Halen.²⁹⁸ Ao conquistar esses arruaceiros, o Van Halen desenvolveu o que Roth denominaria mais tarde de "hábitos" e "atitudes" que separavam as grandes bandas do resto.²⁹⁹

Segundo, essas longas noites de apresentação também permitiram ao quarteto testar e refinar suas músicas originais. Embora os donos de bares como Simons esperassem que uma banda inteligente sem contrato como o Van Halen tocasse músicas populares que seus clientes conhecessem, a banda tomou certas liberdades com essa orientação enquanto eles trabalhavam para elaborar um conjunto de seu próprio material. "A gente provavelmente tinha o maior repertório de todos", recorda Anthony. "Incluía tudo, de James Brown ao The Kinks. E sempre tentávamos enfiar uma das nossas músicas, mas só uma por set era tudo o que a gente podia fazer sem perceberem."³⁰⁰ De acordo com Alex, a melhor forma de tocarem seus originais "sem ninguém perceber" era fazer os fregueses "dançarem uma música que conheciam" e então "apenas passar para uma das nossas músicas e eles continuavam".³⁰¹

O mais importante, porém, é que o Van Halen se comprometia a tocar em bares como o Mitty's por acreditar que esses lugares ajudariam a banda a ter uma fama monstruosa do tamanho de um bonde em todo o sul da Califórnia. Como Roth contou a Steven Rosen, esse componente da visão da banda era que "nós tocaríamos em casas noturnas e bares e nossos seguidores aumentariam, o que era a ideia. Se você esquenta as pessoas bem, se elas se divertem bastante, elas comentarão sobre você e, por fim, as gravadoras ouvirão falar disso... [e] você será descoberto e contratado".³⁰²

Embora um contrato com uma gravadora parecesse um sonho impossível no começo de 1975, a banda estava pronta para fazer o trabalho necessário para chamar a atenção para si, mesmo que isso desse ou não um dinheiro rápido. "Mesmo quando trabalhamos sem ganhar nenhum dinheiro quando tocávamos", Alex disse a um repórter em 1978: "sentíamos no fundo que essa era a música que as pessoas e nós gostávamos. Então o dinheiro não interessava tanto, porque mesmo sem um álbum ainda tocaríamos a mesma música... Adorávamos tocar e as pessoas se

---

298. Robert Hilburn, "Pasadena's Van Halen: Slow Start, Strong Finish", *Los Angeles Times*, 11 de julho de 1978; Art Fein, "Club Notes", *Los Angeles Free Press*, 12 de março de 1976.
299. Shearlaw, *Van Halen*, p. 18.
300. Terry Atkinson, "Van Halen's Big Rock", *Rolling Stone*, 14 de junho de 1979, p. 14.
301. Andy Doerschuk, "Alex Van Halen", in *Playing From the Heart: Great Musicians Talk About Their Craft*, ed. Robert L. Doerschuk (San Francisco: Backbeat Books, 2002), p. 258.
302. Goddess, "David Lee Roth w/Steven Rosen in 1982", *Van Halen – The Band We Love*, 31 de janeiro de 2012, acesso em 8 de julho de 2015, <http://vanhalen12.blogspot.com/2012/01/david-lee-roth-interview-w-steven-rosen.html>.

divertiam".[303] A banda resolveu se afiar no circuito de bares pés-sujos até vários fãs de rock da cidade virarem fãs do Van Halen.

No fim da primavera de 1975, o Van Halen soube que precisava acrescentar um novo alfinete em seu mapa de casas noturnas. Uma pequena casa chamada The Rock Corporation abriu as portas em Van Nuys. Embora o local recebesse artistas conhecidos em todo o país, como Captain Beyond, Iron Butterfly e Canned Heat, a The Rock também dava chance a bandas ainda desconhecidas. Muito provavelmente, a banda também teve uma informação sobre a casa que eles consideraram útil: seu dono, Jeff Simons, era ex-roadie da Bachman-Turner Overdrive (BTO). Depois de Roth ou Alex ligar para a The Rock e marcar um teste, todos eles foram para o Valley.[304]

Quando eles chegaram, o quarteto encontrou o gerente da The Rock e arregaçou as mangas. Enquanto eles descarregavam os equipamentos, cada um tomou seu lugar. A casa ficava em um trecho comercial inóspito da Oxnard Street, com poucas recomendações a quem procura pelo lado belo da Cidade dos Anjos. Decerto, o *Los Angeles Free Press* descrevia a localização da The Rock como um exemplo "nada pitoresco" do "lado industrial inferior" do Valley por ficar "perto demais do centro" da vida em Van Nuys.[305] Situada do outro lado da rua de uma usina elétrica, era um local ideal para um negócio com música alta.

O interior da The Rock também oferecia pouco em termos de atmosfera. Quando eles pisaram na casa mal-iluminada, o cheiro de cerveja choca e cinzeiros sujos invadiu suas narinas. Uma poça rasa de cerveja derramada, manchada de escuro pelas botas sujas e tocos de cigarros descartados, cobria parte da pista de dança. As paredes ásperas de madeira eram cobertas ao acaso por pôsteres de shows, fotografias de celebridades visitantes e uma crescente coleção de pratos de bateria autografados. Além de máquinas de fliperama, mesas de sinuca, uma jukebox e um bar de madeira imponente, a casa também tinha um pequeno palco em um canto da sala.

Enquanto a banda se preparava no palco, o dono Jeff Simons trabalhava no pequeno e bagunçado escritório da The Rock. Ele sempre deixava os testes das bandas amadoras com o gerente da casa, então

---
303. "David Lee Roth and Alex Van Halen", entrevista na rádio no Reino Unido, 7 de junho de 1978, de posse do autor.
304. Jeff Simons, entrevistado pelo autor.
305. Fein, "Club Notes".

nem precisou se incomodar de assistir quando esse quarteto de Pasadena começou a tocar. Ele não ouviu Alex fazer a contagem batendo as baquetas, e a importância do teste do Van Halen não entrou logo na sua cabeça. Mas, depois de alguns compassos, Simons olhou de sua mesa. O Van Halen começou a tocar o grande hit de 1974 da BTO, "Takin' Care of Business". Aos seus ouvidos, a versão do Van Halen não soava nada como a original. Soava fraca, ruim, na verdade.

De repente, ele sentiu um lampejo de raiva. *Esses merdas sabem que eu trabalhei pra BTO.* Não interessado em ser manipulado, Simons saiu de seu escritório e subiu no palco da casa. Ele tirou o fio do amplificador de Edward, encerrando a música. Virando para Edward, ele gritou: "Ei, tua banda é uma merda! Pega suas coisas e fora daqui! Tentem ensaiar também antes de fazer outro teste!". Ao ouvir isso, Roth ficou louco. Edward, enquanto isso, olhava atordoado enquanto Simons dizia umas poucas palavras para Roth antes de sair e bater a porta de seu escritório.

Mesmo diante de outro fracasso em um teste, a dedicação de Edward à sua arte nunca esmoreceu. Kim Miller, que provavelmente passava mais tempo com ele do que qualquer um fora da banda, recorda que nada interferia no amor de seu namorado por seu instrumento. "Edward sentava na cama pra tocar a guitarra. Ele tocava por horas, o que não era nada incomum pra ele. Ele só parava pra comer e às vezes só adormecia. Era o que ele mais amava. Quando entrei em sua vida, ele não tocava junto com os discos ou tocava músicas [por si], acho que ele fazia isso no ensaio. Ele só tocava riffs e improvisava. Edward também tocava guitarra na minha casa; ele a levava com ele, a não ser que tivéssemos planos pra sair. Eu era tão acostumada com ele... tocando sua guitarra. Eu raramente prestava atenção; ele não a ligava no amplificador e soava como 'Eruption' o tempo todo, mas era algo com menos estrutura."[306]

Edward também passava o tempo com seu amigo Terry Kilgore, um guitarrista forte e intenso que ele conhecia desde criança. Como Edward contou à *Guitar World*: "No meio dos anos 1970, um grande amigo meu chamado Terry Kilgore e eu éramos os chamados pistoleiros em Pasadena".

A amizade deles nasceu da admiração mútua. "A gente tocava juntos, trocava licks e se divertia muito", Edward explicou.[307] Jonathan Laidig, baixista do Terry na época, recorda: "Os dois, eles se reuniam e, se puder imaginar, os dois tocavam frente a frente. Era como se um

---
306. Kim Miller, e-mail para o autor, 22 de julho de 2014.
307. Chris Gill, "Everybody Wants Some", *Guitar World*, novembro de 2014, p. 74.

forçasse o outro pra cada um melhorar. A guitarra era a vida de Terry e dava pra ver isso. Nesse ponto dava pra pôr ele e Eddie juntos em um teste às cegas e você não os diferenciava". Carl Haasis acrescenta: "Terry Kilgore é um grande guitarrista. Ele e Ed estavam pau a pau na época. Em certo ponto um soava como o outro".

O senso de respeito que compartilhavam levou os dois jovens a assistirem enquanto o outro ensaiava com sua banda. Terry visitava os ensaios do Van Halen. Edward, por sua vez, assistia ao ensaio da banda de Terry, dando dicas para seu amigo de equipamento e modulação para a guitarra. Na verdade, Edward contou à *Guitar World* que ele descobriu a MXR, uma empresa de efeitos para guitarra, apoiada agora por ele, na casa de Kilgore. "Fui a um dos ensaios de sua banda uma vez e foi lá que eu vi pela primeira vez um Phase 90 [da MXR]."[308]

Por volta de 1974, Kilgore começou a dar aulas de guitarra. Um de seus primeiros pupilos foi Chris Holmes, então com 14 anos. Holmes, que depois se tornou membro da W.A.S.P., explica: "Quando eu era novo, tive aulas de guitarra com Terry Kilgore. Eu poderia receber um crédito escolar por ter essas aulas".

Para pagar por elas, Holmes conseguiu um bico. Ele diz: "Eu pintava casas em La Cañada Flintridge. Um dia, olhei pela janela de uma casa que estávamos pintando e notei todos aqueles discos de ouro pendurados nas paredes. Bati na porta. Perguntei pra senhora que abriu sobre eles e ela me disse que eram prêmios do Harvey Mandel. Eu pensei: 'Hm, não sei quem é'".

Quando Holmes apareceu na aula seguinte, mencionou que esteve dentro da casa de um músico chamado Harvey Mandel. Holmes perguntou para Kilgore: "Quem é Harvey Mandel?".

"Ele é um grande guitarrista. Da próxima vez que estiver trabalhando lá, tenta conseguir o telefone dele pra mim."

Holmes diz: "Eu peguei o número, Terry foi lá e conheceu Mandel".

Nessa época, Mandel estava com 29 anos e já tinha uma carreira que faria inveja a qualquer guitarrista. O prodígio do blues cresceu em Chicago. Mandel então entrou para a banda de boogie rock Canned Heat e tocou com eles no Festival Woodstock. Como não é de ficar parado, Mandel então se tornou membro da John Mayall & The Bluesbreakers, uma banda que incubou Eric Clapton, ídolo de Edward. Ele também gravou dois álbuns solo, *Baby Batter* (1971) e *Snake* (1972).

Quando Kilgore apareceu na casa de Mandel, ele pediu aulas para o famoso guitarrista. Kilgore justifica: "Eu só queria ter aulas com ele,

---

308. Gill, "Everybody Wants Some", p. 74.

porque eu adorava a forma como ele tocava". Ele não escondeu seu entusiasmo depois de sua primeira aula e chegou ao ensaio fascinado com os talentos de Mandel. "Eu toquei com Terry em 1974 e 1975, quando ele tinha essas aulas", conta Laidig, "sei que ele estava bem animado com isso".

Kilgore, que sempre tinha tablaturas com as mais novas técnicas de guitarra, estava particularmente interessado em aprender a técnica única de fazer o tapping com as duas mãos de Mandel. Enquanto tocava as sequências de frases rápidas, Mandel usava os dedos da mão que segura a palheta para soar, ou "martelar", notas no braço da guitarra com movimentos sinuosos e intermitentes.

Ele soube que Mandel aprendeu o método não ortodoxo com um ex-colega de banda. Em 1972, Mandel entrou para uma banda de blues rock de Los Angeles, a Pure Food and Drug Act. Mandel dividia as guitarras nesse grupo com um músico criativo chamado Randy Resnick. Durante as longas apresentações ao vivo da banda, Resnick martelava as notas com a mão da palheta e Mandel percebeu.[309]

Nos meses seguintes, Mandel praticou a técnica. Ele contou ao escritor Abel Sharp: "Randy foi o primeiro guitarrista que eu vi martelar as notas e ele tinha seu próprio jeito de fazer isso... Depois de ver Randy Resnick fazer isso, entrei nessa. Comecei a fazer o tempo todo".[310] Em seu álbum solo de 1973, *Shangrenade*, Mandel exibiu um estilo com a técnica das duas mãos como peça de destaque de sua técnica nos solos.

Depois de aprender o método com Mandel, Kilgore começou a experimentá-lo. Chris Holmes lembra: "Na aula seguinte com o Terry, ele estava fazendo tapping". Kilgore também mostrou a técnica aos colegas de banda e seu técnico de som, Kevin Gallagher, que explica: "Então Terry começou a mostrar essa coisa [tapping] que Mandel tinha ensinado. Eu nunca conheci Mandel. Mas eles eram bem próximos e ele compartilhava muita coisa com o Terry. Creio que o Harvey começou esse estilo e o mostrou pro Terry".

Não demorou muito para Kilgore dividir esse novo método com Edward. Gallagher diz: "Eu consigo me lembrar de pelo menos uma vez, quando eu estava fazendo um som no porão de Jon Laidig, em que Eddie estava sentado na escada aprendendo aquela coisa com o Terry".

Antes de Kilgore dar a Edward um tutorial sobre tapping, é bem provável que Edward soubesse que alguns guitarristas visionários usavam de vez em quando a mão da palheta dessa forma. Edward, músico

---

309. "The Snake's Biography", *Harvey "The Snake" Mandel*, acesso em 29 de setembro de 2014, <www.harveymandel.com/biography.html>.
310. Abel Sharp, *Van Halen 101* (Bloomington, Indiana: Author House, 2005), p. 200.

que conseguia tirar uma música de ouvido na hora, com certeza *ouviu*, por exemplo, quando Billy Gibbons fazia um tapping rápido em seu solo na arrasadora "Beer Drinkers & Hell Raisers" de 1973 do ZZ Top (uma música que o Van Halen tocava muito no início da carreira).

Mas, enquanto na técnica de Gibbons ele apenas acrescentava uma nota martelada em seu solo, Mandel construía frases inteiras usando a técnica com sua abordagem. Ela estava arraigada em suas composições em vez de ser um toquezinho da guitarra usado para incrementar um solo. Isso abriu os olhos de Edward. Kilgore diz: "Foi daí que, acredite se quiser, Edward pegou o estilo da segunda mão. Eu falei pra ele: 'olha isso' [fiz o tapping], e ele: 'uau'. Ele começou a fazer. Tive muitas ideias que acabaram nas mãos dele, e ele teve algumas que acabaram nas minhas, com certeza".

Embora a demonstração de Kilgore tenha impressionado, apenas alguns observadores conseguem se lembrar de Edward usando a mão direita no braço da guitarra no palco antes de 1977. O guitarrista Dennis Catron, que via o Van Halen ao vivo com regularidade nesses anos, diz que Edward só desenvolveu por completo sua técnica de duas mãos "aproximadamente na época em que eles foram contratados [em 1977]", mas tem certeza de que no palco ele "fazia uns pequenos, só de uma nota", à la Gibbons em "Beer Drinkers", desde 1975. O guitarrista Donny Simmons se lembra de ter ouvido Edward "experimentar" tapping durante uma passagem de som no Golden West Ballroom no verão de 1975: "Nunca vou me esquecer. A gente terminou o nosso set e voltamos pro bar para pegar uma cerveja. Eu me virei e perguntei: 'Que porra ele tá fazendo?'. Pense em como seria ouvir pela primeira vez depois de você se acostumar a ouvir Bad Company. O que é tudo isso [*imita o barulho do tapping*]?, eu fiquei boquiaberto: 'O que foi *isso*?'".

À exceção das marteladas de um dedo ocasionais de Edward, não há provas de que ele tenha empregado o estilo de fazer hammer-ons e pull-offs nas cordas com as duas mãos que se tornaria sua assinatura musical depois do lançamento de *Van Halen*. Nesses anos, Edward aparentemente brincou com o que aprendeu com Kilgore, martelando algumas notas com a mão direita aqui e acolá enquanto tocava no palco ou no ensaio, mas só lançou sua interpretação inovadora da técnica no início do verão de 1977, apenas meses antes de o Van Halen entrar em estúdio para gravar seu álbum de estreia.

Enquanto Edward expandia seus horizontes na guitarra, o Van Halen se reagrupou e fez um novo teste e, duas semanas depois, Simons os contratou. Ele observa que fez isso porque eles atraíam público para a casa. O funcionamento da The Rock Corporation era "impulsionado basicamente pelas multidões. Se você conseguia uma, era contratado". Com o passar das semanas, o Van Halen começou a construir sua base de fãs no Valley.

Uma dessas primeiras fãs era uma morena tresloucada de 18 anos chamada Valerie Evans Noel. No verão de 1975, Evans lembra de ver o Van Halen em várias noites de sábado na The Rock. Ela ficou apaixonada pelo jeito de tocar de Edward. "Olha, qualquer um pode tocar 'Canned Heat Boogie'", opina ela, "mas não com a mesma intensidade de Eddie. Era surreal e ele era tão jovem". Ao mesmo tempo, ela enfatiza que Roth representava uma grande parcela do apelo do Van Halen. "Naquele tempo", diz ela, "não tinha ninguém como David. Sua voz era incrível e ele tinha um belo corpo. Ele aparecia sem camisa, usando uma bandana, calças justas de cintura baixa e tinha um ar de Black Oak Arkansas". Por isso, sua presença de palco e seu visual atraíam muitas mulheres para perto do palco. "O número de seguidoras era incrível", revela Valerie.

Entre os sets, Evans ficava nos bastidores batendo papo. Ela lembra: "O camarim era um cubículo com uma cortina. Tinha um sofá com uma almofada. Eles ficavam bebendo e fumando". Como a casa não pagava muito bem, Evans diz que o quarteto tirava vantagem da prática de dar bebidas grátis para músicos da casa: "Lembro que o Van Halen sempre bebia para compensar pelo dinheiro" enquanto eles "curtiam um barato antes do set seguinte".

Na The Rock, o barato costumava envolver comprimidos, populares nos anos 1970. Diferente das casas noturnas badaladas da Sunset Strip, onde reinava a cocaína, na The Rock eram os medicamentos que mandavam. "A coca era cara demais" para os fregueses da The Rock, observa Evans. "A gente rachava 3,5 gramas de cocaína, custava uma fortuna e o barato durava uma hora". Agora, a popularidade dos comprimidos "era *imensa*. A gente procurava no chão pelos comprimidos largados pelas pessoas. A The Rock tinha muitos narcóticos. Ludes, Tuinal e Seconal estavam na moda". Aliás, ela lembra até de uma noite em que jogou pedra, papel e tesoura com Edward por um Tuinal.

Também na casa aos sábados à noite sempre aparecia uma linda adolescente chamada Iris Berry. Antes de ela se tornar um elemento da cena punk de Los Angeles, Berry se descrevia como uma "garota do Valley com uma bela identidade falsa". Ela se lembra de ir ver o Van Halen na The Rock, onde desfrutava dos sets de covers do hard rock. Ela diz que a banda "atraía bem", arrastando uma multidão composta de jovens roqueiros e motoqueiros. Berry declara que o Van Halen lotava a casa muito por causa de seu "ótimo vocalista", que sabia exatamente como atrair a atenção dos espectadores. No caso de Berry, isso envolvia um Roth sedutor sussurrando em seu ouvido entre os sets.

Com o passar das semanas, os quatro músicos começaram a tocar algumas de suas composições na The Rock. No meio da noite, eles emendavam a estrondosa "Chevrolet" do Stray Dog com o blues de "Take Your Whiskey Home". No último set da noite, a propulsiva "The Fool and Me" do Trower precedia a cativante música original "She's The Woman". "Quando percebemos que as pessoas" estavam "virando grandes fãs da banda", Anthony explicou, "começamos a incluir nossas composições aos poucos".[311] Muitas vezes, os fregueses nem faziam ideia de que essas músicas fossem composições do Van Halen. Tom Broderick observa que eles "encaixavam as composições próprias e ninguém no público percebia".

※

Enquanto o Van Halen encontrava seu nicho na The Rock, Edward continuava a lutar contra um problema persistente: o volume de seu amplificador. Desde a malfadada performance de 1973 da Mammoth na casa noturna Posh, que terminou com o dono cortando a eletricidade da banda, ele tentou encontrar formas de conseguir seu som de guitarra marcante (o caráter tonal produzido pelas mãos do guitarrista, pelo instrumento, por efeitos e amplificadores) com seu amplificador favorito, o Marshall Super Lead, sem ensurdecer os fregueses.

A solução mais óbvia – usar um amplificador menos potente – não era algo que Edward queria fazer. Haasis descobriu isso no verão de 1975. Ele chegou à The Rock para o primeiro set da noite e ficou surpreso ao ver que, embora Edward estivesse com suas duas caixas de som Marshall típicas, seu amplificador estava virado em cima das caixas, de forma que a traseira dele ficava visível em vez do nome e dos botões. Mesmo assim, Haasis diz: "Eu sabia que era um Sound City Fifty Plus, um cabeçote pequeno". Depois de o Van Halen encerrar um set de abertura energético, Haasis perguntou:

"Ei, Eddie, com o que você tá tocando hoje?"

Edward balançou a cabeça e franziu a testa: "Ah, é um Sound City".

Haasis parou enquanto Edward dava um trago no cigarro. "Por que ele tá virado?"

"Não quero que ninguém veja. Tô com vergonha".

---

311. Rosen, "Ace of Bass", p. 65.

"Cadê seu Marshall?"

"No conserto", disse ele com um olhar aborrecido.

"Bom, o Sound City parece ótimo."

Edward balançou a cabeça de novo e murmurou: "É, pode ser".

Haasis diz que Edward simplesmente "não queria ouvir" que seu amplificador inferior era bom. Haasis lembra que, na verdade, "ele soava ótimo, porque se ele tocasse por um aparelho de som caseiro soaria da mesma forma. Tava tudo nas mãos dele, como qualquer guitarrista".

Edward discordava. Ele acreditava que seu som dependia em grande parte daquele amplificador, e ele era insubstituível. Então ele tentou de várias formas cortar o volume do amplificador mesmo colocando ainda no último volume. "Eu fiz de tudo", Edward contou a Steven Rosen, "deixei a cobertura de plástico nele, coloquei ele virado pra parede e até coloquei estofamento de isopor na frente da caixa de som".[312] Nada disso funcionou. "Eu precisava de um amplificador para tocar nas casas noturnas", Edward explicou à *Esquire*. "A gente não era contratado porque eu tocava alto demais, sabe? Eu me pergunto: 'O que eu posso fazer? O que eu posso fazer?'"

No verão de 1975, Edward chegou a uma solução. Pensando em ter um amplificador reserva, ele comprou um segundo Marshall. Mas, quando chegou em casa, plugou na guitarra e ligou, ele não ouviu nada. "Eu resmungava", ele relatou à *Esquire*, "essa porra não funciona, fui roubado". Com o amplificador ainda ligado, ele saiu xingando. Quando ele voltou depois de uma hora e tocou de novo, ele descobriu que "saía um som, mas era bem baixo". Edward percebeu então que o amplificador não era um Marshall padrão de 110 volts, mas sim um modelo de 220 volts fabricado para usar na Europa e não nos Estados Unidos. Ele pensou: "Ei, peraí. Soa exatamente como deveria no volume máximo, mas é bem baixo".

Sempre consertando coisas, Edward teve uma ideia. Ele pegou uma chave de fenda e tirou o dimmer de luz da parede. Ele ligou seu amplificador principal no sistema elétrico da casa, na esperança de conseguir diminuir a voltagem do amplificador com o dimmer. Em vez disso, a casa ficou no escuro quando um fusível estourou.

Ainda achando que sua ideia pudesse funcionar, ele foi para a Dow Radio, uma loja de suprimentos eletrônicos de Pasadena. Entrou e perguntou: "Vocês têm algum tipo de dimmer de luz superleve?". O vendedor respondeu: "Sim, é um transformador variável Variac". Quando o homem levou um para ele, Edward olhou para o cubo de metal. Ele se

---

312. Tolinski, ed., *Guitar World Presents Van Halen*, p. 92.

recorda: "no mostrador dava pra aumentar até 140 volts ou baixar até zero. Então, eu calculei, se estando em 220 fica assim baixo, se eu diminuir a voltagem, quanto será que posso abaixar e ele ainda funcionar?".

A ideia funcionou que é uma beleza. Ele lembra: "Com isso eu podia aumentar todo o volume do meu amplificador, preservar as válvulas, impedir o desgaste delas e tocar nas casas noturnas com metade do volume. Então, meu Variac, meu transformador variável, era meu botão de volume. Alto demais [faz o som do botão virando], eu abaixava pra 50". Embora hoje em dia atenuar uma válvula do amplificador diminuindo a voltagem seja uma forma conhecida de lidar com níveis de volume intoleráveis, naquela época Edward conseguiu algo tanto único como útil. Ele resolveu guardar essa descoberta para si.[313]

Em uma tarde no fim do verão, o velho amigo e colega guitarrista Jim Steinwedell foi à The Rock para se despedir de Edward antes de ir para a faculdade. Steinwedell o conheceu em 1972, quando lhe emprestou seu cabeçote de Marshall depois que o de Edward estourou bem no meio de uma festa da Mammoth em La Cañada.

Entrando na casa escura com um dos roadies de sua banda, Steinwedell ficou chocado com o número de motoqueiros enormes e ameaçadores sentados no bar segurando bebidas nas duas mãos. "Eu e meu roadie éramos de longe os menores caras do lugar", diz ele. "Eu tenho 1,88 metro e pesava 106 quilos e John tem 1,93 metro e pesava 122 quilos." Ao ouvirem que o Van Halen estava no "camarim", os dois homens grandes os encontraram nos fundos da casa, sentados atrás de "um biombo de plástico que você puxava da parede para criar um espaço para se vestir com um pouco de privacidade".

Depois de dizer oi, os dois ficaram por lá durante a passagem de som. Enquanto o Van Halen tocava, Steinwedell ficou espantado tanto com o som "matador" vindo dos equipamentos de Edward como com o fato de seu amplificador Marshall soar denso mesmo com um volume relativamente baixo. Ele ficou bem chocado principalmente com esse volume reduzido, pois os níveis de decibéis eram um "problema recorrente" para os guitarristas profissionais da época, que usavam potentes amplificadores valvulados.[314]

---

313. Curcurito, "Eddie Van Halen: The Esquire Interview".
314. Jay Kumar, "Exclusive: Recollections about EVH's Early Setup", *WoodyTone*, 24 de junho de 2009, acesso em 8 de julho de 2015, <www.woodytone.com/2009/06/24/exclusive-recollections-about-evhs-early-setup/>.

Quando a banda deu uma pausa, ele perguntou ao seu amigo o que ele tinha feito para conseguir um som tão incrível em um volume reduzido.

"Ah, é esse novo captador DiMarzio", Edward disse, evasivo.

"Besteira", Jim retrucou. "O que é?"

"Ah, hm, são essas válvulas velhas no meu amplificador."

Cansado da enrolação de seu amigo, Steinwedell o pressionou contra a parede com gentileza, mas firme, e perguntou de novo: "Não, é sério. Como você consegue esse som nesse volume?". Finalmente, Edward confessou, depois de fazer seu amigo jurar segredo, que ele começou a usar o Variac. Enquanto ele mostrava, os dois concordaram que, além da redução do volume, vinha outro benefício inesperado: deixava o som mais rico e quente. Anos depois, Edward creditou essa descoberta por ajudá-lo a conseguir sua assinatura sonora, descrita por ele como "som marrom", que atingiria o status de lenda entre os guitarristas depois do lançamento de *Van Halen* em 1978.[315]

Alguns meses antes e a 80 quilômetros de Van Nuys, o guitarrista Donny Simmons e sua banda Stormer encerravam o segundo set da noite no Walter Mitty's. Enquanto Simmons tirava sua Les Paul, ele viu Larry Ward, o dono da casa, indo até o palco, seguido por dois rostos familiares: David Roth e Edward Van Halen. Ward andou até o microfone e anunciou: "Ei, pessoal! Quero apresentar a todos uma banda nova explosiva chamada Van Halen! Esses caras vão tocar aqui em breve, aguardem".

Simmons, que além de gostar de Edward e Dave também sabia que o Van Halen era uma grande banda ao vivo, sentiu-se murcho ao considerar essa nova competição por vagas na casa noturna. Um Edward sorridente, ignorando os sentimentos contraditórios de seu amigo, virou-se para Simmons e disse com sinceridade: "Foi um ótimo blues, cara! Acho que vamos tocar juntos de vez em quando". Simmons pensou: "Ah, porra, que legal".

Quando os membros do Van Halen apareceram no Walter Mitty's pela primeira vez, eles mal piscavam ao ver o ambiente, considerando alguns dos outros lugares nada agradáveis em que eles já tinham tocado. O Mitty's ficava em um bairro industrial barra-pesada no lado leste de Pomona. Em sua autobiografia, Roth escreve que a pequena casa "ficava no meio do nada".[316] Do outro lado da rua, o conglomerado militar General Dynamics operava uma grande fábrica, com sua linha de produção

---

315. Obrecht, *Masters of Heavy Metal*, p. 156; Obrecht, "Van Halen Tapes", p. 10.
316. Roth, *Crazy from the Heat*, p. 85.

Walter Mitty's Rock'n Grill Emporium, Pomona, Califórnia, como era em 1976. LESLIE WARD-SPEERS

cercada por uma cerca formidável de correntes e arame farpado.[317] O resto da rua incluía a fachada de dois estacionamentos de trailers, uma loja de bebidas, alguns bares e, por incrível que pareça, uma livraria erótica e uma igreja evangélica, a Pomona Revival Center.[318] Este definitivamente não era um pedaço do paraíso suburbano da Califórnia.

Quando a casa estava aberta, os clientes do Mitty's não tinham consideração com o bairro infame. Leslie Ward-Speers, filha de Larry, lembra-se de que a maioria dos fregueses estacionava em "um grande terreno baldio no fim do edifício. Quando chovia, ele ficava sujo e cheio de lama". Eles também estacionavam nos dois lados da rua e, quando as bandas tocavam, "as pessoas esperavam por vagas e brigavam, e os carros entravam e saíam. Era um caos total". Os motoqueiros, os melhores clientes da casa, enfileiravam suas motos ao longo da calçada. "Os motoqueiros estacionavam em fileiras e mais fileiras de motos", afirma Ward-Speers. "Você não imagina quantas – tomavam toda a rua até a frente do prédio."

---

317. Tom Broderick, e-mail para o autor, 13 de fevereiro de 2010.
318. General Telephone Company of California, *City of Pomona, Street Address Directory for Pomona, Chino, Claremont, Diamond Bar, L.A. Verne, San Dimas, Walnut, and Portions of Montclair* (Los Alamitos: GTE Directories Corp, 1975), p. Special Collections, Pomona Public Library, Pomona, California.

O interior da casa também não tinha muito conforto. Ward-Speers diz, sucinta: "Era um pardieiro". Depois de passar pela entrada, os clientes chegavam à área do bar. "O bar era bem longo e as pessoas escreviam coisas nele", ela se lembra. Mesas de sinuca preenchiam parte do espaço e mesas estavam arrumadas em volta das paredes. Uma divisória separava a casa em duas, e aqueles sentados no bar podiam ver a pista de dança e as bandas através dos recortes na divisória. Leiren descreveu o palco, que ficava contra a parede do fundo da casa, como "um selo postal... com uns 60 centímetros na frente da bateria, que ficava encostada na parede. Então tinha provavelmente 1,20 ou 1,80 metro em cada lado da bateria".[319] Para arrematar, Ward-Speers se recorda, tinha um piso sempre grudento com "aquela cerveja choca e o cheiro de cigarro. Era nojento".

Depois que o Van Halen conseguiu a vaga, os fãs de San Gabriel Valley vinham vê-los em Pomona. Poucos deles, porém, já tinham ido a esse tipo de bairro. Charlie Gwyn, de Duarte e então com 21 anos, lembra-se de que um amigo mais velho o levou ao Mitty's para ver o Van Halen. "Fiquei apavorado na ocasião" de entrar no interior escuro da casa, "porque a multidão parecia mais velha e barra-pesada do que eu via nas festas locais".[320] Cary Irwin, natural de La Puente, confirma que os medos de Gwyn tinham fundamento. "O Walter Mitty's se tornou esse lugar bem descolado para todas essas bandas tocarem", ele explica. Mas "volta e meia tinham brigas sérias. Lembro que em uma noite um cara foi lançado por uma porta de vidro e cortou feio o pescoço. O negócio foi grave".

O Van Halen logo teria uma experiência direta da clientela violenta do Mitty's. Uma noite, no meio do quinto set, eles testemunharam um assassinato na pista de dança da casa depois que membros de duas gangues de motoqueiros rivais entraram em uma briga mortal. Edward se lembra daquela noite: "Teve uma vez, tarde da noite, que nós vimos os intestinos de um cara pra fora da barriga". Enquanto a banda observava horrorizada, o homem atingido se afastou cambaleando de seu agressor de faca na mão e então "caiu no chão e tinha sangue por todo o lugar".[321] Como Roth relata em sua autobiografia, as luzes da casa se acenderam de repente e o Van Halen logo deixou o palco. "Mas na noite seguinte", explica ele, espalharam boatos que alguns motoqueiros ofendidos "voltariam pra cobrar a revanche". O Van Halen ainda tocava, mas, só por precaução,

---

319. Rudy Leiren, entrevistado por Steven Rosen, de posse do autor.
320. Charlie Gwyn, e-mail para o autor, 17 de fevereiro de 2010; Charlie Gwyn, e-mail para o autor, 20 de fevereiro de 2010.
321. John Stix, "The Fountain", *Guitar Classic 8*, junho de 1994, p. 100.

eles "puxaram os amplificadores mais pra longe das paredes do que o normal, caso precisassem pular atrás deles se tivesse um tiroteio".[322]

Apesar desses perigos, as pessoas apareciam em grande número para acompanhar os shows da banda. Joe Carducci, um guitarrista de La Puente cuja banda tocava no Mitty's, testemunhou isso no início do verão de 1975. "Eu me lembro de ficar de pé lá no fundo e ver o lugar lotar", diz ele. Dando uma olhada em Dave, um amigo de Carducci gritou em seu ouvido: "Quem é esse cara tentando ser Jim Dandy?". Carducci respondeu: "Cara, se eles tivessem um vocal que conseguisse cantar...". Ele explica: "Eu quis dizer no sentido de alguém que tivesse uma voz roqueira realmente boa. Era isso que eu tinha em mente. Daí esses caras seriam inacreditáveis!".

Aqui Carducci aborda dois temas que ressurgiram quando a banda tocou na casa noturna Starwood de Hollywood em maio de 1976. Primeiro, Roth, que abandonara sua imagem de glitter rock, agora se apresentava sem camisa e de calça de couro colada. Com sua presença de palco ousada e a voz estridente, ao vê-lo os espectadores se lembravam de Jim "Dandy" Mangrum da Black Oak Arkansas, um grupo de rock sulista que tinha saído de moda nos últimos anos. Segundo, a voz de Dave era, na melhor das hipóteses, uma obra inacabada e, na opinião de muitos, a única coisa que prejudicava a grandeza do Van Halen.

Apesar dos defeitos de Dave, o Van Halen encontrou um posto em Pomona a partir do qual construiu uma base de fãs no leste de Los Angeles. Isso, claro, atendia perfeitamente aos objetivos abrangentes da banda. Roth contou à *BAM* em 1977: "Como a maioria das bandas que acabaram de começar, nosso objetivo a curto prazo era conseguir visibilidade e absorver experiência tocando na frente de quem quisesse ouvir".[323] Com o tempo, a banda "construiu seu público e as pessoas diziam umas para as outras: 'Ei, você precisa ver essa banda amanhã à noite'".[324]

E, por mais difícil que fosse tocar em um bar pé-sujo como o Mitty's, os quatro encontraram formas de aceitar a experiência à medida que o público aumentava. "A gente saía e tocava, tocava e tocava", Alex contou à *Modern Drummer*. "Claro que não tínhamos dinheiro, claro que isso chateava e claro que tivemos de trabalhar com pessoas desonestas, como falsos empresários e donos das casas noturnas. Mas o público sempre estava lá e era muito divertido. Algumas pessoas chamam isso de sacrifício, mas nós apenas chamamos de diversão. A gente se divertia. Eu não

---

322. Roth, *Crazy from the Heat*, p. 85.
323. Laurie Bereskin, "Van Halen's Invitation: Come Down and Party", *BAM*, julho de 1977, p. 52.
324. "Running With Van Halen", programa de rádio, cerca do outono de 1978, de posse do autor.

mudaria nada."[325] Roth também explicou ao *Los Angeles Times*: "A gente estava feliz tocando em casas noturnas. Trabalhávamos para conseguir alguma coisa. Tínhamos fome e estávamos conquistando as coisas".[326]

Anos depois, essa mentalidade positiva se traduziu em nostalgia. Alex observou: "Pra mim [o Mitty's] foi a epítome de uma casa de rock. Toda noite em que tocávamos lá, eu me via tocando em algum tipo de arena".[327] Na casa, acrescentou Anthony, "cabiam 300 pessoas e tinha umas 700, mil pessoas lá dentro. Era um verdadeiro pequeno palco quente e úmido". A formação do Van Halen "conseguia um ótimo som naquele lugar. Quando a gente arrasava, a casa fervia".[328] Nessas noites, o Van Halen mesclava músicas originais e covers sem interrupção, enquanto os fregueses dançavam e aplaudiam.

A energia contagiosa, quando acompanhada do apelo singular da banda, levava a casas superlotadas. Na verdade, o fenômeno Van Halen no Mitty's era tão extraordinário que o dono, Larry Ward, acordou em um sábado pela manhã e disse à sua filha de 16 anos, Leslie: "Você precisa ouvir esse grupo. Você vai gostar deles". Quando ela apareceu no início da noite, viu que "a fila pra entrar dava voltas no prédio e ia até a rua". Depois de seu pai colocar sua filha menor de idade para dentro, ele pediu: "Fica de cabeça baixa e não deixa ninguém te ver". Ela seguiu suas instruções encostando em um canto, onde viu a casa ganhar vida. O Van Halen, diz ela, "lotava o bar do meu pai. Tudo o que você podia fazer era entrar pela porta. Só se podia ficar de pé. Quando você entrava, ficava de pé e só olhava. Não tinha onde se sentar no lugar naquela noite". Quando o Van Halen começou a tocar alto Bad Company e Led Zeppelin, "fiquei hipnotizada. Ouvir esse som que era tão diferente de todos e ouvi-lo ao vivo assim – eles eram bons demais".

Entre os sets, Ward-Speers saía para fumar um cigarro. Sempre ao lado de "Bear", segurança muito alto de seu pai, ela absorvia o ambiente, vendo "todas essas motos estacionadas por toda a calçada. Esses caras saíam e eles usavam correntes dentro dos bolsos. Tinham grossas faixas de tecido no pulso, cabelo comprido, barba longa e vestiam coletes, jeans e grandes botas de couro. Eram bem durões. Intimidavam mesmo".

Enquanto isso, Ward e Bear se preocupavam com a presença das autoridades na casa naquela noite. "A polícia e os bombeiros vinham bastante por causa da superlotação e do barulho", explica ela. "Quando

---

325. Robyn Flans, "Alex Van Halen", *Modern Drummer*, outubro de 1983, p. 11.
326. Hilburn, "Pasadena's Van Halen".
327. Alex Van Halen citado em Christe, *Everybody Wants Some*, p. 26.
328. John Stix, "In the Eye of the Storm", *Guitar for the Practicing Musician*, julho de 1991, p. 90.

a banda do David e do Eddie estava lá, era um presente. Era quase certo que eles apareceriam."

Dentro do clube, Roth fazia por merecer seu dinheiro. Ele chamava a atenção do público e depois descia do palco, com o microfone nas mãos, e invadia o pequeno banheiro das mulheres. Ele falava com a multidão de mulheres ultrajadas lá dentro, pedindo, com ironia, para elas mostrarem suas identidades para confirmar que eram maiores de idade, enquanto os motoqueiros espiavam pela porta e gritavam. Enquanto as risadas reverberavam, Dave voltava ao palco e continuava o show, tocando, como ele escreveu em sua autobiografia, "tudo, de antigas do Rod Stewart ao Ohio Players".[329] Parafraseando Roth, o Van Halen pode não ter sido grande em Hollywood, mas em 1975 sua banda crescia em Pomona.

Vários meses depois, em Van Nuys, Jeff Simons se sentiu mal enquanto olhava a contabilidade da The Rock na primavera de 1976. As finanças da casa estavam pavorosas. Entre bartenders que enfiavam a faca e as multas do Departamento de Controle de Bebidas por fornecer bebidas a menores, a The Rock não faturava muito dinheiro. Para piorar, ele estava *perdendo* dinheiro nas noites de quinta-feira, não importando que banda tocasse.

Alguns dias depois, Simons e alguns amigos sentaram e bolaram formas de trazer mais dinheiro à caixa registradora da The Rock. Depois de debater algumas ideias, eles resolveram introduzir uma promoção nas quintas-feiras, visto que o bar já estava melhor depois de Simons ter apresentado promoções para a terça-feira ("Noite das Garotas") e a quarta-feira ("Noite da Cerveja"). Em dado momento, um deles sugeriu um tipo de "concurso de beleza", embora adaptado para a liberdade sexual da década de 1970, que ele organizara com sucesso em outro lugar: um concurso de camiseta molhada.

Simons agora precisava tomar uma decisão. Esse tipo de evento lotaria sua casa, mas também testaria a tolerância dos policiais da cidade, que já mantinham um olho aberto em seu estabelecimento. Eles iriam tolerar garotas seminuas no palco? O impulsivo Simons pensou: "Foda-se. Os motoqueiros vão adorar. Vamos fazer".

Naquela primeira noite de quinta-feira, a falta de planejamento de Simons era evidente. O dono da casa apenas subiu ao palco entre os sets,

---

329. Roth, *Crazy from the Heat*, p. 85.

jogou um pedaço de grama sintética para absorver um pouco da água e comandou o concurso. Renee Cummings, uma cliente da The Rock, relembra: "Jeff improvisou desde o primeiro dia. Ele apenas disse: 'Vamos botar essas gatas no palco e fazer isso. Nós vamos inventando as regras durante o concurso'. Não era organizado; aliás, nada era organizado na The Rock. Era uma ideia irresponsável de Jeff e funcionou". Apesar de sua natureza casual, o concurso atraiu a atenção da força policial, pois policiais disfarçados estavam no local naquela noite.

No dia seguinte, Simons pensou em formas de melhorar o concurso. Na semana seguinte, faria dele a peça central da noite, incrementado com fichas de inscrição e uma piscina rasa. Ele anunciou o evento com panfletos e, em uma época em que caminhoneiros e muitos outros motoristas se comunicavam pelo Serviço Rádio do Cidadão, com propagandas nas ondas do rádio. Ele ofereceu um prêmio em dinheiro maior para encorajar mais garotas a participarem. Ele também teria uma de suas melhores bandas, o Van Halen, no palco. Simons se sentia energizado enquanto punha esses planos em ação.

Na tarde da quinta-feira seguinte, rolou um burburinho sobre o concurso. Mais carros e motos passavam em frente à The Rock do que de praxe. A casa estava mais lotada do que o normal, e o telefone do escritório tocava sem parar. Alunos de escolas até ficavam do lado de fora da casa, esperando ver o grande show. Fred Whittlesey e seus amigos em Reseda souberam "que teria essa coisa chamada 'noite da camiseta molhada' na The Rock Corporation. Para meninos no final da adolescência, isso parecia uma ótima ideia. Tenho certeza de que ouvimos: 'Ei, rapaziada, tem uma noite da camiseta molhada e eles não pedem identidade!'. Era tudo que precisávamos saber".

Quando escureceu naquela noite de junho, a vizinhança ao redor da The Rock fervilhava de gente. Evans diz: "A fila ia da casa até praticamente no Van Nuys Boulevard, a mais de 400 metros de distância".

Dentro da casa, a amiga de Evans, Renee Cummings, mal podia acreditar no tamanho da multidão. Ela explica: "Tinha tanta gente que às vezes não dava pra ir da porta da frente ao banheiro. Os fregueses estavam lá, mas tinha gente de todos os lugares", incluindo o velho amigo de Edward, Dana Anderson, e adolescentes como Whittlesey.

Finalmente, por volta da meia-noite, estava na hora do evento principal. A The Rock estava apinhada e as pessoas ficavam encostadas no bar tentando pedir drinques antes do início do concurso. Três horas antes, Roth anunciou: "Na próxima quinta, é a noite do dois por um".[330] Ele então disse, com o braço esticado: "Senhoritas, vocês podem se inscrever desse lado do bar para o *concurso de camiseta molhada!*". Evans se lembra: "Às vezes, 25 garotas se inscreviam, às vezes menos". As garotas colocavam seus nomes na lista, incluindo algumas que Simons descrevia como *ringers*, moças particularmente bem-dotadas, de lugares como Tujunga ou Chatsworth, recrutadas pelos motoqueiros para o concurso.

Depois de Dave anunciar o início do concurso, Simons pulou já bêbado no palco com as candidatas, incluindo Cummings e Evans, e uma torcida ensurdecedora veio do público. Em 1981, Roth contou à *Oui* o que aconteceu depois:

"Foi uma grande cena. Eu era o apresentador, com a banda atrás de mim. Eu entrevistava as candidatas.

'O que você faz da vida?'

'Hm, sou garçonete de uma loja de donuts em Canoga Park.'

Eu fazia uma piada idiota, todos gargalhavam, ela pulava na piscina infantil e ficava molhada.

'Querida, que música você quer ouvir?'

'Hm, eu adooooooro "Free Ride" [do Edgar Winter]'

'Al, parece que essa dama quer pegar uma carona.'"

"O público ia à loucura", segundo Roth.

Depois disso, "Jeff pegava um jarro de água gelada e derramava na nossa roupa, que era uma regata de alcinha, como uma camisete. E então a gente dançava", conta Noel.

Enquanto cada garota entrava na piscina, o Van Halen "tocava", lembra Roth. Então, "ela dava uma piscadinha e chacoalhava, e o resto das garotas entrava na água".[331] Cummings explica: "A gente estava bêbada! Não tinha nada melhor pra fazer naqueles dias do que ficar bêbada. Você tinha de deixar o cabelo pra baixo! Então nossos peitinhos estavam molhados? Grande merda!". Ela acrescenta que, sim, a competição ficou tão acalorada que algumas das garotas começaram a "tirar toda a roupa". O único que não ficava nada feliz no meio de tudo era o Alex. Evans se lembra que ele ficava furioso porque sua bateria também ficava encharcada com as garotas.

Em algum lugar do outro lado do bar estava Anderson. "Na Rock Corporation", diz ele, rindo: "nós estávamos no mundo do Dave. Era

---

330. Terry Atkinson, "Breaking Out of Bar-Band Gigs", *Los Angeles Times*, 27 de dezembro de 1977.
331. Rusty Hamilton & Diana Clapton, "David Lee Roth and the Van Halen Gang: Preening Prophets of Post-Cube Punkpop", *Oui*, novembro de 1981, p. 20.

doido! Era como se Dave fosse o apresentador de um game show. Ele se sentia totalmente em casa no concurso de camiseta molhada. O cara que administrava a casa jogava uma jarra em cima das gatas e elas adoravam! O amor era livre na época. Estava lotado. Não dava pra entrar no lugar".

No palco, o show continuou. Dave lembrou: "no fim de algumas noites, os juízes estavam tão chapados para tomar qualquer decisão que nós tínhamos de chamar todas as candidatas de novo com 500, 600 pessoas pisando umas nas outras, bêbadas e gritando".[332] Em outras noites, porém, Simons decidia o concurso pelos aplausos.

Nessa noite específica, assim que Simons começou a pedir o voto do público, iniciou um burburinho nos fundos da casa. Tiras da Divisão de Van Nuys do Departamento de Polícia de Los Angeles chegaram. Evans diz que eles "estavam nos fundos. Teve um tumulto e então eles passaram pelo público para chegar ao palco". Ao mesmo tempo, lembra Simons, eles pediram reforço a todas as unidades da Divisão de North Hollywood, que vieram com força total para ajudar a encerrar o concurso, prender os participantes e esvaziar a casa. Precisou mesmo de duas divisões para fechar a The Rock naquela noite.[333]

Mas, com quase mil pessoas na The Rock, tudo isso aconteceu em câmera lenta. Simons observa: "Demorou bastante para a polícia passar pela multidão e interromper tudo". Depois que os policiais abriram o caminho pela multidão hostil de fregueses bêbados, eles subiram ao palco e algemaram Simons e as garotas que eles achavam que tinham mostrado os seios. Evans diz: "As garotas foram empurradas pra fora do palco em um momento, o que realmente acabou com a noite. A polícia mandava uma mensagem: 'Nós somos a força a ser enfrentada'".

Mesmo quando a polícia arrastou Simons e os outros, os membros do Van Halen eram todos sorrisos. A polícia ignorou a banda, principalmente depois de Dave contar aos tiras que o Van Halen não tinha nada a ver com o concurso. Mesmo assim, a notoriedade que veio dos concursos e da batida policial foi inestimável. Assim como as grandes batidas nas festas dos anos anteriores, os acontecimentos na The Rock ajudaram a consolidar a reputação do Van Halen como a melhor banda de festas de Los Angeles.

---

332. Hamilton & Clapton, "David Lee Roth", p. 20.
333. "Rock Scene", *Valley News (Van Nuys)*, 3 de setembro de 1976; Jeff Simons, entrevistado pelo autor.

Em 1982, Roth contou uma história para o *Los Angeles Times* que destaca a crença dos membros da banda, mesmo quando eles tocavam nos "buracos", de que um dia eles chegariam ao auge do sucesso no rock: "Eu me lembro de ficar em um estacionamento com Alex naquela época bebendo cerveja atrás da casa noturna depois de uma apresentação e dizer: 'Al, um dia, cara, a gente vai se dar bem. Algum dia, você e eu, nós vamos beber cerveja no estacionamento do *Forum*'".[334]

Naquele mesmo ano, David Lee Roth se sentou para uma entrevista com Martha Quinn da MTV. Ela perguntou a ele: "Como você descreve um show que quer fazer?". Sua resposta reflete as lições que ele aprendeu na The Rock e em outros lugares e ressalta a importância desses anos para o sucesso futuro do Van Halen. Dave respondeu: "É um movimento constante. Quem precisa de um espaço morto? Muitos não têm nada pra falar entre as músicas... Eu adoro falar. Adoro contar piada. Para mim é apenas um grande concurso de camiseta molhada".[335] A análise de Roth aqui é absolutamente correta. Começando em 1978, o Van Halen pegou a cara de pau que adquiriu tocando em bares pés-sujos e apresentando concursos de camiseta molhada em Los Angeles e a lançou sobre um público norte-americano que nem desconfiava. Rock'n'roll e a América jamais seriam os mesmos.

---

334. Richard Cromelin, "Van Halen: From Tahiti to the 7-11", *Los Angeles Times*, 10 de setembro de 1982.
335. "David Lee Roth TV interview with Martha Quinn, 1982", *YouTube*, 13 de fevereiro de 2012, acesso em 8 de julho de 2015, <https://www.youtube.com/watch?v=UkKwIm8M6D4>.

Capítulo 8

O Golden West

Com o cabelo encharcado de suor e um cigarro pós-show entre os dedos, Edward passou pela multidão de fãs no Golden West Ballroom em 9 de maio de 1976. Os vários amigos, conhecidos e estranhos por quem passava se aproximavam para parabenizá-lo pela performance corajosa e potente da sua banda. O Van Halen, apesar da pressão imensa de abrir para a respeitada banda de rock inglesa UFO, apostou alto ao escolher essa noite para tocar um set completo de composições próprias. Eles fizeram isso sabendo que muitos dos formadores de opinião e astros de Hollywood estariam lá, todos ansiosos para ver o UFO e seu jovem superastro guitarrista Michael Schenker. Embora omitir suas covers habituais que agradavam o público tenha sido uma jogada de alto risco, a atmosfera elétrica nesse local em Norwalk revelou: o Van Halen arrasou.

Depois de agradecer ao último admirador, Edward entrou no banheiro. Ele deixou a cerveja no chão para mijar quando uma figura familiar se aproximou. Edward não sabia seu nome, mas sabia que era um traficante que lhe tinha fornecido cocaína no fim de semana anterior no Golden West. Chegando perto de Edward, ele gritou: "Yeah! Vocês foram *péssimos*!". Edward, sempre modesto, respondeu: "Obrigado, cara", e deu um trago no cigarro. Apoiando-se, o traficante foi lavar as mãos e sussurrou: "Quer dar uma cheirada?". Edward, pronto para começar sua celebração pós-show, fez que sim.

Edward fechou a porta do lavabo enquanto o traficante produzia sua carreirinha. Ele perguntou: "Quanto eu posso pegar?". O traficante, de rosto corado e pupilas tão dilatadas quanto um pires, respondeu: "Ei, pega quanto quiser". Edward nem hesitou. Ele enfiou dois grandes montes em cada narina e saiu do banheiro.

Minutos depois, algo estava terrivelmente errado com ele. Rudy Leiren explicou a Steven Rosen: "Quando ele voltou pro palco para começar a guardar o equipamento, o efeito tinha começado a bater. Ele começou a ter convulsões – o corpo dele começou a pirar e ele começou a fazer essa coisa como se tivesse tocando guitarra, esquisito mesmo". Quando seus colegas de banda e a equipe se reuniram ao redor dele, o rosto de Edward estava todo esticado, como uma máscara. Sua mandíbula estava travada e os olhos fixos. Em pânico, Alex gritava em seu ouvido e o chacoalhava, mas mesmo assim seu irmão mais novo continuava rígido e inconsciente. Edward Van Halen estava morrendo.[336]

Quando 1975 chegou ao fim, os quatro membros do Van Halen tiveram dificuldades em concluir que eles fizeram um progresso real para conseguir um contrato com uma gravadora. Talento musical à parte, a qualidade de heavy metal da banda infelizmente estava em desacordo com o "Som de L.A.", o soft rock com um toque de country que dominava a cultura musical popular da cidade e da nação. Artistas de Los Angeles, como Neil Young, Joni Mitchell, Graham Nash e Jackson Browne, rendiam às grandes gravadoras milhões de dólares à medida que seus discos voavam das prateleiras e suas músicas não paravam de tocar nas ondas do rádio do país. Como resultado, os representantes de A&R da indústria brigavam para contratar o próximo Little Feat, não o próximo Led Zep. Independentemente de os jovens músicos, como os membros do Van Halen, perceberem isso ou não, as grandes gravadoras concluíram que o heavy metal estava arruinado.[337]

Essa avaliação inflexível do futuro do metal significava que o Van Halen ficaria de fora de casas noturnas de rock de alto nível como a lendária Starwood Club de Hollywood. Analisando esse período na história da banda, Roth lembrou que o Van Halen achava "impossível conseguir vaga nas casas noturnas de Hollywood. O Whisky estava fechado e você precisava de contatos para tocar na Starwood".[338]

Em vez disso, o grupo, assim como inúmeras outras bandas de heavy rock não contratadas, dava duro semana após semana tocando em todo lugar, de botecos a salas de concerto improvisadas. Embora a banda lotasse com regularidade o relativamente grande Pasadena Civic Exhibition Hall, o quarteto ainda tocava em festas de quintal e até se apresentava

---

336. Este relato baseia-se em entrevistas do autor com Jeff Burkhardt, Steve Hall, Janice Pirre Francis, Dan Teckenoff, Rodney Davey e na entrevista de Steven Rosen com Rudy Leiren.
337. Richie Unterberger, *Music USA: The Rough Guide* (London: Rough Guides, 1999), p. 395-398.
338. Bereskin, "Van Halen's Invitation", p. 52.

em salões de baile de western swing para a terceira idade, como o Golden West, que, para se manter aberto, agora apresentava shows de rock.

Daí tinha o trabalho fixo no Gazzarri's. Apesar da estabilidade, o fato de o Van Halen agora ser a banda da casa *de facto* nesse venerável local de Hollywood prejudicava, na verdade, as chances de avanço da banda. Como a gerência da casa exigia que seus artistas tocassem quase sempre covers, o Van Halen não podia mostrar as composições originais que poderiam interessar aos executivos das gravadoras. Como explica Jackie Fox, a baixista da Runaways, por causa dessa orientação "as bandas sérias não tocavam no Gazzarri's. Se o Van Halen fizesse muitos shows lá, isso manchava a opinião da indústria sobre eles". Em outras palavras, nenhum dos mandachuvas da indústria fonográfica ia querer contratar uma "banda do Gazzarri's". O crítico musical Ken Tucker, que cobria a cena para o *Los Angeles Herald Examiner*, desprezava o local como "uma verdadeira espelunca, onde bandas ruins de heavy metal e hard rock tentavam começar. Ela não era vista como uma vitrine desejável, pelo menos na indústria fonográfica".[339]

Aqui estava a raiz do dilema do Van Halen. O Gazzarri's pagava as contas, ainda que mal, mas apenas pagar as contas não significava ir a algum lugar rápido. "É fácil entrar numa rotina", explicou o baixista Michael Anthony ao *Los Angeles Times* no fim de 1977, porque "você pode ir a um lugar como a Big Daddy's [a lendária casa noturna de Los Angeles que tocava as músicas das paradas de sucesso] e ganhar 1.500 dólares por semana tocando os hits dos outros". Mesmo assim, Anthony destacou: "Você pode fazer isso pelo resto da sua vida" e nunca conseguir um contrato.[340] Em dezembro de 1975, o Van Halen parecia destinado a ser um azarão na cena de Los Angeles, graças à identidade do quarteto como uma banda cover. Mas, em maio de 1976, o Van Halen estava preparado para se reinventar como uma banda original que se manteria ou cairia baseado na força de suas músicas.

※

"Antes de vê-lo tocar, eu tinha ouvido falar dele, como todo mundo. Você ouvia sobre um cara localmente", afirma Tracy "G." Grijalva. Em 1975, Tracy G. era um adolescente introvertido de 16 anos do subúrbio de La Puente, em Los Angeles. Ele se lembra que o Van Halen tocava em quintais, pequenas salas e festas em todo o San Gabriel Valley, "então

---

339. Citação de Ken Tucker em Considine, *Van Halen!*, p. 33.
340. Atkinson, "Breaking Out of Bar-Band Gigs".

você ouvia falar dele. 'Ah, você precisa ver essa banda, Van Halen. Você tem de ver esse guitarrista'".

Tracy, que um dia trabalharia como guitarrista da lenda do metal Ronnie James Dio, estava cético. Ele já tinha seu ídolo local, Donny Simmons, um sósia de Jimmy Page que pendurava a guitarra Les Paul bem lá embaixo e tocava solos incandescentes cheios de blues para a banda de hard rock Stormer. Para Tracy e seus amigos guitarristas, o talentoso Simmons era o deus da guitarra de La Puente, Pomona e West Covina. Não havia ninguém melhor naquela parte de Los Angeles. Tracy explica: "Quando você tem 16 anos, acha que viu tudo, ou quase, e você não viu merda nenhuma, mas você ainda não sabe disso. Então como esse tal Van Halen pode ser bom, cara?".

No último domingo do ano, Tracy teve uma chance de descobrir. O Van Halen era a atração principal no Golden West, com a Stormer como uma das duas bandas de abertura. Na tarde do show, Tracy e seus amigos pegaram carona para Norwalk com o operador de iluminação do local.

Depois de chegarem, Tracy e seus amigos entraram na casa. "Eu entrei naquele lugar", diz Tracy, e "parecia o Forum pra mim, porque eu nunca tinha ido a lugar nenhum. Tinha um pequeno auditório e as bandas passavam o som". Tracy se recorda de sua animação por ser um músico jovem olhando para um palco de verdade. "A gente viu o lugar e *uau*! Não tinha nada além de cabeçotes Marshall, equipamento e era isso. Eu fiquei hipnotizado."

Enquanto Tracy e seus amigos observavam, os grupos se preparavam para o show. Alguns minutos depois, um dos músicos, usando um macacão de mecânico cinza, veio do palco na direção deles. "Meu amigo diz: 'Esse é o guitarrista do Van Halen, Ed Van Halen'. Eu falei: 'Ei'. Eu estava muito tímido e fiquei com medo de dizer oi ou alguma outra coisa", lembra Tracy. "Ele falou: 'Prazer em te conhecer, cara'. Então ele sentou do meu lado." Tracy tomou coragem e o bombardeou com perguntas sobre seu equipamento e a preparação do palco da banda. Após alguns minutos de papo-furado, Edward levantou de um pulo e disse: "Tá bom, cara, legal te conhecer. Preciso passar o som".

Ele voltou ao palco e colocou sua Ibanez Destroyer da cor de madeira. Ele olhou para Alex enquanto este contava antes de o Van Halen se lançar na galopante "Sweet F.A.", dos roqueiros glams britânicos do Sweet. Embora os quatro músicos estivessem apenas se aquecendo, Tracy pensou: "Uau. Eles são muito bons". Ainda mais impressionante era a presença de palco de Edward. "Todo seu visual e a forma com que ele ficava e como ele tocava? Caralho, inesquecível. Nunca vi nada como aquilo: *Esse cara é um Deus da guitarra*."

O Van Halen abre os trabalhos no Lanterman Auditorium em La Cañada, Califórnia, em 22 de novembro de 1975. Mary Garson/Hot Shotz

Perto da hora do show, o auditório encheu. Tracy e seus amigos ficaram na frente do palco e logo as luzes da casa se apagaram. Tracy diz: "A primeira banda, Maelstrom, tocou e eles foram ótimos". Por ser um jovem guitarrista vivenciando seu primeiro concerto, ele ficava pensando: "Como o Van Halen pode ser melhor do que isso? Nunca vi uma banda tão boa assim".

"A Stormer veio depois e aqueles são meus garotos", Tracy lembra. "Lá está o cara, Donny Simmons. Ele é o astro do rock, arrasando com a Les Paul." Tracy observou a Stormer tocar um set pontuado por covers de Foghat e Bad Company. "Eles tocaram e foram melhores do que a Maelstrom. Eu fico pensando: "Como o Van Halen pode ser melhor do que isso?".

Tracy, como o resto do público, aguardava o Van Halen. Então, de repente as luzes se apagaram e, de trás da cortina de veludo roxo, Dave, como um anunciante de uma atração de parque de diversões, gritou: "Senhoras e senhores! Van Halen!". A cortina se abriu e apareceu o quarteto de Pasadena.

O Van Halen, do alto de suas plataformas, agita em La Cañada, Califórnia, em 22 de novembro de 1975. Mary Garson/Hot Shotz

Tracy se recorda: "Eu vi esses quatro caras, mas eles não pareciam com aqueles que eu vi montando o equipamento, pois eles estavam todos arrumados e tinham aquela atitude roqueira. Eles abriram com uma música chamada 'Man on the Silver Mountain' do Rainbow. Eu quase desmaiei, cara. Foi como estar com a mulher perfeita. Não sei como dizer isso. Porque eles não tinham apenas um guitarrista como você nunca viu. Era a banda toda. Tinha Deus nos vocais. Ele parecia perfeito e todas as mulheres o queriam. Não importava como ele cantasse. E daí? O visual era incrível. Ele era ótimo com as pessoas. Eles tinham um baterista bom pra caralho e um baixista no ponto certo". Tracy ficou imóvel enquanto o Van Halen encerrava a música de abertura com um floreio.

Ele então passou a prestar atenção em Edward. "O guitarrista tocava com uma Ibanez Destroyer", ele lembra. "Ficava perfeita nele. Ele a segurava com perfeição. Ele a tocava com perfeição. Ele tinha seu próprio som e fogo. Eu falava: 'Caralho.'" Por ser um músico iniciante, Tracy lutava para compreender o que via e ouvia. Ele explica: "Ele fazia esticadas com seus longuíssimos dedos de pianista", soltando "palhetadas bem rápidas e harmônicos cheios de blues emocionantes". Tracy, atualmente um excelente guitarrista de rock, explica: "Tudo que eu ainda não conhecia foi esfregado na minha cara quando eu tinha 16 anos. Eu me perguntava: 'O que ele fez?'".

O Van Halen seguiu com seu set, tocando o futuro clássico "Runnin' with the Devil" e algumas outras composições originais, que Tracy lembra que eram "muito melhores do que as covers". Ele diz: "Nunca tinha visto uma união como essa e com esse som".

Enquanto o show prosseguia até o clímax, Edward tocou seu solo, que seria intitulado "Eruption" em *Van Halen*. Simmons observava da coxia e se recorda: " 'Eruption' veio no meio de 'House of Pain'. Eu dizia para mim mesmo: 'Puta que pariu, como é que ele inventou isso?'. Ele não se gabava com ninguém. Ele não dizia: 'Ei, olha isso! Eu aprendi todos esses licks'. Ele só tocava. Não falava nada sobre isso". Depois do bis, a banda agradeceu, despediu-se e saiu.

Tracy, com o barulho do público ao seu redor enquanto eles iam embora para casa, ficou em silêncio, atordoado. Então o amigo dele o tirou de seu estupor, lembrando que eles precisavam encontrar o iluminador para não perderem a carona. Tracy seguiu seus amigos até o palco e tentou entrar pela cortina. "Então o show terminou e eu estava lá atrás da cortina como um garotinho assustado esperando pelo iluminador", explica ele. "Fiquei olhando pro Eddie. Ele estava sentado na lateral do palco com as pernas penduradas e balançava a cabeça, fumando um cigarro, quase como se dissesse: 'É, essa foi uma noite fodida. Foi uma merda. Não fui bem". Ele não estava feliz e eu podia ouvi-lo conversando com duas pessoas dizendo: 'É, o som estava uma merda.'" Tracy, intimidado, não conseguiu nem se aproximar de Edward. "Eu era jovem e tímido demais. Ele me deixou de queixo caído. Eu só fiquei lá olhando."

Passando por Tracy, apareceu Donny Simmons, seu ídolo da guitarra. Sem qualquer aviso, Simmons ajoelhou no palco perto de Edward e abaixou seu tronco e braços, como se dissesse: você é o rei agora. "Ele começou a reverenciar o Eddie. Eu fiquei lá no canto, olhando meu herói completamente rendido a outro cara. Então suas palavras foram: 'Você é o melhor sobre duas pernas'. Nunca vou esquecer."

Em março, Dan Teckenoff, promoter do Golden West Ballroom, chamou Roth. Ele ofereceu ao quarteto, que agora tocava regularmente no local, uma data em abril para um show que ele anunciaria como "The Spring Jam", que contaria também com Maelstrom e Eulogy, uma jovem banda quente de Orange County.[341] Roth consultou Alex e a banda assinou o contrato.

Na tarde de 11 de abril, Rusty Anderson, o guitarrista de 17 anos da Eulogy, apareceu no Golden West para a primeira apresentação da banda no local. Ao perceber que foi o primeiro de sua banda a chegar, o morador de La Habra sentou para assistir ao Van Halen, uma banda que nunca tinha visto antes, passar o som. Anderson, que atualmente é guitarrista do *sir* Paul McCartney, relembra: "Só de vê-los eu pensava: 'Uau'. Eles eram bem subestimados de certa forma porque toda sua presença era intensa".

Depois que o Van Halen terminou, a Eulogy tocou duas músicas e deixou o palco. Dirk van Tatenhove, baixista do grupo, foi ao banheiro. Logo depois que ele entrou, a porta abriu. "O vocalista deles entra, que depois eu soube se chamar Dave Roth. Eu estava lavando as mãos e ele estava do meu lado. Ele diz: 'Desculpa, Eulogy, por demorar *tanto* na *passagem de som*!'. Ele disse isso em seu jeito icônico, como, aliás, ele também falava no palco. Ele olha pra mim e oferece: 'Quer coca?'. Eu olhei pra ele com o rosto de um careta e, sério, respondi: "Obrigado, não estou com sede". Aos 18 anos, eu honestamente não fazia ideia do que era cocaína. Eu achei que ele estava me oferecendo uma bebida. Então essa é minha primeira lembrança de quando conheci o Van Halen."

---

341. Golden West Ballroom Ledger, 11 de abril de 1976, de posse do autor. Muito obrigado a Janice Pirre Francis por essa fonte.

Nos bastidores, John Nyman, baterista da Eulogy, superou sua intimidação inicial e bebia cerveja com Alex, seu colega de bateria. "Os caras do Van Halen me metiam muito medo", confessa Nyman, rindo. "Eles eram muito mais adultos e seguros de si. Eram agressivos. Eles eram adultos e estavam *trabalhando*. Quando você tem 16 anos e alguém tem 21, ele é muito mais velho. Eles nos amedrontavam de um jeito positivo."

Enquanto Alex abria outra Schlitz Malt Liquor, ele fez um sinal para Nyman segui-lo até o camarim. "Alex me mostrou um buraco na parede do pequeno camarim", Nyman lembra. "Ele socou a parede. Acho que estava furioso com Eddie. Eles tinham brigado. Eu me lembro de pensar: 'Ah, claro, eles são irmãos'."

Eles conversaram sobre as ferramentas do ofício, baquetas e peles de bateria, e sobre o que significava ser um músico profissional. "Pelo que ele me contou, eles tocavam seis noites por semana naquele momento, bar atrás de bar e um show depois do outro". Nyman diz que Alex então o fez sentar e lhe deu o mais longo papo: "olha só o que você precisa fazer, meu chapa".

Depois das apresentações da Maelstrom e da Eulogy, o Van Halen subiu ao palco na frente de um público escasso. Enquanto os outros membros da Eulogy iam embora, Nyman e um amigo ficaram para assistir ao Van Halen. Ele insiste: "O Van Halen estava completamente pegando fogo. Foi um grande show para umas 20 ou 40 pessoas. Não tinha quase ninguém lá e eles estavam um *arraso*. Eles mataram a pau *pruns gatos pingados*". O profissionalismo inerente em dar o melhor de si quando quase ninguém está vendo teve um grande impacto no jovem baterista: "Uau, essa foi uma grande lição para mim. Eles estão fazendo por si. Eles vão matar a pau e, se você quiser participar e curtir, ótimo, mas se você não estiver lá, bem, azar o seu". Isso contrastava bem com o "ponto de vista do músico adolescente" de Nyman, que era: "*Vim aqui para sentir a energia do público porque queria ser um astro do rock*. Não, não, não. Eles *eram* astros do rock".

"Aquela banda era o máximo", declara Nyman, e "tudo estava na beira da energia. Quando eu digo na beira, eles não estavam acelerando, mas era como se eles surfassem numa onda, como se estivessem na ponta da prancha com os dedos pendurados na borda". "O Van Halen", diz ele, "conseguiu essa intensidade. Alex terminava uma música com um floreio bem grande e então eles emendavam com a próxima música. Naquela noite, eles mandaram ver – para ninguém! Não tinha ninguém lá e eles continuaram em uma intensidade incrível. Eu e meu amigo Michael falávamos: '*Caralho*! Esses caras vão ser grandes. Isso é doido'."

Edward Van Halen em La Cañada, Califórnia, em 22 de novembro de 1975.
MARY GARSON/HOT SHOTZ

Apesar das apresentações em locais de um tamanho considerável como o Golden West, Dave, Alex, Edward e Mike sabiam que, por todo seu suor e dedicação, o Van Halen ainda era apenas a banda principal de bares e salões de dança modificados. E, embora o nome da banda estivesse em letreiros na Sunset Strip, eles não fizeram nenhum progresso na batalha em Hollywood. Na verdade, o Van Halen tinha acabado de celebrar seu segundo ano no Gazzarri's, um marco negativo para uma banda que quer um contrato com uma gravadora.

Em uma noite durante a semana no início de abril, Rodney Bingenheimer, "o Prefeito da Sunset Strip", estava no lendário Rainbow Bar and Grill na Sunset Strip com seu grande amigo Hernando Courtright. Bingenheimer, um baixinho de fala acelerada com cabelo chanel, parecia conhecer todos que ele encontrava na Strip, mas naquela noite as coisas no Rainbow estavam terrivelmente chatas. Normalmente, Bingenheimer faria as honras da casa no bar, batendo papo com os admiradores. Nessa noite, porém, as garçonetes ficaram sentadas em sua volta, conversando, lixando a unha e fumando, com as mesas vazias.

Os espaços da casa, ocupados muitas vezes por grandes expoentes do rock, como Led Zeppelin e Deep Purple, e a realeza da cena de groupies de Hollywood, estavam vazios.[342] Hernando Courtright, o belo moreno, filho de um bem-sucedido dono de hotel de Los Angeles e uma pessoa íntima da Runaways, terminou seu drinque e sugeriu que eles saíssem.

Por nenhum motivo especial, os dois viraram à esquerda na Sunset. Eles cruzaram a North Weatherly Drive antes de perceberam que estavam na frente da casa menos descolada de Hollywood. Eles olharam para o letreiro do Gazzarri's, decorado com VAN HALEN. O nome não dizia nada para eles.

Eles pararam e se entreolharam. Eles sabiam, como cada membro dos influentes de Tinseltown, que o Gazzarri oferecia talentos fracos e drinques mais fracos ainda para turistas desinformados, celebridades decadentes e garotos suburbanos que não sabiam a diferença entre Linda Lovelace e Linda Ronstadt. Por isso, os dois homens entraram na casa de diversão, o que Courtright chama de "acidente", só "pra ver o que rolava".

Quando eles entraram, suas expectativas de uma visita breve pontuada por risos de escárnio se dissiparam quando eles ouviram a atração no palco. Em vez de uma banda amadora tocando covers fracas das paradas de sucesso, esse quarteto talentoso e potente intercalou músicas de R&B do Wilson Pickett e dos Isley Brothers com músicas de hard rock do Queen e do Trapeze.[343] Entre as músicas, o carismático vocalista flertava com os grupos de adolescentes sensuais que ficavam perto do palco principal enquanto ele ralava pelo set.

Outra rodada de músicas veio a seguir, dessa vez do ZZ Top e do Aerosmith, apenas para preceder uma rotina de piadas direcionadas a Russell, o porteiro asiático bêbado da casa. Russell, que um freguês do Gazzarri's descreve como parecido "com um piloto kamikaze sobrevivente" de uma queda de avião, gesticulava, brincando com o vocalista do Van Halen.[344] Depois de soltar a piada, o vocalista gritou no microfone e apontou o dedo na direção dele, exclamando: "Isso porque Russell parece saído da revista *National Geographic*!".[345]

Outras escolhas musicais foram inesperadas. "Maid in Heaven" dos roqueiros progressivos intelectuais da Be-Bop Deluxe precedeu "Fopp",

---

342. Barney Hoskyns, *Waiting for the Sun: A Rock and Roll History of Los Angeles* (1996; reimpressão, New York: Backbeat Books, 2003), p. 268-271; Harvey Kubernik, *Canyon of Dreams: The Magic and Music of Laurel Canyon* (New York: Sterling Publishing, 2009), p. 298-303.
343. Considine, *Van Halen!*, p. 35.
344. Mike Cochrane, entrevistado pelo autor.
345. Gary Putman, entrevistado pelo autor.

Edward Van Halen no vocal de apoio no Gazzarri's, na Sunset Strip, em 1976. MARY GARSON/HOT SHOTZ

de um dos grupos de funk favoritos do vocalista, o Ohio Players.[346] Com os músicos arrasando nas estrofes, ele cantava alto as palavras desse estranho convite ao prazer carnal e no refrão recebeu a companhia do baixista, que conseguia alcançar as notas altas impossíveis da música.

Mesmo quando a música parava, a performance continuava. Para os mais chegados, o vocalista do Van Halen agia de modo exagerado com um acessório absurdo, mas divertido: um grande disjuntor de vidro, colocado em um alto-falante, cheio de pó branco e equipado com uma colher de sopa. Com um sorriso malicioso, ele se aproximava, pegava uma grande colherada de "farinha" e fingia cheirar enquanto o guitarrista afinava sua guitarra.[347]

Bingenheimer declarou sobre a experiência: "Eu estava lá com um amigo, Hernando Courtright, e nós sabíamos que eles seriam a próxima grande banda".[348] Seu amigo concorda, observando: "Eles

---
346. Victor Bornia, entrevistado pelo autor.
347. John Nyman, entrevistado pelo autor.
348. Neil Zlozower, *Van Halen* (San Francisco: Chronicle Books, 2008), p. 17.

eram simplesmente incríveis tocando essas covers". Mas Bingenheimer, que tinha o dom de reconhecer tendências, é rápido em destacar que, apesar de toda a grandeza do Van Halen, foi a resposta feminina o que o convenceu de que eles teriam sucesso: "As garotas sempre ditam tendência. Dava pra perceber pela vibração da casa", que estava "lotada e cheia de gatas".[349]

Depois do último set, Bingenheimer e Courtright se apresentaram para a banda. "Nós nos encontramos com eles depois", explica Courtright, "e dissemos a eles: 'Vocês tocam composições originais? Porque suas covers soam como originais'. Eles disseram: 'Sim, mas não conseguimos entrar em Hollywood. Nós tocamos em Pasadena e Arcadia e outros lugares naquela direção. Mas, por algum motivo, não conseguimos descobrir o segredo e entrar nas casas noturnas de Hollywood e tocar nossas composições'. Nós dissemos: 'Bom, nós podemos ajudar'".

Na tarde seguinte, Bingenheimer e Courtright foram a Starwood. Eles subiram a escada e foram ao escritório de Ray Stayer, que cuidava da programação da casa. Courtright afirma: "Nós apenas corremos lá no dia seguinte e dissemos: 'Você *precisa* contratar essa banda. Nós vimos Deus! Eles são divinos!'".

Apesar da influência de Bingenheimer, Stayer empacou. "Hm, não sei não", ele respondeu, "nunca ouvi falar do Van Halen". Quando eles lhe disseram que a banda tocava no Gazzarri's, ele balançou a cabeça, um reflexo da má reputação da casa. Desesperado para convencê-lo, Bingenheimer exclamou: "Sim, mas esses caras atraem muitos consumidores de cerveja!". Ele sabia, como confessou depois, que "donos de bares sempre gostavam" de uma banda que impulsionasse as vendas de álcool. Finalmente, Stayer cedeu e concordou em dar "uma chance à banda". Ele prometeu agendar o Van Halen em uma noite de segunda-feira aberta no meio de maio.[350]

Depois de sair da Starwood, Bingenheimer foi para o Gazzarri's encontrar os caras da banda. Ele avistou Edward na calçada na frente da casa, conversando com um amigo. Com um toque de empolgação na voz, Bingenheimer lhe deu a boa notícia. Ele então sugeriu que era hora de o Van Halen se despedir do Gazzarri's: "Vocês deveriam tocar na Starwood para ter mais visibilidade". Para surpresa de Bingenheimer, o jovem guitarrista não pareceu tão entusiasmado com a ideia. "Não, nós gostamos daqui", Edward respondeu, "Bill [Gazzarri] nos trata muito bem". Depois de Bingenheimer tentá-lo converncer por mais alguns

---

349. Zlozower, *Van Halen*, p. 17.
350. Rosen, "On Fire", p. 64; Rosen, "True Beginnings", p. 48.

minutos, o guitarrista disse que apresentaria a ideia aos outros e voltaria a falar com ele.[351]

De volta a Pasadena, a banda se reuniu na casa de Dave. Nessa época, o dr. Roth tinha comprado uma casa nova no número 455 da Bradford St. Como reflexo de seu sucesso como cirurgião, ele e Dave se mudaram para uma mansão de estilo italiano com 24 quartos e 1.300 metros quadrados assentada em um terreno de mais de 10 mil metros quadrados com um belíssimo paisagismo, com uma quadra de tênis e uma piscina. Kim Miller, que passava muitos dias perambulando pela casa enquanto seu namorado e o restante da banda ensaiavam no porão, relembra: "Minha sala favorita era a biblioteca. Ela era arejada e bem iluminada com janelas em arco, estantes do chão ao teto e uma lareira. Dava pra ver os três quintais muito bem cuidados cercados por árvores maduras tocando o céu. Eu moraria naquela sala. Era minha ideia de paraíso".[352]

Lá embaixo em sua sala de ensaio no porão, o Van Halen discutia os prós e contras de um contrato na Starwood. Primeiro, eles sabiam que tocar em uma casa concorrente irritaria Bill Gazzarri, conhecido por ter ciúme de seu talento. Como Roth explicou em *Crazy from the Heat*, contar a Gazzarri que a Starwood contratou o Van Halen com certeza resultaria em "ameaça e expulsão para o sétimo nível do inferno".[353] Segundo, o Van Halen tinha uma renda fixa na casa, às vezes complementada com mais 20 dólares dados na palma da mão de Dave depois de uma noite de sucesso. Se seu dono, em um acesso de raiva, os despedisse e eles fracassassem na Starwood, eles teriam de deixar Hollywood e ficariam sem dinheiro ao mesmo tempo.

Mas a questão mais proeminente era que a Starwood era, no começo de 1976, a principal casa noturna de rock de Los Angeles. Praticamente todo grupo profissional ambicioso do meio da década de 1970 tocava lá, de power trios como o Stray Dog e o ZZ Top, dois dos grupos favoritos de Edward, a ícones do blues como Albert Collins e Albert King. Jovens roqueiros do glitter rock como Mott the Hoople e Slade, lendas do rock como Buddy Miles e The Spencer Davis Group, todos foram bandas principais na Starwood. Bandas não contratadas como o Van Halen raramente tocavam lá.

---

351. Rosen, "On Fire", p. 63-64.
352. "House History", Pasadena Showcase House of Design Brochure, cerca de 1984, de posse do autor; Kim Miller, e-mail para o autor, 27 de julho de 2014.
353. Roth, *Crazy from the Heat*, p. 88.

Portanto, o Van Halen teria de tocar um set só de composições próprias na Starwood, algo que a banda nunca tinha feito antes. Eles tinham de cavar fundo para reunir uma lista de músicas com 45 minutos, o que necessariamente incluiria não só suas melhores, como a implacável "House of Pain" e a pulsante "Runnin' with the Devil", mas faixas menos conhecidas como a funkeada "She's the Woman" e "Believe Me" com seu rock progressivo.

Quando alguém na sala demonstrava dúvidas, um confiante Roth afastava suas preocupações. Ele sabia que essa era a melhor oportunidade que o Van Halen tinha encontrado em seu caminho em anos. Ele lembrou os outros de que eles passaram a melhor parte dos últimos dois anos tentando arrebanhar seguidores tocando em qualquer lugar, de Redondo Beach a Rancho Cucamonga, passando por Pomona a Pasadena. Eles tocaram em parques e hotéis. Eles se apresentaram em lojas maçônicas, quintais, casas noturnas que tocavam músicas das paradas de sucesso e colégios de freiras para garotas. Foram o entretenimento musical de festas de debutantes e de casamento. Caramba, eles até dividiram uma apresentação com uma exibição do filme *Um Beatle no Paraíso*, comédia de 1969 de Peter Sellers e Ringo Starr![354] Em certo ponto, eles chegaram a tocar 23 noites *seguidas*.[355] Dave lembrou que eles até tinham entrado na Starwood antes naquele ano, apenas para ouvirem que o Van Halen não poderia nem fazer um teste, que dirá tocar lá. Bingenheimer e Courtright lhes deram uma oportunidade que eles não poderiam se dar ao luxo de deixar passar. Como Roth explicou ao *Los Angeles Times* em 1978: "Nós sabíamos que tínhamos de abdicar de alguma coisa para sair dos bares onde só poderíamos tocar os hits dos outros. Nós tivemos de reunir seguidores, pessoas que perceberiam que podíamos fazer mais do que tocar músicas do Aerosmith bem".[356]

Quando Roth terminou, os outros falaram. Alex e Anthony concordaram que precisavam arriscar. Edward, no entanto, continuava reticente. E se Gazzarri os demitisse? E se a banda fosse mal na Starwood? Ele era contra. Embora ele achasse que os outros estivessem à altura da situação, ele não tinha certeza se poderia dizer o mesmo de si. Edward Van Halen, que em menos de três anos seria aclamado como o melhor novo guitarrista de rock desde Jimi Hendrix, foi acometido por uma sensação de insegurança tão forte que ele hesitava em tocar na Starwood.

---

354. "Film & Rock Concert", *Los Angeles Free Press*, 20 de junho de 1975.
355. Bereskin, "Van Halen's Invitation", p. 52.
356. Hilburn, "Pasadena's Van Halen".

Roth, atento à psique frágil de seu guitarrista, contra-atacou com uma sugestão preparada para aumentar sua confiança. A banda tinha acabado de agendar uma apresentação com o UFO no Golden West em 9 de maio. Nessa noite, ele explicou, o Van Halen poderia tocar seu primeiro set de composições próprias na frente do que prometia ser uma casa lotada. Dessa forma eles poderiam desatar qualquer nó em sua nova lista de músicas pelo menos uma semana antes de tocar na Starwood.

Todos se viraram para Edward. O guitarrista fez um bico, deu uma tragada em seu Camel e soltou. "Tá bem", ele disse.

Em uma noite de segunda-feira no fim de abril de 1976, Edward, talvez para se preparar para a iminente apresentação na Starwood, foi até a casa noturna para ver um grupo de funk rock chamado Straight Jacket. Ao chegar antes do início do show, ele foi até o camarim e cumprimentou um conhecido, o baterista Skip Gillette, que mais tarde tocou com o Gamma de Ronnie Montrose. Lá também estavam os companheiros de banda de Gillette, a cantora da banda de funk Rufus, Chaka Khan (noiva do empresário da Straight Jacket), e Michael Kelley, um amigo de Gillette e jovem baterista que tocou em várias bandas covers de hard rock de Los Angeles.

Enquanto Kelley conversava com Gillette, Edward pegou a guitarra Fender Mustang de Tim McGovern, guitarrista da Straight Jacket, e a plugou em um pequeno amplificador. Ele começou a tocar uma música desconhecida do Trapeze, "You Are the Music, We're Just the Band". Kelsey aguçou os ouvidos. Esse cara não era só um grande músico, sua escolha musical fora do padrão mostrou a Kelley que ele estudava hard rock a sério. Kelley perguntou a Gillette: "Quem é o guitarrista?". Gillette respondeu: "É Ed Van Halen. Vou te apresentar a ele".

Kelley e Edward apertaram as mãos. Ele contou a Edward que adorava a Trapeze e que ele tocava muito bem. Edward agradeceu e mencionou que sua banda, o Van Halen, ia tocar na Starwood com duas outras bandas locais em 17 de maio. Kelley reconheceu o nome Van Halen do letreiro do Gazzarri's e dos folhetos que ele viu por toda a cidade, dizendo: "Ah, eu conheço vocês. Minha banda toca em muitas das mesmas casas".

De repente, Edward fechou a cara. Ele confessou a Kelley que, apesar de tocar no Gazzarri's inúmeras vezes, "morria de medo" de tocar na Starwood. "Não sei se consigo", contou a Kelley. O baterista sorriu e lhe disse que tocar na Starwood não seria diferente de tocar em qualquer outra casa noturna. Edward balançou a cabeça, não encontrando conforto nas palavras de Kelley, e disse: "Nós nunca tocamos em um lugar desses antes". Kelley diz: "Eu sabia que ele tinha tocado covers com o Van Halen em toda a cidade por anos, então, em vista disso, seu medo e nervosismo pela futura estreia na Starwood tocando apenas músicas próprias me pareceram algo engraçado e humilde".

Kelley disse então que ia viajar. Antes de ir embora, Edward lhe perguntou: "Você volta para nos ver?". Kelley respondeu: "Claro, cara. Eu prometo. Vou estar lá". Edward, imaginando a humilhação em tocar para a Starwood vazia, disse com sinceridade: "Obrigado. Mas, quando você vier, pode trazer alguns amigos?".[357]

Mas, antes de tocar na Starwood, o Van Halen precisava cuidar do UFO. Depois de roubar Michael Schenker, o *wunderkind* guitarrista alemão de 19 anos, do Scorpions, a banda, composta ainda pelo vocalista Phil Mogg, o baixista Pete Way e o baterista Andy Parker, lançou seu álbum clássico de 1974, *Phenomenon*. No ano seguinte, o quarteto chegou ao sucesso com *Force It*, uma declaração forte do crescimento musical do UFO.

No começo de 1976, a banda voltou ao estúdio e saiu de lá com seu último álbum, *No Heavy Petting*, e um novo membro, o tecladista Danny Peyronel. Para promover seu novo disco, que seria lançado em 7 de maio, os cinco músicos viajaram para Los Angeles no início daquele mês. Eles passaram os dias seguintes tocando na Starwood, onde eram apresentados a cada noite pelo sempre entusiasmado Bingenheimer.

Quando não estavam no palco, eles atacavam o Sunset Marquis Hotel em Hollywood. Eles ficavam chapados sentados do lado da piscina com seus óculos de sol espelhados, secando sob o sol do sul da Califórnia e curtindo todas as atividades decadentes que a Cidade dos Anjos tinha a oferecer. E, para terminar sua campanha por Los Angeles, tiveram uma última sorte inesperada: eles assinaram um contrato de 5 mil dólares com algum promoter sem importância para tocar em um lugar chamado Norwalk com uma banda local de quem nunca ouviram falar antes e provavelmente nunca ouviriam falar de novo.[358]

---

357. Michael Kelley, e-mail para o autor, 7 de dezembro de 2009.
358. Recibo do Golden West Ballroom para a apresentação do UFO/Van Halen, de posse do autor. Muito obrigado a Janice Pirre Francis por essa fonte.

Do outro lado da cidade, em Pasadena, Roth não tirava os olhos do prêmio. Desde a reunião da banda, ele tinha ouvido tudo sobre a proeza do grupo radicado em Londres. Ele conhecia a reputação de Schenker como o mais novo e jovem deus da guitarra do hard rock. Tinha visto fotos dele em revistas no melhor estilo herói da guitarra, com seu cabelo loiro liso jogado na frente do rosto e seus dedos dobrando as cordas de sua Gibson Flying V, sua marca registrada. Apesar de tudo isso, Dave sabia que sua banda e seu guitarrista eram melhores.

Anthony e os irmãos Van Halen, ao menos a princípio, não tinham tanta certeza. O UFO era um ótimo grupo e Schenker um músico *incrível*. Eles foram testados na estrada depois de anos de turnês e estavam prestes a lançar o álbum que todos esperavam que os tornasse astros. Para contra-atacar esse pensamento, Dave começou a animar sua banda para seu encontro iminente com o UFO. Muito parecido com o Muhammad Ali antes de uma luta profissional, Roth se gabava para Alex, Edward e Michael, e quem mais quisesse ouvir, que no domingo, dia 9 de maio, o todo-poderoso Van Halen chocaria o mundo.

Em uma quinta-feira no final de abril, Tracy voltou ao Golden West. Desde a primeira vez que viu o Van Halen, ele ficava de olho em seus folhetos. "Eu ia a toda apresentação do Van Halen quando conseguia uma carona, porque eu ainda nem dirigia", recorda ele. Nesse dia, Tracy chegou à casa depois da passagem de som do Van Halen, mas bem antes do horário de início do show.

Perambulando pelo auditório quase vazio, Tracy avistou Roth. "Dave estava andando por lá usando um macacão, a roupa de seu roadie. Eu já sabia quem ele era, pois tinha visto ele algumas vezes". Embora se sentisse intimidado por Roth, Tracy cumprimentou o vocalista.

"Ei, Dave! E aí, tudo bem, cara?"

"E aí, tudo bem?"

"Sua banda é muito boa."

"Sim, nós somos ótimos."

"Cara, seu guitarrista é incrível."

"Sim, o garoto é muito bom".

O guitarrista adolescente então fez a pergunta mais importante sobre a fonte dos talentos formidáveis. "Então, hm, quanto ele pratica?"

"Bom, como eu posso dizer isso, garoto?", Roth disse com um tom sincero. "No café da manhã, ele fica com a guitarra e pratica. Está sempre tocando."

"Porra, ele é incrível, cara."

"É", disse Roth, sem um pingo de humildade, e começou a sair.

"Espera", chama Tracy. "Mais uma coisa. Eu vi um folheto. Daqui a duas semanas vocês vão tocar aqui com o UFO. É o *Michael Schenker*, porra! Vocês vão abrir pra eles, hein?"

"Sim, nós vamos abrir pra eles, mas eu fico com pena dele."

Um Tracy perplexo inclinou a cabeça. "Quem? O que quer dizer?"

"Edward vai varrê-lo da face da terra."

"*O quê?*"

"Estou com pena do Michael Schenker. Edward vai varrer o chão com a cara dele."

Tracy só olhava, sem acreditar no que ouvia.

"Ok, garoto, eu preciso ir. Divirta-se no show." Com isso, Roth seguiu até o palco.

Tracy lembra que Roth promoveu seu guitarrista "com toda a arrogância que um homem poderia ter. Eu vi tanta confiança vinda dele que era assustador". O mais importante, observa Tracy, a atitude cheia de confiança de Dave em relação a Edward deve ter dado a seu guitarrista um ânimo enorme. "Às vezes, quando você pergunta a um vocalista sobre seu guitarrista", observa Tracy, "ele vai ser todo arrogante e atrair a atenção toda pra si, dizendo: 'Sim, ele é bom, mas tudo gira em torno de mim'". Não o Dave semanas antes dessa apresentação. Ele acreditava piamente que "Eddie era o futuro fodão". O deus da guitarra Michael Schenker? Tracy reitera que a atitude de Roth era: "Desculpa, tá? Adeus! Próximo!". Tracy diz: "Dave sabia. *Vou prever o futuro, olha só*. E ele conseguiu. Porque sabia".

No dia do show, o telefone tocou no apartamento de Donny Simmons.

"*Alô.*"

"Donny?"

"Isso. Quem é?"

"É o Ed."

"Ei, e aí, bro?"

"Ei. Vamos tocar com o UFO hoje à noite."

Simmons soube do show no Golden West. "Todos somos fãs do UFO. Eu já tinha visto eles umas duas noites naquela semana na Starwood", lembra ele, e estava ansioso para vê-los pela terceira vez. Van Halen? Ele já tinha visto a banda dúzias de vezes, então eles eram apenas um extra. Talvez ele até pulasse o set e só aparecesse para o show da banda principal.

"Sim, Ed, eu e minha garota vamos."

"Bom, eu vou fazer de um tudo hoje à noite."
"O que quer dizer com isso?"
"Vou acabar com ele."

Simmons ficou quieto do outro lado da linha enquanto tentava digerir o que tinha acabado de ouvir. "Acabar com quem?"

"Schenker", Edward declarou.

"O quê? Do que você está falando? Ninguém vai acabar com Michael Schenker. O que você está... pirou? *Você pirou?*"

Simmons diz hoje: "Eddie já sabia. Pensando bem agora, ele pensava: 'Meu plano é dominar o mundo'". Ele lhe disse que estaria lá para ver o Van Halen. Edward agradeceu e o telefone ficou mudo.

Naquela mesma tarde, Dennis Catron, um guitarrista iniciante de 16 anos de Whittier, e um amigo chegaram ao Golden West. Lá dentro, Catron e seu camarada viram o Van Halen se preparando para testar seus níveis. Catron os tinha visto várias vezes, inclusive em uma noite memorável de quinta-feira em 1975 dividindo os palcos com a banda do guitarrista George Lynch, The Boyz.

Catron, como todo outro fã entendido da cena local, achava Edward um dos melhores guitarristas jovens da região e estava animado para vê-lo tocar. Enquanto ele olhava para o palco, o Van Halen começou a tocar uma de suas músicas. "Nós entramos cedo e vimos a passagem de som do Van Halen", lembra Catron. "Eles estavam *ligados*."[359]

Perto de lá, Mogg e alguns de seus companheiros de banda estavam de olhos embaçados depois de dias de farra pesada. O vocalista do UFO se sentia um zumbi, mas percebeu que o Van Halen não era nenhuma banda cover comum. Como um campeão de boxe fora de forma que sobe ao ringue com um lutador novato que subestimou, Mogg sabia que o UFO estava encrencado.

Enquanto os membros do UFO ficavam lá com olhares surpresos, Catron viu Mogg chamar um de seus roadies. Ele gritou algo em seu ouvido e o homem saiu apressado. Quando ele voltou alguns minutos depois, carregava alguns presentes para o Van Halen, que ele colocou no palco. Interpretando isso de alguns metros de distância, Catron suspeitou que Mogg "tinha entregado modestamente ao Van Halen duas jarras de vinho" para tentar tirar a banda de abertura da jogada.[360]

Enquanto caía a noite, a casa despertava. Simmons, que estava lá como prometido, observa: "O lugar era gigantesco. Como era perto da praia, estava lotado de surfistas, homens e mulheres. Ah, as garotas! As

---

359. Dennis Catron, "Review of the UFO/Van Halen Golden West Show", de posse do autor.
360. Catron, "Review", de posse do autor.

surfistas tinham cabelo loiro e nariz descascado da praia. Meu Deus. Era tipo: *uau!*". Catron acrescenta que aquelas noites "em 1975-1977 eram Valhalla. As garotas ainda vestidas com um lado glamouroso com saltos brilhantes e cortes de cabelo curtinhos. Cada banda tinha um bom guitarrista com um Marshall e havia muitas bandas naquela época".[361]

Em uma noite como essa, com as estrelas em ascensão do UFO no letreiro, até frequentadores bem relacionados de Hollywood fizeram a longa viagem para Norwalk. Jackie Fox salienta que a distância entre o Golden West e Tinseltown "não era fácil". Ela diz: "Só fui lá duas vezes na minha vida. Eu realmente nunca ia a shows lá, porque era longe demais. Isso pode soar esnobe, mas é verdade". Aliás, "nós só íamos a Norwalk, Covina ou alguns desses lugares se houvesse uma banda tocando lá que, por algum motivo, não fosse tocar em L.A., e isso não acontecia tanto".

Mas estava acontecendo naquela noite. Fox, com Lita Ford, sua colega da Runaways, e Bingenheimer estavam sentados em um camarim festejando com o UFO. "Lita e eu fomos ver o UFO porque éramos fãs", lembra Fox. "Acho que nós [já] os conhecíamos ou eles nos colocaram na lista [de convidados] de alguma forma, porque estávamos nos bastidores." Quando se aproximava a hora do show, ela perguntou para alguém: "Quem é a banda de abertura?". Alguém erroneamente respondeu: "Ah, é alguma banda de Orange County". Ela pensou: "É, eu não preciso ver uma banda de Orange County".

Minutos depois, Bingenheimer subiu ao palco para apresentar a banda de abertura em questão. Michael Anthony e o restante do Van Halen estavam atrás da cortina, de olhos fixos e mandíbulas cerradas, enquanto Bingenheimer pegou um microfone e começou a promover a banda para os quase 2 mil fãs no auditório. O baixista do Van Halen lembra: "A gente estava pronto pra tocar com o UFO. Era nossa primeira apresentação só com músicas próprias. Quisemos causar uma boa impressão na frente de Rodney e de todos que estariam lá. Foi importante para nós".

"Então, vamos receber, de Pasadena, Van Halen!" Com isso, a cortina se abriu e o Van Halen atacou com a rápida "On Fire". Roth deslizava pelo palco enquanto cantava. Os dedos de Edward agarraram o braço de sua guitarra com fúria, e harmônicos e acordes potentes retumbavam de sua pilha de Marshalls. Quando a música chegou ao primeiro refrão, Michael, Edward e Dave gritaram em uníssono nos microfones – *I'm on fire!* –, enquanto os acordes densos de Edward ressoavam nos fundos do auditório.

---

361. Dennis Catron, "Excerpt from an interview with the late, great Rick Gagnon/Mentone Music Month regarding The Golden West", de posse do autor.

Nos bastidores, Fox e Ford aguçaram os ouvidos enquanto a melodia potente atravessava as paredes. Quando Edward entrou com um solo incendiário, Fox virou para Ford e disse: "Esses caras tocam bem pra caramba. Vamos dar uma olhada neles?". Ela se recorda: "Nós fomos assistir ao show e ficamos completamente impressionadas. *Tínhamos* de descobrir mais sobre essa banda de Orange County".

O ataque do Van Halen no Golden West continuou veloz. Uma porrada da esmagadora "Somebody Get Me a Doctor" e a dançante "Show Your Love" terminaram com Roth, com o peito brilhando de suor, declarando: "Nós só vamos tocar música do *Van Halen* hoje!". Uma empolgante "Runnin' with the Devil" veio a seguir, com o pulsar do baixo de Anthony batendo no peito dos espectadores.

Mais ou menos no meio do set, Alex solou. Patti Smith Sutlick se lembra: "Parecia que dava pra ver cristais flutuando no ar de tão rápido que ele [Alex] era. Todos sempre falam do Edward, mas naquela época eu achava o Alex talentoso".

Para essa noite importante, Alex, assim como o restante da banda, se esforçou para fazer uma apresentação profissional. Para esconder os engradados de leite que serviam de base para sua plataforma de bateria, Alex mandou o roadie Jeff Burkhardt cobrir e grampear uma faixa contínua de tecido preto em sua plataforma de bateria de compensado.

Mas Alex tinha planos ainda mais ousados. Antes do show, ele colocou várias latas de fumaça em uma localização pouco ortodoxa: bem embaixo de sua plataforma. Como ele explicou para Burkhardt, quando ele os acionasse durante seu solo, pareceria que sua bateria estava "decolando".

Com suas mãos voando sobre a bateria, Alex acionou o efeito pirotécnico com o pé. Burkhardt se recorda: "Boom! Eles explodiram e parecia algo como o lançamento de um foguete Apollo, exatamente como ele queria". Mas o impetuoso baterista não mediu com cuidado a quantidade de pólvora usada, pensando que, se um pouco seria bom, muito seria bem melhor. Não foi surpresa então quando, como lembra Burkhardt, "o tecido em volta da plataforma" de repente "estava queimando bastante".

Burkhardt entrou em ação: "Atravessei correndo o palco, ajoelhando-me para tirar o tecido. Arranquei todos os grampos, mas a cortina preta da plataforma em chamas me seguiu pelo resto do caminho em todo o palco até o lado do Mike. Mas eu só continuei correndo e um cara na coxia me viu chegando e abriu a porta dos fundos pra mim. Corri pra fora, joguei o tecido no chão e apaguei o fogo com os pés". Ao todo, o episódio levou menos de dez segundos.

Enquanto isso, Edward enfrentava seus próprios problemas com o equipamento. Ele e Leiren, em meio a uma crise, ficaram mexendo na sua guitarra nos bastidores. Junto deles estavam Jimmy Bates e Steve Hall, guitarrista e baterista, respectivamente, da Stormer. Hall explica: "Jimmy Bates e eu fomos para os bastidores quando o Alex solava. Eddie aparece e ele e Jimmy conversaram por um minuto. Eles olhavam para a guitarra e o Jimmy estava fazendo alguma coisa nela. Foi falar alguma coisa com o Eddie e ele estava com aquele olhar. Eddie não estava de bom humor. Bates disse: 'Não fala com ele agora. O som dele está uma merda'".

Após alguns reparos, Edward se recompôs e voltou para o palco. Após mais algumas músicas, Dave, ofegante, perguntou ao público agitado: "Vocês querem ouvir um pouco de guitarra?". Alex rufou os tambores enquanto Edward entrou debaixo do holofote e tocou os primeiros acordes de "Eruption". Nos cinco minutos seguintes, Edward realizou uma obra-prima que destilou as dezenas de milhares de horas de apresentações e ensaios que ele teve desde o fim da década de 1960. Seu ataque começou com palhetadas trêmolo tão rápidas quanto um beija-flor, associadas com uma montanha-russa de bends de duas notas. Ele espremia harmônicos artificiais sólidos das cordas inferiores e as soltava com um vibrato fluido no dedo. Marteladas rápidas e pull-offs torrenciais saíram dos alto-falantes antes de ele parar seu ataque.

Ele então foi até seu rack de efeitos, que ficava dentro de uma bomba de treinamento alta, preta e oca da Segunda Guerra. De pé, parecia muito com a bomba atômica Little Boy, que arrasou Hiroshima em 1945. Virando os botões em sua unidade de eco Univox e tocando os acordes, ele evocou um interlúdio cheio de ecos parecido com o trabalho de Jimmy Page em "Dazed and Confused" do Led Zeppelin.

O guitarrista Dave Macias estava no meio do público e conta: "A gente só conseguia ficar de pé. Eddie começou a tocar 'Eruption', mas eu não conseguia ver o palco bem. Eu pensei: 'Que porra ele está fazendo para tirar esse som? É uma máquina?'. Subi na cadeira, mas um segurança se aproximou e me disse para descer. Todos estavam pulando e gritando".

Com a fumaça da pirotecnia teatral crescendo como um apocalipse da ponta da bomba, o guitarrista concluiu com uma explosão de palhetadas rápidas. Sua unidade de eco modulava as notas lancinantes, fazendo-as soarem como uma arma de raio de ficção científica amplificada por uma pilha de Marshalls. Para aqueles chapados demais, o efeito soava *exatamente* como se um óvni de verdade estivesse pousando em Norwalk. Simmons, depois de testemunhar essa performance incrível, só podia pensar: "Talvez Eddie estivesse falando sério".

Depois de os membros da banda aguentarem firme até o fim do set, eles saíram do palco por uns minutos, enxugaram o suor, abriram algumas Schlitz Malt e acenderam cigarros enquanto o público vibrava. Eles então correram de volta para o palco e, talvez ainda um pouco relutantes em adotar totalmente sua nova identidade como uma banda com composições próprias, tocaram sua única cover da noite, "Rock and Roll All Nite" do KISS.

No público, Tom Broderick, que sabia dos planos da banda de só tocar seu material, virou para seu amigo e gritou: "Ah, eles não deveriam ter feito isso!". Até hoje, Broderick pensa: "Eles deveriam ter tocado só composições próprias, mas essa era uma de suas grandes músicas de festas da época".[362] Mark Kendall diz: "Era um bom público pequeno. Chutando talvez tivessem 1.500 ou 2 mil pessoas. Mas, cara, eles *esmerilharam* e você via na hora que essa banda tinha futuro, não tinha como negar. Ela teria sucesso". Chris Koenig, que depois se tornaria empresário da Rockandi, a primeira banda do vocalista do Mötley Crue, Vince Neil, resume tudo ao declarar: "Eles praticamente destruíram o lugar".

Com a cortina fechada e o público ainda vibrando, Mike, Alex, Dave e os roadies da banda começaram a desmontar o palco. Só então um Edward com overdose se juntou a eles, com seu corpo tremendo e os braços fazendo movimentos descontrolados. Após alguns minutos de pânico, Alex e os outros pegaram o guitarrista inconsciente e o arrastaram para os bastidores, onde encontraram Teckenoff e sua assistente, Francis. O promoter cuca fresca insistiu para eles levarem Edward ao hospital. Leiren viu enquanto Alex e outros bons samaritanos "o levaram até o carro, mas não conseguiam fazê-lo entrar no carro. Eles não conseguiam dobrá-lo, pois ele estava muito rígido. Por fim, Alex teve de socá-lo no estômago para ele se dobrar e ser empurrado para dentro do carro".[363] Francis explica que essa cena aterrorizante é "uma de minhas memórias mais nítidas do Van Halen no Golden West Ballroom. Fiquei com medo. Não conhecia essa droga. A reação que ele teve foi assustadora. Foi grave". Enquanto ela e os outros observavam, Alex pisou fundo e correu para o Norwalk Hospital.

Enquanto isso, Bingenheimer, sem saber do drama que se desenrolava, apresentou o UFO. A banda inglesa então começou a rápida "Can You Roll Her" de seu álbum recém-lançado. No início, pelo menos alguns

---

362. *The Van Halen Story: The Early Years*.
363. Rudy Leiren em entrevista com Steven Rosen, de posse do autor.

espectadores achavam que a banda estava tocando bem. "O UFO veio e fez seu trabalho", lembra Koenig, "e eles estavam ótimos".

Mas, com o desenrolar do set do quinteto, ficou óbvio que eles estavam bêbados, chapados, de ressaca ou talvez tudo isso junto e, portanto, não estavam prontos para acompanhar o Van Halen. Catron, que era um grande fã do UFO, explica que os cinco músicos "estavam bêbados e tocaram muito mal".[364] Ele suspeita que a performance agressiva do Van Halen tenha "afetado o UFO, pois eles pareciam inseguros e não estavam se divertindo".[365] No repertório estavam todas as suas maiores músicas, mas eles não conseguiram entrar em sincronia e, antes de o show chegar à metade, a maior parte do público já tinha perdido o interesse. No fim do set, o UFO saiu do palco enquanto o público aplaudia timidamente.

Quando eles voltaram para o bis, o UFO apresentou o que Catron definiu como uma interpretação "péssima" de um de seus primeiros hits. No fim, ele observou enquanto Mogg, "com suas plataformas de sete centímetros... se aproximou e chutou até jogar no chão os amplificadores Marshall do baixista Pete Way. Eu já esperava que Pete fosse matá-lo depois disso, mas não, ele pegou seu lindo baixo Thunderbird preto e o jogou na pilha. Isso resumiu bem a noite".[366] Simmons testemunhou a mesma coisa e se lembra de que o guitarrista alemão da banda também participou: "Depois de o UFO encerrar o set, Michael Schenker chutou duas pilhas de Marshalls, porque estava fulo da vida". Macias acrescenta: "No fim do show, eu lembro dele destruindo sua Flying V nos amplificadores". O UFO saiu do palco, deixando para trás amplificadores destruídos e guitarras despedaçadas.

Depois do show, Simmons e sua namorada foram para os bastidores. "Eu estava na fila para conhecer o UFO e o gerente do Golden West Ballroom [Teckenoff], que nos conhecia muito bem, disse: 'Ah, Donny, não é uma boa ideia. Eles não estão de bom humor'. Eu pensei: 'Ai, meu Deus. Esses caras vão ter sucesso. O Eddie irritou Michael Schenker!'"

Enquanto isso, Roth tinha voltado para a pista para gozar da glória do triunfo do Van Halen. Koenig se lembra: "Quando você saía do auditório, tinha de passar por esse corredor, e no fim da noite, quando todos saíam, Dave ficou lá encostado na parede, encolhendo os ombros, com o cabelo todo despenteado... Ele só encostou lá para todos que passassem vê-lo. É engraçado porque eu odiava caras assim, mas isso me

---

364. Catron, "Excerpt", de posse do autor.
365. Catron, "Review", de posse do autor.
366. Catron, "Review", de posse do autor.

impressionou. Era um truque dele. Uma coisa dele. Ele era um astro e queria que todos soubessem. Eu achei bem legal. Eu pensava: 'Uau, olha o Roth'". Quando o público diminuiu, Dave voltou aos bastidores.

No camarim do Van Halen, o clima estava pesado enquanto todos aguardavam com ansiedade notícias do hospital. Roth conversava à toa com Bingenheimer, Ford e Fox, enquanto algumas das pessoas do círculo mais próximo e da equipe do Van Halen estavam do lado.

De repente, Mogg apareceu, zangado. Leiren ouviu quando o vocalista do UFO, sem saber da condição de Edward, foi tirar satisfações com Dave sobre o efeito que o ataque de Edward teve na psique frágil do guitarrista *dele*.

"Ei! *Seu* guitarrista fodeu com tudo. Ele fodeu com a cabeça do Michael Schenker." Mogg estava perto de Roth, com os olhos semicerrados.

"Ei, vamos lá, cara. Você sabe como é! O Edward faz seu lance. O Michael faz seu lance", Roth disse meio cantarolando, tentando conversar para acalmar os ânimos.

Mogg estava vermelho de raiva. "Não, *você* não sabe, *cara*. Você não entende. Vocês foderam com o Michael!"

A galera saiu da sala quando Mogg se afastou.[367]

Colocando as coisas sob perspectiva, Kendall acredita que, apesar de todo o papo do Dave e do Edward e da raiva de Mogg, "Eddie não tentou fazer nada com o UFO. Todo show ele tocava assim. Para esses caras, cada show era o último. Eles eram tão confiantes e tocavam daquele jeito. Se você vai tocar guitarra no mesmo palco que aquele cara, esteja preparado para dar tudo de si. Eu era um grande fã do Schenker, vi aquele show e fiquei para ver o UFO. Sinto muito, mas o Eddie acabou com ele naquela noite. Doeu. Foi agressivo".

No hospital, Edward foi transportado rapidamente para o pronto-socorro. O médico de plantão logo o entubou, enquanto as enfermeiras checavam os sinais vitais e o colocavam no oxigênio. Nessa hora, os pais de Edward já tinham recebido a notícia terrível e foram para Norwalk. Depois, o médico saiu do pronto-socorro e comentou com Jan, Eugenia e Alex: "Se vocês trouxessem ele alguns minutos depois, ele provavelmente teria morrido".

---

367. Rudy Leiren, entrevistado por Steven Rosen, de posse do autor.

Leiren explicou que esse foi "o primeiro choque de abuso de drogas dos pais de Edward". Foi "a primeira vez que eles ouviram falar, pensaram ou sequer consideraram o envolvimento de seus filhos com as drogas".[368] Edward também teve que lidar com o que aconteceu consigo, explicando para um locutor de rádio no meio da década de 1990: "Tive uma overdose de PCP, achando que fosse cocaína. Foi a primeira vez que fui exposto àquela coisa e eu não sabia o que era".[369] Apesar de ter visto a morte de perto, anos depois, ele passou a ver isso com humor negro, contando a Leiren: "Agora eu estou maluco. Eu piro tentando tirar toda essa música da minha cabeça. Tenho medo de como seria se eu não tivesse queimado todos aqueles neurônios!".[370]

---

368. Rudy Leiren, entrevistado por Steven Rosen, de posse do autor.
369. Citação de Edward Van Halen em Christe, *Everybody Wants Some*, p. 23. Edward se lembra da overdose em 1972, mas testemunhas concordam que aconteceu anos depois.
370. Rudy Leiren, entrevistado por Steven Rosen, de posse do autor.

Capítulo 9

Sem Potencial Comercial

Depois de uma espera aparentemente interminável, a secretária da Aucoin Management acompanhou o Van Halen ao escritório bem equipado de Manhattan. O empresário do KISS, exibindo um bigode grosso e uma camisa esportiva de lapela larga, estava com os pés em uma imponente mesa de mogno. "Sentem-se, garotos", ele disse, mostrando quatro poltronas de couro. "Falo com vocês num minuto." Com Roth e Alex na dianteira, eles deram a volta no espalhafatoso tapete de lã e sentaram. Discos de ouro e de platina estavam pendurados nas paredes. Documentos, fotos promocionais e álbuns cobriam a mesa, iluminados pela luz do sol batendo por 14 grandes janelas.[371] Na rua abaixo, o tráfego do centro da cidade na Madison Avenue se movimentava aos trancos e barrancos naquela fria manhã de novembro. Bem na frente dos quatro músicos, o empresário do KISS, Bill Aucoin, fumava um gordo charuto enquanto um homem baixinho lustrava seus sapatos italianos.[372]

Aucoin folheava um arquivo sem falar. Passou um minuto, dois. Finalmente, Alex quebrou o silêncio, dizendo: "Cadê a papelada? Onde assinamos?". Michael Anthony se lembra: "Nós realmente achamos que ele tinha nos mandado sentar porque queria que assinássemos um contrato". O homem por trás da maior banda de rock da América largou o arquivo e botou os olhos no Van Halen.

Em outubro de 1976, Gene Simmons, o baixista do KISS, queria mais. Com certeza ele já teve mais poder, fama, dinheiro e mulheres do que cidades inteiras de homens normais jamais tiveram na vida toda. O KISS

---

371. C. K. Lendt, *Kiss and Sell: The Making of a Supergroup* (New York: Billboard Books, 1997), p. 153.
372. Roth, *Crazy from the Heat*, p. 91; Steven Blush, "Runnin' with the Devil", *Seconds*, 1994, p. 36.

era agora a maior banda de rock da América. No verão, eles tocaram na frente de públicos lotados em todo o país, encerrando com uma performance explosiva na frente de 43 mil fãs no Anaheim Stadium. Seu novo single, "Beth", tinha acabado de chegar à parada top 20 da *Billboard* e seu último álbum, *Destroyer*, estava perto de receber disco de platina. Mas, sentado no seu quarto de hotel em Hollywood, ele não pensava muito nas conquistas do KISS. Em vez disso, ele se concentrou na sua mais nova ambição: empresariar e produzir uma jovem banda de rock.

Depois de Simmons anunciar essa ideia duas semanas antes, todos, dos frequentadores de Hollywood a jovens músicos, começaram a indicar nomes de bandas. Mas ele confiava nas opiniões de certos indivíduos mais do que de outros. Entre eles estavam Jackie Fox e Lita Ford, respectivamente baixista e guitarrista da Runaways, e seu grande amigo Rodney Bingenheimer. O consenso era de que as duas melhores bandas sem contrato de Los Angeles eram o Van Halen e The Boyz, um quarteto com o talentoso guitarrista George Lynch e o influente baterista Mick Brown, que depois tocaram na Dokken, banda de glam metal dos anos 1980.

Em outubro, Bingenheimer estava convencido há muito tempo da grandeza do Van Halen. Depois de conhecê-los no Gazzarri's em abril, ele os viu no Pasadena Civic e os apresentou em alguns de seus shows na Starwood em junho.[373] Então, assim que Simmons lhe perguntou de qual banda de rock local sem contrato ele gostava mais, Rodney respondeu sem pestanejar: "Van Halen!". Simmons olhou para o baixinho DJ, franziu a testa e perguntou sinceramente: "Que tipo de nome é esse?".[374]

Fox e Ford também tinham a atenção de Simmons. As duas sensuais musicistas iam conversar com ele no descolado Sunset Marquis, um hotel de Hollywood que abrigava regularmente os membros do Cheap Trick, do UFO e do KISS. "Se a gente conhecesse alguém que estava hospedado lá, era um lugar divertido pra ir e curtir", diz Fox. "Você tem de se lembrar de que todas nós éramos adolescentes e ainda morávamos com nossos pais. Você aceitava qualquer desculpa pra sair de casa e, se isso significasse passar o tempo na piscina bebendo vodca com músicos roqueiros, bem, isso era legal."

No meio de outubro, Fox já tinha falado de suas bandas favoritas para Simmons. Então, quando o tópico apareceu de novo na piscina, ela e Ford contaram para ele – e para Paul Stanley, vocalista do KISS, que apareceu por lá – que o Van Halen e o The Boyz tocariam na Starwood em 2 de novembro. Fox se recorda: "Eu ficava enchendo o saco deles

---

373. Hilburn, "Homegrown Punk-Rock Blossoming".
374. Paul Elliott, "Kiss Unmasked", *Classic Rock*, agosto de 2013, p. 64.

O Van Halen se apresenta no horário do almoço na Glendale College em Glendale, Califórnia, no outono de 1975. Mary Garson/Hot Shotz

Michael Anthony, Edward e Alex Van Halen em Glendale, Califórnia, no outono de 1975. Mary Garson/Hot Shotz

Edward Van Halen curva uma nota em sua Ibanez Destroyer no outono de 1975.
MARY GARSON/HOT SHOTZ

David Lee Roth canta usando um apito Acme Siren em volta do pescoço, no outono de 1975. MARY GARSON/HOT SHOTZ

para eles verem essa banda, The Boyz. Lita e eu descobrimos que o Van Halen tocaria com eles e eu disse: 'Gene, vai por mim – vocês precisam confiar em mim. Vocês *têm* que ver essas bandas".

O entusiasmo de Fox e Ford pelo Van Halen era genuíno. Nenhuma das duas tinha esquecido a experiência de vê-los destruindo o UFO no Golden West Ballroom em maio. Mas a Fox racional, analisando qual banda teria melhor venda para o público consumidor, achou que Simmons e Stanley "gostariam da The Boyz". Ela diz: "Eles tinham um som um pouco mais comercial. O Van Halen fazia música que ninguém jamais tinha feito antes. Eles tinham um som realmente único. Naquela época, eles não pareciam tão comerciais" quanto a The Boyz.

Apelo popular à parte, Simmons não podia deixar de comentar o nome da banda de Pasadena. Ele contou às garotas que achava Van Halen um "nome tolo para um grupo. Soa como Van Heusen, a grife de camisas".[375] Elas riram, reiterando sua admiração pelas duas bandas. Simmons ouviu, mas hesitava em ir à Starwood.

Mas parece que o baixista do KISS estava escondendo o jogo. Ele logo decidiu não esperar até o mês seguinte para começar a avaliar essas bandas. Ao passo que o Van Halen só tocaria em Hollywood no show da Starwood, ele soube que a The Boyz, acompanhada com algumas outras bandas locais, se apresentaria no que foi divulgado como "Festa de Halloween" no Gazzarri's, na quarta-feira, 27 de outubro.[376]

Simmons e Stanley foram até o Gazzarri's nessa noite. Como em 1976 o público não fazia ideia de como eram os membros do KISS, quando os dois homens morenos e sua comitiva entraram no clube, eles não chamaram atenção. O vocalista Myles Crawley, cuja banda Eulogy estava na programação, conta: "Em qualquer noite, havia umas quatro bandas tocando. Como cada uma tocava dois sets durante a noite, era uma artilharia constante de música".

Como todas as bandas faziam no Gazzarri's, a Eulogy tocou covers, incluindo o hino do KISS, "Rock and Roll All Nite". Depois de saírem do palco, um homem com cabelo preto cacheado se aproximou deles: "Um cara veio até nós e se apresentou como Paul Stanley do KISS", diz Crawley. "Nós ficamos: 'Ah tá, claro. Não brinca'. Mas era mesmo Paul e Gene Simmons. Por acaso eles estavam lá naquela noite checando todas as bandas".

Depois de desejar tudo de bom para a Eulogy, Gene subiu as escadas para ver a performance da The Boyz. O vocalista da banda, Michael

---

375. Hedges, *Eddie Van Halen*, p. 39.
376. "Gazzarri's", *Courier (Pasadena City College)*, 22 de outubro de 1976.

White, lembra: "O KISS estava absolutamente no auge de sua popularidade no outono de 1976. Todos apareciam vestidos de KISS. Não estou exagerando. Provavelmente 90% dos garotos tinham vindo vestidos e maquiados como o KISS. Quando vimos todos esses garotos vestidos assim, nós dissemos, brincando: 'Vamos acrescentar umas duas músicas do KISS no set'. Nós tocávamos 'Firehouse' na passagem de som. Nós também incluímos 'Detroit Rock City' no set. Nós usamos essas duas músicas para encerrar o set".

Entre os sets, um estranho se aproximou de White. "Eu fiquei por lá depois do set e esse cara enorme se aproxima de mim e diz: 'Oi, eu sou Gene Simmons. Gostei muito de como você tocou nossas músicas'. Eu soube que era o Gene assim que o vi. Paul estava lá também. Um cara que estava com eles me entregou um cartão da Casablanca Records. Ainda tenho ele comigo."

Simmons então perguntou: "Onde vocês vão tocar depois? Gostei do set. Gostaria de levar um pessoal da gravadora para vê-los".

Um White de olhos esbugalhados respondeu: "Terça agora vamos tocar na Starwood".

"Certo. Estarei lá com a gravadora. Estejam prontos."

Dito isso, Simmons, Stanley e os outros foram embora.

Um White atordoado procurou seus companheiros de banda: Lynch, Brown e o baixista Monte Zufelt. Ele contou o que tinha acabado de acontecer, mas, supondo que fosse uma pegadinha dele, eles falaram para White deixar de brincadeira. Quando White lhes mostrou o cartão, o quarteto ficou feliz. "Todos ficaram animados", diz White. Eles comemoraram e gritaram.

Alguns dias depois, Fox e Ford visitaram Simmons de novo no Sunset Marquis. Sentadas ao lado da piscina, elas o lembraram do show de terça-feira. Dessa vez, Simmons concordou em ir. Ele foi acompanhado por Stanley, a modelo estonteante Bebe Buell (acompanhante de Simmons na ocasião), Bingenheimer e Hernando Courtright.[377]

No fim de semana, Hollywood fervilhava com a notícia de que o KISS estava à espreita no Gazzarri's. Os frequentadores da Sunset Strip compartilhavam relatos sobre os dois cabeludos na casa ou em uma cabine da Rainbow mais tarde naquela noite. A The Boyz, ansiosa para se

---

377. Jackie Fox, entrevistada pelo autor.

gabar do interesse do KISS neles, contou aos membros de seu círculo que Simmons e Stanley planejavam ir ao show da banda na Starwood.

Mas, entre os fãs do Van Halen e da The Boyz, havia outro motivo para ansiedade pela apresentação. Naquela noite, dois dos melhores guitarristas da cena se enfrentariam. Michael Kelley, freguês da Starwood, explica: "Todos comentavam sobre Eddie e George tocando costas com costas. Nós achamos que seria como Tombstone, Arizona, em 1881. Dois homens rápidos no gatilho duelariam, mas apenas um sairia no topo".[378] Lynch, em particular, tinha algo a provar depois de uma apresentação dupla pessoalmente desastrosa em 1975 da The Boyz e do Van Halen. "A primeira vez que vi Eddie tocar foi no Golden West Ballroom", Lynch declarou depois. "Ele era incrível... Tinha muita paixão e um grande timbre. Fiquei com vergonha. Eu pensei: 'Isso é ridículo'. Fui pra casa na hora e comecei a praticar. Fiquei acordado a noite toda dizendo: 'Meu som está uma merda. Eu toco mal'".[379]

Como era a norma na Starwood, as duas bandas na programação alternariam os sets. A The Boyz tocaria primeiro, seguida do Van Halen. Então, depois de um intervalo, os dois grupos tocariam de novo na mesma ordem. Kelley, que estava na Starwood naquela fatídica terça-feira, explica que "pode até parecer logisticamente insano hoje em dia, mas eles faziam assim: duas bandas, dois sets por noite, alternados".[380]

Naquela noite, Simmons e companhia apareceram no intervalo. Eles estavam sentados em mesas na sacada VIP. De sua posição elevada, poderiam observar o público, que chegava a umas 300 pessoas, e o palco. Os sussurros e os dedos apontados começaram logo depois de sua chegada. "Foi um acontecimento", Kelley diz, "porque na época ninguém tinha visto os membros do KISS sem a maquiagem". Mais cedo naquela noite, Kelley tinha certeza que o KISS apareceria, porque, diferente das outras noites, "a área VIP, no andar de cima, onde normalmente era bem fácil de entrar, estava de repente isolada e controlada".[381]

Por volta das 23 horas, a The Boyz voltou ao palco. White lembra que, como um todo, sua banda não tocou bem. Nos últimos dias, eles "ensaiaram muito" para estarem na melhor forma para o KISS. Mas, segundo White, o que aconteceu foi que "nós nos esgotamos". Naquela noite, "a minha voz estava ruim e nós estávamos cansados".

---

378. Michael Kelley, entrevistado pelo autor, 16 de junho de 2014.
379. John Stix, "George Lynch: Van Halen School Dropout", *Guitar for the Practicing Musician*, julho de 1986, p. 48.
380. Michael Kelley, e-mail para o autor, 16 de junho de 2014.
381. Michael Kelley, e-mail para o autor, 22 de novembro de 2009.

Kelley tem uma opinião diferente, pelo menos em relação ao guitarrista da The Boyz. "George matou a pau!" Embora ele não tenha muita certeza, ele acredita que "esta pode ter sido a apresentação em que George desmaiou brevemente durante o segundo set por uma combinação de calor e de intensidade pessoal; ele parecia possuído!".[382]

Depois do fim do set, Simmons foi para os bastidores. White lembra: "Eles vieram e ficaram com a gente lá em cima; batemos um papo. Bebe Buell estava com Gene. Ele anunciou: 'Vamos levar uma banda para Nova York para gravar para uma nova gravadora que estamos abrindo'".

Então as paredes tremeram com Roth apresentando sua banda. Simmons se lembra de ter ouvido: "Certo, senhoras e senhores, aqui estão eles, de Pasadena...". Simmons, ainda cismado com o nome da banda, balançou a cabeça enquanto Dave gritava: "Van Halen!".[383] Lá no palco, o quarteto atacava com a música de abertura.

O volume do Van Halen no palco logo impossibilitou a comunicação. "O Van Halen começou a tocar", diz White, "e estava alto demais nos bastidores da Starwood para continuarmos conversando. Simmons gritou: 'Vamos sair para vê-los'".

Simmons voltou à área VIP. "Meu primeiro pensamento", ele contou a Steven Rosen, "foi que Dave parecia Jim Dandy e eles tinham um visual um tanto antiquado. Mas, dois números depois, eu pensei: 'Meu Deus, caralho, ouve só esses caras'".[384] Na terceira música, Simmons estava "caidinho" pelo Van Halen.[385]

Simmons ficou embasbacado com o entusiasmo e a potência da banda. "O som, a abordagem, o visual, tudo combinava", ele disse depois. "Tinha bastante coreografia, sabe? Aquela velha coreografia do KISS com todos balançando a cabeça juntos. Parecia que eles estavam se divertindo."[386] Mas o mais importante era que a banda gerava energia em um nível atômico diante de um público um tanto indiferente. "Eles foram bem, mas não havia um indício de que eles seriam a próxima sensação, pelo menos em relação ao público. Mas o grupo todo, principalmente David, se apresentava como se estivessem no Madison Square Garden. Esse é o sinal da grandeza. Você tem de ser bom em primeiro lugar, mas, se você trata um show pequeno e íntimo como se fosse um espetáculo, você tem as qualidades essenciais para ser um astro."[387]

---

382. Michael Kelley, e-mail para o autor, 16 de junho de 2014.
383. Hedges, *Eddie Van Halen*, p. 39.
384. Rosen, "True Beginnings", p. 48-49.
385. Elliott, "Kiss Unmasked", p. 64.
386. Hedges, *Eddie Van Halen*, p. 41-42.
387. Wayne Robins, "David Lee Roth and the Pursuit of Happiness", *Newsday*, 16 de fevereiro de 1986.

Um músico experimente como Simmons não podia deixar de notar o talento de Edward, claro. "Assim que Eddie começou a tocar, o que mais me impressionou foi que o cara era incrivelmente rápido e tinha um toque leve... Ele simplesmente nadava no braço da guitarra e eu não acreditava no controle que ele tinha. Não me lembro dele usando a alavanca de trêmolo tanto assim, mas ele fazia muitos bends." Suas influências também pareceram incomuns a Simmons. Em vez da trindade convencional do blues, Beck-Page-Clapton, Simmons ouviu "uma influência muito mais clássica".[388]

Courtright estava perto, observando Simmons. Ele se recorda: "A gente estava na área VIP na Starwood quando Gene viu a banda. Eu estava sentado perto dele só observando". Simmons, diz Courtright, exibia uma cara de paisagem. "Ele não estava de pé gritando *Yeah*!" O amigo da Runaways, que nutria suas próprias aspirações para empresariar o Van Halen, explica, rindo: "Ele não queria que ninguém notasse seu entusiasmo, porque isso elevaria o valor em dólar. Então você mantém a frieza. Ele só estava observando. Ao olhar a banda, assim como eu, ele via dólares. Quando eu via o Van Halen tocar, sempre pensava: 'Essa banda mudará sua vida se for empresário deles, porque eles vão chegar aonde querem'".

Enquanto o set chegava ao clímax, Simmons, sem falar com Stanley, deu um tapa no ombro de Bingenheimer e apontou para os bastidores. Acompanhado do "Prefeito da Sunset Strip", o baixista do KISS partiu para demarcar seu território.[389]

Lá embaixo, os membros do público também aproveitavam o show. A fotógrafa Mary Garson, que tirou muitas das primeiras fotos promocionais do Van Halen, lembra: "Eu estava naquela noite na Starwood em que a The Boyz tocou com o Van Halen. Gene Simmons estava lá. A The Boyz *foi uma merda*. O Van Halen teve uma grande noite. Eu achei o Dave incrível". Perto dela estava Steve Tortomasi, um velho conhecido de Dave dos tempos de colégio, que agora promovia os shows do Van Halen no Pasadena Civic. Ele diz: "Eu me lembro de contar pros caras: 'Na noite em que o KISS apareceu, vocês fizeram um dos melhores sets da sua vida'. E olha que eu os vi tocar em muitos e muitos shows desde os dias do colégio até agora". Quando o bis chegou ao fim, sua potência e carisma agitaram a Starwood. "O set que eles apresentaram naquela noite, acompanhado da reação do público, foi inacreditável. Todos ficaram fascinados." Logo antes de a banda deixar o palco, Tortomasi

---

388. Hedges, *Eddie Van Halen*, p. 40-41.
389. Paul Stanley, *Face the Music: A Life Exposed* (New York: Harper One, 2014), p. 221.

abriu caminho em meio à multidão para parabenizar os caras por sua performance arrasadora.

No pequeno camarim, o Van Halen se soltou. Eles estavam com os roadies, as namoradas e alguns amigos, abriram algumas cervejas e bateram papo sobre o set. Quando a porta se abriu depois de uma batida, Tortomasi reconheceu Bingenheimer, mas não o outro homem com ele. "Nunca tinha visto aqueles caras sem maquiagem", diz ele.

"Ei, gente!", disse o DJ megaentusiasmado, "Este é Gene Simmons do KISS!".

Após algumas apresentações, Simmons falou: "Bom, nós só queríamos ver vocês".

Alex terminou sua cerveja e gargalhou antes de dizer a Simmons: "É, é justo, porque nós fomos ver *vocês* no Forum".

Um pequeno sorriso malicioso se desenhou no rosto de Simmons. Tortomasi pensou: "Uau, ele teve a coragem de dizer isso!".

"Foi engraçado", Tortomasi explica, "mas Alex foi arrogante".

O imperturbável Simmons então declarou: "Olha, eu gostaria de ajudar porque acho que vocês podem ter sucesso. Não estou afagando vocês, não estou interessado em fazer nada por mim, mas eu adoro sua banda e quero ajudar".[390]

Continuando, ele perguntou: "Vocês têm gravadora ou algo assim? Vocês têm um empresário?".[391] Eles balançaram a cabeça, mas mencionaram que um certo "fabricante de iogurte" se ofereceu recentemente para patrocinar a banda. "Por favor", Simmons implorou, "não façam isso".[392]

Então, Simmons orientou a banda, dizendo a eles: "Vocês vão ter sucesso. Apenas tomem o cuidado para não se ferrar financeiramente". Edward lembra que Simmons "nos instruiu muito" alertando para que tomassem "cuidado porque as pessoas tirarão vantagem de vocês. Eles acabam ricos e vocês sentados aqui dez anos depois, lamentando: 'Olha só tudo o que eu fiz e não ganhei um tostão furado'".[393]

Enquanto Simmons falava de contratos e linhas finais, Anthony sentiu a cabeça rodar e, dessa vez, não era por causa do Jack Daniel's, sua bebida favorita. "Minha primeira impressão era que ele era um grande negociante. Ele tinha esse olhar empresarial real, sem besteiras". Anthony lembra: "Nós realmente aprendemos muito com ele. Depois de conversar com ele por uma hora, fiquei me perguntando se queria mesmo ser

---

390. Rosen, "True Beginnings", p. 48-49.
391. Steven Rosen, "California Dreamin'", *Guitar World Presents Van Halen: 40 Years of the Great American Rock Band*, julho de 2012, p. 20.
392. Gene Simmons, *Kiss and Make Up* (New York: Three Rivers Press, 2002), p. 131-132.
393. John Stix, "Eddie Van Halen", *Guitar for the Practicing Musician*, abril de 1985, p. 75.

músico. Ele começou a nos falar de contadores e advogados, e tudo isso pareceu bem pesado e um pouco assustador".[394]

Em um dado momento, Simmons puxou os quatro de lado. Ele disse que gostaria de firmar um contrato de assessoria com eles para tentar conseguir-lhes um contrato com uma gravadora. A banda logo concordou em aceitar sua ajuda. Edward lembra que, antes de saírem da Starwood e voltarem a Pasadena, Simmons lhe deu o telefone do hotel "e me pediu para ligar pra ele assim que chegasse em casa naquela noite". Quando a banda voltou para Pasadena, "eram 3 ou 4 da manhã. Às 6 da manhã nós estávamos na Village [Recorders] sentados com Gene. Eu fiquei boquiaberto".[395]

Depois de se reunirem no estúdio de Santa Mônica, a primeira ordem do dia era avaliar os originais do Van Halen. "Eu só ficava lá falando: 'Certo, vamos gravar'", Simmons explicou depois. "Eles me deram uma fita com mais de 20 músicas e eu escolhi 13 para gravar. Não gostei de 'Ice Cream Man'... A última, 'House of Pain', está no *1984*, embora soasse muito mais forte na época, muito mais próxima de 'Runnin' with the Devil'".[396]

Com seus instrumentos, efeitos e amplificadores, a banda tinha outro acessório único para oferecer a Simmons: uma buzina que mais tarde seria imortalizada na faixa de abertura de seu álbum de estreia. Pete Dougherty, que morava na casa de hóspedes de Roth em 1976, explica: "Eu tirei a buzina de uma perua Old Ford. Era do ano 1952 ou algo assim. E Dave me deu umas buzinas velhas". Roth sabia que Dougherty era um gênio da eletrônica que saberia como transformar as buzinas em um acessório de palco. Depois de conseguir ligá-las em série-paralelo, Dougherty e Gary Nissley, que conhecia a banda desde a escola, gravaram as buzinas. "Gary e eu gravamos e demos a fita para o Dave", além das buzinas, que eles montaram em uma placa de madeira. "Al achou muito inteligente o que eu fiz com as buzinas. Funcionava com um pedal." Embora não esteja claro se o quarteto arrastou as buzinas para a Village Recorders ou se só levou a fita para Simmons, elas se tornariam uma parte permanente da história sonora do Van Halen.

Durante a gravação em 3 de novembro, a admiração de Simmons pelo guitarrista da banda crescia a cada faixa gravada. "Eu fiquei maravilhado quando entramos no estúdio e o Eddie tocou muitos de seus efeitos direto. Normalmente você consegue os efeitos depois, na mesa de

---

394. Tolinski, "Iron Mike", p. 103.
395. Stix, "Eddie Van Halen", p. 74-75.
396. Hedges, *Van Halen*, p. 42-43.

som, mas ele tinha os efeitos na ponta da língua, então, basicamente era só captá-los com o microfone. Ele realmente sabia o que estava fazendo."[397]

Simmons também achou uma utilidade para as buzinas, colocando-as entre estrofes e juntando-as ao fim da acelerada "House of Pain". Enquanto a música abaixava, Simmons aumentou gradativamente a altura do som das buzinas à medida que elas se juntavam a "Runnin' with the Devil". Ele explicou: "Eu quis ligar as duas músicas, então eu apenas desacelerei a fita para ela terminar na mesma tonalidade".[398]

Logo depois do fim da gravação, Simmons ligou para Aucoin. Ele lhe disse que tinha encontrado esse novo grupo incrível em Hollywood e que tinha acabado de gravar 13 faixas com eles no estúdio. Essa demo, ele explicou, só precisava agora de algumas sobreposições de áudio (overdubs). Simmons esperava que Aucoin gostasse deles tanto quanto ele, que o empresário do KISS os aceitasse como clientes e os colocasse na gravadora do KISS, a Casablanca Records. Na estrada, o Van Halen poderia até acompanhar o KISS em turnê como uma banda de abertura.[399]

Aucoin perguntou o nome da banda. "Van Halen" foi a resposta, e Simmons continuou sua venda. Um impaciente Aucoin o cortou, dizendo: "Ah tá, já ouvi falar deles. Ouvi o nome quando estava em L.A.".[400] Simmons continuou, contando ao empresário que a banda era *excelente*. Depois de mais um pouco de conversa, Aucoin suspirou e disse: "Tudo bem, vamos trazê-los para Nova York".[401]

Embora Aucoin admitisse depois que ele tenha estragado a oferta de Simmons pelo Van Halen, ele tinha planos maiores em relação a Simmons e seu novo hobby.[402] O novo single do KISS, "Hard Luck Woman", tinha acabado de estrear nas rádios, e seu novo álbum, *Rock and Roll Over*, chegaria às lojas em 11 de novembro.[403] Além disso, talvez ainda mais importante, o início dos ensaios para a turnês estava marcado no

---

397. Rosen, "True Beginnings", p. 48-49.
398. Hedges, *Van Halen*, p. 48.
399. John Stix, "The Fountain", *Guitar Classics 8*, junho de 1994, p. 100.
400. Mark Strigl & John Ostronomy, "Episode 234: Bill Aucoin Special", *Talking Metal Podcast*, 18 de outubro de 2008, acesso em 15 de julho de 2014, <http://podbay.fm/show/78833595/e/1224313200>.
401. Strigl & Ostronomy, "Episode 234", *Talking Metal Podcast*.
402. Strigl & Ostronomy, "Episode 234", *Talking Metal Podcast*.
403. "Rock and Roll Over", *Wikipedia*, acesso em 1º de outubro de 2014, <http://en.wikipedia.org/wiki/Rock_and_Roll_Over>.

SIR Studios em Nova York em 7 de novembro.[404] Ele precisava que Gene voltasse imediatamente para Nova York.

Depois de desligar o telefone, Simmons ligou para Edward. Ele lhe disse que ele e seus companheiros de banda deveriam arrumar as malas porque viajariam para Nova York para terminar a demo.[405] O guitarrista do Van Halen lembra: "Gene tinha esse grande plano de nos produzir, mas os outros caras no KISS estavam meio chateados, porque ele passava mais tempo conosco do que com eles".[406] Como Michael e Alex tinham completado todas as suas faixas de baixo e bateria, Anthony disse que a seção rítmica do Van Halen não precisaria ir a Nova York. Mesmo assim, Simmons disse a Anthony que todos iam porque "ele nos queria juntos como uma banda".

Depois de chegarem a Nova York, Simmons reservou quartos no respeitável Gotham Hotel, bem no meio da cidade. Gene lembra que para o Van Halen "era o tempo todo: 'Ai, meu Deus, nós estamos em *Nova York*'. Aquela sensação de primeira vez... tenho certeza que foi um pouco demais. Eles passearam, foram a lojas de discos e eu estava ensaiando para cair na estrada com o KISS".[407]

Apesar de suas responsabilidades com o KISS, Gene Simmons estava determinado a terminar a demo. Ele reservou um horário no Electric Lady Studios, um estúdio lendário que sua banda frequentava. Com a bateria, o baixo e a maior parte dos vocais de apoio prontos, Gene planejava passar a maior parte do tempo com Edward e Roth. Ele queria que Roth colocasse mais dos vocais principais e Edward sobrepusesse as guitarras, uma tarefa que o guitarrista nunca tinha feito antes.

No primeiro dia de gravação, todos os quatro membros do Van Halen entraram no Electric Lady Studios com Simmons. Anthony, principalmente, ficou emocionado com a experiência de estar no estúdio de Jimi Hendrix. "A melhor coisa de ir pra Nova York", diz ele, "foi entrar no Electric Lady. Eles nos levaram ao cofre e nos mostraram todas essas caixas de fitas das gravações do Hendrix. Eu só conseguia pensar em toda a música maravilhosa naqueles rolos".

---

404. "'Rock and Roll Over' Tour", *KISSMonster*, acesso em 1º de outubro de 2014, <http://kissmonster.com/reference/inyourface7.php>.
405. Stix, "The Fountain", p. 100.
406. Stix, "The Fountain", p. 100.
407. Hedges, *Eddie Van Halen*, p. 43.

Depois de Anthony cantar "alguns vocais de apoio", ele e Alex saíram. A seção rítmica do Van Halen explorou a cidade. Anthony lembra: "Eu e Alex não tínhamos muito o que fazer em Nova York, só ficar à toa. Nós saíamos do hotel todos os dias e comíamos cachorro-quente dos carrinhos de rua. Nós achamos tão legal comprar um cachorro-quente na rua", ele ri.

Enquanto Alex e Anthony se divertiam na Big Apple, Simmons, Edward e Roth trabalhavam na demo. Depois de concluir os vocais de Dave, Simmons se concentrou em engrossar as contribuições de Edward em músicas como "House of Pain", "Big Trouble", "Somebody Get Me a Doctor" e "On Fire", mandando-o sobrepor os solos e acrescentar linhas harmônicas. O guitarrista lembrou: "Foi minha primeira tentativa com sobreposição, o que era bem bizarro. Eu me lembro de perguntar ao Gene antes de começarmos: 'Eu não posso tocar como fazemos [ao vivo]?'".[408] Edward disse que suas primeiras tentativas foram péssimas, porque ele "simplesmente não sabia como" sobrepor o áudio, pois "eu nunca toquei com outro guitarrista".[409]

Simmons orientou o guitarrista com toda a paciência enquanto eles trabalhavam. Ele apertava o botão de conversa e dizia: "Isso é o que você faz no estúdio: você toca suas partes rítmicas em uma faixa e as partes do solo na outra".[410] Quando isso não pareceu ajudar, Simmons acrescentou: "na sobreposição é como se você tocasse para si mesmo".[411] Edward explicou depois que seu maior bloqueio foi que ele "estava acostumado a tocar a parte principal da guitarra o tempo todo e, por isso, soava como uma guitarra só".[412]

Apesar da orientação de Gene, o homem que se tornaria o guitarrista mais influente desde Jimi Hendrix ficou desnorteado. Do outro lado do vidro do estúdio, ele pediu para o baixista do KISS lhe dar alguns minutos. "Eu disse: 'Espera um pouco, gente, agora eu preciso pensar em outra parte para tocar primeiro'. Nunca teve outra guitarra tocando aí. Agora eu tenho de pensar no que eu posso tocar aí."[413]

No fim, Edward conseguiu terminar o serviço. Mas, depois de anos tocando em um formato de power trio, o som de guitarras múltiplas

---

408. Stix, "The Fountain", p. 100.
409. "Eddie on the Record", *Guitar World Presents Guitar Legends*, abril de 1992, p. 39.
410. Guitar World Staff, "Prime Cuts: Eddie Van Halen Breaks Down 10 Van Halen Classics from 'Eruption' to 'Right Now'", *Guitar World*, 13 de novembro de 2013, acesso em 8 de julho de 2015, http://www.guitarworld.com/article/eddie_van_halen_prime_cuts.
411. "Eddie on the Record", p. 39
412. Stix, "The Fountain", p. 100.
413. Stix, "The Fountain", p. 100.

percorrendo as melodias do Van Halen parecia errado. Enquanto revia as sobreposições de uma das faixas, ele disse a Simmons: "Nossa, isso parece tão esquisito".[414] No final das contas, a experiência no estúdio em Nova York deu a Edward uma lição valiosa: "Eu logo aprendi que não gostava de sobreposições".[415]

Anos mais tarde, Edward afirmou que a demo nunca foi completada.[416] O que exatamente ele quis dizer com isso não está tão claro. Aqui Edward poderia se referir ao fato de Simmons falar que a demo teria 13 músicas, mas, como apenas dez vazaram para o público, três delas devem ter ficado inacabadas. E, embora as dez músicas da demo que vieram a público soassem polidas, é possível que a intenção de Simmons fosse acrescentar mais guitarra a todas em vez de apenas àquelas que terminaram com as sobreposições. Mas, independentemente disso, o que provavelmente aconteceu é que, entre a morosidade de Edward e a agenda lotada de Simmons com o KISS, o tempo acabou. Eles tiveram de parar com as gravações.[417]

Gene se preocupava agora em mixar a fita. Para essa tarefa, ele selecionou Dave Wittman, um dos engenheiros de áudio do Electric Lady. Wittman, que foi treinado pelo lendário Eddie Kramer e mais tarde trabalharia na mesa de som em álbuns de sucesso como *4*, do Foreigner, já tinha um currículo impressionante de gravações em seu nome, incluindo *Dressed to Kill* do KISS. Wittman diz: "Eu trabalhava sempre com Gene e/ou Paul fazendo várias demos. Nós nos víamos muito naquela época".

A dupla trabalhou no estúdio B do Electric Lady. Wittman explica: "Eu me lembro de ter mixado umas quatro ou cinco músicas". Como a lembrança de Wittman de quatro ou cinco músicas se encaixa com o número de faixas em que Edward, Dave e Gene trabalharam em Nova York, é provável que o resto da demo tenha sido mixado em Los Angeles. "A única coisa que não me sai da cabeça é a música 'Runnin' with the Devil'. Eu adorei essa música. Eu falava: '*Uau*! Isso é bem legal! Essa música é incrível.'" Gene sentou e deixou o engenheiro trabalhar, mas às vezes dizia a ele "talvez mais um pouco disso" ou "menos daquilo" enquanto Wittman ajustava os níveis. Em menos de uma semana de trabalho e ao custo de 6.500 dólares, a demo do Van Halen estava quase terminada.[418]

Antes de apresentar a fita a Aucoin e levar seus protegidos para encontrá-lo, Simmons queria ter a certeza de que estivessem vestidos à

---

414. Stix, "The Fountain", p. 100.
415. Guitar World Staff, "Prime Cuts".
416. Stix, "The Fountain", p. 101.
417. Stix, "The Fountain", p. 100-101.
418. Rosen, "True Beginnings", p. 48-49.

altura. Ele se lembra de que, como a banda não trouxe seus figurinos de palco de casa, eles estavam andando pela cidade em roupas simples. Isso não impressionaria seu empresário, e então ele os levou para comprar trajes mais estilosos. Ele se lembra: "Disse a eles que não poderiam andar de tênis se quisessem tentar um contrato com uma gravadora. Então eu comprei calças de couro e botas para eles".[419]

Enquanto o Van Halen aguardava para se encontrar com Aucoin, Simmons se concentrou em sua banda. Começando em 7 de novembro, o KISS ensaiou no SIR Studios para sua próxima turnê, programada para durar vários meses. No entanto, Simmons garantia ao Van Halen o tempo todo que ele continuava empenhado em orientar sua carreira e conseguir um contrato para eles.

Mas eles sabiam, claro, que quando chegasse a hora, o KISS sempre prevaleceria sobre o Van Halen no mundo de Simmons. "Nós estávamos meio preocupados", Anthony explica, "porque Gene disse que queria ser nosso empresário e mesmo assim estava prestes a partir em uma longa turnê japonesa, ou algo assim, com o KISS".

Além disso, todos eles continuavam meio insatisfeitos com as gravações que fizeram. Como Rudy Leiren explicou a Steven Rosen, em se tratando da demo, "eles não ficaram muito felizes, principalmente Ed, com a forma que Simmons produzia as músicas".[420]

Quando comparada aos álbuns da banda, ficou claro por que o Van Halen não adorou a demo de Simmons. O vocal de Dave estava forçado em alguns pontos, principalmente na faixa de abertura, "On Fire". O treinamento vocal de Simmons ficou evidente em "House of Pain", pois Dave acrescenta alguns rugidos desajeitados parecidos com "God of Thunder" no refrão. A bateria de Alex está dura e algumas músicas como "Runnin' with the Devil" estavam fora de ritmo, rápidas ou lentas demais. E, embora a técnica de Edward com certeza seja respeitável, a gravação não conseguiu captar direito a habilidade inovadora que dominava cada faixa do álbum de estreia do Van Halen. Para dizer a verdade, é de Michael Anthony a melhor performance da demo. Suas linhas de baixo sólidas e seu vocal de apoio fantástico brilham em cada música.

Alguns dias depois do início dos ensaios do KISS, Simmons convidou o Van Halen ao SIR para vê-los. Em um intervalo, a banda largou seus instrumentos. Simmons então se aproximou do Van Halen. Depois de bater papo por alguns minutos, ele disse: "Bill [Aucoin] está vindo pra cá, por que vocês não pegam nosso equipamento e fazem

---

419. Rosen, "True Beginnings", p. 48-49.
420. Rudy Leiren, entrevistado por Steven Rosen, de posse do autor.

um showzinho pra ele?". Sem querer deixar passar a chance de tocar na frente de um dos homens mais poderosos na indústria fonográfica, o quarteto concordou.[421]

Os quatro músicos caminharam até o palco e pegaram o equipamento do KISS. Alex sentou atrás da bateria de Peter Criss e tentou se sentir confortável enquanto Anthony ajustava a faixa do baixo de Simmons. Edward estudou os amplificadores de Ace Frehley e pegou sua Les Paul. Assim que ela estava em volta de seu pescoço, ele se sentiu desconfortável. "Eu nem estava com a minha guitarra. Foi bem estranho", ele disse depois.[422] Mesmo depois de improvisar com o instrumento de Ace, "A guitarra era totalmente estranha pra mim".[423]

Aucoin logo entrou. Ele cumprimentou todos rapidamente e encorajou os caras a tocar, o que eles fizeram. Embora ele tenha garantido depois ao Van Halen que gostou de sua apresentação, sua verdadeira opinião era bem diferente.[424] Ele contou a repórteres anos depois que "eles estavam claramente nervosos". O vocalista "não cantava tão bem assim". Embora ele gostasse da técnica de Edward, Simmons o vendeu como um "guitarrista fenomenal", e quando ele o viu tocar no show, achou que era só "bom".[425]

Mas, no fim das contas, a avaliação de Aucoin recaiu sobre o grupo e a qualidade de suas músicas. Quando eles terminaram, ele não acreditava na "banda como um todo". E, talvez ainda mais importante, "não havia nenhuma música que pudéssemos trabalhar".[426] Mesmo assim, Aucoin agradeceu aos rapazes e disse que os encontraria na manhã seguinte.

Enquanto isso, outro membro do KISS estava interessado nas atividades do Van Halen: Paul Stanley. Embora Gene tenha mencionado para Edward que os outros membros do KISS se sentissem "perturbados" com o foco do baixista no Van Halen, Stanley, em particular, se sentiu compelido a intervir efetivamente. Como ele revelou em *Face the Music*, Simmons não lhe contou em Los Angeles que planejava levar o Van Halen para o estúdio. Stanley só descobriu sobre seu trabalho na Village Recorders depois do acontecido. Ele considerou esse

---

421. Stix, "The Fountain", p. 101.
422. Stix, "Eddie Van Halen", p. 75.
423. Stix, "The Fountain", p. 101.
424. Stix, "Eddie Van Halen", p. 75.
425. Strigl & Ostronomy, "Episode 234", *Talking Metal Podcast*.
426. "Bill Aucoin interview on 'The Rock and Roll Geek Show', 11.8.2007", *YouTube*, acesso em 8 de julho de 2015, <https://www.youtube.com/watch?v=bGj7p_04lDM>.

comportamento "reservado" como "furtivo", na melhor das hipóteses, e "desonesto", na pior.[427]

Em algum momento durante a visita de Van Halen a Nova York, Simmons levou a demo para Stanley e Aucoin. Stanley lembrou que Simmons, ainda desconfortável com o nome da banda, disse que contou ao Van Halen que eles seriam vendidos às gravadoras sob o nome Daddy Long Legs. Então, Simmons tocou a fita.

Mais tarde naquele dia, Stanley e Aucoin "conversaram, sem Gene, e concordaram em recusá-los". Stanley afirma que isso não tinha nada a ver com o talento da banda, mas, sim, com o dano que o novo hobby de Gene poderia causar às próximas campanhas do KISS. "Nós passamos a proteger o KISS, que precisava de nosso foco diário para continuar a crescer em todas as frentes. O olho errante de Gene era claramente um risco potencial para tudo o que conquistamos e pelo que trabalhávamos."[428]

Na manhã seguinte ao show improvisado, o Van Halen estava sentado no escritório de Aucoin. Ele, sem perder tempo, logo acabou com a noção de Alex de que ele tinha um contrato em mãos para o Van Halen. Ele disse: "Não vejo potencial comercial" na banda. "Além disso, estou ocupado porque acabei de contratar uma banda chamada Piper", uma banda radicada em Boston com um vocalista, então desconhecido, chamado Billy Squier.[429]

Continuando, Aucoin se concentrou no que ele via como as maiores deficiências da banda. O primeiro problema era que as músicas do grupo não eram fáceis de serem lembradas. "Eu não ouço as melodias", segundo Roth lembra do que Aucoin lhes disse. "As pessoas exigem hits nessa época." Se o modelo de composição naquela época era o power pop do Piper, ficou claro por que ele recusou o Van Halen. Desconsiderando o posterior fracasso comercial do Piper, o material em seu primeiro álbum *soava* pronto para o rádio. As músicas na demo do Van Halen simplesmente não estavam assim tão perfeitinhas.

O segundo problema era que ele não gostava do vocalista da banda. "Dave", ele dizia a Roth, "talvez haja umas duas bandas com que você possa trabalhar". Para o restante do Van Halen, ele dizia: "talvez outro vocalista funcionasse". Mas, no fundo, ele queria dizer: "Gene tem sua própria carreira, ele está no KISS e, exceto por outras

---

427. Stanley, *Face the Music*, p. 221-222.
428. Stanley, *Face the Music*, p. 223.
429. Guitar World Staff, "Prime Cuts".

permutações, não acho que eu possa trabalhar com vocês".[430] Dito isso, Aucoin os dispensou.

Quando Simmons soube que Aucoin tinha recusado o Van Halen, ele ficou pasmo. Ele conversou com o empresário para tentar fazê-lo mudar de ideia. Tocou a demo de novo. "Eu disse: 'Esse grupo é *a próxima grande novidade*'".

"Não é nada original", Aucoin replicou.

Simmons rebateu: "Ouça como esse guitarrista é único!".[431]

Aucoin admitiu que o guitarrista era talentoso, mas e o fato de Roth se parecer exatamente com Jim "Dandy" Mangrum da banda sulista de boogie rock Black Oak Arkansas, agora fora de moda?[432] Simmons lhe disse que ele estava louco "porque ninguém mais sabia quem era essa banda".[433]

No fim, Simmons sabia que tudo isso tinha mais a ver com o KISS do que com o Van Halen. Gene disse depois que o maior problema era que "o resto dos caras na banda estavam bravos por eu prestar mais atenção" ao Van Halen.[434] Enfim, "ninguém queria mais ouvi-lo" falar do Van Halen.[435] Saindo do escritório de Aucoin, Simmons encarou seu empresário e disse: "Você vai engolir essas palavras".[436]

De volta ao hotel, Roth se sentia desmoralizado enquanto fazia as malas. Ele sabia que o restante da banda estava atordoado pela reviravolta dos acontecimentos. Como Edward disse depois: "Aqui estamos nós, totalmente deprimidos porque achávamos que essa seria nossa única chance de ter sucesso e ela não deu certo, não funcionou".[437] Roth, assim como os outros, entendia que naquele momento o KISS era o grupo mais popular da América. Se *o merda do Gene Simmons* não conseguiu um contrato com uma gravadora para eles, como eles iam conseguir um? Dave escreveu em sua autobiografia: "Eu me senti péssimo. Nossa, eu decepcionei a banda?". Ele estava preocupado principalmente porque "não sabia o que os Van Halen estariam pensando naquele momento". Roth sabia que alguns espectadores na sua cidade comentavam sussur-

---

430. Roth, *Crazy from the Heat*, p. 92.
431. Hedges, *Eddie Van Halen*, p. 44.
432. Simmons, *Kiss and Make Up*, p. 132.
433. "Gene Simmons Comments on Van Halen Demos, 12.28.2001, Eddie Trunk", *YouTube*, 21 de abril de 2012, acesso em 8 de julho de 2015, <https://www.youtube.com/watch?v=sgcVjurMwmo>.
434. Simmons, *Kiss and Make Up*, p. 44.
435. Hedges, *Eddie Van Halen*, p. 45.
436. Elliott, "Kiss Unmasked", p. 64.
437. Stix, "The Fountain", 1994, p. 101.

rando que sua habilidade vocal era fraca se comparada com a habilidade de mestre de Edward. Será que os irmãos, depois de ouvir a opinião de Aucoin, iam querer se livrar de seu vocalista agora?[438]

Antes de o Van Halen deixar a cidade, Simmons se encontrou com eles. Ele rasgou o contrato que eles assinaram com a produtora Man of a Thousand Faces e lhes disse que eles estavam livres para usar a demo para tentar conseguir um contrato em outro lugar. Ele voltaria da turnê na primavera e, se eles ainda não tivessem um contrato, ainda poderiam contar com sua ajuda.[439] Só "me liga", ele disse, "e nós fazemos tudo de novo".[440] Simmons apertou a mão de todos e deu dinheiro para as passagens de volta para Los Angeles.[441]

Depois de aterrissarem em Los Angeles, os membros da banda se prepararam para voltar para casa. Enquanto Michael pegou uma carona de volta para Arcadia, Alex, Edward e Dave ficaram do lado de fora do terminal aguardando pelo velho amigo de Roth, Stanley Swantek, e seu irmão David buscá-los e levá-los de volta a Pasadena. Edward, analisando todo esse turbilhão, disse que a experiência deixou todos "completamente chateados" e acabou sendo "bem deprimente".[442]

Os Swantek logo chegaram, preparando o terreno para o que David Swantek chama de momento "mais dramático" do Van Halen que ele já viu. Com Stanley atrás do volante, Roth sentou na frente enquanto os outros três se amontoavam no banco de trás. David lembra: "Eles estavam todos chateados" por causa do que tinha acontecido com Simmons, "principalmente Eddie e Alex". Quando eles chegaram à autoestrada, o carro estava em silêncio e o clima pesado.

Depois de mais um minuto, Roth se virou no banco. Elevando a voz, ele disse: "Olha, não pensem nem por um segundo que isso terminou! É assim que vai ser. Nós realmente vamos aos estúdios de gravação. Nós teremos muito sucesso. Vocês vão ver. Apenas continuem!".

Os irmãos Van Halen balançaram a cabeça. "Nós tivemos nossa grande chance e a perdemos!", um deles disse a Roth.

"Não, não, *não*! Não é assim. Isso é apenas uma amostra do que um dia será *muito* mais."

---

438. Roth, *Crazy from the Heat*, p. 92.
439. Simmons, *Kiss and Make Up*, p. 131-132.
440. Hedges, *Eddie Van Halen*, p. 39-45.
441. Guitar World Staff, "Prime Cuts".
442. Guitar World Staff, "Prime Cuts".

David Swantek diz que esse episódio apenas fortaleceu sua crença de que Roth "era realmente a força motriz que os mantinha seguindo em frente, embora eles tivessem todo aquele talento, para ser sincero. Eu me lembro dessa cena no carro como se fosse ontem. David Roth e o Van Halen eram assim. Eles sabiam para onde estavam indo naquela época. Eles realmente só pensavam nisso".

De volta a Pasadena, a banda se reagrupou. Eles voltaram a se apresentar em lugares como o Pasadena Civic, o Walter Mitty's e a Starwood. Eles também pensaram no que fazer com sua fita demo. Pelo menos da perspectiva de Edward, a banda a princípio "não sabia aonde levá-la, pois a gente não conhecia ninguém" na indústria fonográfica que estivesse interessado em ouvi-la.[443]

Roth, porém, tinha ideias. Em dezembro, ele colocou a fita nas mãos de Bingenheimer, que tinha um programa popular na rádio KROQ. Em 14 de dezembro, Dave se juntou a ele no ar para estrear "Runnin' with the Devil". Roth, como sempre foi um promoter inteligente, esbanjou elogios ao DJ, dando-lhe *todo* o crédito por levar "uns membros do KISS" à Starwood. Roth então relatou a viagem à Nova York e a sessão de gravação, sem mencionar o veredito de Aucoin, dizendo: "O que vocês têm aqui é uma fita demo do caralho". Assim o Van Halen conseguiu sua primeira transmissão de verdade no rádio.[444]

Em abril de 1977, o KISS acabou a turnê e Simmons voltou a Los Angeles. Como ele relata na biografia oficial da banda: "Eu escrevi 'Got Love for Sale' no Sunset Marquis quando voltamos do Japão, além de 'Christine Sixteen'". Ele também tinha outra música que compôs chamada "Tunnel of Love". Com suas fitas de trabalho inacabadas perto, ele pegou o telefone e ligou para a casa dos Van Halen. Ele convidou Alex e Edward a trabalharem com ele na Village Recorders de novo, dessa vez para gravar uma demo dessas três músicas. Se os irmãos colocassem bateria e guitarras, Simmons poderia acrescentar baixo e vocais nas faixas.[445]

---

443. Tolinski, ed., *Guitar World Presents Van Halen*, p. 37.
444. "Van Halen Rare Interview & First Radio Play 1976", *YouTube*, 2 de julho de 2013, acesso em 8 de julho de 2015, <https://www.youtube.com/watch?v=cmz_yEkyaDA>.
445. David Leaf & Ken Sharp, *Kiss Behind the Mask: The Official Authorized Biography* (New York: Warner Books, 2003), p. 287; Jeff Kitts, *Kisstory* (Los Angeles: Kisstory, 1994), p. 223. Obrigado a Nik Browning por encontrar esta última fonte.

Nada disso soou bem para Roth. Em *Crazy from the Heat*, ele acusou que "o verdadeiro interesse de Gene Simmons" no Van Halen "era recrutar Ed Van Halen para seu show de uma forma ou de outra, fazendo-o tocar em um disco, pedindo ajuda a ele para escrever os solos de guitarra, colocando-o na banda".[446] Leiren partilhava das suspeitas de Roth. "Para falar a verdade", ele contou a Steven Rosen, "eu sei que ele queria afastar a banda de Dave. Ele não gostava nadinha do Dave".[447]

Mais base à ideia de que as intenções de Simmons não eram puras vem do habitante de Pasadena, Wally "Cartoon" Olney, que andou muito com os irmãos em 1977. Ele contou à *Inside*: "Eu estava lá [na casa dos irmãos] várias vezes e Gene ligava lá e Ed falava: 'Não, cara, não quero tocar'". Depois de desligar o telefone, Edward desabafava com Olney: "Deus do céu, ele me liga o tempo todo e não me deixa sozinho, porra. Foi legal ele ter feito a fita para nós, mas eu não quero estar em uma banda com ele. Eu já tenho a minha".[448]

No final das contas, os irmãos decidiram fazer a gravação. Mas, quando Edward, Alex e seus técnicos apareceram no estúdio, um convidado inesperado os acompanhava. "Simmons me olhava com horror", Roth lembra. "*Horror* porque eu logo saquei sua jogada."[449] Leiren acrescenta: "Dave queria estar lá sempre que eles fizessem alguma coisa, porque ele suspeitava do que Gene pretendia. Ele sentia: 'Ei, esse cara tá tentando enfraquecer meu interesse aqui e eu quero manter o olho aberto'. Sempre teve um pouco de atrito entre eles".[450]

Com Roth e Leiren observando da sala de controle, Gene, Edward e Alex se prepararam. Eles gravaram as faixas básicas para as três músicas ao vivo. Simmons então ouviu a gravação e deu sua aprovação.

Para terminar as faixas, Simmons pediu a Edward para colocar alguns solos. Minutos depois, ficou claro para ele que a habilidade de Edward tinha "aumentado horrores" desde novembro. "O controle do instrumento que ele desenvolveu desde que o vi a última vez era simplesmente incrível", Simmons lembra. "Ele *voava* naquela coisa. Ele usava a alavanca de distorção agora e, como o volume era tão alto, podia continuar a tocar no braço da guitarra sem palhetar a corda. Soava como um passeio de montanha-russa, quase como se ele estivesse tocando e alguém mexesse na velocidade da fita."[451] Embora as coisas tenham corrido

---
446. Roth, *Crazy from the Heat*, p. 92.
447. Rudy Leiren, entrevistado por Steven Rosen, de posse do autor.
448. Jeff Hausman, "*The Inside* Interviews Wally 'Cartoon' Olney", *The Inside*, verão de 1997, p. 24.
449. Roth, *Crazy from the Heat*, p. 92.
450. Rudy Leiren, entrevistado por Steven Rosen, de posse do autor.
451. Hedges, *Eddie Van Halen*, p. 54-55.

bem em "Love for Sale" e "Tunnel of Love", eles chegaram a um bloqueio no caso de "Christine Sixteen".

Assim como fez em Nova York, Simmons orientou Edward, tentando transmitir sua visão para as partes da guitarra solo na música. Leiren se recorda: "É engraçado, porque primeiro Edward queria tocar como ele achava que deveria. Gene falava: 'Não, não, não! Complicado demais! Mais simples, mais simples!'. Então ele tentou de outra forma".[452]

Esse novo solo ainda não era o que Simmons ouvia em sua cabeça. Ele reiterou que queria uma entrada para o solo com uma técnica menos complexa. "Mais simples! Mais simples!", ele exclamava depois de cada tentativa. Seis takes depois, Simmons se sentia insatisfeito e Edward frustrado.

Roth não aguentava mais a incapacidade de Simmons de tirar a performance adequada de Edward. Ele disse a Simmons: "Posso falar com ele?". Simmons concordou: "Claro, como quiser".

Roth entrou no estúdio e falou com Edward. Usando o que Leiren chama de "fala de bebê", ele tentou colocar o que Simmons queria em palavras que Edward entendia. Leiren disse: "Não me lembro como ele disse, mas ele passou a mensagem para Edward e no take seguinte ele tocou exatamente como Gene queria. Ele [Simmons] exclamava: 'Aí! Aí! É isso... É isso!".[453] Depois da ajuda de Roth, Simmons ficou tão satisfeito com o resultado que, "quando a banda gravou o solo em *Love Gun*, Ace só copiou o que Eddie tocou nota por nota".[454]

Mas Ace realmente *tocou* esse solo em *Love Gun*? Leiren, que assistiu a toda a gravação, não acha isso. Ele contou a Steven Rosen em 1985: "Até hoje eu *juro* que aquele solo de guitarra em 'Christine Sixteen' é o mesmo que Edward tocou. Apenas ouça a qualidade do som. Parece com Ed [tocando] no álbum *Love Gun*. Para mim soa exatamente como quando eu estava na sala de controle assistindo e ouvindo. *Igualzinho!*".[455]

※

Com o início do verão de 1977, Simmons ficou em Los Angeles e manteve contato com os irmãos Van Halen. Kim Miller se lembra de que Gene levou ela e Edward para ver o Cheap Trick.[456] Em outros momentos, o Deus do Trovão aparecia nos shows do Van Halen no Whisky a Go-Go. Brian Box diz: "Gene Simmons vinha muito" nas apresentações

---

452. Rudy Leiren, entrevistado por Steven Rosen, de posse do autor.
453. Rudy Leiren, entrevistado por Steven Rosen, de posse do autor.
454. Kitts, *Kisstory*, p. 223.
455. Rudy Leiren, entrevistado por Steven Rosen, de posse do autor.
456. Kim Miller, e-mail para o autor, 22 de julho de 2014.

no Whisky. Uma noite, Patti Fujii Carberry, cujo namorado era um velho amigo de Roth do colégio, estava no camarim do Van Halen quando Simmons apareceu. "Nós estávamos no andar de cima no Whisky quando Gene Simmons chegou e nós conversamos com ele. Ele sentou com a gente nos bastidores." Patti, descendente de japoneses, lembra-se do caso nitidamente porque Simmons falou com ela em japonês.

Em julho, Simmons estava de novo na estrada com o KISS e voltou no fim de agosto para três shows no cavernoso Los Angeles Forum. Antes de começar a divulgação do show, os irmãos Van Halen receberam uma ligação da equipe do KISS, dizendo que tinha ingressos para a banda à espera na bilheteria. Roth desabafou sobre esse episódio em sua autobiografia: "Houve cenas assim: 'Ah, vocês estão convidados ao grande show do KISS no Forum', e eu apareci e não tinha ingresso para mim. Os Van Halen entraram e ficaram confortáveis na sala dos fundos com Gene e seus camaradas. É claro que eu sabia o que estava acontecendo e superprotegia a banda na época, ou pessoas assim teriam nos separado logo de cara".[457] Mais uma vez, Leiren confirma a história: "Gene voltou à cidade com o KISS e ligou para os caras: 'Ei, venham pro show'. Quando eles chegaram lá, tinha ingressos para todos, exceto pro Dave. Sem ingressos pra ele. Dave disse: 'foda-se', e saiu".[458]

Apesar da passagem dos anos, Roth nunca esqueceu esse desaforo. Segundo Leiren, ele cruzou com Simmons em Los Angeles na primavera de 1984, em algum momento antes de o Van Halen tocar no Forum em maio. Roth o cumprimentou cordialmente e, em seu estilo Diamond Dave inimitável, disse: "Ei, Gene! Como *vai*? Bom te ver!". Os dois astros conversaram por alguns minutos antes de Roth dizer: "Ei, nós vamos tocar no Forum. Quer ir ao show?".

Simmons sorriu e disse: "Sim, claro. Eu adoraria".

"Tudo bem, vou tomar conta de você."

Na noite do show lotado, Simmons foi até a bilheteria. "Ingressos para Gene Simmons", ele disse. Dois minutos depois, o atendente voltou e informou a ele que não havia ingressos para aquele nome. Leiren contou a Steven Rosen: "Dave jurou que um dia se vingaria e ele conseguiu. Ele não deixou ingressos para Gene Simmons. Aqui se faz, aqui se paga".[459]

---

457. Roth, *Crazy from the Heat*, p. 92-93.
458. Rudy Leiren, entrevistado por Steven Rosen, de posse do autor.
459. Rudy Leiren, entrevistado por Steven Rosen, de posse do autor.

Capítulo 10

Coisa de Filme

A contratação do Van Halen pela Warner Bros. Records em 1977 pelo produtor Ted Templeman e o diretor da gravadora Mo Ostin é algo lendário. "Eles apareceram uma noite [na Starwood] quando tocamos de graça", segundo Roth relatou a saga para o *Record Mirror* em julho de 1978. "Depois de assistirem ao set, eles vieram até os bastidores e ofereceram um contrato com a Warner Brothers."[460]

Depois de anos lutando por esse momento, os membros da banda acharam a experiência surreal. Edward disse que os dois poderosos aparecerem no camarim foi "pesado, cara".[461] Roth contou ao *Los Angeles Times* que a noite parecia "coisa de filme".[462] A analogia com o cinema usada pelo vocalista não foi uma força de expressão inesperada. A biografia da Warner Bros. Records sobre a banda no fim de 1977 o cita dizendo: "Nós sempre soubemos que seríamos descobertos, mas o que aconteceu foi coisa de filme".[463]

Embora a metáfora cinematográfica capte a natureza fantasiosa daquela fatídica noite, não ajuda muito a contar a história completa de como Templeman e Ostin chegaram à Starwood. A "descoberta" do Van Halen pela Warner Bros. acabou dependendo de muitas manobras de bastidores que puseram os quatro músicos na posição perfeita para conseguir seu tão esperado contrato.

---

460. Steve Gett, "Get Van Halenized", *Record Mirror*, 3 de junho de 1978.
461. Jas Obrecht, "Eddie Van Halen: The Complete 1978 Interviews", *Jas Obrecht Music Archives*, acesso em 29 de junho 2015, <http://web.archive.org/web/20150216183941/>; <http://jasobrecht.com/eddie-van-halen-complete-1978-interviews/>.
462. Michael Segell, "Van Halen's Party Gets a Whole Lot Better", *Rolling Stone*, 18 de maio de 1978, p. 20; Atkinson, "Breaking Out of Bar-Band Gigs".
463. "Van Halen Warner Bros. media information", novembro de 1977, de posse do autor.

No verão de 1976, Kim Fowley ouviu muitos comentários nas ruas sobre um promissor grupo local. "Ouvi falar dessa banda no Gazzarri's na outra ponta da Sunset Strip", disse o promoter e produtor de fala rápida. Embora Fowley estivesse sempre em busca do "próximo sucesso" da música pop, a ideia de visitar a casa noturna embrulhou seu estômago.[464] Ele lembrou: "A casa ficava a dois quarteirões do centro da Strip, mas pareciam ser mais de 3 mil quilômetros. O Gazzarri's era frequentado por todos os trogloditas das áreas mais rústicas de L.A.; todos os enclaves caipiras, como o horrível Inland Empire. Eu via esses garotos perdedores se encontrando no estacionamento perto da Rainbow e da London Fog. Era horrível. A palavra poliéster foi inventada pensando no Gazzarri's".

Entretanto, o empresário da Runaways não podia descartar todos os testemunhos apaixonados que ele ouvia de "loiras peitudas" e "garotos caipiras" passeando pela Strip. "Eles só falavam", ele explicou com um resmungo, dessa banda de Pasadena chamada Van Halen![465]

Fowley, que ficou enojado com a recente tendência de "todas essas pessoas tentarem criar bandas nova-iorquinas ou londrinas em L.A.", foi à casa. "E lá estavam eles." Naquela noite, Roth usou sua melhor voz de vendedor de carros usados sobre o influente Fowley, dizendo-lhe que o Van Halen era a "melhor banda" da cidade.[466]

Logo depois, a dupla almoçou em Hollywood. "Uma tarde, nós comemos no Denny's", Fowley lembrou, "e ele me disse que David Lee Roth e o Van Halen dominariam o mundo". Enquanto Fowley ouvia, ele considerava os pontos fortes e fracos da banda. Ele diz: "Eu achava Eddie e Dave bons; achava que Dave era uma combinação de Jim Dandy do Black Oak Arkansas e Al Jolson. Achava o baterista bonzinho. O baixista não combinava, mas isso realmente não importava. Para mim, eles não passavam de outra versão do Led Zeppelin". Depois de terminar seu monólogo, Roth perguntou: "Você vai ajudar a gente?". Fowley concordou em fazer isso, pensando, sem dúvida, nas inúmeras vezes em que ele lucrou ao ajudar bandas a conseguirem contratos.

Fowley então fez algumas ligações. Uma delas foi para Denny Rosencrantz, o representante de A&R da Mercury Records que contratou a Runaways. Fowley o encorajou a ir ver o quarteto na Starwood. Rosencrantz, na esperança que Fowley lhe apresentasse outra banda vendável para contratar, disse que iria ao show.

---

464. Kevin Merrill, "A Day in the Life of Kim Fowley", *Billboard*, 8 de outubro de 1977, p. 64-65.
465. Rosen, "On Fire", p. 62; Kim Fowley, entrevistado pelo autor.
466. Rosen, "On Fire", p. 62; Kim Fowley, entrevistado pelo autor.

Como prometido, Rosencrantz apareceu. Ele encontrou Fowley na sacada VIP e sentou. Na verdade, ele poderia ter sentado ou ficado de pé em qualquer lugar da casa, porque ela estava deserta. Fowley estima que havia umas oito pessoas no público quando o Van Halen começou a tocar.

Não demorou muito para Rosencrantz expressar suas opiniões. Ele olhou para Fowley balançando a cabeça e rindo. "Ele *odiou* a banda", Fowley lembra. Com um sorriso no rosto, Rosencrantz gritou: "Eles são horríveis, mas continua tentando, Kim!". Antes de sair, ele informou Fowley como uma recomendação para o futuro: "Eu não estou interessado em contratar Led Zeppelin com Jim Dandy nos vocais".

Entre os sets, Fowley foi até os bastidores e disse à banda que Rosencrantz tinha recusado. Um abatido Edward perguntou: "Você ainda vai ajudar a gente mesmo com a Mercury dizendo não?". Mais uma vez, ele disse que ajudaria.

É importante notar que outros figurões da indústria musical receberam um alerta sobre o Van Halen na segunda metade de 1976. Joe Berman, um frequentador assíduo da cena hollywoodiana, diz: "Eu via gente de gravadoras em seus shows antes de Gene Simmons aparecer. Eu não os conhecia, porque não fazia parte da indústria fonográfica na ocasião. Não me lembro de nomes, mas caras do departamento de A&R estavam cientes do que acontecia com essa banda na cidade. Tenho certeza de que eles vinham observá-los".

Em um exemplo, o músico e diretor de gravadora Herb Alpert deu uma olhada no Van Halen. Edward contou à *Rolling Stone*: "Há muito tempo, eu me lembro de estarmos tocando e alguém avisar: 'A A&M Records está aqui pra ver vocês'". Alpert, assim como Rosencrantz, não viu potencial na banda. Depois de ficar desconcertado com a técnica louca de Edward, ele disse à banda que seu "guitarrista é psicodélico demais e tem muita energia descontrolada". Anos depois, ele confessou a Edward: "Recusar vocês foi um dos meus maiores erros. Eu não entendi o que diabos você estava fazendo porque era muito inovador".[467]

Mas, mesmo figurões da indústria que aceitavam a inovação, como o lendário produtor Bob Ezrin, não achavam que o Van Halen valia a pena. Hernando Courtright explica: "Eu tentei através de meu amigo Scott Anderson, que trabalhava com Bob Ezrin na época, levar Ezrin

---

467. Brian Hiatt, "Secrets of the Guitar Heroes: Eddie Van Halen", *Rolling Stone*, 12 de junho de 2008, acesso em 8 de julho de 2015, <http://web.archive.org/web/20080602005114/>; <http://www.rollingstone.com/news/story/20979938/secrets_of_the_guitar_heroes_eddie_van_halen?.>

para ver a banda. Bob nem se deu ao trabalho. Ele estava ocupado demais. Tinha trabalhando com Alice Cooper e acabado de terminar o álbum de Peter Gabriel. Scott não conseguiu convencê-lo a sair e ver a banda. Não sei se Scott não estava vendendo a banda direito, mas eu sei que ele disse: 'Você tem de ver essa banda. Você precisa contratar essa banda. Eles vão fazer um sucesso enorme'. Nós contamos à banda: 'Não sei qual é a história, mas ele não está motivado'".

Anthony explica que esse tipo de coisa acontecia sempre. Ele ouvia que os diretores das gravadoras iam vê-los até descobrir que ninguém apareceu. Isso acontecia até quando o dr. Roth ligava para as gravadoras. Anthony se recorda: "Uma vez ele disse que mandaria alguém para nos ver, mas nós só reservávamos uma mesa e em nove das dez vezes a mesa ainda estava vazia no fim da noite".

Enquanto isso, Fowley não esqueceu o Van Halen. No início de novembro de 1976, ele estava ajudando a selecionar bandas para a reabertura de um marco da Sunset Strip, o Whisky A Go-Go. A casa, que tinha passado os últimos três anos operando sob diferentes formas, incluindo uma discoteca, começaria a receber bandas de rock locais no fim do mês.[468] Elmer Valentine, o dono da casa, contou à *Billboard* que acreditava que a hora era perfeita para começar a apresentar bandas sem contrato, pois o "punk rock, que está na crista da onda agora em Nova York, poderia chegar a Los Angeles".[469] O homem a quem Valentine confiou a tarefa de capitalizar nessa nova tendência musical abrasiva foi Marshall Berle.

Apesar de famoso por ser sobrinho do comediante Milton Berle, Marshall Berle se tornou o agente artístico do Whisky depois de construir um impressionante currículo na indústria musical. Em 1960, ele trabalhou como agente para a famosa William Morris Agency. Ele iniciou seu departamento musical na Costa Oeste e 18 meses depois contratou os Beach Boys. Mais tarde, ele trabalhou com as lendas do rock Creedence Clearwater Revival e Spirit.

No início de novembro, Berle deixou uma mensagem para Fowley, perguntando se ele conhecia alguma boa banda local que ele poderia considerar para o Whisky. Quando o empresário da Runaways retornou a ligação, ele lembrou Berle sobre sua mais nova banda, os punks pop Venus and the Razorblades, antes de citar outro nome para Berle. Ele

---
468. Dennis Hunt, "Whisky, on the Rocks, to Become Disco", *Los Angeles Times*, 23 de março de 1975; Hilburn, "Homegrown Punk-Rock Blossoming".
469. Nat Freedland, "Punk Rock Due at L.A. Whisky", *Billboard*, 20 de novembro de 1976, p. 32.

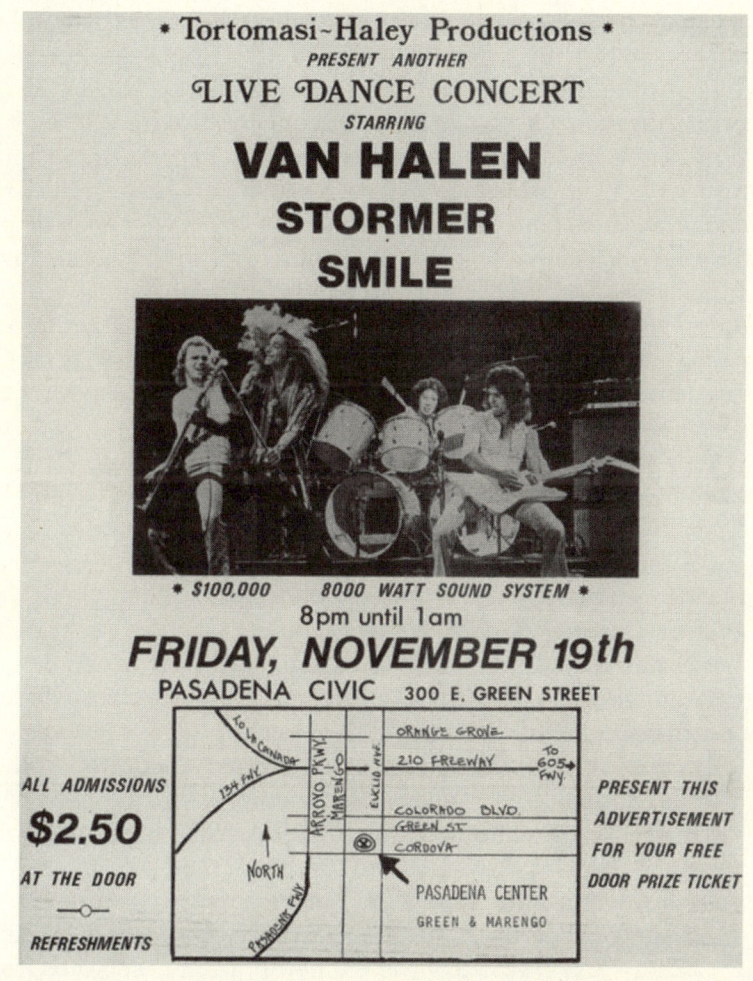

Folheto do concerto do Van Halen no Pasadena Civic em novembro de 1976, onde Marshall Berle, que virou empresário da banda, viu o Van Halen tocar pela primeira vez. MARY GARSON/HOT SHOTZ E STEVE TORTOMASI

disse: "Tem aquela banda, o Van Halen. Embora Danny não tenha contratado eles, acho que tem alguma coisa aí". Fowley, sempre pensando em seu próprio lucro como compositor, fez um pedido a Berle: "Se você virar empresário deles, coloque uma música minha no álbum da banda".[470] Ele então passou o telefone de Roth para Berle.[471]

---

470. Kim Fowley, entrevistado pelo autor.
471. Neil Zlozower, *Eddie Van Halen* (San Francisco: Chronicle Books, 2011), p. 21; Kim Fowley, entrevistado pelo autor.

Quando Berle ligou para Roth, ele lhe disse que estava pensando em contratar o Van Halen para tocar no Whisky. Roth reagiu com entusiasmo e sugeriu que Berle fosse ver sua banda no show no Pasadena Civic. Berle concordou, dizendo a Roth que ele levaria os contratos do Whisky.

Em 19 de novembro, Berle foi de carro para a apresentação, que ele esperava ser pequena. Ele logo percebeu seu erro. "Quando eu cheguei lá na noite do show para ver o que eu pensava ser outra banda de punk rock", ele viu o estacionamento cheio de uma frota de Camaros, Mustangs e furgões customizados enquanto bandos de adolescentes entravam no Civic.[472] Quando ele chegou à entrada do edifício, avisaram que o show estava lotado. Ele se lembra: "Tinha umas 3.500 pessoas no Civic em Pasadena. Não consegui nem entrar! Tive de ir aos bastidores e me apresentar como 'agente' só para entrar".

De pé no auditório lotado, Berle sentiu uma vibração eletrizante enquanto um exército de adolescentes histéricos saudava o Van Halen e festejava cada movimento da banda. Ele lembra: "Foi incrível! Eu não conseguia acreditar no que via. Foi uma das coisas que você só vê uma vez na vida e eu vi duas vezes: uma vez no Palladium quando os Beach Boys abriram para Dick and Dee Dee e a outra com o Van Halen. Só duas vezes na vida eu fiquei impressionado com uma banda de quem ninguém nunca ouviu falar em termos comerciais. Aconteceu de serem duas das maiores bandas da história da música".

Depois do show, Berle foi para os bastidores e encontrou Roth cercado por um harém de belas jovens. Roth pediu licença a elas, apertou a mão de Berle e o apresentou aos outros. Berle, ainda meio tonto com a performance explosiva do Van Halen, cumprimentou-os e disse: "Vocês precisam de um contrato".

Para surpresa de Berle, os quatro músicos de repente esfriaram. Ele diz: "Eddie Van Halen se virou e olhou pra mim. Então os irmãos se entreolharam e depois viraram para Dave e Michael. Daí os irmãos olharam para mim e disseram: 'Ah, *claro*'". Ignorando seus comentários, Berle reiterou: "Vou conseguir um contrato pra vocês. Vamos fazer uns shows no Whisky". A banda assinou os contratos.

Por algum tempo, Berle não fazia ideia de por que eles responderam daquela forma, até alguém lhe contar sobre a recente viagem do Van Halen para Nova York. Cansados de ouvirem as pessoas prometerem tudo e não cumprirem nada, o Van Halen achou que Berle não faria muito para eles além de colocá-los no Whisky.

Berle, que alega não ter cultivado aspirações de ser o empresário da banda na ocasião, fez a sua parte. O Van Halen estava entre as primeiras

---

472. Zlozower, *Eddie Van Halen*, p. 21.

bandas contratadas por Berle. A casa, que construiu sua célebre reputação exibindo alguns dos maiores talentos da história do rock, tentou se tornar o marco zero da florescente cena punk rock da cidade. Por isso, Berle contratou bandas como os excêntricos glam punks Zolar X e Venus and the Razorblades de Fowley e as colocou em shows com um quarteto definitivamente nada punk de Pasadena.

Logo depois de sua estreia no Whisky, o Van Halen conheceu um jovem que se tornaria um de seus empregados mais estimados. Em 1976, o adolescente Pete Angelus dirigiu da Costa Leste até Hollywood. Ele então conseguiu um emprego no Whisky, que envolvia colocar e tirar bandas do palco em tempo e, em alguns momentos, trabalhar na iluminação de palco.

Depois de uma noite lenta na casa, Angelus engatou uma conversa com Roth. Angelus disse que fazia curtas-metragens na Costa Leste e tinha interesse em iluminação e cenografia. Roth então perguntou a ele sobre o show do Van Halen. Angelus foi sincero, respondendo ao vocalista que, embora ele achasse sua banda ótima, o show tinha alguns aspectos "bem repetitivos" que poderiam ser melhorados. O vocalista, intrigado com as sugestões de Angelus, convidou-o para o próximo ensaio.

Angelus chegou à mansão de Roth no dia seguinte. Depois de Diamond Dave abrir o portão para ele pelo interfone, Angelus dirigiu pela longa entrada. Ele encontrou o *frontman* do Van Halen do lado de fora da porta dos fundos que levava direto à cozinha. Quando eles entraram, Angelus esfregou os olhos, estupefato: "Fui pego de surpresa", ele lembra, "porque alguém escreveu com spray nos armários da cozinha: SEM LEITE!".

"Eu perguntei ao Dave: 'Hm, vocês estão reformando? O que está acontecendo aqui?'.

'Nada, cara, não tem uma porra de um leite na geladeira e isso me irrita.'

'Então você precisa pichar isso? Não dava pra anotar um recado e deixar para alguém ler?'

Essa foi a minha primeira impressão ao entrar no mundo deles."

Angelus parece ter se adaptado direitinho, porque ele logo passou a trabalhar como consultor de iluminação e produção. Ele lembra: "Então eu disse: 'Tá bom, eu projeto uma iluminação que vai incrementar as coisas um pouquinho' para fazê-los parecerem deuses do rock, por assim dizer".

Com Angelus ao seu lado, a banda continuou a tocar por toda Los Angeles. As apresentações no Whisky continuaram em dezembro, mas a banda também tocou no Golden West, na Starwood e no KROQ Cabaret, uma casa noturna de West Hollywood de vida curta situada em uma antiga discoteca.

No Cabaret, eles batiam papo com Bingenheimer e tocavam com bandas como Venus and the Razorblades, os punk rockers do The Quick e o quarteto neo-glitter de Randy Rhoads, Quiet Riot. Nas passagens de som, Edward e Alex alertaram seus companheiros músicos sobre sua habilidade musical excepcional. Eles tocaram interpretações ardentes de músicas fusion do disco *Wired* do Jeff Beck. Eles também soltaram uma versão de "Quadrant 4" do *Spectrum* de Billy Cobham, uma música de jazz rock que serviu de inspiração para "Hot for Teacher".[473]

Algumas semanas depois, o Van Halen se apresentou com uma jovem banda de hard rock de São Francisco, a Yesterday & Today. O baterista Leonard Haze conta: "A primeira vez que os vi eu estava em Hollywood. Fui ver o show deles no Gazzarri's. Na segunda vez nós estávamos tocando na Starwood e Roth apareceu. Nós conversamos, bebemos, fumamos uns baseados e ficamos amigos".

Eles fizeram três apresentações juntos em janeiro. Foram convidados para dois shows na Starwood, mas, uma noite antes do início desses shows, eles tocaram na casa noturna Golden Bear, na vizinha Huntington Beach. Na esperança de passar um tempinho na praia, as duas bandas chegaram cedo à casa em 17 de janeiro. Haze diz: "Dave e eu estávamos sentados nesse muro de tijolos que ficava ao lado de uma passarela de asfalto. Tinha areia de um lado e rua do outro. A gente estava fumando um baseado, como sempre fazíamos. Eddie chega. Ele ficou sentado lá, fumando com a gente".

Depois de os três ficarem chapados, Edward tirou do bolso uma gaita. Haze relata: "Ele fala: 'Cara, acabei de comprar isso'. Ele assopra e é como se ele tocasse aquela coisa *desde sempre*. Dave comenta: 'Isso não é irritante, cara?'".

Enquanto Edward tocava sua gaita, um músico que tinha acabado de sair de uma casa de jazz vizinha se aproximou carregando um estojo de saxofone. Quando ele estava bem perto, Edward perguntou: "Ei, cara, isso é um tenor ou um alto?".

"Um tenor", ele respondeu.

"Cara, eu sempre quis tocar um tenor!"

"Hm, tá, tudo bem, legal."

---

473. Hausman, "Tom Broderick", p. 22.

"Ei, eu tenho uma palheta no meu estojo de guitarra! Posso soprar seu sax com a minha palheta?"

O saxofonista parou.

Roth entrou na conversa: "Vai, cara. Deixa. Diz que sim. Ele nunca tocou um sax desses antes. Deixa ele tentar. Aqui, fuma um com a gente. Isso pode ser divertido".

Depois de encostar o estojo na parede, o homem sentou e disse: "Tá, você tem sua palheta? Vai lá pegar".

Edward saiu e depois voltou com a palheta. Ele então começou a tocar. Seu talento musical puro impressionou Haze. "Então, em cinco minutos Eddie estava tocando aquele saxofone. Digo, como um músico profissional. Ele estava tocando como se sempre tivesse tocado aquilo por toda a sua vida. Foi incrível. Fiquei de queixo caído".

Na manhã seguinte, as duas bandas se reuniram de novo na Starwood. Para variar, Edward exibiu suas habilidades musicais incomparáveis. Dave, Edward e Alex observaram a passagem de som da Yesterday & Today.

Em um intervalo, Edward pulou para trás da bateria de Haze. Ele ri da memória: "Eu disse ao Eddie: 'Sai da minha bateria! Você nem sabe tocar'. Ele respondeu: 'Como assim eu não sei tocar?'".

Roth interveio, como costumava fazer: "Não, não é que ele não sabe tocar. Deixa ele e ele vai tocar". Haze então observou Edward tocar sua bateria "como se tivesse praticado. Não era como um cara se atrapalhando e errando aqui e ali. Ele *conseguiu*! Eu falava: 'Caralho, cara, para com isso!'. Eu disse [*ri*]: 'Você deixa ele fazer isso na sua bateria, Al?'. Al responde: 'Eu nunca estou por perto quando ele faz isso!'". Haze observa: "O cara conseguia tocar qualquer coisa. Isso era o que me impressionava nele. Tocando guitarra ele era incrível. Ao observá-lo tocar uma gaita ou minha bateria, dava pra notar que o cara era o ser humano mais talentoso que eu já tinha visto".

Então, Edward pegou uma guitarra enquanto os roqueiros de São Francisco retomavam a passagem de som. Haze diz: "Joey Alves [o guitarrista] e Eddie se deram bem logo de cara. Joey adorava tocar a base para um cara que conseguisse fazer um solo. Então os dois tocaram juntos e se divertiram muito. Aliás, sabe quando você toca um acorde e então aumenta o volume? Joey mostrou essa técnica pro Eddie, porque nós tínhamos uma música com isso. Eddie perguntou: 'O que você faz naquela música "I'm Lost"?'. Joey explica: 'Eu toco o acorde com o volume baixo e então eu aumento devagar'. Eddie exclamava: 'Que legal!'".

Depois, alguém sussurrou para o Van Halen no camarim que diretores de uma gravadora iriam aos shows. Embora Berle não se lembrasse de ter convidado ninguém para essas apresentações, é possível que sua promessa de conseguir um contrato para a banda tenha feito o Van Halen achar que ele já tinha feito sua mágica.

Mas nenhum executivo se apresentou para o Van Halen naquelas noites. A banda se sentiu desolada de novo. Edward encheu a cara para afogar as mágoas.

No estacionamento, a Yesterday & Today colocava a bagagem na caminhonete enquanto um Edward chumbado estava do lado. Quando Dave Meniketti, vocalista e guitarrista solo da banda, começou a sair com o carro, Edward se aproximou cambaleando e enfiou a cabeça pela janela do motorista. Meniketti lembra: "Ele gritava comigo: 'Quando a gente vai conseguir um contrato com uma gravadora?'".[474]

Os membros da Yesterday & Today, que tinham um contrato, ofereceram palavras de encorajamento a Edward antes de saírem. Haze diz: "Eles eram uma das minhas bandas favoritas naquela época. Eu estranhava eles ainda não terem um contrato. Era estranho os Warner ainda não terem aparecido e visto a banda, principalmente por causa do que Eddie fazia. Sabe, eles estavam logo lá no fim da rua. Isso era uma moleza, se quer saber!".

Embora Tom Broderick se lembre que no começo de 1977 a banda "esperava" conseguir um contrato logo, as decepções os chateavam bastante mesmo que eles continuassem a trabalhar mais duro do que nunca. Maria Parkinson, que depois apareceu no vídeo de "Yankee Rose" de David Lee Roth, diz: "Eu me lembro de uma vez em que vi David em um intervalo do ensaio. Eles estavam tocando no Whisky e não tinham um contrato. Lembro-me dele bem frustrado e chateado. Mesmo assim, eles ainda praticavam feito loucos".

Dana Anderson viu uma determinação semelhante nos irmãos Van Halen. Um dia em janeiro de 1977, ele ouviu Gregg Emerson, técnico de bateria de Alex, perguntar para os irmãos: "O que vocês vão fazer se não conseguirem um contrato? O que vão fazer da vida? Vocês não têm nenhuma experiência". Anderson se lembra: "Eles olharam pra ele como se fosse louco. 'Como assim, *se*? Nós vamos conseguir". Ele enfatiza o fato de que "eles eram determinados desde novos. Eles tinham

---

474. Dave Meniketti, "Y&T/VH at the Starwood", *Y&T/Meniketti Forums*, 16 de junho de 2008, transcrição de posse do autor.

o ímpeto e a determinação. Acho que eles herdaram de seu pai e da educação holandesa".

⚡

A banda se reagrupou e refletiu sobre até onde eles chegaram. Eles deixaram o Gazzarri's para trás e, agora, com apresentações fixas no Whisky em seu calendário, se preparavam para dizer adeus ao Walter Mitty's. Chris Koenig viu o último show da banda no Mitty's. Ele se lembra que o quarteto estava solto no palco. "A última apresentação no Walter Mitty's foi divertida. Eles anunciaram: 'Este é nosso último show!'. Eles estavam *ligados*. Eles tocaram Johnny Winter, Edgar Winter e KISS. Eles se divertiram muito. Todos trocaram de instrumentos. Acho que uma hora Eddie estava tocando bateria."

Koenig, que ficou ao lado do palco, acrescenta: "Eu fiquei tão perto e o show estava uma loucura". Ele ri: "Eu me lembro de que uma hora eu estava bem na frente, com uma caneca de cerveja, e Roth me pediu ela. Eu entreguei e ele derramou a bebida na cabeça, o que me irritou na hora, porque, ei, eu gastei dois paus por ela! É engraçado, porque anos depois eu cruzei com ele no Country Club [uma casa noturna de Los Angeles] e disse: 'Ei, você me deve uma caneca de cerveja!'. Contei a história pra ele e ele começou a rir".

⚡

De volta a Hollywood, suas apresentações no Whisky lhes renderam um elogio do *Los Angeles Times*. O crítico Richard Cromelin, cuja resenha também destaca a natureza embrionária do "punk rock" de Los Angeles no fim de 1976, tinha o seguinte a dizer sobre o Van Halen e "Edwin", o guitarrista da banda: "Embora o grupo estivesse associado com a cena punk rock local, seu ataque musical bem desenvolvido e sua imagem convencional lhe dão uma boa chance de sair do circuito de Los Angeles e alcançar a popularidade nacional. Edwin Van Halen é o coração do grupo... O material em si é bem básico, mas a desenvoltura de [Edward] Van Halen torna as coisas interessantes e evita a monotonia da fórmula do heavy metal".[475]

As boas críticas continuaram em janeiro de 1977. Cromelin chamou o grupo de "a mais agravável e comercialmente promissora das bandas locais" e elogiou "o trabalho de guitarra deslumbrante de Ed Van

---

475. Richard Cromelin, "Spreading Out from Punk Rock", *Los Angeles Times*, 24 de dezembro de 1976.

Halen" que "compensa e muito um material que, embora talvez seja fraco no papel, ganhou uma vida vibrante no palco".[476]

O mais importante ainda foi o que o decano dos críticos da cidade alardeou sobre o Van Halen. Robert Hilburn, um dos primeiros jornalistas americanos a reconhecer o estrelato de Elton John, escreveu: "A mais rápida das bandas sem contrato parece ser o Van Halen, um quarteto de heavy metal de Pasadena". No mesmo texto, Bingenheimer concedeu à banda seu selo de aprovação, dizendo: "Não me surpreenderia vê-los contratados e em uma grande turnê logo. Eles vão tocar no Forum como uma banda de abertura até o fim do ano".[477]

O burburinho ajudou Berle a conseguir para a banda uma apresentação lucrativa com o Santana na Long Beach Arena em 30 de janeiro. Anos depois, Michael Anthony considerou "incrível" a experiência de abrir esse show na arena como uma banda não contratada, mas naquela noite o público de maioria hispânica não apreciou muito o Van Halen.[478] O *Long Beach Press Telegram* noticiou que a "banda de hardcore rock de Los Angeles levou o público a um tédio ansioso".[479] Para falar a verdade, mesmo antes de eles tocarem uma nota, o público começou a entoar SAN-TA-NA! SAN-TA-NA! O mestre de cerimônias, preparando-se para apresentar a banda, aproximou-se de Roth e perguntou: "Aliás, de que gravadora vocês são?". Roth disparou: "Cala a boca e nos apresente!".[480]

Nessa altura dos acontecimentos, Berle resolveu preparar um showcase para a gravadora. Ele ligou para a Starwood, que costumava promover essas apresentações, e reservou duas noites. Ele então ligou para a banda e, sem contar a eles sobre seus planos, avisou-os que agendou apresentações na Starwood nos dias 2 e 3 de fevereiro. Depois, ele ligou para a central telefônica da Warner Bros. Records.[481]

Quando Berle chamou Templeman no telefone, ele disse: "Ted, eu tenho uma banda pra você". Ele contou que o nome era Van Halen e que ele deveria ir vê-los na Starwood. Berle diz: "Eu escolhi o Ted por ele ser especialista em harmonias em três partes, e eles faziam isso em algumas

---

476. Richard Cromelin, "Van Halen Keeps Asserting Itself", *Los Angeles Times*, 29 de janeiro de 1977.
477. Hilburn, "Homegrown Punk-Rock Blossoming".
478. Buttner, "Michael Anthony of Van Halen"; Rob Broderick, entrevistado pelo autor.
479. Tim Grobaty, "Santana Older, But No Better", *Long Beach Independent-Press Telegram*, 1º de fevereiro de 1977.
480. Considine, *Van Halen!*, p. 41-42.
481. Marshall Berle, entrevistado pelo autor.

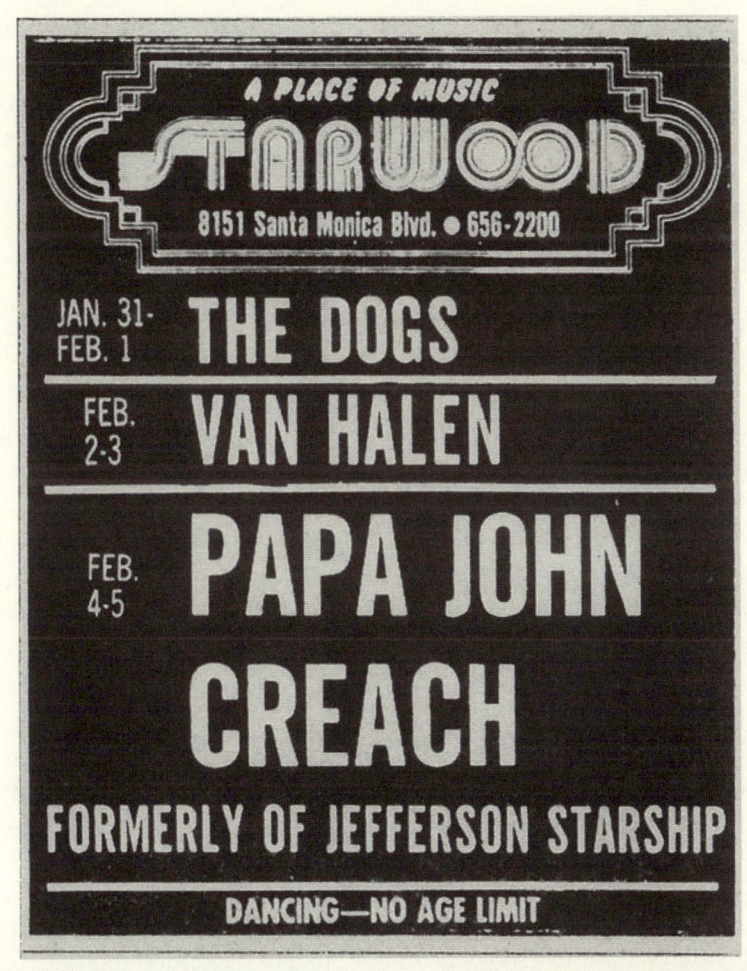

Propaganda das apresentações do Van Halen no Starwood Club em Hollywood, em fevereiro de 1977. Nessas duas noites, Ted Templeman e Mo Ostin da Warner Bros. Records viram o Van Halen ao vivo pela primeira vez. COLEÇÃO DO AUTOR

das suas músicas. Além de Ted ter um *enorme* histórico de hits". De fato, Templeman, então vice-presidente executivo e produtor da casa para a gravadora, supervisionou LPs de sucesso de Van Morrison, Little Feat, Captain Beefheart, The Doobie Brothers e de outro quarteto de heavy metal da Costa Oeste, o Montrose.

  Templeman lembra que ele ficou feliz em ter notícias de Berle, que ele "conhecia há anos". Mas ele ficou perdido quando seu velho amigo disse o nome "Van Halen". Ele justifica: "Quando Marshall Berle me contou sobre a banda, foi a primeira vez que ouvi falar deles. Eu estava ocupado e não estava nas ruas na época. Por isso ele me ligou". Apesar da recente sucessão de críticas positivas e grandes apresentações, Templeman não fazia ideia de que o Van Halen estava praticamente na sua porta. Ele contou a Berle que iria vê-los, pois ele sabia que o ex-agente tinha bons instintos. "Ele sempre estava bem informado", Templeman diz.

Na noite de quarta-feira, uma mesa vazia estava reservada na área VIP. Mas o loiro Templeman, que mais parecia um surfista do que um diretor de gravadora, estava na casa. "Então, uma noite eu fui lá", ele lembra. "Entrei pelos fundos. Entrei, mas não deixei ninguém descobrir que eu estava lá. Eu vi o Ed e fui nocauteado. Ele era o melhor músico que já tinha visto ao vivo."

Templeman não conseguiu deixar de notar Roth também, claro. "Dave se apresentava pensando em um público de 10 mil, quando havia umas 11 pessoas lá", Templeman contou à *Newsday*. "Ele cantava, suava e pulava se tivesse alguém lá ou não. Ele usava roupas escandalosas."[482]

Com o passar do show, Templeman se concentrou quase exclusivamente no guitarrista da banda. "Ed ainda tocava aqueles hammer-ons enquanto pulava no ar... Ele tinha movimentos de Jimmy Page, conseguia tocar com um cigarro na boca. Eu os contratei por causa do Ed, porque ele era um grande músico. Para mim os melhores são Art Tatum, Ornette Coleman e esse rapaz."[483]

Pensando bem, Templeman enfatiza que seu histórico como músico profissional o levou a se atrair pelo virtuosismo de Edward enquanto outros homens de A&R acharam a mesma técnica frenética vanguardista demais. "Não creio que a maioria dos caras de A&R realmente sabia das coisas em se tratando de guitarristas ou músicos. Eu era meio esnobe, porque tocava jazz no trompete. Como eu toquei bebop e tudo o mais, via Ed como um músico em vez do grupo", Templeman diz. "Acho que um cara de A&R procurando apenas por um grupo pop deve ter levado um pequeno susto com o Van Halen. Mas você precisa se lembrar de que há uma vasta gama de bandas lá fora e muitas pessoas, ouvintes na época, não eram tão sofisticadas o bastante para reconhecer a grandeza de Ed. Eles não sabiam." Mas ele sabia.

Depois de ver o suficiente, Templeman saiu. Ele conta: "Não acho que os caras soubessem que eu estava lá na primeira noite. Eu ouvi falar deles e quis ver o que acontecia. Assim que vi o Ed, pensei: 'Não quero

---

482. Robins, "David Lee Roth".
483. Warren Zanes, *Revolutions in Sound: Warner Bros. Records, The First Fifty Years* (San Francisco: Chronicle Books, 2008), p. 185.

falar com eles até ter comigo o cara para contratá-los'. Por isso levei Mo na noite seguinte".

※

No dia seguinte, Templeman partilhou sua experiência com o presidente da gravadora e do conselho de administração Mo Ostin e outros importantes diretores da empresa. Depois que ele mencionou o nome Van Halen no escritório, alguém lhe entregou uma cópia em cassete da demo feita por Gene Simmons, que ele nunca tinha ouvido. Ele então foi atrás de seu parceiro naquela empreitada, o engenheiro Donn Landee. Landee lembra: "Ted voltou depois da primeira noite na Starwood e disse: 'Você precisa contratá-los. Você tem de ouvir esse guitarrista'. Templeman então botou a demo de Simmons para tocar. "Nós ouvimos", afirma Landee, "e Ted disse: 'A gente precisa contratar esses caras'. Ted adorou o Eddie". Templeman também ligou para Berle e lhe disse que iria à Starwood acompanhado de Ostin.

Templeman explica que ele pensou estrategicamente ao convidar apenas Ostin. Normalmente, ele teria chamado Lenny Waronker, seu melhor amigo e melhor homem de A&R da gravadora. Mas ele sabia que Waronker, que produziu cantores-compositores do "Som de L.A." e grupos de country rock para a gravadora, acharia uma banda mais pesada como o Van Halen desagradável. "Lenny nunca gostou de heavy metal", diz Templeman.

Ostin, pelo contrário, gostava. Segundo Templeman, o executivo barbudo e com óculos "era mais aberto ao [hard rock e heavy metal] do que Lenny. Sei que ele conhecia essas coisas e apreciava, e por isso levei Mo em vez de Lenny". Templeman também sabia que Ostin tinha contratado os superastros do rock The Kinks e outro guitarrista revolucionário para o selo irmão da Warner, Reprise, nos anos 1960. "Mo contratou Jimi Hendrix", Templeman explica. Na verdade, Mo estava assistindo ao Monterey Pop Festival quando Hendrix agitou o mundo da música. Templeman disse a Ostin: "Você tem de ver esses caras", na esperança de ele ter naquela noite uma reação semelhante ao guitarrista virtuoso que Templeman tinha acabado de ver.

Como lembra Michael Anthony, a noite de quinta-feira não teve nada de especial: "A noite em que fomos descobertos por Ted Templeman e Mo Ostin foi como outra qualquer". Berle disse ao grupo: " 'Olha, tem algumas pessoas importantes aqui para vê-los'. Como as pessoas dizem isso o tempo todo, nós só dissemos: 'E daí? Nós vamos tocar nosso set normal'".[484]

---

484. Considine, *Van Halen!*, p. 41.

Talvez por causa da apresentação no meio da semana e da chuva, mais uma vez a casa não estava cheia. Mesmo assim, a banda começou a arrasar com o lugar. Alex se recorda: "A gente tocou para aproximadamente 20 pessoas no Starwood Club em Hollywood, mas isso não nos impedia de fazer nosso costumeiro grande show".[485]

Como havia prometido, Templeman apareceu com Ostin e outro executivo da gravadora, cujo nome se perdeu. Berle se lembra de ter ficado feliz em ver Ostin, que, assim como Templeman, era um velho amigo que ele conhecia desde o início da década de 1960.

Os quatro homens subiram para a área VIP e sentaram. A técnica de Edward mais uma vez arrebatou Templeman: "Digamos que sem Ed não teria Van Halen. Com certeza. Eu via a banda e pensava: 'Ele é um gênio'. Pensava também: 'Tem Art Tatum, Charlie Parker e esse fodão'. Eu falava: 'Deus do céu, ele é perfeito'".

Para dizer a verdade, diz Templeman, ele não pensa nas falhas que ele viu na banda graças à grandeza de Edward. "Eu os contratei baseado em Ed. *Boom!* Foi isso. Eu contratei Ed como um guitarrista e a banda eu trabalharia em volta disso, porque eu o achava o melhor músico que já vi na vida! Nunca vi ninguém tocar ao vivo assim, exceto quando eu ia a concertos de jazz. Eu vi Dizzy Gillespie, vi Miles e todos eles, mas Ed tocava melhor do que quase todos que já vi ao vivo. Vi isso *na hora*. Quis contratá-los imediatamente".

Ostin também ficou impressionado. Entre o guitarrista parecido com o Hendrix e sua versão arrasadora de "You Really Got Me", Ostin via os lucros de uma banda de um grande sucesso comercial. Anos depois, ele relata: "Eu os ouvi no palco, virei para meus colegas e disse algo crasso: 'Ouço o som do dinheiro'".[486]

Berle, que conhecia bem os talentos da banda, disse que ter ligado antes da apresentação para pedir que eles "tocassem bem" foi mais do que atendido pelos quatro músicos, que estavam "bem pra caralho" naquela noite. Quando as luzes da casa se acenderam, Ostin virou para Berle e perguntou: "Você é o empresário?".

Berle disse que não.

"Agora você é", Ostin respondeu.

No pequeno camarim, os membros da banda se parabenizavam pela excelente performance. "Nós mandamos ver", Edward contou a Jas Obrecht, "e todos falávamos: 'Ei, foi um bom set. Isso aí, galera!'".[487] Sem

---

485. Iain Blair, *Rock Video Superstars: Van Halen*, março de 1985, p. 10.
486. Paul Grein, "Pop Eye", *Los Angeles Times*, 27 de agosto de 1989.
487. Jas Obrecht, "Eddie Van Halen: The Complete 1978 Interviews".

executivos de gravadora à vista, a banda abriu umas geladas e flertou com as garotas.

Só então bateram na porta. Anthony lembra: "Era uma noite chuvosa, nós achamos que ninguém ia aparecer e, depois de terminarmos lá em cima, eles chegaram: 'Como vai? Sou Mo Ostin e este é Ted Templeman'". O quarteto atordoado balbuciou olás e mandaram as garotas saírem enquanto Berle e os executivos entravam.[488]

Enquanto as garotas faziam fila na entrada, Leiren veio pelo corredor do palco até o camarim. Ele contou a Steven Rosen: "Lembro-me das garotas na entrada comentando: 'Ah, por que a gente teve de sair? Esses caras são *foda*!'. Elas ficaram fulas da vida! Eu bati na porta e elas disseram: 'Você não pode entrar aí!'. Então eles abriram a porta, viram que eu estava com as guitarras na mão e me deixaram entrar! Eu sabia quem eram esses figurões, então eu disse: 'Mano, eu não perco isso por nada nesse mundo'".[489]

Dentro do camarim, Ostin e Templeman contaram à banda que eles gostaram do show. Anthony conta: "Nossos queixos caíram e eu me lembro de Mo dizer que ele adorou a forma como tocamos 'You Really Got Me'", uma música que ele ajudou a levar ao mercado americano.[490] Templeman também "curtiu" a música naquela noite e anotou na cabeça que o clássico do The Kinks poderia ser um excelente candidato para incluir em um álbum do Van Halen.[491]

A dupla então foi direto aos negócios. Edward lembrou que Ostin "nos perguntou se tínhamos contrato. Nós respondemos que não. Ele então perguntou se tínhamos um empresário. Nós dissemos não. Ele perguntou também se tínhamos um agente, e dissemos não de novo!".[492] Nesse ponto os executivos os encorajaram a firmar uma relação formal com Berle, o homem que contou a eles sobre o Van Halen.[493]

De ouvido ligado enquanto limpava as guitarras de Edward, Leiren ouviu Ostin e Templeman dizerem que eles gostariam de agendar um horário em um estúdio para a banda.[494] Anthony lembra: "Ted disse: 'Eu gostaria de fazer uma demo com vocês uma hora dessas; reunir-se no estúdio, tocar algumas músicas e ver o que sai'".[495] Quando Ostin ofereceu uma carta de intenção para eles assinarem, a banda se recusou,

---

488. Rudy Leiren, entrevistado por Steven Rosen, de posse do autor.
489. Rosen, "Ace of Bass", p. 66.
490. Rosen, "Ace of Bass", p. 66.
491. Rosen, "California Dreamin'", p. 21.
492. Blair, *Rock Video Superstars*, p. 4.
493. Marshall Berle, entrevistado pelo autor.
494. Rudy Leiren, entrevistado por Steven Rosen, de posse do autor.
495. Rosen, "Ace of Bass", p. 66.

dizendo a ele que "teriam de pensar no assunto" antes de assinar qualquer coisa.[496]

Com isso, o time da Warner Bros. pegou o telefone dos irmãos Van Halen e disse: "Não assinem com ninguém", antes de saírem pela porta.[497] Roth observou que isso não aconteceria de jeito nenhum: "Nós todos ficamos lá de língua de fora, falando: 'Sim, senhor; sim, senhor'".[498] Leiren lembrou que, assim que os executivos saíram, "todos comemoraram, dizendo: 'Legal! Chegou a nossa hora!'".[499]

No dia seguinte, tocou o telefone no número 1.881 da Las Lunas Street. Era a Warner Bros. Records perguntando de novo se o Van Halen assinaria com a gravadora.[500] Alex não esperou muito para dizer sim, pois a banda já tinha decidido que aceitaria o negócio.

Horas depois, os quatro músicos, acompanhados de Berle, reuniram-se na sede da gravadora em Burbank. Depois de agendar uma gravação de demo no lendário Sunset Sound Studios com Templeman e o engenheiro Donn Landee, eles assinaram a carta de intenção com a gravadora.[501]

Do ponto de vista de suas expectativas profissionais, a banda não poderia estar mais feliz. Templeman e Landee foram os cérebros por trás do álbum de estreia do Montrose, um dos discos de rock favoritos do Van Halen.[502] Além disso, e ainda mais importante, a Warner Bros. Records há muito tempo dava oportunidade ao hard rock e ao heavy metal. Como observa o escritor Warren Zanes: "[Já em 1972] os Warner preparavam o terreno para uma era de heavy metal que surpreenderia muitos por sua capacidade de resistência".[503]

Na visão da banda, isso tornava a Warner Bros. a gravadora ideal. Haze diz: "Eles queriam um contrato com a Warner Bros. Foi o que Dave me contou, pelo menos. Ele disse: 'Todos têm bons contratos, mas nós queremos a Warner Bros'. Isso por todas as bandas que estavam lá, como Sabbath, Deep Purple e Montrose. Eles tinham um celeiro das *melhores*

---

496. Blair, *Rock Video Superstars*, p. 4.
497. Warfield, "Van Halen: From the Starwood to Offenbach".
498. Considine, *Van Halen!*, p. 41.
499. Rudy Leiren, entrevistado por Steven Rosen, de posse do autor.
500. Rudy Leiren, entrevistado por Steven Rosen, de posse do autor.
501. Marshall Berle, entrevistado pelo autor.
502. Michael Anthony, "Michael Anthony of Van Halen & Chickenfoot Shares His Favorite Songs", *AOL Radio Blog*, 10 de março de 2010, acesso em 8 de julho de 2015, <http://aolradioblog.com/2010/03/10/michael-anthony-van-halen-chickenfoot-shares-favorite-songs>.
503. Zanes, *Revolutions in Sound*, p. 129.

bandas de rock. Tinham acesso comercial. Eles tinham muitos caras de promoção em rádios [a bordo], porque eles também tinham os Doobie Brothers e coisas assim. A Warner Bros. era bem eclética". Edward achava o mesmo, como contou a Steven Rosen: "A Warner Bros., cara, essa sempre foi a gravadora onde queria estar".[504]

Sabendo que nada seria definido antes do fim das últimas rodadas de negociações, a banda celebrou discretamente. Larry Abajian, dono da loja de bebidas favorita da família Van Halen, a Allen Villa Beverage, lembra: "No dia em que eles assinaram, Alex e Ed vieram aqui e compraram uma garrafa de champanhe e um pacote de copos de papel".

Mas, se eles esperavam manter as coisas em segredo a princípio, logo descobriram que isso não seria possível depois de o *Los Angeles Free Press* noticiar em 11 de fevereiro: "Os favoritos locais Van Halen assinaram com a Warner Bros., fazendo deles a primeira banda da nova onda de grupos jovens a sair das casas noturnas locais para uma grande gravadora".[505] Com a publicação da notícia, Roth foi para a KROQ no domingo contar a Bingenheimer. Koenig se recorda: "Eu estava na KROQ ouvindo o show de Rodney quando Dave apareceu com uma caixa de champanhe, dizendo: 'Rodney, nós assinamos um contrato!'".

Duas semanas depois, o Van Halen entrou no estúdio com Ted Templeman, Donn Landee e o engenheiro assistente Richard McKernan. Edward lembra que a banda não decidiu que instalações usar: "Donn e Ted fizeram todas as coisas dos Doobie Brothers lá; era um de seus lugares favoritos. Não sabia nada sobre estúdios, então o que eles quisessem estava bom".[506]

A banda podia nem saber, mas, ao trabalhar no Sunset Sound, eles estavam seguindo as pegadas de gigantes do rock. Led Zeppelin, Alice Cooper, Rolling Stones e The Doors gravaram lá. Além dos Doobie Brothers, Templeman e Landee gravaram Little Feat e Montrose no mitológico estúdio.[507] Como preparação para as sessões, Landee reservou um tempo generoso de estúdio.[508]

Enquanto isso, Templeman e a banda tiveram uma reunião de pré-produção. Eles chegaram a uma lista de 25 músicas para gravar baseada no longo repertório do Van Halen, que os membros da banda

---

504. Tolinski, ed., *Guitar World Presents Van Halen*, p. 38.
505. "The Hunter", *Los Angeles Free Press*, 11 de fevereiro de 1977.
506. Tolinski, ed., *Guitar World Presents Van Halen*, p. 99.
507. "Our History", *Sunset Sound Recording Studio*, acesso em 4 de outubro de 2014, <http://www.sunsetsound.com/?page_id=68>.
508. Dave Simons, "Tales From the Top", *BMI*, 5 de setembro de 2008, acesso em 8 de julho de 2015, <http://www.bmi.com/news/entry/Tales_From_the_Top_Van_Halens_Van_Halen_1978>.

anotaram em uma parede no porão de Roth.⁵⁰⁹ Nessa reunião, Edward contou a Templeman que, baseado em suas experiências com Simmons, ele preferia não acrescentar faixas extras de guitarras em suas músicas. Templeman concordou com esse plano, pois já tinha conhecido na Starwood a parede sonora do Van Halen.

No primeiro dia no Sunset Sound, Templeman observava o Van Halen afinar os instrumentos. A preparação dos efeitos confusos de Edward chamou sua atenção e ele olhava maravilhado enquanto o guitarrista testava sua engenhoca. Templeman lembra: "Ele tinha essa pequena tábua com todas essas coisas armadas, como corda e fita isolante juntando tudo. Ele punha tudo aquilo junto e pisava nessas coisinhas. Ele era um puta gênio. O som era incrível. Aquela tábua foi algo que ele levou quando nós fizemos a demo".

Quando Landee colocou a fita para rodar, Templeman observava maravilhado Edward trabalhar. Ao contrário da maioria dos guitarristas, que precisavam de vários takes ou faixas múltiplas para acertar suas partes, ele apenas tocava as músicas, solos e tudo, de uma só vez. Templeman diz: "Não dava pra acreditar no Ed. Quando nós fizemos a demo, ele sentava lá e só tocava. Quando ele chegava ao solo, ele o tocava. Eu dizia: 'Você quer pôr os acordes embaixo?'. Ele respondia que não. Mas era isso o que soava tão bom. Eles tocavam como um power trio, pois não tinha guitarra-base sob o solo". McKernan diz que a visão de Edward para as gravações ganhou vida porque, exceto por "umas duas sobreposições", as faixas foram feitas ao vivo.

As coisas correram em um passo vertiginoso. Alex, Michael e Edward ficaram juntos em uma sala, separados apenas por defletores, e gravaram as faixas instrumentais de cada música ao vivo. Roth ficou na cabine vocal e cantou sozinho. Templeman, que não estava preparado para a rapidez com que a banda trabalhava, diz: "Nós simplesmente arrematamos tudo em uma tarde – boom, boom, boom!". Landee, que gravava bandas desde o fim dos anos 1960, diz sem reservas: "Eles eram a banda mais bem preparada que já ouvi ou gravei", por isso "acabamos nem precisando do tempo extra de estúdio".⁵¹⁰

※

Templeman e seus engenheiros tinham motivo para ficar impressionados. O repertório da banda era longo e profundo. Incluía seis das 11 músicas que entraram para o álbum de estreia do Van Halen e outras

---

509. Gary Nissley, entrevistado pelo autor.
510. Donn Landee, entrevistado pelo autor; Simons, "Tales from the Top".

oito que entrariam nos primeiros seis álbuns da banda de uma forma ou de outra. Para pagar a dívida com Kim Fowley, eles também gravaram uma versão ardente de uma música no estilo do KISS chamada "Young & Wild", escrita por Fowley e Steven Tetsch do Venus and the Razorblades.

Embora a demo transborde energia, há alguns erros. Edward explicou depois para Steven Rosen que a demo incluía algumas músicas que "em se tratando do Van Halen" eram "meio ultrapassadas. Elas são um pouco mais bobas".[511]

No dia seguinte, o quarteto arrematou os vocais de apoio. Para concluir, a banda gravou o clássico de Roy Rogers, "Happy Trails". Antes de cantarem, Roth perguntou: "O que está faltando?". Anthony, pensando com certeza na natureza alucinante da experiência, gritou: "Insanidade!". Exceto por alguns acertos no vocal de Roth, feitos uma semana depois, no mesmo dia que Landee mixou a fita, a demo estava completa.[512]

Embora a banda tenha se divertido muito gravando a demo, havia uma tarefa menos agradável pela frente: conseguir um representante jurídico e assinar os contratos finais. Anthony lembra: "Quando fui ver, era hora do contrato. Nós procuramos e contratamos um advogado que o velho de Roth conseguiu pra gente".[513] O homem sugerido por dr. Roth era um advogado de entretenimento chamado Denny Bond. Ele trabalhou para o cantor Paul Williams nos anos 1970, e anos depois seria o publicitário de Lee Majors.[514] No encarte de *Van Halen*, a banda agradeceu a Dennis Bond, Esq.

Gary Ostby, o caseiro da propriedade de Roth que ficou íntimo de Dave, conta que o dr. Roth se tornou um grande defensor do Van Halen em 1977. Ele diz: "A princípio, o dr. Roth não gostava [das atividades musicais de Dave], mas, quando o Van Halen começou a crescer, ele ficou mais tolerante. Ele virou fã. Ele tentava ajudá-los sempre que podia com os advogados que conhecia; ele apresentava Dave a eles. De qualquer maneira, como Dave tinha um tino comercial, ele sabia se o

---

511. Tolinski, ed., *Guitar World Presents Van Halen*, p. 98.
512. Richard McKernan, entrevistado pelo autor.
513. Rosen, "Ace of Bass", p. 66.
514. Howard Pearson, "Paul Williams – He's Tall on Talent", *Desert News (Salt Lake City, Utah)*, 29 de julho de 1982; "Majors, Fawcett File for Divorce", *Victoria (Texas) Advocate*, 30 de maio de 1980.

cara era bom ou não. Embora o cara estivesse *sempre* no palco, ele fez um monte de boas jogadas".

Ostby acrescenta que Roth compreendia que as gravadoras quase sempre terminavam em uma posição vantajosa quando a tinta secava nos contratos. "Ele conhecia todas as histórias de terror que você ouvia, até naquela época, sobre como as gravadoras exploravam as pessoas e tiravam mais do que deviam." Depois de eles se comprometerem inicialmente com a Warner Bros. em fevereiro, Roth contou a Ostby: "Não vamos dar *nada*". Ostby diz que a confiança de Roth vinha do fato de que "ele tinha os bons advogados de seu pai para aconselhá-los".

Antes de qualquer acordo final, a banda precisava dizer a Bond como eles pretendiam lidar com os direitos das músicas. Aparentemente, essa decisão foi tomada anos antes. Edward, que depois lamentou o acordo, disse: "Nós nos sentamos na casa do pai de Dave e dissemos: 'Bom, como vamos fazer se tivermos sucesso?'. Eu disse: 'Separar em quatro. Nós somos quatro, certo?'. Isso foi antes de eu descobrir que só eu compunha".[515] Logo depois, as negociações terminaram.

Em 3 de março de 1977, os guitarristas Carl Haasis e Gary Putman apareceram cedo para o show *Day at the Races* do Queen no Forum, entrando na arena mais de uma hora antes.

Enquanto os dois checavam o palco, Edward se aproximou deles. Eles perguntaram: "E aí, tudo bem?". Edward deu a boa notícia a eles. "A gente assinou um contrato hoje!"

Haasis disse: "O quê?".

"A gente vai lançar um disco! Um disco de verdade! Assinamos com uma gravadora!"

Haasis se lembra de que Edward continuou dizendo: "'Nós temos $150 mil e $80 mil vai só para isso...'. Ele ficou emocionado". Haasis disse que ele e Putman, que ainda tocavam em bandas especializadas em covers, ficaram atordoados enquanto seu amigo dava a ótima notícia.

Finalmente era hora de celebrar. Roth visitou George Courville e perguntou se poderia dar uma festa em sua casa, porque seu pai tinha estabelecido uma regra sobre reuniões até tarde da noite em sua casa.

---

515. Young, "Van Halen", p. 54.

Courville ri: "Dave veio e perguntou: 'Podemos usar sua casa?'. O burro aqui deixou".⁵¹⁶

Courville conta que a banda deu uma festança lendária. "Tinha umas 300 pessoas na festa, com umas 21 na banheira/chuveiro fumando e cheirando a qualquer hora. Eu desmaiei no sofá por volta das 2 horas da madrugada, com quatro buracos nas minhas paredes: dois no banheiro, um na cozinha e um na sala. Eu acordei às 3 horas com uma guerra de comida na cozinha. Eddie, Alex, Dave e alguns amigos tinham derramado uma caixa de cerveja no chão da cozinha e brincavam de escorregar. Enquanto isso, eles tiraram toda a comida da geladeira, empilharam na mesa da cozinha e fizeram uma enorme salada de cerca de 90 centímetros de largura por 60 centímetros de altura. Os potes vazios foram incluídos e se misturavam à salada. Às 6 horas da manhã dava para abrir um centro de reciclagem por causa de todas as garrafas, latas, xícaras e pratos vazios em todo lugar."⁵¹⁷

Esses foram realmente dias de celebração para o Van Halen. Anos depois de trabalho duro, o Van Halen finalmente garantiu o maior contrato com a gravadora com que eles tanto sonharam. Agora era hora de se preparar para gravar o álbum da estreia.

---

516. George Courville, entrevistado pelo autor.
517. George Courville, e-mail para o autor, 22 de agosto de 2013.

Capítulo 11

Van Halen

Em março de 1977, Ted Templeman teve uma ótima temporada. Ele produziu vários álbuns de sucesso e seus próximos dias na agenda incluíam gravações com as bandas Doobie Brothers e Little Feat e os novatos promissores Nicolette Larson e Van Halen.

No caso do Van Halen, ele não podia deixar de compará-los ao Montrose, o quarteto vigoroso que ele produziu em 1973. E isso o preocupava. O Montrose tinha *todas* as peças no lugar para arrebentar na estreia: músicas sólidas, um baixista sensacional, um guitarrista monstruoso e um vocalista potente chamado Sammy Hagar. Apesar dessas vantagens, *Montrose* cambaleou até um decepcionante número 133 na parada de álbuns da *Billboard* antes de desaparecer dela para sempre.

Quando ele fez uma análise semelhante das habilidades do Van Halen, sentiu confiança no grande repertório da banda, no guitarrista virtuoso e na sólida seção rítmica. Mas, quando comparou os dois vocalistas, ele achava que Roth ficava em desvantagem. Templeman diz: "Não achei que fosse mantê-lo" na banda depois de ver o Van Halen na Starwood. Esperando para ouvir como Roth se saía no estúdio, o produtor se absteve de qualquer outro julgamento até depois da gravação da demo no meio de fevereiro. Templeman lembra que o que ele ouviu na fita não amenizou seus medos. Na verdade, ele diz: "Dave na ocasião realmente me deixava nervoso, porque não conseguia cantar".

O produtor então considerou substituir Roth por Hagar, que era então um artista solo. Ele diz: "Eu realmente queria Sammy na banda na ocasião, pois eu tinha gravado com o Montrose. Sei que isso estava na minha cabeça no princípio". Ele explica que esse plano fazia sentido, pois Edward adorou o álbum de estreia do Montrose. Mas, na época, ele nunca apresentou essa ideia para ninguém na banda, embora ele se lembre de ter mencionado para Lenny Waronker e talvez Donn Landee.

Enquanto Templeman remoía o assunto, Roth se recusou a deitar nos louros. Enquanto muitos aspirantes a astros do rock podem ficar preguiçosos depois de conseguir um contrato com a Warner Bros., Dave deu duro. Semanas depois, sua mente criativa, suas letras inteligentes e seu vocal aperfeiçoado convenceram Templeman de que ele tinha todos os requisitos para estar à frente do Van Halen.

Os esforços de Roth e de seus colegas de banda renderam frutos dentro do Sunset Sound. Em apenas 15 dias o Van Halen gravou um dos maiores álbuns de estreia do rock, que os tornaria a banda de rock jovem mais quente da América apenas meses depois de seu lançamento. Para o Van Halen, esse tipo de sucesso é uma história de talento e trabalho duro compensando no fim. Para David Lee Roth, que poderia ter sido expulso da banda no começo de 1977, é uma história com um enredo digno de Rocky sobre vencer quando as chances estão totalmente contra você.

Apesar da ansiedade do Van Halen em começar a gravar, a banda entrou em um modo de correria e espera depois de terminar a demo em fevereiro. Anthony lembra: "Nós demoramos muito pra entrar no estúdio, porque Ted estava em um projeto com os Doobie Brothers".[518] No fim das contas, ele não gravaria com os Doobie tão cedo. Templeman explicou em 1981 que, diferentemente do Van Halen, uma banda que "entrava em estúdio e acertava logo de cara", "demorava muito mais" para gravar um álbum dos Doobie Brothers.[519] Com Templeman e Landee indispostos, o Van Halen continuou a trabalhar.

Roth deu o exemplo. Embora não haja evidência de que soubesse das apreensões de Templeman, ele contratou um professor de canto na primavera de 1977. Como ele contou em tom de autorreprovação à *Winner* em 1986: "Fiz algumas aulas de canto por um período, mas obviamente minha voz não melhorou muito".[520]

Entretanto, Roth resolveu se tornar um cantor melhor. Jim Burger se lembra de aguardar na entrada seu amigo Pete Dougherty (que morava na garagem da propriedade) quando ele ouviu uma cantoria vindo da casa principal. Ele viu que "Dave estava praticando seus exercícios de

---

518. Rosen, "Ace of Bass", p. 66.
519. David Gans, "Ted Templeman", *BAM*, 9 de outubro de 1981, acesso em 8 de julho de 2015, <http://dgans.com/writings/templeman/>.
520. Mark Dery, "David Lee Roth Takes Off His Warpaint", *Winner*, novembro de 1986, acesso em 17 de julho de 2014 (precisa de login), <http://www.rocksbackpages.com/Library/Article/david-lee-roth-takes-off-his-warpaint>.

canto no segundo andar da mansão. Ele nos dizia que não eram 'lições de canto', mas, sim, exercícios de voz".

Roth praticava religiosamente. Gary Ostby diz que o homem principal do Van Halen "repassava seus exercícios toda manhã", o que, para um astro do rock em treinamento como ele, não começava antes das 11 horas, e de hora em hora. Ostby diz: "Ele estava sempre fazendo suas escalas, *A-E-I-O-U*, e tudo o mais. Ele tinha um professor muito antes do lançamento do álbum".

Com as gravações no estúdio se aproximando, Roth sabia que as apostas eram altas. Mas ele também sabia que suas deficiências como cantor seriam ampliadas no álbum, ao lado de um guitarrista tão talentoso quanto Edward. Lisa Christine Glave, amiga de Dave naquela época, acha que ele trabalhou tão duro "em 1977 porque sabia que Eddie era um virtuoso. Se ele ia ficar na banda, percebeu que teria de se esforçar mais. Eddie conseguiria pegar um pedaço de estanho com três cordas e fazê-lo soar como um Stradivarius. Para acompanhar, Dave teve de trabalhar muito. O talento de Eddie era mais inato".

Roth já tinha feito esforços significativos antes para afinar as cordas vocais. Durante sua temporada na PCC no início dos anos 1970, Roth fez um curso de verão, Música 172: técnica vocal avançada, com uma instrutora chamada Gloria Prosper. Para a prova final, os alunos tinham de cantar cinco músicas diferentes em cinco estilos vocais diversos, incluindo pop, rock, R&B e Broadway. Roth, que provavelmente não passou no curso por não entregar nenhum trabalho escrito, tentou cumprir com o trabalho final. Na frente de seus colegas e de Prosper, ele cantou quatro das cinco músicas exigidas, todas covers: "Wishing You Were Here" do Chicago, "Ice Cream Man" de John Brim, "Go Away Little Girl" de Donny Osmond e "If I Had My Way" de Peter, Paul and Mary.[521]

Embora não tenha ficado claro como Prosper e seus colegas responderam a essa performance específica, em algum momento Prosper avaliou Roth. Debbie Imler McDermott diz: "Eu o via sentado fora da sala de música. Eu me aproximava, cumprimentava, me sentava ao seu lado e conversava com ele. Um dia, me lembro dele sentado lá com uma cara triste. Eu me aproximei e perguntei: 'Que foi?'. Ele disse: 'Eu estou fazendo essa aula de canto e minha professora disse que eu tenho uma voz terrível e nunca vou conseguir nada'".

---

521. Gloria Prosper, entrevistada pelo autor.

Enquanto Roth trabalhava, Templeman estudava a demo. Algumas semanas depois, ele mudou de opinião sobre Roth. Sejam quais fossem as deficiências vocais que Roth tivesse, Templeman sabia que dentro do Sunset Sound ele "trabalharia no que fosse preciso e tentaria arrumar".

Ele também passou a adorar as composições de Roth. Ele diz: "Quando eu terminei aquela demo, sabia que Dave tinha algo a dizer. Ele tinha muita intensidade e habilidades cômicas. Era incrível". A simpatia recém-adquirida de Templeman cresceu depois que ele ouviu algumas músicas compostas pelo Van Halen após a gravação da demo, como "Atomic Punk" e "Ain't Talkin' Bout Love". "Eu realmente fiz a lição de casa", ele observa, "e o que aprendi foi que aquelas eram as letras de Dave e ele era um ótimo compositor. Eu sabia que ele era esperto. E é difícil de encontrar alguém que seja realmente brilhante assim". Templeman diz que, no fim: "Sammy era um ótimo vocalista, mas Dave era um ótimo compositor".

Decidido a avançar com a formação atual, Templeman agendou reuniões de pré-produção. Aqui a falta de experiência da banda os encorajou a obedecer a seu produtor. "Nós tínhamos Ted Templeman", Anthony lembra, "que era tipo o líder da banda naquele ponto, nos dizendo: 'Sim, você deve fazer isso'". Como "nós éramos novatos nesse lance de estúdio e gravação", Anthony disse, "nós falávamos: 'Tá bom'" a tudo que ele sugeria.[522] O produtor diz que, embora ele desse as cartas, a banda concedeu essa autoridade para ele. Ele diz: "Digamos que tudo o que eles diziam era: 'Tá bom. Como você quiser'".

A primeira ordem do dia era escolher canções para o LP. Templeman diz: "Queria que o álbum fosse alegre e brincalhão". Em outras palavras, ele não queria nada a ver com músicas lúgubres como "House of Pain", inspirada no filme *A Ilha das Almas Selvagens*, ou a assustadora "Voodoo Queen". Ele explica: "Eu só me afastei dessas músicas" para o álbum não sair tão "moroso". Por isso, qualquer chance de o álbum de estreia do Van Halen se tornar algo sombrio e negativo foi eliminada bem antes da gravação.

Em vez disso, a atmosfera seria do sol do sul da Califórnia com muito açúcar. Músicas como "Feel Your Love Tonight", "Show Your Love", "On Fire" e "Ice Cream Man" combinam com esse sentimento otimista. De acordo com Templeman, todos viam esse ponto sob o mesmo prisma. "Eles gravitavam ao redor de coisas mais alegres", uma filosofia com a qual eles continuaram comprometidos em toda a sua carreira.

---

522. Redbeard, "In the Studio for Van Halen II", *In the Studio with Redbeard*, acesso em 4 de outubro de 2014, <http://www.inthestudio.net/redbeards-blog/van-halen-2-35th-anniversary>.

"Com o passar dos anos, se você ouvir 'Jump' ou 'Hot for Teacher' ou 'Panama', sentirá uma 'coisa positiva' nelas."

Mas havia espaço para as sombras no LP. Segundo lembra Templeman, "Runnin' with the Devil' era sombria e ótima como deveria ser", e foi selecionada para o disco, assim como "Atomic Punk" e "Ain't Talkin' 'Bout Love". O interessante é que essas duas últimas músicas foram inspiradas pela cena punk da cidade, e na última Roth pode declarar às legiões de punks que ele era o verdadeiro macho alfa da Strip.[523]

Depois de observá-los trabalhando na demo, Templeman resolveu de novo gravar ao vivo sempre que possível, uma abordagem apoiada por Edward. Isso se deve em grande parte pelos talentos do grupo bem ensaiado. "Eles eram bons demais ao vivo no estúdio", comenta Landee. "Não são muitas as bandas que conseguiam isso. Nós sabíamos que eles conseguiam. Queríamos que saísse tão cru quanto pudesse." Landee se recorda que, mesmo antes de gravarem as demos, Templeman e Landee queriam diminuir as sobreposições. "Eles não sabiam disso", observa Landee, "mas nós conversamos e decidimos desencorajá-los de fazer qualquer coisa que não fosse uma gravação 'ao vivo'".

Segundo o que diz Templeman, gravar o Van Halen dependia um pouco mais do que rodar a fita: "Meu trabalho com o Van Halen é colocar um microfone na frente deles e captar o som".[524] Templeman reconheceu que a habilidade do Van Halen de se apresentar ao vivo era o que os tornava mágicos. Ele jamais esconderia esse talento sob camadas de efeitos de estúdio.

Entretanto, um membro da banda tinha reservas a essa abordagem. "Ted era um dos tipos [de produtores] mais puros da época", Alex disse depois. "Ele não estava interessado em efeitos especiais. Não estava interessado em sobreposição. Para falar a verdade... na época eu preferia gravar mais como um disco do Zeppelin, com todas aquelas camadas de som. Mas Ted não tinha nada a ver com isso. Ele quis gravar a pureza do som."[525]

Nada em *Van Halen* soava mais puro do que o som de guitarra monstruoso de Edward e sua técnica dinâmica, claro. "Quando eu gravei o álbum de estreia do Van Halen", o produtor contou à *Guitar World*, "minha estratégia era apenas pegar a guitarra e esfregá-la na cara do

---

523. Steve Gett, "Get Van Halenized"; Obrecht, *Masters of Heavy Metal*, p. 155; Steven Rosen, "Unchained Melodies", *Guitar World Presents Van Halen: 40 Years of the Great American Rock Band*, julho de 2012, p. 106; Tolinski, ed., *Guitar World Presents Van Halen*, p. 97.
524. David Gans, "Ted Templeman".
525. Redbeard, "In the Studio: 20th Anniversary of Van Halen".

maldito mundo todo, porque eu a achava a coisa mais maravilhosa que já ouvi".[526]

Essa abordagem vinha toda da consciência de Templeman de que o estilo inconfundível de Edward fazia dele uma raridade entre os músicos. "Certos guitarristas, por melhor que eles toquem, simplesmente não têm noção de como fazer seu instrumento ter um som distinto."[527] Edward tinha e por isso sua guitarra era a frente e o centro da mistura. Como Michael Anthony explicaria: "Quando gravamos nosso primeiro álbum, Ted Templeman, nosso produtor, adorava a técnica de Eddie. Tudo foi realmente orientado ao redor da guitarra".[528]

O que mais encorajou Templeman a focar no guitarrista do Van Halen foi o grande salto que ele deu recentemente como músico. Carl Haasis, que viu Edward tocar dúzias de vezes desde 1973, observa: "Quando eu converso com as pessoas sobre o Van Halen, digo: 'As duas coisas pelas quais ele é conhecido, a alavanca de trêmolo e o tapping, aconteceram no último momento'. Ele toca há anos e isso aconteceu em um período de seis meses. De repente ele começa a fazer esse tapping. Não é louco? Você pensa: 'Nossa, esse cara faz isso há uns 20 anos'. Não". Nos meses antes da gravação do álbum da estreia da banda, Edward mudou radicalmente seu estilo.

O primeiro passo nessa sequência começou por volta de dezembro de 1976 quando Edward começou a tocar uma guitarra modificada por ele: uma Stratocaster, carregada com um captador duplo e equipada com uma alavanca de trêmolo. Unida a seu cabeçote Marshall favorito, seu Variac, suas pedaleiras e suas mãos habilidosas, o som da guitarra de Edward era agora extraordinariamente potente.

Ao mesmo tempo, a introdução da alavanca de trêmolo tornou o estilo de Edward ainda mais louco e imprevisível. Tracy G. lembra que viu Edward tocar pela primeira vez esse tipo de instrumento em um show no começo de 1977 no Walter Mitty's. "Então, ele tinha essa coisa com a alavanca e ele a usava como eu nunca ouvi ninguém usar, com as bombas gigantes, com aquele *wrooom* e tudo aquilo.".

Edward ainda não tinha terminado de mudar seu estilo. Tracy, que raramente perdia um show do Van Halen, foi vê-los no Whisky no início do verão de 1977. Edward ofereceu de novo algo inesperado.

---

526. Brad Tolinski, "Whipper Snapper", *Guitar World*, setembro de 1991, p. 92.
527. Gene Santoro, "Edward's Producer on the Brown Sound", *Guitar World*, julho de 1985, p. 57.
528. Buttner, "Michael Anthony of Van Halen".

Ele apareceu "com a Strat e ela estava pintada de branco com fita isolante cruzada em cima dela". Como o visual nada convencional da "Frankenstrat", que ele depois pintou em um padrão único com listras pretas e brancas, transformou a forma como os guitarristas de heavy metal dos anos 1980 decoravam seus instrumentos, é fácil ignorar como isso chocou aqueles que a viram pela primeira vez.[529] Tracy explica: "Eu estava lá com um bando de outros guitarristas. Dava pra saber, porque eram aqueles boquiabertos".

Edward tinha mais uma surpresa para todos no Whisky naquela noite. Depois de uma introdução de Roth, Edward se colocou debaixo dos holofotes. Tracy diz: "Ele começou a tocar 'Eruption' e mostrou a técnica de tapping pela primeira vez que a vi. Lembro de ter virado para meu amigo e dito: 'Ah, não. Não pode ser'. Nunca tinha visto isso. Nunca tinha ouvido. Eu literalmente só curvava minha cabeça, dizendo para mim mesmo: 'Caralho! Que merda é essa? Tá de brincadeira!'".

O que surpreendeu Tracy, além de todos que viram Edward estrear essa técnica no verão de 1977, foi sua natureza nada ortodoxa. Edward usava o indicador da mão direita para acertar as notas nos trastes da guitarra enquanto martelava e soltava notas no braço com a mão esquerda. Ao fazer isso, ele criava uma música que soava completamente diferente da escala mais convencional dos guitarristas. Nesse momento, meses antes do lançamento do primeiro álbum do Van Halen, a técnica de tapping de Edward influenciou os heróis da guitarra do heavy metal dos anos 1980.

Neste ponto, é importante salientar as diferenças significativas entre a técnica de tapping com as duas mãos que Edward estreou naquele verão e a que ele aprendeu com Mandel por meio de Kilgore e do trabalho de Gibbons em "Beer Drinkers". Jas Obrecht da *Guitar Player* observa que a abordagem envolvia a criação de "arpejos espiralados parecidos com um teclado".[530] A técnica de 1977 de Edward desencadeou torrentes de notas ligadas em vez de sibilos únicos ou sequências truncadas de notas marteladas. Resumindo, foi revolucionária.

Entretanto, Edward teve sim fontes de inspiração no fim de 1976 que podem tê-lo encorajado a revisitar o que ele tinha aprendido em 1974. Em 14 de setembro de 1976, Jeff Burkhardt levou Edward para ver o Derringer, o novo quarteto do guitarrista Rick Derringer, abrir para a Runaways na Starwood. Naquela noite, os guitarristas Derringer e Danny

---

529. Gerry Ganaden, "The Return of the Hot Rod Guitar", *Premier Guitar*, fevereiro de 2009, p. 119.
530. Jas Obrecht, "An Appreciation", *Positively Van Halen*, inverno de 1986, p. 4.

Johnson martelaram algumas notas no início do set antes de exibir sua interpretação da técnica durante a galopante "Beyond the Universe". Burkhardt explica: "Tem esse solo de guitarra no fim. Danny e Derringer curvavam as cordas para cima e tocavam [*com sons de martelada*] as cordas em sincronia no fim do solo. Ed estava bem perto de mim, a uns 20 centímetros de distância. Quando eles fizeram aquilo, eu olhei pra ele e ele tinha a cabeça meio inclinada para o lado. Dava pra perceber que de repente a engrenagem estava trabalhando".

Edward teve outra dose da técnica logo antes do Natal. Na noite de 20 de dezembro, ele caminhava no Santa Monica Boulevard quando cruzou com seu antigo rival, o guitarrista George Lynch, que tinha acabado de sair de um ensaio.[531] Lynch e Edward trocaram cumprimentos e descobriram que os dois iam para o mesmo lugar. Lynch diz: "Depois de um ensaio, eu e Eddie caminhamos juntos até a Starwood" para ver o Canned Heat. Quando eles chegaram, o letreiro dizia que teria um convidado especial no show: Harvey Mandel.[532]

Lynch explicou depois o que viu: "Nós dois testemunhamos Harvey Mandel do Canned Heat fazer um tapping neoclássico" durante o solo de guitarra. Ele acrescentou depois, rindo: "Foi rudimentar, mas era tapping, o que despertou todo mundo. Todos foram para casa e o roubaram".[533]

Porém, essas duas experiências afetaram a técnica de Edward, pois é fato que ele começou a praticar a técnica nos meses seguintes. Nesse período, ele criou uma abordagem ao instrumento que quebrou paradigmas. Quando ele revelou seu método de duas mãos, essa era uma parte fundamental de seu estilo. Kilgore observa: "Assim como Jimmy Page, ele conseguia pegar uma coisa e dominá-la de tal forma que se unia à sua técnica".

Embora Edward sempre tenha sido publicamente discreto com o que inspirou seu tapping com as duas mãos, pessoalmente ele dava os créditos a Mandel. Neal Schon, guitarrista do Journey, contou ao jornalista Dan Hedges que Edward confiou nele quando as duas bandas excursionaram juntas no começo de 1978: "Eu estava ouvindo 'Eruption' e todas essas outras melodias, dizendo: 'Que diabos esse garoto está *fazendo*?'. Não conseguia descobrir. Nunca tinha visto essa coisa de um dedo antes. Depois, eu conversei com Eddie e ele me disse como Harvey

---

531. Edward e George se encontraram nessa noite em dezembro de 1976 porque o Van Halen se apresentava nas outras noites em que o Canned Heat tocava na Starwood.
532. O anúncio da Starwood para essa data observa especificamente que Mandel seria convidado do Canned Heat. Veja "Starwood", *Los Angeles Times*, 19 de dezembro de 1976.
533. Randy Cody, "Rocket Interviews George Lynch", *The Metal Den*, 15 de março de 2009, acesso em 8 de julho de 2015, <http://themetalden.com/index.php?p=198>; George Lynch, entrevistado pelo autor.

Mandel tinha feito algo assim antigamente. Eu lembro de ter visto Mandel, mas Edward levou isso ao limite".[534]

Talvez a última palavra aqui deva ser de Kilgore, pois ele é o primeiro a admitir que foi Edward quem fez a diferença. Kilgore explicou que, quando fazia tapping no meio dos anos 1970, ele só "pegava uma nota aqui, outra ali". Edward, segundo ele, é o músico que "aperfeiçoou a técnica". Se Mandel foi o "pioneiro do tapping", Edward "levou isso a três níveis acima".[535]

Além da técnica de Edward, Templeman também buscou inspiração no primeiro álbum do Montrose. Com músicas curtas e potentes, sons de guitarra matadores e produção impetuosa, parecia o modelo perfeito para *Van Halen*. Templeman lembra: "Eles gostavam tanto do Montrose que Ed queria pegar emprestado o cabeçote Marshall de Ronnie para essa gravação. Eles deram o nome da banda ao álbum, assim como Ronnie fez com seu sobrenome. O Van Halen queria ser exatamente como o Montrose". Michael Anthony concorda, dizendo: "Ted Templeman produziu [o Montrose], e eu me lembro de todos nós pedindo a Ted para soarmos alto e selvagem, como eles".[536]

Com sua experiência com o Montrose, Templeman aprendeu uma importante lição: o Van Halen precisava de um hit. Ele diz: "O Montrose nunca teve um disco de sucesso, porque eles não tinham nenhum hit". Nessa altura dos acontecimentos, Templeman achava que nenhuma das composições originais da banda soava como um single pop. Portanto, "You Really Got Me" do The Kinks foi selecionada. Como lembra Edward Van Halen: "Ted achava que se a gente tocasse um hit já consagrado, era meio caminho andado".[537]

Finalmente, no final de agosto de 1977, o Van Halen entrou do estúdio dois do Sunset Sound. Anthony confessa que todos estavam nervosos: "Por mais que pareçamos confiantes e arrogantes no disco, a verdade é que estávamos morrendo de medo. Eu me lembro de colocarmos os

---

534. Hedges, *Van Halen*, p. 52.
535. Terry Kilgore, "The last word on the Ed clone thing", *Vintage Amps Bulletin Board*, 28 de abril de 2004, acesso em 8 de julho de 2015, <http://vintageamps.com/plexiboard/viewtopic.php?f=5&t=17153&p=163983#p163983>.
536. Anthony, "Michael Anthony of Van Halen & Chickenfoot Shares His Favorite Songs".
537. Chris Gill, "Home Improvement", *Guitar World*, fevereiro de 2014, p. 67

fones de ouvido e olharmos um para o outro como se disséssemos: 'Uau, a gente está mesmo fazendo isso. Espero que a gente não faça besteira!'".[538]

Para se soltarem, eles trataram o estúdio como o porão de Roth. Edward contou à *Guitar Player* que, quando as coisas começaram a se encaminhar no estúdio, eles começaram a "pular, beber e pirar".[539] Peggy McCreary, que trabalhava como engenheira assistente nas gravações, lembra-se da exuberância da banda. Ela conta: "A melhor coisa que eu lembro era de como eles ficaram entusiasmados e empolgados só de estarem lá".[540] "Nós rimos muito, foi muito engraçado", Templeman contou ao escritor Warren Zanes. Mas, no fim, "eles se divertiam um pouco mais" do que o produtor, graças a um certo pó branco. "Eles iam pra outra sala e eu não sabia direito o que eles aprontavam. Eles tinham sua própria palavra pra isso: Krell. Ed dizia para o roadie: 'Liga pro Krellman'. Eu demorei um tempo pra descobrir."[541]

Para captar a atmosfera da apresentação ao vivo, o Van Halen gravou as faixas básicas como um quarteto, e para isso tentaram tocar no estúdio como faziam no palco. A melhor forma de atingir esse objetivo era colocar a banda toda dentro da espaçosa área de apresentação de nove por sete metros do estúdio dois. Templeman e Landee deram o pontapé inicial colocando a bateria em um local onde poderiam fazer contato visual com Alex da sala de controle. Templeman se recorda: "No estúdio dois, eu sempre colocava os bateristas no mesmo lugar. Eu coloquei Richie da Little Feat e o baterista dos Dobbies no mesmo canto onde coloquei Al. Se eles ficassem só do lado direito, Donn podia vê-los. Coloquei Al no mesmo lugar. Assim eu conseguia conversar com ele. Eu fazia um sinal, ele olhava e falava: 'Tá bom'".

Com Alex instalado, a equipe de produção colocava os outros perto. Enquanto Roth cantava em uma cabine ao lado, Michael e Edward se juntaram ao redor do baterista, apenas com defletores separando os três. Na verdade, Edward quis essa intimidade com Alex e Michael para dispensar o uso dos fones de ouvido. "Eu não suportava usar os fones", ele declarou. "Parecia que eu estava numa garrafa de vidro, separado do resto dos caras. Eu nunca usava no estúdio, só ficava perto do Al e tocava."[542] O guitarrista, como o restante da banda, também tocava *alto*.

---

538. Joe Bosso, "Michael Anthony: My 6 Career-Defining Records", *Music Radar*, 3 de maio 2010, acesso em 8 de julho de 2015, <http://www.musicradar.com/news/guitars/michael-anthony-my-6-career-defining-records-249695/7>.
539. Obrecht, *Masters of Heavy Metal*, p. 146.
540. Peggy McCreary, e-mail para o autor, 12 de setembro de 2012.
541. Zanes, *Revolutions in Sound*, p. 185.
542. Citação de Edward Van Halen em Considine, *Van Halen!*, p. 42.

"Eu uso dois [amplificadores e gabinetes Marshall]", ele contou a Steven Rosen em 1978, "porque gosto de sentir também enquanto toco."[543] Embora Templeman e Landee às vezes passassem dias conseguindo um bom som de guitarra, Edward logo acertava as coisas.[544]

Mas o guitarrista e seu técnico não queriam ser conservadores. McKernan explica: "Rudy sempre disse: 'Eddie faz tudo sozinho', mas Eddie e Rudy planejaram seu som. Eles tiravam os captadores e os religavam com um fio de dimensão diferente para ver se fazia diferença. Eles estavam sempre experimentando. Mas a verdadeira peça-chave era o Variac. Eles o conectaram entre o amplificador e a parede. Usavam uma voltagem mais baixa para a parte rítmica quando queriam enfraquecer o amplificador para ter aquele som surdo. Ou colocavam muita voltagem nele e o forçavam quase até o limite e as válvulas do amplificador chiavam. Era o que eles usavam para os solos; eles aumentavam o volume e conseguiam aquele chiado. Eles estavam tentando fazer com os captadores a mesma coisa que fizeram com o Variac". Templeman observa: "Ed nunca ficou preso a nada. Ele gostava de explorar o que quisesse fazer. Ele era um cara muito engenhoso e criativo".

Landee também se lembra de Edward como um músico que tentava quase tudo para conseguir o som certo. "Ed era totalmente comprometido com seu som e sua arte", diz o engenheiro. "Soube disso depois que coloquei os microfones na frente de seus gabinetes para o álbum. Eu disse: 'Eu quero esse microfone o mais próximo possível do alto-falante aqui'. Ele simplesmente pegou uma faca e cortou toda a tela, bem na minha frente. Não pedi para ele fazer isso. Ele simplesmente fez. Seu som vinha do fato de ele estar totalmente preparado".

Com toda essa atenção em Edward, Michael Anthony se sentia um estranho no ninho. Só a experiência de entrar no Sunset Sound já o deixou sufocado e assustado, e ninguém o ensinou a soar bem na fita.[545] "O primeiro álbum foi estranho", ele contou depois a Steven Rosen. "Eu descobri que realmente não sabia como tirar um som bom no estúdio com meus dedos. Sem querer criticar Ted, mas eu gostaria que ele tivesse trabalhado mais comigo naquele primeiro álbum porque... dá pra ouvir muitos estalos e slappings no baixo." O produtor, na opinião de Anthony, não prestou muita atenção ao final do álbum, pois "estava apaixonado pela técnica de Edward e declarava isso". Nas gravações do

---

543. Tolinski, ed., *Guitar World Presents Van Halen*, p. 30-31; Jeff Hausman, "New Kid on the Block", *The Inside*, primavera de 1999, p. 28-29.
544. Santoro, "Edward's Producer", p. 57.
545. John Stix, "In the Eye of the Storm", p. 95.

primeiro álbum, Anthony acabaria descobrindo que ele "tinha muito a aprender sobre tocar no estúdio".⁵⁴⁶

Na terça-feira, 30 de agosto, a fita rolou. A primeira faixa gravada foi "Atomic Punk". Para criar uma abertura apropriadamente primitiva para a música rápida, Edward pisou em seu pedal transformador de fases e arranhou a palma calejada de sua mão direita pelas cordas para criar um riff que qualquer guitarrista punk iniciante imitaria com facilidade.⁵⁴⁷

No dia seguinte, 31 de agosto, a banda colocou em fita as faixas básicas de mais quatro músicas. A primeira foi "Feel Your Love Tonight", uma música impulsionada por um riff contagiante que soa como algo que os Beach Boys teriam composto se fossem uma banda de hard rock. Como Roth explicou em 1978, " 'Feel Your Love Tonight' é como você se sente quando sai à noite no fim de semana".⁵⁴⁸ Alex concordou e acrescentou: "É sobre o que todos sentem na noite de sexta ou de sábado... você pula no carro, busca sua garota e vai se divertir. Bem, com o Van Halen, toda noite é sábado".⁵⁴⁹

Em seguida foi o que se tornaria a abertura do álbum, "Runnin' with the Devil". Templeman reconhece aqui sua dívida com o trabalho de Simmons. Como ele lembra: "Eles me trouxeram uma demo de 'Runnin' with the Devil' que acho que fizeram com o KISS. Nós usamos a mesma introdução com a buzina nessa faixa". Quando o volume da música aumenta, aquelas buzinas recicladas soam como um 747 pousando no LAX antes de abrir caminho para o som surdo do baixo de Anthony. Durante o solo de Edward, Landee e Templeman deram aos ouvintes com fone de ouvido um agrado espalhando a guitarra-base de Edward entre os canais, outro floreio que eles pegaram emprestado da demo de Simmons.

Mas Templeman *inventou* a música. Ele fez isso primeiramente recalibrando a cadência da música. Uma melodia saltitante em um compasso animado agora se arrastava de forma ameaçadora. Como Roth diz: "'Runnin' with the Devil' é como você se sente quando está com vontade de sair e se exibir".⁵⁵⁰ Seu novo ritmo combinava perfeitamente com a aura da mistura de stripper com Jim Dandy de Roth; o que era uma marcha dura agora transbordava atitude.

---

546. Rosen, "True Beginnings", p. 50; Rosen, "On Fire", p. 68; Rosen, "Ace of Bass", p. 67-68.
547. Obrecht, *Masters of Heavy Metal*, p. 158; caixas de fitas do Sunset Sound e fichas das músicas para *Van Halen*, de posse do autor, cortesia da Warner Music Group.
548. Scott, "Van Halen: You Can Keep That Cosmic Stuff".
549. Atkinson, "Van Halen's Big Rock", p. 12.
550. Scott, "Van Halen: You Can Keep That Cosmic Stuff".

Templeman e Landee também refizeram "Devil" fazendo a guitarra de Edward soar como o rugido dos deuses. Ted Templeman, que sempre gostou "de uma boa câmara de eco ao vivo", colocou um dos gabinetes de Edward dentro de uma das salas de reverberação do Sunset Sound e então mandou Landee tratar o som com a placa de reverb EMT do estúdio.[551]

Colocada no cenário de som expansivo da música estava a voz de Roth. Por ser a música de abertura do álbum, ela seria crucial para estabelecer Roth como um vocalista legítimo. Depois de Roth cantar com a banda, Templeman o mandou passar a música mais duas vezes. A ficha da fita do Sunset Sound para "Devil" revela que os vocais de Roth na primeira estrofe são uma compilação de Templeman/Landee de dois takes, enquanto a segunda e terceira estrofes parecem sair de suas tentativas individuais de vocal.

McKernan e Templeman explicam como isso se deu na prática. McKernan diz: "Para *Van Halen*, Roth cantou com a banda enquanto eles tocavam na sala grande. Daí nós voltamos e arrumamos os vocais fazendo a edição tradicional deles". O produtor acrescenta: "Nós o colocamos na mesma cabine todas as vezes e gravamos isso. Salvamos muitos dos vocais. Às vezes pedíamos pra ele voltar lá, nós o gravávamos, colocávamos o áudio em outra faixa e juntávamos as duas depois".

Aqui a habilidade de Templeman valeu a pena, pois ele orientou Roth para brilhar. Anthony disse: "Ted foi o mentor de Roth em se tratando de letras e melodias para os vocais. Na maior parte, Dave tinha algumas frases que ele repetia, então Templeman ficava lá tentando sugerir versos diferentes".[552] No fim, o que Roth pretendia era "passar um sentimento, ou sentimentos", na fita, o que "não exigia a voz de um Caruso, uma técnica perfeita ou pureza de tom".[553]

No fim, "Devil" captaria o vocal definitivo de David Lee Roth. Sua técnica, completa com gritinhos, uivos e berros, não lhe renderia um Grammy por melhor performance vocal, mas graças a essas afetações ele era reconhecido na hora. No mesmo lado do álbum que permitiu ao mundo do rock descobrir que ninguém tocava guitarra como Edward Van Halen, os ouvintes aprenderam que ninguém cantava como David Lee Roth.

Enquanto a banda trabalhava, os ânimos esquentavam na atmosfera de panela de pressão do estúdio. Alex lembra: "Se eu estivesse no

---

551. Gans, "Ted Templeman"; Santoro, "Edward's Producer", p. 57; Richard McKernan, entrevistado pelo autor.
552. Rosen, "True Beginnings", p. 50.
553. "High Energy Rockers", *St. Louis Post-Dispatch*, 26 de abril de 1979.

meio de um take e Ed dissesse que eu estava acelerado ou atrasado, eu dizia que ele estava fora do tom. Ele jogava a guitarra no chão... mas nenhum de nós tirava sangue do outro".[554]

Durante os períodos de calmaria, Templeman ficava no encalço do baterista. "Alex Van Halen", Templeman observa, "nunca fala muito, mas tem ótimas ideias. Então eu ia pra máquina de refrigerante e ele dizia: 'Olha, Ted, você já pensou em tentar isso?'". Templeman respondia: "Nossa, caramba, não tinha pensado nisso, Al. Isso é ótimo! Por que não me fala mais?".[555]

Alex começou a falar mais, principalmente para seu irmão. Templeman explica: "Al era ótimo em ajudar Ed a regular as coisas. Ele dizia: 'Ed, lembra disso? Ed, lembra daquilo?'. Al foi quase um coprodutor. Ele estava sempre lá ajudando Ed a lembrar das coisas e fazer o que ele fazia e tal. Ele era uma parte integrante da banda dessa forma diferente que as pessoas não conhecem".

A próxima música na lista era a obra-prima de dois acordes do Van Halen "Ain't Talkin' 'Bout Love". Nessa faixa, a equipe de produção teve a ideia de dar à música, que começava como uma paródia punk, um toque psicodélico. Edward contou à *Guitar Aficionado*: "A primeira vez que eu usei uma Coral Sitar foi quando Donn Landee alugou uma do S.I.R. (Studio Instrument Rentals) para eu gravar as sobreposições de 'Ain't Talkin' 'Bout Love'. Donn ou Ted sugeriu que eu gravasse uma cítara por baixo da parte melódica que eu toquei nos solos".[556] Embora Edward achasse que o instrumento desconhecido soasse como uma "guitarra trastejando", a faixa ficou espetacular no final.[557] Em 1983, Templeman revelou: "Uma das faixas favoritas que já fiz na vida é 'Ain't Talkin' 'Bout Love'. Adorei a produção dessa".[558]

A última música editada no segundo dia de gravação das faixas foi "You Really Got Me" do The Kinks, um rock baseado em riff que se tornaria o veículo perfeito para Van Halen provar que eles reinventaram o heavy metal. Edward Van Halen explicou: "Nós transformamos essa música em um jato se compararmos com a primeira versão. Nós a atualizamos. É apenas uma velha música que sempre rolava nos bares quando a gente tocava músicas antigas. Ela saía muito bem ao vivo e

---

554. Rosen, "True Beginnings", p. 50.
555. "The Producers: Ted Templeman", *Rolling Stone's Continuous History of Rock and Roll Radio Show*, 26 junho de 1983, de posse do autor.
556. Chris Gill, "A Different Kind of Trove", *Guitar Aficionado*, janeiro/fevereiro de 2013, p. 60.
557. Rosen, "On Fire", p. 164.
558. "The Producers: Ted Templeman"; Ted Templeman, entrevistado pelo autor.

combinava bem com nosso estilo de música".[559] Donn Landee se lembra que a banda terminou a música rápido, e depois de ouvir a gravação eles responderam ao trabalho de seu engenheiro com muito entusiasmo: "Eles a terminaram em duas tomadas, e eu lembro que eles me deram minha primeira salva de palmas de pé como produtor".

Na quinta-feira, 1º de setembro, o trabalho continuou com "On Fire". Nesse momento, o arranjo da música já era diferente da versão demo. Talvez depois de alguma dica de seu irmão e de Templeman, Edward cortou um pequeno solo cheio de alavanca de trêmolo entre o primeiro pré-refrão e a segunda estrofe, ou seja, na faixa do álbum, a banda entra direto no refrão. E, em um gesto que poderia ser interpretado como um último aviso sobre o futuro ataque do Van Halen sobre a América, Roth acrescentou um grito parecido com uma sirene no encerramento da música, outra coisa que não aparecia na demo.

No caso de "Ice Cream Man", essa era uma música que Roth já cantava muito antes de entrar para o Van Halen. Mas, mesmo que pudesse cantá-la dormindo, ele ainda precisava cantar a abertura da música com apenas um violão suave ao fundo. Não haveria o restante da banda tocando como se fosse o fim do mundo para esconder. Essa música era um veículo de Roth e cabia a ele vendê-la.

De certa forma, o simples fato de a música chegar ao LP com esse arranjo já evidenciava que Templeman agora confiava no vocalista. Mas a mistura da música, com o contratempo acústico, é a verdadeira prova. Roth está mais nu aqui do que em qualquer outra música do álbum, e sua forte voz blueseira enche os alto-falantes. Tanto quanto qualquer faixa no LP, a abertura de "Ice Cream Man" prova que o trabalho duro de Roth em sua voz valeu a pena.

Considerando seu posterior status de deus do sexo do rock, a performance de Roth nos primeiros versos é bem dócil. A letra da música, que sugere que esse vendedor de delícias doces tem mais a oferecer do que limonada às moças em sua rota, deu a Roth uma oportunidade de ouro de fazer um olhar malicioso de Jim Dandy e espremer limões como Robert Plant. Mas Roth a cantava de uma forma que não coraria nem uma virgem de 16 aninhos.

Depois da terceira estrofe e de um elegante *"Alright, boys!"*, os companheiros de banda de Roth transformam a música de um blues acústico em um ardente boogie elétrico. O solo de Edward é outro de cair o queixo, um que lhe deu uma síncope em casa, ao pensar: "Caralho, cara, que tipo de solo vou fazer nela?". Mas, com a combinação de

---

559. Bruce Westbrook, "Rock Around the Clock", *Sunday Oklahoman*, 6 de agosto de 1978.

swing e virtuosismo, ele acertou em cheio nas notas.[560] A música conclui com apenas uma dica do Roth sedutor. Ele canta com sua voz melosa, prometendo que seus sabores com certeza darão muito prazer.

"Show Your Love" foi a última música na quinta-feira. É uma mistura de um blues maníaco abastecido com Krell e cerveja puro malte, que homenageava duas das favoritas do Van Halen nas festas de quintal: "I'm Going Home" e "Parchman Farm". Ao passo que essas faixas ferviam, este boogie do Van Halen aqui é quente o bastante para derreter uma pedra. A seção rítmica prende a atenção e você bate os pés junto. A insolência e a malícia de Roth chegam com o toque perfeito do eco de Landee, fazendo-o soar como se cantasse de cima do Monte Olimpo. Edward serve um bombardeio e uma ligadura distorcida depois da outra antes de soltar não um, mas dois solos ardentes com tantos harmônicos artificiais que Billy Gibbons do ZZ Top teria aplaudido de pé na primeira vez que ouvisse a música.

Justo quando parecia que eles continuariam acelerando, o quarteto pisou firme no freio e ofereceu uma interrupção incongruente de um quarteto vocal de barbearia. Na teoria, a ideia de um doo-wop no estilo do R&B juntando forças com sons de metal cheios de adrenalina soaria como fim de carreira, mas, assim como muita coisa no repertório mais antigo do Van Halen, esse desvio não leva a banda para territórios desconhecidos de forma alguma. Na verdade, soa como se eles estivessem ensaiando o hit de 1956 do Five Satins "In the Still of the Night" nas noites de folga quando eles não estavam pondo o Gazzarri's abaixo. Mas essa dobra inesperada no som do Van Halen, assim como outros esforços da banda com músicas no ritmo jazz como "Big Bad Bill (Is Sweet William Now)" de *Diver Down*, acaba tão lisa como o vidro, ou seja, sem linhas que revelam onde o Van Halen termina e onde começa o Five Satins. É tudo Van Halen.

O toque final nessa faixa veio depois. A música foi renomeada em algum momento entre o dia em que foi gravada e a hora em que Landee terminou de masterizar. Talvez para evitar que duas músicas no álbum tivessem um título que incluíssem "Your Love", a banda decidiu rebatizar a música de "I'm the One". Por isso, embora na lista de faixas esteja "Show Your Love", na frente da caixa da fita está "I'm the One", um título escrito em cima de uma fina camada de corretivo líquido.

---

560. Tolinski, ed., *Guitar World Presents Van Halen*, p. 50.

Começando na sexta-feira, 2 de setembro, o Van Halen trabalhou em sobreposições e vocais de apoio, um processo que demoraria uma boa parte da semana para terminar. Essas sobreposições adicionaram gotas de cor de formas surpreendentes. Em "Feel Your Love Tonight", por exemplo, Templeman acrescentou duas faixas de palmas e uma de tamborim (!). Da mesma forma, "Your Really Got Me" ganhou duas faixas de "gemidos" para a interrupção da música.

As guitarras também precisavam ser adicionadas. Edward sobrepôs uma guitarra-base para dar fundo para seu solo em "Feel". Para "Ice Cream Man", ele colocou algumas passagens aceleradas de pergunta e resposta para o clímax da música. Em "Devil", ele tocou um solo sobre a guitarra-base que ele tinha colocado nas faixas ao vivo. Em "Ain't", ele acrescentou a cítara. "On Fire" também tem uma faixa sobreposta de guitarra listada na ficha do estúdio, mas parece provável que o que tenha sido gravado não tenha passado para o LP.[561]

Uma parte distinta da paleta sonora do Van Halen também estava agendada: os vocais de apoio. Roth explicou depois que a harmonia em três partes, um aspecto do som da banda que ele sempre defendeu, originou-se de "seu aprendizado com as coisas antigas da Motown... Tudo que ouvia no baile do clube da juventude era, [*canta*] 'Standing in the Shadows of Love', mas é daí que vêm as harmonias. E isso remonta do primeiro material do Van Halen... nós não tínhamos teclado, não tínhamos uma seção de instrumentos de sopro. O que vamos fazer para dar uma corzinha para o refrão? Vamos cantar. Vamos colocar umas harmonias aqui... É como os Temptations tocando no fundo de 'Heartbreaker' do Led Zeppelin".[562]

Para realizar totalmente essa parte do som do Van Halen, todos os quatro membros da banda, e às vezes até Templeman, cantaram no fundo.[563] Como Templeman lembra: "Muitas vezes os vocais de apoio eram Michael Anthony e Ed. Eu cantava com eles e depois Michael repetia a parte do Ed também".

Mas o herói anônimo nesse departamento foi Michael Anthony. O baixista, cuja voz forte ajudou a colocá-lo na banda, foi tão importante para o som do Van Halen quanto os berros de Roth e os solos de Edward. Seu canto era tão poderoso realmente que os outros começaram a chamá-lo de "Cannonmouth" ["boca de canhão"]. Ele lembrou: "Muitas das nossas harmonias foram feitas ao vivo em um microfone,

---

561. Obrigado a Bill Flanagan por sua ajuda neste parágrafo.
562. Redbeard, "In the Studio: 20th Anniversary of Van Halen".
563. Zlozower, *Van Halen*, p. 33.

Edward e Dave ficavam bem em cima do microfone e eu ficava bem lá trás da sala, encostado na parede. Eles tinham de me deixar afastado, porque eu cantava alto demais".[564]

Essas harmonias, assim como qualquer outro aspecto da preparação musical do Van Halen, ajudaram a garantir que a banda nunca fosse confundida com uma banda de heavy metal tradicional. Enquanto em média os refrões em grupo de uma banda de metal soassem como se eles estivessem dentro de uma masmorra, os do Van Halen soavam como se eles tivessem sido gravados em uma praia ensolarada. Anthony observa: "Conseguir cantar uma harmonia em três partes foi uma grande coisa que nos destacou em meio às outras bandas de heavy metal. Isso acrescentou um elemento pop mais sofisticado que a maioria das bandas de metal não conseguia copiar".[565] Isso, mais do que qualquer outro fato, fez o som de heavy metal do Van Halen soar tão doce quanto algodão-doce.

Apesar de toda a atenção concentrada no vocalista e no guitarrista da banda, Roth é o primeiro a admitir que os vocais de Anthony eram uma assinatura do som da banda. Em 2012, Roth contou à *Rolling Stone* que Anthony possuía "indiscutivelmente uma das maiores vozes de tenor alto de todos os tempos". Ele continuou: "Em nosso cantinho do universo, aquela voz é tão inconfundível quanto a voz aguda no Earth, Wind & Fire e nos Beach Boys. O Van Halen é uma mistura indelicada dos dois".[566]

Na quarta-feira, dia 7 de setembro, o Van Halen voltou a editar faixas básicas para as músicas restantes. Talvez porque algum outro artista tenha pedido o estúdio dois do Sunset Sound, a banda foi para o estúdio um. Templeman não consegue se lembrar por que essa mudança aconteceu, mas diz: "Com o Van Halen nós só usamos [o estúdio um] porque não conseguimos entrar no estúdio dois".

Em seu novo ambiente, a banda começou a finalizar o álbum. "Little Dreamer", uma balada melancólica, abre com outro riff cortante de Edward. Entre as estrofes, ele sai suavemente da frase principal de guitarra da música para acrescentar algumas passagens ríspidas, outro

---

564. Rosen, "Ace of Bass", p. 66-67; Rosen, "On Fire", p. 68.
565. Rosen, "On Fire", p. 68.
566. Steven Baltin, "David Lee Roth Vents About Van Halen's Future", *Rolling Stone*, 12 de fevereiro de 2013, acesso em 8 de julho de 2015, <http://www.rollingstone.com/music/news/q-a-david-lee-roth-vents-about-van-halens-future-20130212>.

aspecto inconfundível de seu estilo. Para o solo, ele toca com tanta moderação quanto um Edward Van Halen com o amplificador no último volume era capaz em 1977. Embora ele use bem a alavanca de trêmolo com alguns bends no melhor estilo Hendrix, ele combinou isso com um lirismo digno de Clapton que prestou homenagem à melodia da música.

Com nove músicas prontas, Templeman ainda precisava de um segundo single. Edward então forneceu o riff para o que se tornaria "Jamie's Cryin'". Templeman e Roth ouviram seu potencial na hora. Roth relembra: "Nós ouvimos Edward brincando com sua guitarra entre as tomadas e gritamos: 'Ei, é exatamente isso que precisamos no álbum'".[567]

Durante uma gravação tarde da noite, "Jamie's" veio à vida. Roth, em uma entrevista para o *Los Angeles Times*, explicou o método de composição da banda: "A gente só ficou em círculo pensando. Ted chega lá e diz: 'Vamos tentar isso'. Escrever a letra também é algo espontâneo. Eu pegava uma sacola de papelão, a contracapa de uma revista ou algo assim e escrevia a letra. Em geral, uma ou duas horas depois eu tinha algo pronto e lia para os caras. Se eles gostassem, a gente seguia em frente e fazia".[568]

O mais intrigante é que o gancho da música, baseado em um batimento de um riff de cordas soltas, lembra "Christine Sixteen" do KISS, talvez um desenvolvimento esperado considerando o trabalho de Edward e Alex nessa faixa do KISS. Mas, enquanto o riff de "Christine" abre uma melodia que soa como uma volta aos anos 1950 inspirada no filme *Loucuras de Verão*, "Jamie's Cryin'" se transformou no que Roth descreveria como um "chá-chá-chá cósmico".[569] Colocando um belo ponto final nisso, ele contou ao *The Guardian*: "Nós somos a banda que vendeu uma rumba do Ricky Ricardo em 'Jamie's Cryin'".[570]

Segundo Roth, suas primeiras tentativas de cantar a música foram um desastre. Em *Crazy from the Heat*, ele explicou o que aconteceu depois: "Eu saí e sentei na pequena quadra de basquete lá fora do estúdio... comi meio cheeseburguer, bebi um refrigerante e fumei meio baseado. Quando entrei, acabei 'Jamie's Cryin'' em 40 minutos".[571] Em "Jamie's", Roth se mostrou à altura, assim como fez em todas as faixas do LP.

A faixa resultante é sem dúvida uma música pop. Ted Templeman observa que, embora *Van Halen* seja um álbum pesado, "aqueles caras tinham sensibilidades pop. Por exemplo, 'Jamie's Cryin'' ou 'Dance the

---

567. Matthews, *Van Halen*, p. 31.
568. Dennis Hunt, "Van Halen's Roth Likes Rock Rough", *Los Angeles Times*, 1º de abril de 1979.
569. Sylvie Simmons, "Van Halen", *Sounds*, 7 de abril de 1979, acesso em 8 de julho de 2015 (precisa de login), <http://www.rocksbackpages.com/Library/Article/van-halen-2>.
570. Hann, "David Lee Roth".
571. Roth, *Crazy from the Heat*, p. 115.

Night Away". Eles escreviam essas melodias pop". Roth também a considerou uma faixa boa para tocar no rádio, mas ele penou para explicar que "Jamie's" não era apenas fofa. Como ele contou ao *Cleveland Plain Dealer*: "Eu não a considero bubblegum. Ela não é. É uma melodia pop. Eu cresci com essas coisas, como Dave Clark Five e os Beatles".[572]

No dia seguinte, 8 de setembro, Templeman e Landee sentaram-se na sala de controle enquanto Edward trabalhava em seu solo para um futuro show no Whisky.[573] Edward lembra: "Quando estávamos gravando nosso primeiro álbum, nosso produtor, Ted Templeman, me ouviu praticando o solo para uma apresentação e perguntou: 'Que raio é isso?'. Eu disse: 'É um troço que eu faço ao vivo, é meu solo de guitarra'. Sua reação imediata foi: 'Roda a fita, caralho'".[574]

O interesse de Templeman surpreendeu Edward. Como ele explicou a Steven Rosen: "Eu só não achava que era algo para pôr no disco. Ele gostou, Donn gostou e todos concordaram que deveríamos incluir".[575]

Os três músicos da banda logo gravaram a faixa. Nas palavras de Edward: "Eu toquei umas duas ou três vezes para o disco e mantivemos aquela que pareceu fluir melhor".[576]

O que foi captado em fita soou apocalíptico. "Eruption" (chamada primeiro de "Guitar Solo", segundo a ficha da música no estúdio) decola depois de uma rápida passagem de bateria e um acorde potente. Edward manda notas e harmônicos voando antes de mergulhar com alguns bends com a alavanca de trêmolo que desafiavam a gravidade. Alex e Michael então lançam uma artilharia em três acordes. Edward manobra de novo, contorcendo-se e virando, atirando e bombardeando antes de ligar os jatos e ir direto para o céu com uma rajada de notas. Ele recua de novo, deixando apenas uma nota baixa descendente no seu encalço. Depois de outra pausa, ele ataca de novo, mais rápido do que nunca. Ele costura e se contorce e então lança sua arma secreta: sua técnica de tapping com as duas mãos que surpreenderia e confundiria guitarristas em todo o mundo. Por fim, uma explosão atômica, cortesia da câmara de eco Univox de Edward, conclui esse 1:43 de combate aberto do mundo da guitarra.

---

572. Scott, "Van Halen: You Can Keep That Cosmic Stuff".
573. Edward Van Halen citado em Jeff Kitts & Brad Tolinski, eds., *Guitar World Presents the 100 Greatest Guitarists of All Time* (Milwaukee: Hal Leonard, 2002), p. 121.
574. Rosen, "Unchained Melodies", p. 107.
575. Tolinski, ed., *Guitar World Presents Van Halen*, p. 97.
576. Tolinski, ed., *Guitar World Presents Van Halen*, p. 97.

Por mais incrível que possa parecer, Edward ficou decepcionado com a forma com que a faixa saiu. Ele explicou: "Eu nem toquei direito. Tem um erro bem no fim dela. Sempre que ouço, eu penso: 'Cara, eu poderia ter tocado melhor'".[577] Mesmo assim, anos depois de dissecar solos de guitarra de todas as bandas, de Aerosmith a ZZ Top, ele soube que o que foi para a fita era único. "Gosto de como soa; nunca ouvi uma guitarra soar assim. Não que minha técnica fosse tão boa, apenas soa como um instrumento clássico. Donn realmente fez soar mais do que é, de certa forma."[578]

Depois de mais alguns dias de sobreposições de guitarra (em "Jamie's"), de vocais de apoio e de fragmentos de vocal de Roth, o Van Halen descansou. Segundo as anotações na caixa da fita feitas por Landee, ele gravou tons de alinhamento no terceiro rolo master em 13 de setembro, encerrando o trabalho em estúdio para *Van Halen* aproximadamente duas semanas depois de a banda entrar no Sunset Sound.[579]

O passo seguinte era mixar o álbum. Apesar de algumas objeções da banda, Templeman e Landee trabalharam sozinhos. "Até o *1984*, Donn e eu sempre mixamos sozinhos. Não era permitida a entrada de ninguém na mixagem, *nunca*. Quando a banda está lá, você escorrega; é melhor fazer sozinho. A princípio eles não gostaram, mas eu mixei com Donn."

Mas Templeman diz que ele e Landee têm uma sintonia tão grande que fazia sentido para eles trabalharem sozinhos: "Então, quando Donn e eu começamos a fazer o *Van Halen*, eu olhava pra Donn e ele sabia o que eu queria, em geral +2 em 10, ou algo assim. Nós dois *ouvíamos* o mesmo. As pessoas entravam e nos viam, eu olhava pra Donn, ele olhava pra mim e sabia *exatamente* o que fazer. Era *incrível*".

Durante a mixagem, Landee teve uma visão de como arranjar a paisagem sonora do álbum. Templeman explica: "Na mixagem, nós colocamos a guitarra na esquerda e o retorno do eco sempre na direita. Isso dava um som limpo. Essa foi a ideia de Donn, eu acho. Foi muito bom". Landee explicou depois que a ideia surgiu da gravação ao vivo da banda. "Fazia sentido, porque não quisemos sobrepor guitarras", Landee contou a Dave Simons. "Se você põe a guitarra logo no meio com todo o resto, acaba com a banda toda em mono! Então, parecia uma ideia sensata."[580]

---

577. Citação de Edward Van Halen em Kitts & Tolinski, eds., *Guitar World Presents the 100 Greatest Guitarists of All Time*, p. 121.
578. Tolinski, ed., *Guitar World Presents Van Halen*, p. 97.
579. Robert Vosgien, e-mail para o autor, 25 de julho de 2014. Obrigado a Robert por me explicar esse processo.
580. Simons, "Tales from the Top".

Terminada a mixagem, Templeman chamou o quarteto ao seu escritório para ouvir os resultados. Embora Alex quisesse que o álbum tivesse ficado mais pesado e Michael quisesse o som de seu baixo mais conciso, em geral a banda pareceu satisfeita. "Eles sentaram no meu escritório para ouvir a primeira mixagem da coisa", recorda Templeman. "Eles não reclamaram muito, mas acabaram concordando. Depois de mixar as coisas sem eles, eles ficaram numa boa por quatro ou cinco álbuns. Nunca questionaram."

Já Edward se lembra de que, embora ele tivesse dúvidas quanto à abordagem de Landee e Templeman, o que ele ouviu na fita o fez acreditar. "Quando Donn terminou, eu adorei."[581] Ele também elogiou seu produtor: "Ele conseguiu colocar nosso som ao vivo no disco. Digo, muitos têm de fazer um monte de sobreposições para deixar o som mais cheio. É muito mais fácil fazer um monte de instrumentos soarem mais completos do que uma guitarra, um baixo e uma bateria. Aí que entra Ted – ele conhece as coisas. Ele é o cara".[582]

Então, Landee terminou o projeto sozinho. "Essa é outra coisa de Donn", afirma Templeman. "Donn masterizava os discos. Você nunca encontra um engenheiro que consiga masterizar. Ele era muito bom." Depois de Landee deixar o som do álbum consistente nas 11 faixas, *Van Halen* estava completo.

Alguns dias depois, os contadores da Warner Bros. Records registraram a conta para o projeto do Van Halen. Incrivelmente, o álbum custou cerca de um terço do que um projeto de gravação típico de uma grande gravadora custaria no fim dos anos 1970, um resultado que não foi ignorado pela indústria. "Quando uma banda é bem ensaiada, a gravação pode ser relativamente barata", escreveu o autor veterano do rock Harold Bronson no fim de 1978. "O álbum de estreia do Van Halen, por exemplo, que está chegando ao disco de platina (1 milhão de discos vendidos), foi gravado por 54 mil dólares."

Em contrapartida, o Fleetwood Mac estourou seu orçamento da Warner Bros. em mais de 400 mil dólares quando gravou *Rumours*. Como Con Merten, gerente do Cherokee Studios, explicou para Bronson em 1978: "Duvido se algum dos álbuns na parada top 20 tenha custado menos do que 100 mil dólares, e eu chutaria que o custo médio provavelmente chegaria perto de 150 mil dólares, ou aproximadamente 544 mil em dólares de 2014".[583] Edward, anos depois, lembra que, entre

---

581. Tolinski, ed., *Guitar World Presents Van Halen*, p. 96-97.
582. Tolinski, ed., *Guitar World Presents Van Halen*, p. 34-35.
583. Harold Bronson, "This Man", *Penn State Daily Collegian*, 5 de outubro de 1978; *CPI Inflation Calculator*, acesso em 1º de fevereiro de 2015,< http://data.bls.gov/cgi-bin/cpicalc.

a velocidade da gravação e o baixo custo, "as pessoas não acreditavam" quando descobriam sobre as gravações do Van Halen. "Naquela época, bandas como Fleetwood Mac e Boston gastavam algo equivalente a três anos em um álbum, então dá pra imaginar o custo."[584]

O álbum de estreia do Van Halen é sem dúvida um marco na história do rock. E, embora muitos dos aplausos pelo LP tenham sido destinados ao guitarrista Edward Van Halen, o cara que realmente superou as expectativas foi David Lee Roth. Embora alguns ouvintes argumentem que a proeza vocal de Roth não estivesse à altura dos superastros dos anos 1970, como Ian Gillan, Robert Plant e Paul Rodgers, Roth criou uma *persona* inconfundível no vocal. Ele cantava com brio e malícia, potência e energia, personalidade e charme. Ele se divertia muito na frente do Van Halen, e isso foi passado para o disco.

E essa realmente foi toda a visão por trás do primeiro álbum do Van Halen. Templeman queria diversão, humor e luz do sol, e ele conseguiu. Como Roth explicou à *Rolling Stone* logo depois do lançamento do álbum, essas músicas ofereciam "uma atitude, um sentimento – como dirigir pela Strip com um monte de garotas, o rádio ligado e algumas latas de cerveja... As letras vêm de nossas experiências: os carros, as garotas, a cerveja, as festas, o suor e a diversão".[585]

Van Halen soava assim por ser uma foto instantânea, claro, e não uma produção elaborada que colava performances desarticuladas registradas em meses de trabalho. Como Roth explica: "O álbum foi feito apenas no primeiro ou no segundo take. Dá para se perder no estúdio se não tomar cuidado. Com a sobreposição, você consegue ter tudo musicalmente perfeito. Mas esse clima humano, essa coisa intangível... essa é a praia do Van Halen".[586]

---

pl>.
584. Guitar World Staff, "Prime Cuts".
585. Segell, "Van Halen's Party", p. 20.
586. Matthews, *Van Halen*, p. 32.

Capítulo 12

Calmaria Antes da Tempestade

Com o álbum terminado, o Van Halen sentiu confiança em suas chances de sucesso comercial. Roth, naturalmente, não se conteve quando perguntado sobre o futuro da banda no fim de 1977. Ele se gabou para a *Raw Power*: "Nós começamos em pequenos banheiros e agora estamos no Whisky, e provavelmente dominaremos o mundo assim que nosso disco sair pela Warner Bros.", o que seria em janeiro, segundo suas previsões.[587]

Mas uma olhada nas paradas da *Billboard* de 1977 faria Roth e os outros pararem para pensar em suas perspectivas. Embora bandas estabelecidas de heavy metal como KISS e Ted Nugent tivessem discos de sucesso, bandas jovens de heavy metal e hard rock, como Judas Priest e a Starz, empresariada por Bill Aucoin, tinham um sucesso limitado nas vendas apesar de lançarem álbuns sólidos. E se nem mesmo os Sex Pistols venderam milhões, o grande burburinho em volta de seu animado álbum de estreia pela Warner Bros. parecia sinalizar que o punk chegaria a definir o futuro da música pesada e agressiva.

Mas o que dominava as paradas – além do disco, tendência que não mostrava sinais de enfraquecer – era o rock suave. De fato, os últimos LPs de duas bandas de Los Angeles, o Fleetwood Mac e os Eagles, tiveram um enorme sucesso. Enquanto isso, o revolucionário álbum ao vivo de 1976 do Peter Frampton, *Frampton Comes Alive*, continuou perto do topo das paradas da *Billboard* durante todo o ano de 1977. Tudo isso se somou a um fato inevitável: pouquíssimas pessoas na indústria fonográfica viam um futuro brilhante para o hard rock e o heavy metal.

---

587. Quick Draw, "Van Halen: Today L.A., Tomorrow the Galaxy", *Raw Power*, outubro-novembro de 1977, p. 35.

Portanto, músicos e executivos da indústria partilhavam desse mesmo sentimento em relação ao Van Halen. Segundo a avaliação de Terry Kilgore em 1977, "a Warner Bros. não dava a mínima pro Van Halen. O dinheiro estava investido nos Sex Pistols, mesmo eles sendo uns verdadeiros merdas que não conseguiam fazer nada direito". O tecladista Drake Shining diz que a crença entre muitos músicos em Pasadena, devido em grande parte à dor de cotovelo, era "Ah, sim, *claro*. Warner Bros. Records! Isso não passa de uma dedução de imposto para a gravadora. O álbum deles vai ficar enterrado na sede da Warner em Burbank". Por incrível que possa parecer, há provas de que alguém dentro da Warner Bros. Records pensava assim. Roth lembra: "A primeira coisa que o diretor de promoções me disse antes de nosso primeiro álbum estar prestes a sair foi: 'Ei, não esperem muito. Essa música é bem ultrapassada. Agora é tudo Sex Pistols e The Clash. Quero já deixá-los avisados'".[588]

No fim do ano, tudo isso chegaria ao fim entre o Van Halen e a Warner Bros. Enquanto isso, eles se apresentavam com tanta frequência que não deixavam dúvidas de que eles eram a melhor nova banda de rock de Los Angeles. Por trás das portas fechadas, porém, a banda enfrentaria uma questão interna que ameaçava abalar suas perspectivas, mesmo com todos olhando para a frente, para o dia em que seu disco de estreia finalmente sairia.

Quase imediatamente após o Van Halen terminar o trabalho no Sunset Sound, as pessoas começaram a perguntar sobre o LP. Gary Putman conta: "Lembro-me de vê-los no Whisky quando eles tinham terminado de gravar o álbum. Eles estavam lá. Eddie e eu tivemos uma rápida conversa. Lembro dele me contando como estava feliz com o resultado. Nós nos cruzamos e conversamos por um minuto".

Putman, que era um grande fã, foi esperto de vê-los no Whisky em setembro. Seu empresário e a gravadora, querendo manter o foco no lançamento da banda, pediu ao quarteto para limitar suas apresentações ao vivo. Joe Ramsey, que fez shows com o Van Halen no passado e tinha na época uma casa noturna em Arcadia, lembra: "Eu tentei ao máximo conseguir que o Van Halen tocasse no Marquee West. Mike Anthony era um velho amigo, e eles realmente queriam ir, mas foi durante a época estranha quando 99% do álbum estava terminado e o empresário não

---

588. Paul Gargano, "David Lee Roth: Past, Present & Future", *Metal Edge*, novembro de 1998, p. 12.

queria que eles tocassem em lugar nenhum, que dirá uma apresentação na cidade natal".

Como resultado, uma banda que tocava na maioria das noites da semana agora se via jogada para escanteio. "Tiveram esses seis meses de estiagem em 1977", Rob Broderick lembra. "Era como se eles não pudessem tocar." Os membros da banda passavam o tempo, por mais estranho que isso possa parecer, dando umas tacadas. "Alguns de nós saíamos, jogávamos golfe e bebíamos Schlitz Malt Liquor nesses minigolfes. Às vezes eles apareciam e curtiam. Eles não estavam tocando ao vivo", diz Broderick. Dana Anderson ia a esses passeios também. Ele lembra: "A gente jogava em um pequeno clube de golfe em Arroyo Seco. Tudo era motivo para ficar bêbado sob o sol da Califórnia".

Um dos poucos shows que o Van Halen fez no outono de 1977 foi no Movieland Cars of the Stars Exhibition Center em Buena Park, Orange County. O promoter arrastou dois caminhões plataforma para servir como um palco ao ar livre e contratou o Van Halen, a Eulogy, os favoritos de Orange County, e, em uma adição de última hora ao show, um grupo no estilo punk chamado Strand. É importante notar que, segundo lembra Tom Broderick, a apresentação de 8 de outubro só aconteceu por ser remarcação de um show do Cars of Stars previamente agendado, sugerindo que, se a direção do Van Halen tivesse conseguido o que queria, a banda nem teria aparecido.

Mesmo tentando não chamar a atenção, o interesse no Van Halen claramente não diminuiu: até o dia do show, mais de 4 mil ingressos tinham sido vendidos. A Strand, que estava animada com a apresentação, chegou cedo. Quando eles enfiaram a cabeça dentro do camarim (um trailer nada glamoroso), encontraram Edward, que já tinha começado a se aquecer. O guitarrista da Strand, Fred Taccone, lembra-se da cena: "Ele colocou a guitarra e só tirou depois de sair do palco. Ele tocava a cada segundo. Praticando, praticando, praticando".

Duas horas depois, a Strand tocou um set incendiário que deixou o público berrando. Como Taccone se recorda: "As pessoas realmente gostaram da gente, e nós tocamos bem no show do Cars of Stars, porque tinha todo um movimento de pessoas que pensavam: 'Fora com o velho, que venha o novo!'. Nós tocamos algum material próprio, Roxy Music, algumas músicas do Stooges da época do *Raw Power* e uma música dos Sex Pistols. Quando nós tocamos 'God Save the Queen' na frente de 4 mil pessoas, a multidão *explodiu*. As pessoas não tinham ouvido algo assim. Você pode gostar do Van Halen quanto quiser, mas as pessoas comentavam: 'Uau, que porra é essa? Funcionou'".

Depois de a Strand se despedir e a Eulogy tomar o palco, Taccone perguntou a Edward o que ele achou do set de sua banda. Taccone acha que Edward notou a resposta apaixonada que a Strand recebeu do público. "Eddie sabia que algo estava acontecendo na cena", observa Taccone. "Quando terminamos o show de abertura, ele olhou pra mim e disse: 'Você se vestem de forma mais radical do que tocam'. Não me ofendi com isso, porque Eddie é um cara legal. Mas ele não tinha problema de falar o que pensava. Não diria que era arrogância, porque ele merecia tudo. Mas ele temia que muito em breve o Van Halen ficasse obsoleto. Eddie sugeria: vocês são bons, mas não tanto *assim*. Vocês tocam new wave e por isso todos gostam de vocês."

Depois do fim do show da Eulogy, Roth e os outros se concentraram e subiram ao palco por volta das 22 horas. Desde o início do show, o Van Halen estava pegando fogo. Dirk Van Tatenhove, baixista da Eulogy, observa: "Sabe aquele velho comercial da fita Maxell, com a foto do cara sentado na cadeira com o cabelo esticado pra trás? Ora, não é que eu não confiasse na Eulogy, no nosso vocalista, nas nossas músicas e, claro, em Rusty Anderson na guitarra. Mas o Van Halen era uma força invasora extremamente potente. Eles eram especiais, pois quando tocavam era como estar na plataforma de um porta-aviões: *Whoooom!* Era como um jato decolando".

Taccone assistiu também e ficou particularmente perplexo com a figura que Roth, todo vestido de couro, agora projetava no palco. Ele aponta que, do início ao meio da década de 1970, o glam rock chegou ao topo das paradas. De fato, até o fim de 1977, ele continuou a servir de modelo para muitas bandas locais de Los Angeles, como Eulogy e Quiet Riot: "Todos os caras de bandas como o Quiet Riot gostavam de maquiagem e da coisa feminina e andrógina do Bowie. Aliás, Randy Rhoads ficou bem popular em Los Angeles porque era como um Mick Ronson [guitarrista do David Bowie] em miniatura. Até Rod Stewart e os Stones tinham esse lance feminino na época".

Mas em algum momento, Taccone observa, Roth desviou do molde do glitter rock que cativou sua imaginação em 1973 e 1974. Ele ri: "Todos na época diziam: 'Eu curto Bowie'. Mas, por algum motivo, talvez os caras no Van Halen tenham visto Jim Dandy e Black Oak Arkansas no Cal Jam [em 1974], e David Lee Roth teve um estalo. Ele disse 'eu quero ser Jim Dandy' em vez de 'eu quero ser Bowie'. Se você vir Jim Dandy naquela época, ele é igualzinho ao David Lee Roth. É tudo uma questão de cock rock".

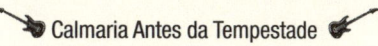

Nessa apresentação, as garotas piravam com o descamisado Roth. Taccone lembra: "Elas comentavam: 'Uau, olha pra esse cara! Nossa, olha isso!'. David Lee Roth foi o primeiro cara local a abrir a camisa, mostrar o peito cabeludo e dizer: 'Nós estamos aqui pela farra. Eu estou aqui pelo sexo. Vim *transar*'. Ele parecia um completo Neanderthal e se movia como um dançarino do clube das mulheres, como um stripper. David tinha uma nova forma de fazer as coisas. Era único. Veja o Randy Rhoads nessa mesma época. Ele era bem afeminado. O Van Halen não fazia isso. Eles tocavam em algum baile, ficavam doidos de coca e trepavam com as gatas".

A próxima apresentação da banda, que aconteceu em 15 de outubro, seria seu último show no Pasadena Civic. Steve Tortomasi, que promoveu um total de quatro shows do Van Halen no Civic, lembra-se de ter odiado se despedir do Van Halen, por ter sido uma parceria tão vantajosa. Como conta Tortomasi: "A gente arrasou no primeiro show do Van Halen [em outubro de 1976]. Só aceitávamos dinheiro. Num dado momento, os garotos atravessavam o portão correndo. Não conseguia pará-los. Depois disso, não tenho certeza se cobrimos nossas despesas, mas no fim da noite eu tinha tanto dinheiro que não conseguia carregar. Ora, lembre-se, nós todos éramos garotos e eram os anos 1970. Se você ganhasse 10 mil dólares na época, achava que tinha ganhado na loteria, mas a gente fez uma *pilha* de dinheiro". Anthony concorda que essa temporada de apresentações no Civic mostrou para a banda que eles estavam no caminho certo: "Quando tocamos no Pasadena Civic... naqueles shows eu comecei a perceber que, uau, isso poderia dar certo. Foi uma grande diversão... Eu tentei chamar meus pais para assistir ao show. Eu dizia: 'Olha só, vai ver a gente, é um concerto [de verdade]. Nós estamos fazendo sucesso'".[589]

Para esse último show, Tortomasi e o Van Halen quiseram quebrar seu recorde de público. O promoter contratou duas bandas locais, o novo grupo de Terry Kilgore, Reddi Kilowatt, e um trio de blues-boogie chamado Smokehouse, para aquecer o público.

Tortomasi também imprimiu surpreendentes 100 mil folhetos para as bandas e contratou um pequeno exército de garotos para distribuí-los. Ele conta: "O que nós fazíamos era distribuir os folhetos em todo colégio de La Crescenta até San Marino e Arcadia, duas vezes por

---

589. Stix, "In the Eye of the Storm", p. 90.

Folheto para a apresentação final do Van Halen no Pasadena Civic em outubro de 1977. O figurino espalhafatoso de David e Edward ressalta como a imagem da banda evoluiu tanto desde seus dias de jeans e camiseta. STEVE TORTOMASI

semana. Daí, em todos os finais de semana nós íamos a todas as casas noturnas de Hollywood. Andamos por toda Mulholland Drive onde todos estacionavam e colocávamos sobre os carros. Nós os deixamos em todos os postes de telefone mais visíveis. Colocamos em todos os lugares. Meu plano na ocasião era espalhar tantos folhetos que as pessoas não suportassem mais olhar pra eles".

Roth e o restante do Van Halen se juntaram a esse projeto. Roth explicou à *Tiger Beat*: "A gente dirigia por toda a cidade colocando folhetos em cada poste, parede de banheiro, vestiário de academia, para todos saberem nosso nome e nos verem tocar".[590] Como Anthony contou à *Guitar for the Practicing Musician*, tudo valeu a pena: "Eu olhei e tinha uns 5 mil garotos que chamamos ao colocarmos folhetos no carro de todos no Anaheim Stadium, onde o Aerosmith fazia um show ao ar livre".[591]

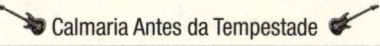

Apesar desse enorme esforço de marketing, Tortomasi e a banda não estavam satisfeitos. Tortomasi alugou enormes holofotes e os instalou no estacionamento do Civic. Na noite do show, eles mandaram raios de luz para o céu para facilitar a localização da casa. Ele também pagou por anúncios em rádio, que ele e Roth prepararam com seu mago da eletrônica residente, Pete Dougherty. Tortomasi lembra: "A casa de Roth era uma velha mansão e tinha esse lugar [a garagem] nos fundos que o dr. Roth alugou para Dougherty. Ele tinha um equipamento de áudio lá. Eu disse: 'Bom, David, nós vamos usar sua voz nos anúncios'. Nós colocamos músicas neles e levamos pra KROQ".

Na noite de 15 de outubro, amigos e fãs se misturavam com a banda antes do show. Jan Van Halen estava lá de *lederhosen*, depois de chegar ao Civic vindo de uma apresentação. Alguns executivos da Warner Bros., incluindo um vice-presidente e Ted Templeman, também apareceram.[592]

Tortomasi então fez uma reunião com a banda. Em um show anterior no Civic, ele explica, o Van Halen acionou seus detonadores e encheu o centro de exibições de fumaça. "Nós tínhamos um problema com pirotecnia na época. Tinha um cuzão bêbado e bravo chamado Jack, diretor artístico do Civic. Ele odiava rock. Ele me disse antes do show: 'Se eles usarem fogos, eu ligo pros bombeiros e mando interditar isso aqui'". Depois disso, Tortomasi avisou a banda: "Sem pirotecnia hoje, tá?". Ele deixou claro que o futuro dos shows de rock no Civic ficaria ameaçado se eles não o ouvissem. Aliás, o comandante do corpo de bombeiros poderia até multar ele e a banda. Os quatro acenaram com a cabeça, prometendo eliminar essa parte do show.

Depois do fim do show das bandas de abertura, o Van Halen começou com uma supercarregada "On Fire". Tom Hensley, velho amigo de Edward que não via o Van Halen tocar ao vivo há meses, ficou surpreso

---

590. Debi Fee & Linda Benjamin, "Van Halen's David Lee Roth", *Tiger Beat Super Special #3 Presents Rock!*, junho/julho de 1980, p. 18.
591. Stix, "In the Eye of the Storm", p. 90.
592. Ted Templeman, entrevistado pelo autor; Tom Broderick, entrevistado pelo autor; Roth, *Crazy from the Heat*, p. 84.

com o visual moderno da banda. Eles usavam esse figurino novinho comprado em Hollywood e a guitarra de Edward recebeu uma transformação no visual. Ele lembra: "No Pasadena Civic, Edward apareceu com a Stratocaster toda listrada e a coleira de cachorro como faixa, com toda a nova imagem heavy metal". Como revela a observação de Hensley, a imagem de Edward agora nem lembrava mais os dias em que ele tocava sua Les Paul Goldtop usando jeans e camisa de flanela.

Vestidos com a última moda e com o som no último volume, o Van Halen animou o público com seu set incendiário com todas as músicas de seu futuro álbum de estreia, exceto por "Jamie's Cryin'" e "I'm the One". O som de guitarra colossal de Edward ecoava e os vocais de Roth soavam cheios e ricos, sem deixar dúvida de que o Van Halen não tinha concorrência na cena local.

Janice Pirre Francis, que viu a banda pela primeira vez na festa no quintal de Van Furche' em 1974, fala exatamente isso. "O Civic estava lotado, foi avassalador. Ninguém atraía um público como o Van Halen. Eles não conseguiam. Lembro-me da música altíssima, da multidão e daquele grande estrelato que a banda tinha."

Mais ou menos no meio do show, a banda iluminou Alex no fim de "Atomic Punk". Chris Koenig lembra-se do tamanho cada vez maior da bateria de Alex e da habilidade solo potente do baterista: "Alex tinha essa bateria com um bumbo duplo. Eram literalmente dois bumbos grudados com correntes e cadeados. Ele fazia seu solo e a equipe da banda acionava extintores de incêndio nele. Ele ficava envolto pela fumaça. Então ele terminava o solo e levantava, usando uma máscara de gás. Todos piravam".

Tracy G. também estava na casa. Pelo que ele conta, Roth tinha o público na palma da mão. "Ele se destacava na frente sem camisa e falando: 'Ei, filhos da puta! O que vocês acham da minha banda?'. Você queria odiá-lo, porque ele era um idiota arrogante. Mas você não conseguia, porque tinham todas aquelas gatas lá pra vê-lo. Todas o queriam."

No fim de seu show conciso de 45 minutos, o Van Halen inflamou o público com "You Really Got Me". Anthony correu para seu microfone e gritou: "Ted Templeman, onde você está? Essa é pra você, querido!". Quarenta anos depois, Templeman ainda lembra como ele se divertiu nesse concerto: "Eu os vi em Pasadena e foi incrível!".

O Van Halen tinha mais uma surpresa para o público. Tom Broderick, o sonoplasta da banda, explica: "Meu irmão, Rob, tinha acabado de fazer esses detonadores de fumaça para eles. Tinha toda uma fileira deles. Nós colocamos alguns em cima dos amplificadores, alguns ao lado da bateria, e dava pra apertar botões diferentes para acioná-los e fazer *este, este, estes dois, aqueles dois*".

Roth narrou em *Crazy from the Heat* o que aconteceu depois: "Nós reservamos todos os detonadores de fumaça para o *grand finale*, esperamos a última música e detonamos todos os 25 de uma só vez, em um centro de exposições de 4.500 lugares com as janelas fechadas, e tinha fumaça em todo lugar". Eles colocaram tantos detonadores que Roth aparentemente não viu um deles. Broderick, rindo em silêncio, conta: "Lembro-me de que Roth estava perto demais daquele ao lado da plataforma da bateria. Um estourou bem do lado da sua cabeça!". Nos bastidores, Tortomasi ficou puto quando Jack ligou para a emergência. Em questão de minutos, o barulho das sirenes invadiu o salão.

A banda tossia e ria no palco. Roth explicou: "Foi uma coisa de filme. Todas as portas se abriram de uma vez e só dava para ver aquelas luzes vermelhas girando em cima daqueles caminhões de bombeiros, e todos aqueles caras com máscaras de gás, mangueiras, grandes botas e equipamento... entraram correndo pela porta para expulsar 4.500 dos nossos melhores amigos do edifício".[593]

Tortomasi, fulo da vida, tropeçou no palco. "Eu disse para Dave: 'Que porra de problema vocês têm? Eu disse que eles iam parar o show e interditar nosso negócio nesta noite! Por que vocês fizeram isso?". Roth não respondeu, mas Tortomasi sabia por que eles tinham feito aquilo: "Aqueles caras tinham uma missão. Não fiquei bravo com isso, mas com eles, pois era mais importante o show ser bom do que quaisquer ramificações de ser fechado pelo corpo de bombeiros e perder dinheiro".

No fim do outono, a Warner Bros. Records convidou a banda e seu empresário para ir a Burbank ver a capa de seu futuro álbum. A revelação não correu bem. Ansiosos para capitalizar sobre a tendência punk, os ilustradores da Warner Bros. produziram um desastre das artes gráficas. Eles criaram um logotipo anguloso e espalhafatoso que representava o Van Halen como "Vanhalen", um retrocesso involuntário da forma como o grupo apresentava seu nome em cerca de 1974. Eles usaram uma imagem de uma sessão de fotos noturna no terreno da mansão de Roth. Alex, que parecia ter três metros de altura na imagem, fica perto da lente enquanto o fotogênico Roth posa nos fundos de olhos fechados. Não se sabe ao certo se ele piscou ou se o fotografo pediu para ele fechar os olhos, mas Roth ficou bizarro.

---

593. Roth, *Crazy from the Heat*, p. 83-84.

A resposta do time do Van Halen foi um não retumbante. Berle lembra que ele disse aos executivos da Warner que a capa era uma merda. A banda mal podia conter sua fúria. Como Edward explicou à *Guitar World*: "Você tinha de ver a primeira capa do álbum que a Warner Bros. fez pra gente. Eles tentaram nos fazer parecer o The Clash. Nós dissemos: 'Foda-se essa merda!'".[594]

---

594. Rosen, "Unchained Melodies", p. 107-108.

Proposta criada pela Warner Bros. para a capa do álbum de estreia do Van Halen, no outono de 1977. A banda, acreditando que o projeto seria vendê-los como uma banda punk, rejeitou a capa. DA COLEÇÃO DE MIKE KASSIS

Tentando se redimir, alguns dias depois os executivos da Warner Bros. pediram para a banda e Berle se reunirem com eles em um almoço. Ted Cohen, então executivo da Warner, lembra-se disso: "A Warner Music convidou a banda ao [Le] Petit Chateau [em Lankershim] em North Hollywood para discutir o álbum de estreia. David Lee Roth apareceu meia hora atrasado, explicando que seu velho Plymouth Valiant tinha quebrado a uns três quilômetros do restaurante. Naquele almoço, nós anunciamos para os caras que eles sairiam em uma grande turnê para divulgar seu primeiro disco".[595]

Berle acrescenta que alguns outros detalhes foram discutidos nessa reunião. Depois do fiasco com a capa, a data de lançamento foi adiada de janeiro para fevereiro de 1978. Para a turnê promocional da banda, o empresário do Van Halen e a gravadora firmaram um contrato com uma das principais agências da indústria, a Premier Talent. Berle afirma que investir nesse acordo era crucial para as chances de sucesso de uma banda desconhecida. Berle explica: "Você não sai simplesmente e consegue uma turnê. Você tem de entender, pois as pessoas da indústria naquela época queriam saber: 'Que raios é Van Halen? Qual é a sua história?'. Foi muito difícil conseguir para eles uma boa turnê. Mas, ao colocá-los sob os cuidados da Premier Talent, que era a agência de rock mais poderosa do mundo, era quase certo que eles conseguiriam". Eles souberam que o Van Halen cairia na estrada com o Journey e Ronnie Montrose, em uma excursão marcada para durar seis semanas.[596]

Berle então trabalhou para reunir o time que excursionaria com a banda. Além dos técnicos, o Van Halen seria acompanhado por Cohen, que trabalharia como representante de A&R da banda, e o diretor de turnê Noel E. Monk, um ex-policial de Nova York cabeça-dura que entrou para a equipe do Van Halen no começo de 1978, depois de terminar com outra propriedade importante da Warner Bros. Records, os Sex Pistols.

Logo depois, Berle e a banda focaram na nova capa do álbum. O ilustrador Dave Bhang trabalhou em um novo desenho e o fotógrafo Elliot Gilbert tirou fotos dos quatro membros da banda em ação durante uma sessão no Whisky. Em uma conversa com a banda, Bhang criou um novo logo alado e cintilante com uma faixa na frente escrita "Van Halen". Edward lembrou que, depois de Bhang "criar o logo do Van Halen", a banda "mandou [a Warner Bros.] colocá-lo no álbum para deixar claro que nós não tínhamos nada a ver com o movimento punk. Era nossa forma de dizer: 'Ei, nós somos apenas uma banda de rock, não tente nos colocar junto da coisa dos Sex Pistols só porque está começando a ficar popular'".[597]

O plano promocional da gravadora também incluía vídeos, que a banda filmou no Whisky para três pretensos singles: "Runnin' with the Devil", "Jamie's Cryin'" e "You Really Got Me". Apesar de eles não conseguirem

---

595. Michael Wilton, "Van Halen's Babysitter", *L.A. Weekly*, 1º de junho de 2012, acesso em 8 de julho de 2015, <http://www.laweekly.com/music/van-halens-babysitter-2175110>.
596. Stix, "In the Eye of the Storm", p. 90.
597. Rosen, "Unchained Melodies", p. 107-108.

fingir direito que estavam cantando, os vídeos captam a imagem e o estilo de performance da banda no fim de 1977. Alex brutaliza sua bateria enquanto usa o que parece ser uma roupa de bondage. Roth veste uma calça de couro baixa, um cinto largo cravejado de metal e um cintinho de metal na cintura. Ele tem uma corrente de ouro brilhando no seu peito cabeludo, usa uma blusa de cetim aberta até a cintura e perambula pelo palco em seus sapatos plataforma rebolando com olhos salientes. Os outros têm apenas um pouco mais de bom gosto em suas escolhas de figurino. Edward usa uma camisa colada listrada, aberta até a cintura, e calças marrons de poliéster. Anthony, sempre o mais sensato do bando, usa uma camiseta branca com decote redondo e jeans. Juntos eles projetam uma imagem de banda que presta homenagem ao mesmo tempo ao heavy metal, à disco e ao cock rock do início dos anos 1970.

Por volta dessa época, os executivos da Warner Bros. Records tiveram motivos para frustração depois de um erro estúpido do Van Halen ameaçar prejudicar a divulgação do álbum. Ted Templeman ligou para Edward e lhe disse que ele tinha acabado de receber uma ligação do diretor de turnê do Aerosmith, que informou ao produtor que uma banda de glam rock chamada Angel tinha entrado no estúdio para produzir sua própria versão de "You Really Got Me". Edward explicou o que aconteceu:

"Eu toquei nossa fita [para Barry Brandt, baterista da Angel] um mês antes de ela ser lançada, e uma semana depois Ted Templeman liga pra mim e fala: 'Você tocou a fita pra alguém?'.

'Sim, não era pra tocar?'

'Eu te *avisei*. Porra! Eu nunca devia ter te dado uma cópia!'"[598]

Por conta disso, a gravadora colocou a música correndo no mercado. Isso talvez explique o raro EP de vinil "Looney Tunes" da banda. Ele tem a versão "punk" rejeitada do logo do Van Halen em vez do logo alado tão familiar, sugerindo que a gravadora não esperaria pela nova iconografia da banda para colocar "You Really Got Me" no vinil.[599]

Para terminar o ano, o Van Halen fez dois shows de despedida no Whisky em 30 e 31 de dezembro. Com a data de lançamento de *Van Halen* se aproximando, o *Los Angeles Times* prestou mais atenção à banda, mesmo com seus críticos não muito animados com o Van Halen. Robert Hilburn, ao discutir o compromisso da banda no Whisky, sugeriu que o Van Halen não representava o futuro do rock: "Essa não é a nova onda.

---

598. Considine, *Van Halen!*, p. 43.
599. Rosen, "True Beginnings", p. 51.

Está mais para uma mistura de Led Zeppelin com Black Oak. Eles têm um álbum a ser lançado no próximo mês pela Warner Bros. e aparentemente estão na fila pelo sucesso. Se você gosta de heavy metal, essa é sua chance de ver como é de perto".[600] Algumas semanas depois, Terry Atkinson ofereceu um elogio comedido ao escrever: "A música do Van Halen é um rock determinado, mas com deficiências. Não tem nada de revolucionário, mas é executado de uma forma simpática e às vezes até empolgante".[601]

Independentemente das opiniões do *Times*, o grupo lotou as duas noites. Os fãs faziam fila fora da casa e, quando entravam, tinham a chance de comprar camisetas do Van Halen, um sinal do crescente senso de empreendedorismo da banda.[602]

Ao contrário do set pesado com as músicas do disco apresentado no Civic, na noite de Ano-Novo o quarteto se soltou apresentando algumas das músicas mais obscuras do repertório original da banda. Tom Broderick diz: "Nós os convencemos a fazer muitas das músicas mais frescas naquela noite, como 'Down in Flames', 'Show No Mercy' e 'Here's Just What You Wanted'. Eles só tocaram esta última umas duas vezes". Se as músicas eram familiares ou não, o público veio abaixo. O guitarrista Greg Leon diz: "Eu e alguns amigos acabamos vendo a banda no Whisky em um show na noite de Ano-Novo. Foi uma noite fantástica". Broderick concorda e acrescenta: "Estava demais! Foi uma das minhas noites favoritas".

Embora se acredite há muito tempo que a banda tocou em mais duas datas finais no Whisky em fevereiro (eles não tocaram), acontece que a última apresentação da banda antes do lançamento de seu álbum nem aconteceu em Los Angeles. Em vez disso, em 27 de janeiro, o quarteto tocou na estação de esqui de Snow Crest Lodge na cidade de Mount Baldy, localizada a nordeste de Pasadena nas Montanhas San Gabriel. Como lembra Tracy G.: "Eles tiveram mais uma apresentação local nesse lugar minúsculo. Mount Baldy e as montanhas ficam a cerca de uma hora de onde eu moro, então eu implorei para meu amigo me levar lá. Nós fomos e, como era inverno, estava nevando. Foi logo antes de eles decolarem".

Janice Pirre Francis fez questão de ver a apresentação também, embora chegar ao local saindo do estacionamento não fosse uma tarefa fácil. "Era uma cena e tanto. Para chegar ao chalé, você tinha de andar de teleférico. Imagina só, todas as garotas de vestidinhos curtos e saltos

---

600. Robert Hilburn, "Under the Rock, an Exciting Crop of Newcomers", *Los Angeles Times*, 27 de novembro de 1977.
601. Atkinson, "Breaking Out of Bar Band Gigs".
602. Gargano, "David Lee Roth", p. 110.

altos precisando sair do teleférico sem quebrar o pescoço ou sem que a saia subisse até a cintura!"

Tracy diz que ele logo avistou o Van Halen e sua comitiva. "Quando eu me encaminhava para o local da apresentação", ele ri, "passei do lado das janelas do restaurante. Os caras do Van Halen estavam sentados à mesa com seus roadies, comendo e bebendo. Eu pensava: 'Esses caras são como uma gangue do caralho!'. Fiquei com tanta inveja. Queria uma banda assim, como uma gangue, na qual seríamos nós contra o mundo. Mas conseguir todos os membros certos em uma banda é difícil. E lá estavam eles, só bebendo e se preparando para sair em turnê mundial. Para falar a verdade, eu estava olhando para a realeza do rock, mas era jovem demais para perceber. Eu simplesmente não poderia imaginar que eles dominariam o mundo".

Naquela noite, depois que o equipamento da banda de abertura foi retirado do palco, os fãs começaram a chamar e gritar pela banda principal. Tracy olhou ao redor, perguntando-se como o Van Halen planejava fazer sua entrada. Ele conta: "Não tinha bastidores. Atrás do palco tinha só a parede da casa. Eu pensava: 'Onde eles estão?'".

Só então se abriu uma porta de saída de emergência em uma parede adjacente. Enquanto a neve aumentava no salão, o Van Halen apareceu. "Eles vinham de -16°C lá fora e estavam portando suas guitarras. Todos gritavam. Foi um show incrível. Dava pra esticar a mão e tocar na guitarra do Eddie. Eu estava lá pertinho."

Depois dessa performance triunfante, o Van Halen partiu para uma noite de insanidade orgíaca que serviria de ensaio para os excessos da turnê mundial. Tom Broderick se lembra da ferveção depois de a banda se dirigir a alguns chalés de esqui onde eles planejavam passar a noite: "Teve uma festa realmente maluca com todos os esquiadores e tudo o mais, que durou a noite toda depois da apresentação. Foi uma festa épica. Naquela noite eles destruíram o local onde ficaram... Dave inundou o banheiro e o quarto em que estava. Não sei se ele enfiou toalhas na privada ou o quê, mas só teve travessura em todos os lugares. Foi algo digno de Keith Moon".

Enquanto a banda se preparava para cair na estrada, eles lutavam com uma questão que parecia ameaçar as chances de sucesso do Van Halen. Nessa ocasião, o alcoolismo de Alex se tornou causa de preocupação em um grupo cujo *modus operandi* se centrava na farra. Gary Ostby diz: "Naquela época, Alex era o bêbado do grupo. Ele bebia Schlitz Malt

Liquor nas latas grandes o tempo todo. Muitas das brigas entre Eddie e Alex foram porque Alex bebia cerveja demais e começou a errar na bateria".

Para falar a verdade, os excessos de Alex com a bebida não eram uma novidade. Kilgore explica que, quando ele ia à casa dos Van Halen no início dos anos 70, "às 10 da manhã a mãe deles vinha com duas daquelas latonas de Schlitz. Eram quase 500 mililitros de cerveja puro malte. Eles bebiam duas delas antes do meio-dia. Eu só ficava deitado na cama depois disso".

Com o passar dos anos, Alex aparentemente se habituou a esse tipo de consumo de álcool de uma forma que seu irmão não tinha, ainda, se habituado. De acordo com Broderick: "Ele consumia caixas de Schlitz Malt em uma festa ou ensaio".[603] Isso parece plausível se considerarmos as preparações para apresentação de Alex. John Nyman, baterista da Eulogy, lembra o que ele viu antes de uma apresentação no Civic em 1976: "Lembro de Alex entrar lá, carregando um estojo de surdo. Lembro de pensar: 'Que estranho. Por que ele não deixa no chão com todo o equipamento?'. O estojo tinha provavelmente 40 × 40 ou 45 centímetros. Então ele o joga ao chão, abre e tira um cooler cheio de Schlitz".

Seu consumo de álcool continuava quando a banda tocava. Nyman acrescenta que, no Golden West, "lembro-me de Alex conversando comigo sobre o solo de bateria. Ele disse que ficava tão imerso nele que nem se lembrava do que tocava. Ele fez um solo, ficou todo suado e jogou cerveja na cabeça, o que é bem show biz e rock'n'roll, mas então ele disse que nem se lembrava de ter feito isso. Ele atribuía isso à sua intensidade no momento, mas, quando fiquei um pouco mais velho, eu pensei: 'Talvez ele só estivesse bêbado demais para não lembrar'. Ele com certeza tocava bem para alguém muito bêbado. Ele tocava *bem demais*".

Ostby lembra que essa amnésia causada pela bebida levou a uma reunião da banda. "No fim de 1977, começo de 1978, eles fizeram uma intervenção da banda com ele, porque ele bebia demais. Ficou feio, porque ele estava errando muito. Eles estavam ficando bem fulos da vida. Eles finalmente mandaram que ele se sentasse e disseram: 'Olha, Alex, é melhor você maneirar ou ficará fora da banda'. Ele concordou em maneirar e meio que se acalmou por um tempinho."

Mas nem Broderick nem Anthony, que não se envolvia muito nessa questão, pensavam que fosse algo além de um blefe. Broderick, que viu todo o episódio acontecer, explicou: "Eles jamais expulsariam o Al".[604] Anthony acrescenta: "Não me lembro de termos ameaçado expulsar Alex

---

603. Hausman, "Tom Broderick", p. 21.
604. Hausman, "Tom Broderick", p. 21.

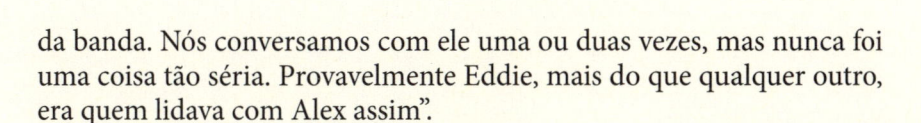

da banda. Nós conversamos com ele uma ou duas vezes, mas nunca foi uma coisa tão séria. Provavelmente Eddie, mais do que qualquer outro, era quem lidava com Alex assim".

Deixando de lado essas distrações, o Van Halen praticava dia e noite. Broderick conta: "Eles ensaiavam para a turnê no porão do Dave". Logo antes de a banda deixar a cidade, Edward estava focado em conseguir o "efeito de eco espacial para seu solo" justamente quando a banda como um todo "trabalhava no set que iria tocar". Músicas foram acrescentadas e cortadas da lista, e a banda trabalhava para preparar um set que duraria um pouco mais de 30 minutos.

Quando março se aproximou, a pressão aumentou. Como Broderick lembra: "Acho que em um dos últimos dias de ensaio, eu tive de tirar um amigo meu da cadeia. Achei que não fosse demorar tanto, mas demorou uma eternidade e eu acabei meia hora atrasado para esse ensaio. Dave me deu uma bronca e fez o sermão sobre como isso é sério e prioridade. Eu disse: 'Tá, *tá certo!*'. Ele gritou: 'Da próxima vez, deixa seu amigo na cadeia!'".

No fim de fevereiro, chegaram caminhões na casa de Roth para carregar o equipamento da banda para Chicago. Eles passaram a última noite no porão, pensando na estrada. No dia seguinte, a banda, seu time de empresários e sua pequena equipe voaram de Los Angeles para Chicago. Gary Nissley, que apareceu no porão com Pete Dougherty, lembra: "A gente estava curtindo no porão da mansão de Roth na véspera da viagem. Eles estavam todos se preparando para ir e se entreolharam, como se dissessem: 'Isso vai dar certo ou não?'". Eles logo descobririam.

Capítulo 13

Banda Lançada

Na primavera de 1978, os superastros do heavy metal do Black Sabbath planejavam sua turnê mundial de dez anos para promover seu futuro LP, *Never Say Die*. O vocalista Ozzy Osbourne, que tinha passado seus dias em um estupor induzido por bebidas e drogas, de repente ficou focado quando chegou a hora de escolher uma banda de abertura. Ele lembrou o empresário do Sabbath e seus companheiros de banda de como um novato KISS roubou o show quando eles abriram para o Sabbath em 1975. Ele insistiu que dessa vez o Sabbath chamasse uma banda fraca o bastante para a maioria do público gastar o tempo comprando cerveja e camisetas do Sabbath enquanto a banda de abertura tocasse. Por recomendação de Ozzy, o Sabbath deu uma ordem à agência da banda: contrate "alguma banda de bar de Los Angeles" para abrir o show.

Os empresários do Sabbath seguiram à risca essas instruções. Em 16 de maio, Osbourne, o baixista Geezer Butler, o baterista Bill Ward e o guitarrista Tony Iommi estavam nos bastidores do Sheffield City Hall, praparando-se para o primeiro show de sua turnê de um mês pelo Reino Unido. Por curiosidade, Ozzy e os outros foram para a coxia dar uma olhada no fim do set da banda de abertura. Eles chegaram bem na hora de pegar o solo do guitarrista, um ataque sonoro destruidor que deixou queixos caídos em todo o local. Os Sabs então observaram aturdidos em silêncio enquanto o Van Halen, tão potente quanto um tanque Sherman, começava a tocar "You Really Got Me".

De volta ao camarim, os quatro habitantes de Birmingham se sentaram, trocando olhares preocupados. Como Ozzy explicou depois ao tecladista Don Airey, "Nós ficamos pasmos demais para falar. Nós nos sentamos exclamando: 'Isso foi incrível'". Logo depois, "bateram na porta e o homem mais lindo do mundo entrou e disse olá". Ele se apresentou como Dave Roth. Naquele momento, o Sabbath sabia que estava encrencado.[605]

---

605. Wolf Schneider, "Don Airey Revealed", *The Highway Star*, 8 de fevereiro de 2004, acesso em 8 de julho de 2015, <http://thehighwaystar.com/interviews/airey/da-feb082004.html>.

Em 28 de fevereiro, o Van Halen, os empresários e a equipe da banda voaram para o leste partindo da ensolarada Los Angeles e pousaram em Chicago, a Cidade dos Ventos. Quando eles saíram do aeroporto, um vento gelado os esbofeteou. Todos vestiram os capuzes de suas parcas camufladas com o nome da banda e tremeram. Eles chegaram ao meio oeste no meio do inverno mais gelado da história.

A turnê em si, que começaria em 3 de março, tinha uma programação clássica dos anos 1970 com várias bandas. Depois do Van Halen, Ronnie Montrose assumiria o palco. Montrose promovia seu primeiro álbum solo, *Open Fire*. Ele marcou uma evolução no som, ao abandonar o hard rock mais comercial em troca de uma fusão no melhor estilo Jeff Beck. A banda principal seria o Journey, cujo álbum *Infinity* saiu em janeiro. Assim como Ronnie Montrose, o Journey também estava em um período de transição ao evoluir de um grupo de fusão para uma banda de rock comercial, graças, em grande parte, à recente adição do vocalista Steve Perry.

O status do Van Halen como recém-chegados nacionais significava que eles receberiam poucos privilégios. Eles começaram seu set às 19h30, uma hora em que muitas das pessoas não tinham entrado no auditório. Eles tinham uma iluminação mínima e quase nenhuma oportunidade de passar o som. E, considerando as cláusulas elaboradas de exigências contratuais em futuras turnês (nada de M&Ms marrons!), a falta de conforto nos bastidores parece ridícula, se pensarmos bem. Como Edward explicou a Steven Rosen: "Nossa exigência nos bastidores [em março de 1978] consistia em quatro toalhas".[606]

Naquela noite, o Van Halen pisou no palco, esperando ser anunciado. "Foi assustador andar até lá pela primeira vez", lembra Edward, principalmente porque o Van Halen só tinha meia hora para ganhar o público. Mas, depois do número de abertura em Chicago, o frio na barriga diminuiu e começaram os aplausos. Edward disse: "Depois da primeira música, as pessoas gostaram da gente" e, de fato, até o fim da noite, "todos nos adoraram". Com isso, a turnê de *Van Halen* estava encaminhada.[607]

Com menos de uma semana de turnê, a banda se deparou com um acontecimento inesperado. Em 6 de março, eles souberam que teriam uma noite de folga no dia seguinte em Madison, Wisconsin, pois o palco do Orpheum Theater não poderia acomodar as três bandas. Depois de

---

606. Rosen, "Diver Down", p. 11.
607. Rosen, "Diver Down", p. 11.

algumas ligações, Berle e Monk encontraram uma casa noturna local, a Shuffle Inn, que estava feliz em contratar uma banda cujo single de estreia, "You Really Got Me", estava chegando ao top 40 da parada de cem melhores singles da *Billboard*.[608] Até a hora do show, todos os ingressos tinham sido vendidos.

Ao contrário de alguns empresários que não teriam deixado uma banda em ascensão como o Van Halen tocar em uma espelunca como a Shuffle, Berle achava que essas oportunidades tiravam vantagem das habilidades do Van Halen. Ele explica: "Onde conseguíssemos um trabalho, eu aceitava, independentemente de quanto nos custasse para ir até lá. Minha fórmula para o sucesso era que essa não era uma banda de gravação, mas, sim, de rock'n'roll ao vivo. Quanto mais você colocava o Van Halen na frente das pessoas, melhor. Elas então fariam a propaganda. Elas diriam às outras pessoas: 'Cara, acabei de ver essa banda incrível!'. Então eu aceitava tudo que conseguisse".

As coisas seguiram esse roteiro na Shuffle. O Van Halen, que conhecia apresentações em casas noturnas muito bem, colocou a casa abaixo e deixou o crítico de rock local devidamente impressionado. O *Emerald City Chronicle* noticiou: "A banda subiu ao palco e atacou com toda força... Em um set cru, brutal e áspero, o Van Halen não teve a pretensão de agir como 'a mais nova banda nacional quente' que não toca mais em casas noturnas. Muito pelo contrário, este grupo cresceu em bares e se alimenta da troca de energia mais encontrada em um público mais próximo". Depois dos dois bis da banda, Roth batizou o público com jatos de champanhe enquanto o Van Halen deixava o palco.[609]

Mesmo com o fim do show, a diversão do Van Halen estava só começando. Nas duas noites seguintes, a banda e sua equipe destruíram o sétimo andar do Madison Sheraton. Tom Broderick contou à *The Inside* que a confusão começou com os membros da banda "perseguindo uns aos outros com extintores de incêndio na mão. Foi uma loucura total".[610]

As coisas ficaram mais divertidas quando o Van Halen começou a testar a gravidade. Berle, relaxando em seu quarto, estava por acaso olhando pela janela quando viu passar uma TV caindo.[611] "No Madison", ele ri, "eu fiquei uns três ou quatro andares abaixo. Eles jogavam as coisas pela janela, como TVs. Mas, ei, eram só garotos se divertindo".

---

608. "Billboard Hot 100", *Billboard*, 11 de março de 1978, p. 96.
609. Hausman, "Tom Broderick", p. 16.
610. Michael St. John, "Runnin' with Van Halen", *(Madison) Emerald City Chronicle*, 21 de março de 1978, p. 4.
611. David Konow, *Bang Your Head: The Rise and Fall of Heavy Metal* (New York: Three Rivers Press, 2002), p. 93-94.

Cartão-postal enviado pelos irmãos Van Halen a seu velho amigo Brian Box no comecinho da turnê da banda para promover o álbum de estreia, em março de 1978. Brian Box

Alex então tentou jogar uma mesa pela janela, mas, antes de conseguir, Steve Perry do Journey o avisou que ele acabaria pagando por tudo que destruiu. Embora o baterista tenha dado atenção ao aviso de Perry, o Van Halen ainda teve de conhecer os policiais de Madison, que fizeram várias visitas durante sua estada na Mad City.[612]

Deixando a primeira semana de turnê para trás, o Van Halen se concentrou em converter fãs e se tornar a principal atração do show. Roth se lembra: "Quando o Van Halen começou a turnê, nós abríamos para o Journey. Na verdade, eles eram a primeira banda para a qual abrimos em qualquer tipo de turnê nacional com nosso primeiro disco. Quando você começa na estrada assim, você fica muito competitivo. Você tenta deixar sua marca, sabe?".[613] Para deixar uma marca, era preciso apresentar um set list perfeito, que pegasse o público pelo colarinho e não largasse mais. "Como terceira banda na programação", Roth explicou na

---
612. Susan Masino, "Going Mad in Wisconsin", *The Inside*, primavera de 1999, p. 27.
613. *The Van Halen Scrapbook* (Cresskill, NJ: Sharon Publications, 1984), p. 51-52.

primavera de 1978, "cada música precisa ser de abertura. Como o set é curto, ele tem de ser sempre perfeito!".[614]

O Journey, que a princípio não mostrou muito interesse nas performances do Van Halen, passou a prestar mais atenção ao longo da turnê. Berle conta: "Lembro de três dos caras do Journey ficarem ao lado do Edward no palco. Eles só saíam de seus camarins quando Edward fazia seus solos, e toda noite ele fazia alguma coisa diferente. Eles sentavam lá e piravam na coxia de tão fascinados que ficaram por esse jovem novato".[615]

Quando a turnê chegou a Louisville em 17 de março, o Van Halen começou a ficar mais popular com o público também. Berle conta que rolava uma propaganda boca a boca da banda e os fãs começaram a aparecer bem cedo para ver a abertura. Broderick notou alguns dos caras do Journey aparentemente irritados com a performance meteórica do Van Halen e a resposta entusiasmada que provocavam. "O Journey", diz Broderick, "ficou oficialmente apavorado com o Van Halen no show [em Louisville]".

O Journey, na esperança de mandar a banda em ascensão de volta à Terra, começou a enfraquecer o quarteto de Pasadena. Broderick observa: "O Journey se virou contra o Van Halen depois de perceberem que estavam ficando fascinados. Eles começaram a sabotar o PA e eu não podia fazer nada. Eu não tinha um fone de ouvido com microfone para falar a alguém nos bastidores: 'Olha no backline, tem um fio solto'. Nós estávamos simplesmente ferrados e era isso".

Mas, assim como o ídolo de Roth, Muhammad Ali, o Van Halen sabia como levar um soco antes de contra-atacar. "Eles foderam com a gente", Edward declarou. "Eles nos atrapalharam, então nós os atrapalhamos também." Alex acrescentou: "Quando o Journey estava tocando, a gente ia até o camarim deles, comia toda a comida e flertava com suas senhoras".[616] Kim Miller, namorada de Edward, confirma: "Eles tentavam chamar Steve Perry para o camarim, só pra zoar com ele. O objetivo de Alex e dos outros era fazê-lo chorar! Mas Edward parecia gostar de Neal Schon. A gente se divertia com ele e sua esposa no hotel".[617]

Quando as três bandas chegaram ao Tower Theater na Filadélfia em 24 de março, o Van Halen se recuperou. Eles tocaram um set de 35 minutos dinâmico e firme para um público de fãs de rock difíceis de agradar que só pensavam em vaiar o Papai Noel na manhã de Natal.

---

614. "Van Halen: Who Are These Guys and Why Are They So Famous", *Hit Parader*, dezembro de 1980, p. 10.
615. Hedges, *Eddie Van Halen*, p. 52.
616. Edouard Dauphin, "He Ain't Heavy! The Van Halen Boys Talk", *Creem Close Up: Van Halen*, verão de 1984, p. 22.
617. Kim Miller, e-mail para o autor, 5 de agosto de 2014.

Para completar, eles apresentaram a animada "Ice Cream Man" antes de saírem sob aplausos demorados. Fred Trietsch, crítico de rock da *Drummer*, saiu de lá surpreso e contou aos leitores: "A julgar pela reação do público, não vai demorar muito para o Van Halen chegar ao topo das paradas".[618]

Apesar da performance brilhante na Filadélfia, a noite seguinte em Nova York provou ser uma lição de humildade. Um registro de público documenta que os esforços da banda causaram pouca impressão na maior parte das pessoas. Como Edward contou a Steven Rosen sobre a turnê com o Journey: "Ou as pessoas nos adoravam ou nos odiavam".[619] Nessa noite, a resposta no Palladium ficou muito mais próxima do ódio, com alguns fãs mais francos importunando e vaiando a banda de abertura do Journey.

Depois do show, as coisas não melhoraram. Roth sentou-se para uma entrevista com um insensível Rob Patterson da *Creem*, que depois zombou do Van Halen como cria de dinossauros do heavy metal, como Deep Purple e Sabbath. "Encarem os fatos, garotada", Patterson escreveu na edição de julho, "em se tratando de rock pesado – sabe, o tipo de coisa que soa como um bando de dinossauros engatados em um sadomasoquismo pré-histórico –, com um pouco de excessos calculados se vai *longe*. Então aparece o Van Halen, liderado por dois irmãos holandeses na guitarra e na bateria, criados em Pasadena, e com David Roth como vocalista, cujo andar pomposo e gritinhos emitem uma intensidade de fazer abrir as pernas, como ainda não tinha sido visto desde que Jim Dandy Mangrum inventou seu andar de pavão, agora ultrapassado". Sua mensagem não poderia ter sido mais direta: o Van Halen tocava uma forma elaborada de rock, o heavy metal, fazendo do quarteto um membro de uma espécie em perigo, que logo seria extinta ante uma nova geração de grupos punks e new wave.[620]

Apesar da noite difícil na Big Apple, o álbum estava vendendo. Anthony lembrou que, na primavera de 1978, "o álbum começou a decolar. Não foi algo como um foguete, mas era uma venda constante".[621] O single também corria bastante pelas ondas do rádio. Um diretor de programação de rádio da Costa Oeste contou à *Circus* que, na semana de seu

---

618. Fred Trietsch, "Van Halen: Short and Sweet".
619. Rosen, "Diver Down", p. 11.
620. Rob Patterson, "Van Halen: In Search of the *Baaad* Chord", *Creem*, julho de 1978, p. 22.
621. Stix, "In the Eye of the Storm", p. 90.

lançamento, *Van Halen* se tornou o álbum mais adicionado das rádios de rock: "O single chegou a 35 emissoras de rádio na primeira semana e mais outras 26 na segunda semana. Um mês depois, o Van Halen era tocado em 145 emissoras em todo o país". Essa transmissão faria a *Radio and Records* classificar "You Really Got Me" como single progressivo número 1 por várias semanas na primavera.[622]

Essa ação na rádio e nas paradas levou críticos de jornais e revistas a falar sobre *Van Halen*. Para falar a verdade, alguns recomendaram o LP por sua potência e volume. No Reino Unido, a *Melody Maker* cantou louvores à banda, dizendo: "Está tudo lá em abundância: solos de guitarra agudos, riffs estrondosos, uma seção rítmica pulsante e vocais fortes... extraordinário e totalmente recomendado". A *Sounds* concordou, chamado o Van Halen de "mais novos heróis do heavy metal" que produziram "um álbum de estreia magnífico. Se o Van Halen puder manter essa adrenalina no segundo álbum, então a Warner tem um vencedor em mãos".[623] De volta a Los Angeles, o *Orange County Register* chamou o álbum de "joia do hard rock", que "transbordava de energia ambiciosa".[624]

Entretanto, a maioria dos críticos não ficou nada impressionada, e muitos deles classificavam o som da banda como uma reciclagem do obsoleto heavy metal-*cum*-cock rock. A revista britânica fã de punk *NME* atingiu *Van Halen* com um lança-chamas, chamando o disco de "vagamente tolerável em alguns pontos" e o acusando de "aquele mesmo velho excesso do heavy metal".[625] Do outro lado do Atlântico, a *Hit Parader* zombou da banda escrevendo: "Com um pouco de prática, eles podem se tornar o próximo Uriah Heep. E, com mais um dia de ensaio, eles poderiam se tornar Arthur Brown ou o Black Oak Arkansas. Mas ouça sua versão de 'You Really Got Me' e pode apostar que eles jamais se tornarão o The Kinks".[626]

O *Los Angeles Times* e a *Rolling Stone* apresentaram uma mensagem mais misturada. No primeiro, Terry Atkinson elogiou o álbum de estreia como um "início impressionante", antes de definir Roth como o principal defeito da banda: "O ponto fraco do álbum é o vocalista David Roth. Sua voz é aproveitável, mas monótona, lembrando demais

---

622. Michael Oldfield, "Van Halen", *Melody Maker*, 3 de junho de 1978; "Van Halen Hits the Big Time", *Circus*, 31 de outubro de 1984, p. 57. Para uma lista dos singles do álbum *Van Halen*, veja "Van Halen – Discography", *45Cat*, acesso em 8 de julho de 2015, <http://www.45cat.com/artist/van-halen>.
623. Shearlaw, *Van Halen*, p. 29.
624. Elizabeth Reich, "Van Halen Album Hard Rock Jewel", *Orange County Register*, 2 de março de 1978.
625. Neil Peters, "Van Halen", *New Musical Express*, 27 de maio de 1978.
626. James Spina, "Spin Addict", *Hit Parader*, setembro de 1978, p. 15.

o tipo de canto com gritinhos que afundou grupos como Uriah Heep. Além disso, suas letras são mundanas".⁶²⁷ No segundo caso, Charles M. Young desaprovou o quarteto com um elogio tênue: "O segredo do Van Halen é não fazer nada original, embora tenha os hormônios para fazer isso melhor do que todas aquelas bandas que ficaram gordas, folgadas e nojentas... Esses caras também têm o bom senso de não cortar o cabelo nem cantar sobre destruir uma sociedade corrupta e incompetente em seu primeiro álbum. Assim, programadores de rádio corruptos e incompetentes tocarão sua música". Por isso, a Warner Bros. lançou "Runnin' with the Devil" em abril como o segundo single da banda.⁶²⁸

Naquele mês, a turnê seguiu para o sudoeste. Em Austin, dois críticos que assistiram ao show em 12 de abril aplaudiram as músicas e a presença de palco do Van Halen. Enquanto chamava o Journey de "esplêndido", Margaret Moser do *Austin Sun* fez um elogio efusivo da banda de abertura. "O Van Halen abriu o show com uma explosão de adrenalina. Os irmãos Alex e Edward Van Halen, baterista e guitarrista, respectivamente, apresentaram a determinação de seu hard rock, bem *firme*. Embora o set fosse curto demais para ter uma noção verdadeira de seu estilo, eles exibiram uma quantidade imensa de ímpeto e força, sobretudo o vocalista Dave Roth. Roth, usando uma calça de couro preta baixa e uma camisa aberta, apresentou-se principalmente para a porção feminina da plateia, ajoelhando-se e beijando mãos, aceitando uma flor e colocando-a estrategicamente em cima do zíper."⁶²⁹

John Bryant do *Austin American Statesman* foi além, declarando que o Van Halen foi o verdadeiro astro da noite. Ele escreveu: "O grupo enfiou simplesmente toda a qualidade e os truques de uma banda principal em 35 minutos. Alex fez um magnífico solo de bateria, seu irmão Edward Van Halen teve um solo de guitarra e Michael Anthony fez um solo de baixo à altura. O vocalista Dave Lee Roth se espalhava pelo palco, liderando a liga com seu peito cabeludo suado exposto e com sua calça baixa e justa que só ficava atrás de um membro do elenco de *Oh Calcutta*... A única coisa que os impediu de roubar totalmente o show no Municipal Auditorium na noite de quarta-feira foi o fenômeno

---

627. Terry Atkinson, "Riffs Run Rampant in Van Halen Debut", *Los Angeles Times*, 5 de março de 1978.
628. Charles M. Young, "Van Halen", *Rolling Stone*, 4 de maio 1978, acesso em 8 de julho de 2015, <http://www.rollingstone.com/music/albumreviews/van-halen-19780504>.
629. Margaret Moser, "Hard, and I Mean HARD, Rock", *Austin Sun*, 21 de abril de 1978.

dos concertos de rock que pede para os fãs jovens andarem pelo lobby durante o show da banda de abertura".[630]

Com o álbum vendendo e as plateias apaixonadas, os empresários do Van Halen começaram a tentar colocar a banda em uma turnê maior. Por ora, porém, o Van Halen recusou. Anthony explica: "Nossa primeira turnê depois do álbum *Van Halen* deveria durar apenas seis semanas, abrindo pro Journey e pro [Ronnie] Montrose. Mas o álbum vendia cada vez mais. A Warner Bros. e a Premier Talent queriam nos colocar direto nas grandes casas de shows quando o álbum começou a ficar popular". Mas, para garantir que eles tivessem os pés no chão, a banda escolheu, nas palavras do baixista, "tocar nos lugares menores primeiro".[631]

Essa decisão não reduziu em nada a tensão entre o Journey e o Van Halen. Quando o Van Halen virou mesas de bufê depois de botar fogo no público, o empresário do Journey deu uma bronca nos representantes da Premier Talent e da Warner Bros., dizendo que bastava mais um erro e o Van Halen seria esquecido. Mas o corte nunca aconteceu. Como Leiren lembra: "O empresário do Journey dava bronca e nos ameaçava semanalmente que sairíamos da turnê – '*Chega!*'. Bom, isso aconteceu por um tempo e nós finalmente perguntamos: 'Nós estamos de vigilância secreta agora? Por que não nos expulsam dessa turnê?'. E nós finalmente nos tocamos: o álbum do Journey ficou um pouco mais no topo das paradas e as vendas dos ingressos iam muito bem também. Como nós vendíamos álbuns, os shows vendiam mais. As emissoras de rádio locais recebiam muitos pedidos de músicas do Van Halen. As pessoas vinham e gritavam: '*Van Halen!*'. Então ficou aparente que a maioria das pessoas vinha para ver o Van Halen".

Mesmo assim, o tempo do Van Halen com o Journey e Ronnie Montrose terminou no fim de abril. Para Neal Schon, que se deu bem com Edward, mas achou difícil de tocar depois do jovem virtuoso, essa separação veio na hora certa. "Era como ser arrasado todas as noites pelo melhor chef de sushi do planeta, daqueles que giram os facões", ele contou à *Guitar Player*. "Ronnie Montrose era o segundo artista na abertura e ele odiava ficar no meio. Eu falava pra ele: 'Cara, eu fico feliz que você venha depois deles e não eu!'"[632] Montrose também elogiaria depois a técnica de Edward, observando: "O único cara que realmente

---

630. John Bryant, "Rock Band Crams in Quality", *Austin American-Statesman*, 14 de abril de 1978.
631. Stix, "The Last of the Pre-Van Halen Bands", p. 19.
632. Jude Gold, "Ten Things You Gotta Do To Play Like Eddie Van Halen", *Guitar Player*, 1º de fevereiro de 2009, acesso em 8 de julho de 2015, <http://www.guitarplayer.com/artist-lessons/1026/10-things-you-gotta-do-to-play-like-eddie-van-halen/16950>.

faz algo novo e diferente é Eddie Van Halen. Ele pegou o som bem básico da Stratocaster e adicionou muita coloração e harmônicos ao seu estilo. Ele é um dos únicos novos guitarristas que conseguiram passar da alavanca de trêmolo e de uns truques de feedback que entusiasmaram um monte de guitarristas pós-Hendrix".[633]

Depois de uma curta temporada do outro lado do Atlântico como banda principal, o Van Halen se encontrou com o Black Sabbath em 16 de maio em Sheffield. Edward e Alex, que cresceram com o Sabbath, com certeza sentiram o peso da história naquela primeira noite da turnê. Mas todos esses pensamentos desapareceram depois que o quarteto abriu seu set com um golpe duplo de "On Fire" e "I'm the One". Bem no meio da segunda música, porém, veio o desastre. A guitarra de Edward ficou muda por alguns minutos, interrompendo o set. A banda se recuperou e terminou bem, mas eles sem dúvida ficaram frustrados e envergonhados por dificuldades técnicas atrapalharem sua estreia com o Sabbath.[634]

Apesar dessa oportunidade de ouro, o Sabbath não conseguiu capitalizar sobre o azar do Van Halen. O autor Paul Wilkinson lembrou que o set do Sabbath "foi um desastre: o PA quebrou após uma hora, depois de apagões periódicos em toda a primeira parte do set. Bill Ward nos ofereceu corajosamente um solo de bateria desplugado e espontâneo, enquanto os outros membros saíam do palco devagar, embaraçados. Eu estava bem na frente e consegui ouvir Bill gritar 'foda-se!', enquanto largava suas baquetas e se levantava, derrotado, para se reunir a eles. Depois de um longo intervalo, as luzes da casa acenderam, alguém fez um anúncio se desculpando e 2 mil fãs do Sabbath fizeram o caminho de volta para casa tristes". Wilkinson, que adorava o Sabbath, lembrou que o público especulava ao sair que o Van Halen "tinha sabotado o PA". Mas, ele escreve, "muitos de nós perceberam que uma atitude dessas não era necessária. O Van Halen estava incandescente enquanto o Sabbath estava apenas em declínio".[635]

Sheffield deu o tom do restante desse trecho da turnê. Mesmo com o Sabbath acumulando boas performances nas mais de 20 datas extras no Reino Unido, fãs e jornalistas logo reconheceram que o Van Halen era

---

633. Andy Secher, "Guitar Workshop with Gamma's Ronnie Montrose", *Hit Parader*, abril de 1981, p. 38.
634. Rudy Leiren, entrevistado por Steven Rosen, de posse do autor.
635. Paul Wilkinson, *Rat Salad: Black Sabbath, The Classic Years, 1969-1975* (New York: St. Martin's Press, 2007), p. 224-225.

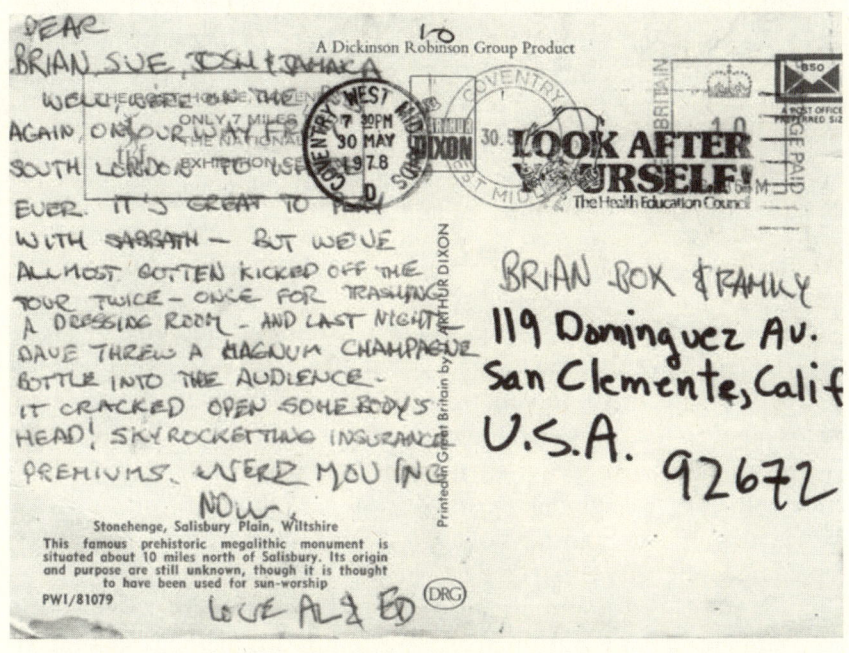

Um segundo cartão-postal enviado pelos irmãos Van Halen para Brian Box no início da excursão do Van Halen pelo Reino Unido com o Black Sabbath em maio de 1978. Nele, eles observam que o Van Halen foi quase "expulso da turnê" duas vezes. BRIAN BOX

uma estrela em ascensão. Embora Tom Noble da *NME* se queixasse de que eles não fossem "nada especial", ele noticiou que os fãs de Newcastle piraram com a banda: "Antes mesmo de o Van Halen seguir o caminho iluminado por tochas até o palco, todo o público, sem exceção, estava a seus pés".[636] Steve Gett, escrevendo na *Record Mirror* sobre o show de Bristol, observou: "O sucesso do Van Halen abrindo para o Sabbath foi fenomenal, com pelo menos um bis por noite... No meio do caminho de sua turnê britânica, o Van Halen vai muito bem, ganhando não só mais confiança, como também muitos fãs ao longo do caminho".[637]

Em Aberdeen, a banda recebeu uma notícia fantástica da Warner Bros. *Van Halen* ganhou disco de ouro. Depois de anos de trabalho duro e no meio de um ambiente musical nada hospitaleiro a seu tipo de música, o Van Halen alcançou o auge do sucesso que apenas algumas bandas conseguiram. Isso pedia uma farra à altura da ocasião, claro. Roth lembrou: "Nós

---

636. Tom Noble, "Black Sabbath Van Halen", *New Musical Express*, 3 de junho de 1978.
637. Steve Gett, "Van Halen: Colston Hall, Bristol", *Record Mirror*, 3 de junho de 1978.

comemoramos nosso primeiro disco de ouro em Aberdeen, Escócia, no lobby do hotel". Edward, em um esforço embriagado para comemorar a conquista da banda, arrumou tinta dourada e começou a redecorar as paredes do corredor. Depois o restante da banda acrescentou detalhes a alguns retratos com graxa de sapato comprada em uma máquina. Como Roth conta, nem precisa dizer que a polícia "escoltou" a banda para fora do país, dizendo: "Nunca mais voltem aqui!".[638]

No meio de junho, o Van Halen se separou temporariamente dos mestres do metal e seguiu para o Japão. O Van Halen fez oito shows na Terra do Sol Nascente, incluindo quatro em Tóquio, tocando na frente de públicos quietos, mas grandes, em locais do tamanho de teatros.

Por volta dessa época, a trupe do Van Halen podia ver sua força crescendo em escala global. No fim de junho, o álbum entrou para o top 30 na Austrália, na França e no Japão, e "You Really Got Me" entrou no top 20 na França, na Holanda e na Nova Zelândia. De volta aos Estados Unidos, *Van Halen* assumiu seu lugar ao lado de LPs de estreia de estrelas como Foreigner e Boston, tornando-se um dos primeiros álbuns de venda mais rápida da história.[639] A Warner Bros., para manter o álbum voando das prateleiras, lançou "Jamie's Cryin'" em julho como terceiro single da banda.

Berle e a Premier Talent correram para capitalizar em cima do crescente sucesso do Van Halen agendando uma série de datas no verão americano. Além de uma turnê com o Sabbath começando em 22 de agosto em Milwaukee, em julho e agosto o Van Halen tocaria em todos os lugares, desde o cavernoso Superdom, como banda de abertura para o Rolling Stones, ao íntimo Armadillo World Headquarters em Austin, Texas. Uma turnê americana que deveria durar seis semanas se transformou em férias mundiais.

Em 28 de junho, o Van Halen se preparou para deixar o Japão. O próximo destino da banda era Dallas, onde o quarteto tocaria em 1º de julho no grande Texxas Music Festival junto de bandas ganhadoras de discos de platina como Heart, Ted Nugent e Aerosmith. Com os organizadores esperando mais de 80 mil fãs no Cotton Bowl, esse show aconteceria na frente do maior público da história do Van Halen até então. A equipe empacotou o equipamento da banda, passou pela alfândega e pulou em um 747 com o restante da banda.

---

638. Terry McGovern, "Van Halen", *Profiles in Rock*, 3 de maio de 1980, de posse do autor.
639. "Van Halen Has Enthusiasm", *Salina (Kansas) Journal*, 28 de maio de 1978.

Depois da chegada do Van Halen e sua comitiva ao estado da Estrela Solitária, eles receberam péssimas notícias. "Quando estávamos no Japão", conta Berle, "nós despachamos o equipamento para Dallas, mas houve um problema e o equipamento nunca chegou". Depois de algumas ligações frenéticas, a banda descobriu em 30 de junho que a bagagem foi parar em Chicago. Berle lembra que, embora Edward "estivesse com [algumas das] suas guitarras, porque dava para carregá-las no avião", quase todas as outras peças do equipamento que a banda usava ficaram retidas na Cidade dos Ventos.

Com o show agendado para o dia seguinte, o Van Halen não podia contar com a companhia aérea entregando milagrosamente tudo a tempo do show. A banda não teve outra escolha a não ser conseguir rapidamente substituir o equipamento. "Eddie ficou fulo da vida", diz Berle, "porque tivemos de alugar efeitos e amplificadores. Ele não tinha nada".

Em 1º de julho, um sol vermelho nasceu e começou a torrar Dallas. As temperaturas naquele dia passariam dos 37°C, e o Van Halen, que apareceria quase no fim da programação, subiu ao palco no meio da tarde, na parte mais quente do dia. No início da tarde, os portões se abriram e dezenas de milhares de fãs começaram a encher o estádio, todos parecendo, segundo Mike Simmons do *Deer Park Progress*, "um bando de perus de Ação de Graças se encaminhando para um forno gigante". No campo do Astroturf, as sensações térmicas atingiam 48°C a 54°C, o que levou a um recorde de desmaios por causa do calor escaldante.[640]

Nos bastidores, o Van Halen estava pronto, resignado pelo fato de que o show deve continuar, embora, como Leiren lembra: "todos estivessem totalmente esgotados" pelo turbilhão dos últimos dias.[641] Como Alex explicou no programa de rádio *Profiles in Rock*: "Era uma hora da tarde, estava uns 48°C. A gente estava se preparando pra entrar e eu tinha uma bateria [alugada] que batia nos meus joelhos".[642]

Mesmo assim, o Van Halen aqueceu ainda mais o público no Texas. Mike Simmons noticiou: "O Van Halen ganhou a grande maioria dos fãs com um set animado de 45 minutos com músicas de seu ótimo álbum de estreia. O vocalista David Roth não precisou pedir muito para os fãs responderem a hits como "Runnin' with the Devil" e "You Really Got Me".[643] A banda concordou com essa avaliação. Edward lembra: "Nós tocamos na frente de 82 mil pessoas com equipamento alugado e ainda

---

640. Mike Simmons, "'Texas Jam' Provides Hot Times", *Deer Park (Texas) Progress*, 13 de julho de 1978.
641. Rudy Leiren, entrevistado por Steven Rosen, de posse do autor.
642. McGovern, "Van Halen".
643. Simmons, "'Texas Jam' Provides Hot Times".

arrasamos!". Roth acrescentou: "Isso foi o que realmente nos promoveu no Texas. Foi um dos nossos melhores shows, e o público *pirou*".[644]

Fora do palco, Berle assistia maravilhado. Ele o chama de "um dos melhores shows que já vi". Na sua opinião, principalmente o guitarrista da banda se mostrou à altura da ocasião: "Eddie ficou compreensivelmente chateado com a perspectiva de tocar na frente de colegas músicos pela primeira vez sem os amplificadores e os efeitos que ele achava que contribuíam para sua assinatura sonora. Mas apesar disso... Eddie ainda conseguiu e foi aplaudido de pé".[645]

O set incendiário do Van Halen esgotou tanto o público que o resto do evento não teve chance de sucesso entre os milhares presentes. "Outras bandas que tocaram nas primeiras nove horas simplesmente não animaram o público", Simmons escreveu: "em parte pelo calor e, em alguns casos, por causa de performances sem brilho... A Head East, a próxima banda depois do set explosivo do Van Halen, foi o ponto fraco do concerto. Eles tentaram sem parar deixar os fãs aos seus pés, mas foram praticamente ignorados. Nem com seu bis injustificado, 'Never Been Any Reason', os fãs pareciam se importar. Sem sombra de dúvida, o Van Halen dominou as primeiras horas do show".[646] O público só voltou à vida quando o Heart subiu ao palco horas depois. Nesse dia, o Van Halen passou de uma revelação a astro do rock.

Antes de o Van Halen deixar Dallas, Leiren foi até o aeroporto na manhã de 2 de julho para reaver o equipamento da banda, que finalmente tinha chegado de Chicago. Ele relatou a Steven Rosen que a banda comemorou com vigor seu triunfo no Texas e, então, quando ele se encontrou com os agentes da alfândega, acreditou na palavra deles de que o equipamento da banda estava todo lá. Um Leiren confuso assinou a papelada e tomou posse do equipamento.

No estacionamento, ele e o motorista da banda começaram a colocar tudo dentro do caminhão. Só então Leiren fez uma terrível descoberta. "Nós começamos a carregar", lembra ele, "e eu percebi: 'Ei, peraí um pouquinho. Cadê a bomba?'. A gente tinha a grande bomba da Segunda Guerra Mundial que costumávamos levar. Acontece que tinham quatro peças faltando". Um dos itens era uma caixa para transporte em três partes que guardava o estimado amplificador Marshall de Edward, que ele comprou em 1970 e usou em *Van Halen*.

---

644. McGovern, "Van Halen".
645. Zlozower, *Eddie Van Halen*, p. 22.
646. Simmons, "'Texas Jam' Provides Hot Times".

Solo de Edward Van Halen na frente de um público enorme no sul da Califórnia em julho de 1978. NEIL ZLOZOWER

Nas semanas seguintes, a bomba de Edward e outros dois itens retornaram para a banda. Mas o "bebê" de Edward, o Marshall, tinha sumido. "Bom, eles acharam tudo, menos o estojo com o amplificador de três cabeçotes", Leiren lembrou. Quando Edward ouviu a notícia, ficou "muito, mas muito chateado" com o desaparecimento de talvez a única arma insubstituível de seu arsenal. "Olha, vou te contar", Leiren disse, "foi como a perda de um bom amigo, ele ficou desolado o tempo todo".[647]

Depois de se arranjar com amplificadores substitutos, Edward e o restante da banda seguiu para a Costa Oeste. Eles fizeram primeiro um show como banda principal no Sports Arena de San Diego antes de voltar à Cidade dos Anjos para tocar na Long Beach Arena em 8 de julho. Berle, querendo garantir uma casa lotada, primeiro pensou em colocar a banda no Santa Monica Civic, de 3 mil lugares, ou talvez tocando em "um arranjo em escala reduzida com 5.500 lugares" na Long Beach Arena.

---
647. Rudy Leiren, entrevistado por Steven Rosen, de posse do autor.

David Lee Roth e Edward Van Halen tocam "Ice Cream Man"
no sul da Califórnia em julho de 1978. NEIL ZLOZOWER

Mas, com as vendas do álbum firmes e um exército de fãs na cidade natal se coçando para ver o Van Halen, Berle e a Premier Talent decidiram apostar na sorte e agendar a arena inteira com os 9 mil lugares.

Quase na mesma hora em que os ingressos começaram a ser vendidos, ficou claro que a aposta tinha dado certo. Um Berle nervoso chamou o promoter e soube que 6 mil ingressos tinham sido vendidos em uma hora. Na segunda hora, o show estava lotado. Um exuberante Roth contou ao *Los Angeles Times*: "Isso é muito especial. Nós não tocamos em L.A. desde a véspera do Ano-Novo no Whisky. É nosso retorno. Nós estamos na estrada desde fevereiro e agora temos nosso primeiro disco de ouro. Que melhor lugar para celebrar?".[648]

Naquela noite, no palco da Long Beach Arena, o Van Halen saudou seus fãs roucos de forma explosiva. Encarando o show como uma festa em um quintal gigante, eles surpreenderam o público com uma artilharia de detonadores de fumaça, que eram apenas uma parte dos 20 mil dólares em "efeitos especiais e equipamento encomendados pela banda

---

648. Hilburn, "Pasadena's Van Halen".

para dar à noite um brilho a mais".[649] Dave Shelton lembra: "Vê-los naquele local tão grande e com um sistema de som tão potente foi formidável. Eles sempre tocaram muito bem. Eram uma banda coesa. Era como todos pensavam: '*Uau*, Van Halen são nossos conterrâneos que chegaram lá'".

O quarteto terminou seu show com três bis enquanto o público "vibrava em aprovação", de acordo com Robert Hilburn do *Los Angeles Times*. "A resposta exaltada o levou a mencionar o Van Halen junto de algumas lendas do rock da Cidade dos Anjos: "Embora muitas bandas se deem bem depois de mudar para L.A., há anos um grupo de rock nascido aqui não conseguia atenção nacional. Alguns acham que o Van Halen pode ser a maior banda originária de L.A. desde o The Doors".[650]

Depois do show, o pandemônio reinava ao lado da porta dos bastidores da arena. Centenas de fãs e amigos, incluindo Steve Tortomasi, reuniram-se na esperança de festejar com o Van Halen. Ele lembra: "Havia um bando de groupies e provavelmente mais umas 300 pessoas tentando entrar nos bastidores. Eles tinham dois seguranças lá com uma corda. Eu sinto um tapa no ombro, me viro e vejo o pai do Mike [Anthony] Sobolewski. Ele sorri e diz: 'Steve, não consigo entrar nos bastidores, e se você não consegue entrar, eu sei que não vou conseguir também!'".

Enquanto os dois conversavam, Edward apareceu na porta. Tortomasi diz: "Todos pediam: 'Ei, Ed! Deixa a gente entrar!'. Então ele agarrou o pai do Mike e eu pela camisa e nos puxou para os bastidores. Mas os seguranças não sabiam quem ele era. O imbecil desse segurança o agarrou pelo pescoço e o jogou ao chão. Forte. O cara o estrangulou. Foi brutal. Ele o agarrou e o jogou ao chão porque ele estava tentando nos puxar para os bastidores. As pessoas gritavam: 'Ei, cara! Você não sabe o que está fazendo!'. Ed ficou assustado. Isso realmente o machucou. Ele levantou e disse: '*Isso não vai acabar assim!*'. Ele ficou fulo da vida!".

Dave Shelton viu o que aconteceu depois. "A gente estava nos bastidores se divertindo", diz ele. "Perdemos o Eddie por uns minutos. Ele voltou todo furioso. Ele passa por nós e devia ter um empresário e um segurança com ele. Parece que ele foi até o ônibus, seu carro, ou algo assim, para pegar uma câmera e ao voltar um dos seguranças o agarrou pelo pescoço e o jogou ao chão, sem saber quem ele era. Eddie volta com esses caras e está lívido. '*Foi aquele filho da puta ALI!*', e apontou para esse segurança que o jogou ao chão. Eddie *não* ficou feliz com isso."

---

649. Hilburn, "Pasadena's Van Halen".
650. Hilburn, "Pasadena's Van Halen".

Enquanto Edward cuidava do pescoço machucado, o Van Halen viajou para Nova Orleans para abrir para seus colegas de gravadora, os Doobie Brothers, e "a Maior Banda de Rock do Mundo", os Rolling Stones. Naturalmente, colocar uma gangue de beberrões profissionais como o Van Halen e sua equipe em Nova Orleans, a cidade mais bêbada da América, contribuiu para uma orgia de intoxicação. Alex alugou um Cadillac, que dirigiu despreocupado. De volta ao hotel, ele e Gregg Emerson, o técnico de bateria, piraram. Michael Anthony explica, rindo: "Alex e Gregg *adoravam* beber na época. Gregg era um daqueles caras que estavam sempre dispostos a cometer uma loucura. Ele e Alex diziam: 'Vamos fazer [algo maluco]?'. Eu dizia: 'Não, eu não vou fazer isso'".

O baixista acrescenta: "Quando nós estávamos em Nova Orleans na primeira turnê, lembro da equipe trazendo todas aquelas garotas, que na verdade eram homens, ao hotel. Quando nós acordamos naquela manhã, Gregg tinha os dois olhos roxos e parecia *acabado*. Ele disse que entrou numa briga, mas é mais provável que ele tenha dado uma topada na porta do hotel enquanto estava bêbado". Infelizmente para Emerson, isso aconteceu logo antes de ele conhecer a realeza do rock. Ross Velasco acrescenta: "Gregg estava empolgado demais pra conhecer Mick Jagger, mas ele acabou com dois olhos roxos antes de conhecê-lo!".

Na tarde de 13 de julho, o Van Halen recebeu uma visita surpresa no palco. Anthony diz: "Eu não conseguia acreditar quando Mick Jagger apareceu no palco enquanto passávamos o som no Superdome. Meu queixo caiu". Jagger olhava com atenção para o equipamento do Van Halen. Como Edward contou depois a Rafael Marti, Jagger apontou para seu aparelho e disse: "Ah, essa é a tal bomba?". Fascinado, Edward explicou que guardava alguns de seus efeitos de guitarra dentro da bomba. Jagger, recusando-se a dar ao Van Halen uma chance de superar os Stones no palco, fungou e disse: "Bom, nós não vamos precisar disso no palco".

Nos bastidores, a banda estava pronta. Roth explicou posteriormente que, após se apresentar muitas vezes na frente de tantas multidões, a banda sentia "mais ansiedade do que nervosismo" por uma apresentação como o show no Superdome. "Quer dizer, nós conhecemos as músicas, sabemos que as tocamos bem. Ei, nós tocamos todas elas há muito tempo. Conseguimos ler gibis no palco enquanto tocamos, porque conhecemos elas tão bem assim."[651]

Fora do local, dezenas de milhares de fãs seguravam os ingressos em uma fila perto das entradas apesar do calor sufocante. Naturalmente, quem tinha esperança de conseguir os melhores lugares para ver o

---

651. Charlie Crespo, "Everynight Charley", *Aquarian*, 13 de setembro de 1978.

show e escapar do clima abafado de Nova Orleans entrou correndo na arena fresquinha com ar-condicionado tão logo os portões se abriram às 17h30. Para o Van Halen, isso significava que eles tocariam na frente de uma casa lotada de 80 mil fãs.[652]

Apesar de um crítico do *Times-Picayune* não gostar do Van Halen, o público abraçou a banda.[653] Roth lembra: "Isso foi incrível. Ficar na frente de 83 mil pessoas, fazer uma pergunta e ouvir 83 mil pessoas gritarem *Simmm*! O som quase nos fazia cair pra trás. Parecia um jato decolando!".[654] Em setembro, Roth e Anthony apontariam esse show como o ponto alto da turnê, principalmente porque o Van Halen voltou ao palco para um bis a pedido do público aos berros.[655]

No dia seguinte, Roth perguntou a Alex quando ele devolveria seu Cadillac alugado. Roth explicou ao DJ Jim Ladd o que aconteceu depois:

"Na manhã seguinte, por volta da hora do café, eu disse a ele: 'É melhor você ligar pra locadora'.

Ele respondeu: 'É, é mesmo'.

Então ele ligou pra locadora. Ele disse: 'Olha, cara, você precisa vir aqui e pegar o carro. Nem vou dirigindo com ele pra loja'.

O cara pergunta: 'Qual é o problema?'.

'O espelho direito está fora de ajuste, o pisca-alerta direito não funciona e a porta do lado direito nem abre!'

O cara disse: 'A porta do lado direito não abre? Eu mesmo chequei esse carro logo antes de você retirar. Por que a porta não abre?'.

Al responde: 'O carro está virado sobre ela.'"[656]

Apesar do crescente sucesso do Van Halen, a banda ainda operava em um ambiente musical difícil. Em um reflexo da popularidade da música disco, a trilha sonora de *Os Embalos de Sábado à Noite* ficava como um objeto imóvel nas primeiras posições da parada de álbuns da *Billboard*. Em se tratando de rock, a abordagem do Van Halen parecia destoar das tendências dominantes da indústria. Deixando de lado o soft rock, o quarteto de Pasadena pouco parecia o suave AOR de Boston, Foreigner, Heart

---

652. Frank Donze, "Stones Mob Rolls in Early for Rock Show", *Times-Picayune (New Orleans)*, 14 de julho de 1978.
653. Alan Citron, "80,173 Fill Dome for Stones Show, *Times-Picayune (New Orleans)*, 14 de julho de 1978.
654. "Runnin' with Van Halen Radio Special", Warner Bros. Records, 1978, de posse do autor.
655. Crespo, "Everynight Charley".
656. Jim Ladd, "Van Halen", *Innerview*, KMET-FM, 1980, de posse do autor.

e Styx, e menos ainda como bandas de new wave/punk como Blondie e os Ramones.

Portanto, muitos críticos concluíram que uma banda barulhenta e pesada como o Van Halen era uma forasteira, que não oferecia nada além dos sons obsoletos do heavy metal de um passado empoeirado em uma nova roupagem. A *High Fidelity* rejeitou o disco *Van Halen* dessa maneira, declarando: "O heavy metal do Van Halen é suave e comum – uma mistura de Black Sabbath com profissionalismo da classe média californiana".[657] Anthony lembrou que os jornalistas nem pestanejavam em perguntar à banda em 1978: "No que você pensa agora que o heavy metal está morto?".[658] Naturalmente, essa questão vinha fácil depois da turnê do Van Halen com o Black Sabbath, uma banda de heavy metal seminal que parecia estar em declínio.

No meio de julho, o Van Halen, principalmente Roth, se esquivava dos ataques oferecendo um novo termo para descrever sua música. Segundo essa formulação, a banda não tocava nem hard rock nem heavy metal. Em vez disso, o Van Halen tocava "big rock".[659] Como Roth contou a um redator de Houston: "Na verdade, o Van Halen é big rock. Não somos uma banda de heavy metal, embora sejamos classificados assim".[660] Em muitas entrevistas, o vocalista do Van Halen penava para explicar a diferença entre heavy metal e big rock. "Essa é a nova geração, cara", ele contou ao *Dallas Morning News*. "Os anos 80 estão aí, o Van Halen é jovem e escreve assim... nós chamamos de big rock e é diferente do hard rock ou do heavy metal. Nós tocamos músicas, cara. Eu penso em termos de três minutos, querendo ou não."[661]

Claro que a ênfase do Van Halen em músicas curtas e vigorosas – melodias com a estética do heavy metal tocadas com uma sensibilidade pop – tem suas raízes nos esforços de Roth em modernizar as músicas do Van Halen quando ele entrou para a banda. Embora tenha demorado algum tempo, por volta de 1976, ele cultivou uma cultura de composição de músicas mais comerciais na banda, que lembrava muito pouco o som expansivo e pesado de nomes como Grand Funk e Black Sabbath.

Embora quase todos os críticos, ansiosos em rejeitar qualquer coisa que lembrasse o heavy metal, não percebessem esse aspecto do som do Van Halen, um jornalista observador e influente destacou a principal

---

657. Ken Tucker, "Van Halen", *High Fidelity*, maio de 1978, p. 138.
658. Heidi Siegmund, "For Van Halen It's about Balance Right Now", *Star-News (Pasadena)*, 31 de março de 1995.
659. Ellis Widner, "Van Halen Overnight Success", *Tulsa Tribune*, 15 de julho de 1978.
660. Bob Claypool, "Big Rock", *Houston Post*, 17 de novembro de 1978.
661. Oppel, "Van Halen's Big Rock".

diferença entre passado e presente. Robert Hilburn do *Los Angeles Times* observou que, embora a música do Van Halen e do Led Zeppelin se pareçam, na verdade "o som do Van Halen é muito mais compacto do que o do Zeppelin".[662]

Durante o mês de julho, o Van Halen ofereceu seu big rock a centenas de milhares de fãs em vários festivais de rock enormes. Eles registraram uma performance memorável em uma tarde tórrida no Mississippi River Jam em Credit Island, perto de Davenport, Iowa, com o Journey, a Atlanta Rhythm Section e os Doobie Brothers.

Depois do atraso do início de seu set de abertura, o Van Halen resolveu aproveitar ao máximo seu tempo, pois eles tinham menos de 30 minutos para ganhar o público. De acordo com o *Quad City Times*, Roth logo focou em bombardear o público de mais de 20 mil fãs dizendo: "Tirem sua cabeça do calor e coloquem na batida!".[663] Douglas Guenther, que assistia ao seu primeiro concerto, lembra: "O Van Halen entrou no palco e me impressionou! Roth estava bem no meio, comandando a atenção de todos com sua voz, seus movimentos e uma presença digna de deus do rock. Esse dia foi a primeira vez que milhares de pessoas lá sentiram o charme do Van Halen. Eddie foi incrível. Eu não conseguia acreditar no que via e ouvia. Fiquei todo arrepiado. A Atlanta Rhythm Section, o Journey e os Doobie Brothers não me empolgaram depois com seus sets completos. O Van Halen roubou o show".[664] Perguntado depois naquela tarde sobre o que atrasou seu set, o sempre citado Roth encolheu os ombros e riu para o repórter dizendo: "Meu departamento é sexo, drogas e rock'n'roll".[665]

O próximo grande show no itinerário era uma instituição do rock. No Day on the Green Festival, marcado em 23 de julho no Oakland Coliseum, o Van Halen abriu para Aerosmith, Foreigner e Pat Travers. Apesar desse rol de pesos pesados, o maior teste enfrentado pelo Van Halen foi subir ao palco depois dos novatos australianos do AC/DC. Como Edward lembra: "O AC/DC foi provavelmente uma das bandas ao vivo mais poderosas que já vi na minha vida. Que energia... eles eram

---

662. Hilburn, "Pasadena's Van Halen".
663. Scott Noecker & Craig Nienaber, "Sizzling Crowd Waits, Rocks, Waits", *Quad-City Times (Iowa)*, 17 de julho de 1978.
664. Douglas Guenther, e-mail para o autor, 13 de janeiro de 2014.
665. Noecker & Nienaber, "Sizzling Crowd".

incansáveis... eu fiquei do lado do palco pensando: 'Nós vamos tocar depois desses filhos da puta?'".

Mas, em outra demonstração do ímpeto e do talento do Van Halen, eles ficaram pau a pau com o quinteto da terra dos cangurus. Edward acrescentou: "Eles eram tão foda, mas eu me lembro de sentir que nós seguramos as pontas. Fiquei muito feliz e surpreso. Não achava que alguém pudesse acompanhá-los".[666] O fotógrafo Neil Zlozower, que tinha acabado de começar a fotografar a banda, achou que o Van Halen fez mais do que segurar as pontas: "A banda subiu ao palco e acabou com qualquer outra banda que tocasse no show naquele dia".[667] No entanto, uma discordância veio de um repórter do *San Francisco Chronicle* que, apesar de desprezar o Van Halen, fez uma previsão precisa: "O Van Halen fornece um rock em seu mínimo denominador comum e provavelmente terá muito sucesso em breve".[668]

Embora a turnê do Sabbath estivesse prestes a terminar, o Van Halen continuou trabalhando. Em 12 de agosto, eles viajaram para Maryland para um show único em uma arena, abrindo para Ted Nugent no Capital Centre. Naquela noite, eles se apresentaram na frente de 20.476 fãs de rock.[669] Henry Rollins, que depois ficou famoso como vocalista do Black Flag, estava presente. Ele lembra que raramente prestava atenção em bandas de abertura, "mas dessa vez era uma banda chamada Van Halen. Lembro que eles subiram ao palco e começaram com 'Runnin' with the Devil' depois de Diamond Dave dar seu pulo da plataforma da bateria".[670]

Algumas músicas depois, Roth parou para cumprimentar a casa lotada. Rollins relatou: "Esse vocalista começa a falar. Ele parece um Mark Twain oxigenado. Ele realmente falava bem. E ficou claro que o vocalista dessa banda não parecia entender que não estávamos lá pra vê-lo. Ele não parecia saber que estava na banda de abertura, ele agia como se fossem a banda principal. 'É bom estar de volta em Largo, Maryland!' Bom estar de volta? Ele nunca esteve aqui antes! Que porra ele tá falando? Mas foi incrível".[671]

---

666. Rosen, "Unchained Melodies", p. 108; Brad Tolinski, ed., *Guitar World Presents Van Halen* (Milwaukee: Hal Leonard, 1997), p. 198.
667. Zlozower, *Van Halen*, p. 48; Rosen, "Unchained Melodies", p. 108.
668. Clipping do *San Francisco Chronicle*, julho de 1978, de posse do autor.
669. Jennefer Hirshberg, "The Ted Nugent Sellout", *Washington Post*, 14 de agosto de 1978.
670. Henry Rollins citado em Sanchez, *Van Halen 101*, p. 360-361.
671. Henry Rollins, "Henry Rollins – Van Halen", *YouTube*, 12 de maio de 2012, acesso em 8 de julho de 2015, <https://www.youtube.com/watch?v=O5mGVjcSt1M>.

De acordo com Rollins, o público gostou tanto do Van Halen que continuou a entoar o nome da banda de abertura mesmo depois do início do set da banda principal, levando o Motor City Madman a dizer "Foda-se o Van Halen!" para o público.[672] Anos mais tarde, Nugent admitiu que o Van Halen tinha brilhado mais do que ele naquela noite, declarando: "Nunca mais quero o Van Halen no mesmo show que eu!".[673]

Em 22 de agosto, o Sabbath começou sua turnê pela América com o Van Halen abrindo. Depois de passar pelo centro-norte, estava programado para os dois grupos aparecerem no lendário Madison Square Garden em Nova York em 27 de agosto. Embora esse fosse o terceiro show em Nova York da banda (depois de abrir para o Journey no Palladium em 25 de março, o Van Halen tocou lá como banda principal em 28 de abril), Roth, talvez se lembrando de suas lutas no SIR Studios em novembro de 1976, admitiu que tocar em Nova York o deixava apreensivo, contando à *Aquarian*: "Nova York me deixa nervoso".[674]

Para falar a verdade, Roth provavelmente não tinha com o que se preocupar. Entrevistas conduzidas pela *Circus* no dia do show no Garden deram mais provas de que as carreiras do Sabbath e do Van Halen seguiam rumos diferentes. Ozzy parecia exausto e paranoico, reclamando de um vírus virulento que "acabou comigo" e dos membros do público "olhando torto" pra ele, uma experiência que ele achou "assustadora". Depois de informar ao repórter que ele se sentia "entediado pra caralho" na estrada, ele admitiu que o Van Halen "era tão bom que deveria ser a banda principal da turnê".[675]

Roth, pelo contrário, mantinha uma pose confiante. Ele declarou sua admiração pelo companheiro de tagarelice Muhammad Ali e por Ray Kroc, magnata do fast food. Ele também contou ao repórter que o Van Halen e sua equipe pareciam as hordas de Átila, o Huno, porque ambos eram compostos de "um grupo de bárbaros que varriam o mundo sem parar, tinham alguns objetivos básicos em mente e quando terminavam tinham uma boa festa bárbara, depois da conquista de cada cidade".

Além dessa fala, Roth forneceu aos leitores da *Circus* uma prova irrefutável de que a campanha do Van Halen pela dominação do mundo era um sucesso: "Eles nos disseram que a cidade de Nova York, a Big Apple,

---

672. Henry Rollins citado em Sanchez, *Van Halen 101*, p. 360-361.
673. Shearlaw, *Van Halen*, p. 61.
674. Crespo, "Everynight Charley".
675. Mark Mehler, "The Crowds Are Wild", *Circus*, 10 de outubro de 1978, p. 31.

era a mais difícil de penetrar, mas em um curto espaço de tempo nós fomos de um local com 3 mil lugares para um de 20 mil".[676] A turma do Sabbath percebia o fato de que muitos daqueles que encheram o Garden naquela noite estavam lá para ver a banda de abertura. Dois membros da equipe da banda escreveram depois: "A presença do Van Halen teve uma grande influência nas vendas de ingresso, pois eles atraíam muito mais gente em casa do que quando estavam no Reino Unido".[677]

Depois de empolgar os fãs no Garden, o Van Halen recebeu mais boas notícias quando a banda chegou à Filadélfia em 29 de agosto. Leiren estava nos bastidores no Spectrum quando avisaram que tinha uma ligação para ele. Como ele explicou para Steven Rosen: "Voltei correndo e esse cara da casa aponta pro telefone na parede. 'Alô? Sim'. Bom, era a Karen ligando do escritório [do Van Halen]. *Eles acharam os amplificadores.* Pulei de alegria! Não conseguia acreditar! Tinha de ligar para o hotel imediatamente para contar ao Ed. Bom, ele já tinha saído para fazer a passagem de som. Quando ele chegou lá, eu estava com um sorriso de ponta a ponta no rosto. Sempre que acontecia alguma coisa, ele perguntava: '*Que foi?*'. Disse a ele que encontraram o amplificador! Foi isso. *Eba!*". Depois do retorno milagroso de seu estimado Marshall, Edward deixou de usá-lo na estrada, porque, como seu então técnico explicou em 1985, "se o perdermos, nunca conseguiremos substituí-lo".[678]

No fim de setembro, o ônibus do Sabbath começou a perder suas rodas. Sylvie Simmons, redatora da *Sounds*, que pegou a turnê em Fresno em 22 de setembro, lembra-se que Ozzy parecia "velho e inchado, com os olhos vidrados" quando ela o viu fora do palco, embora ele ainda nem tivesse 30 anos. Talvez, se Simmons tivesse passado mais alguns dias com ele, ela teria ficado surpresa até mesmo com o Príncipe das Trevas andando. Albert Chapman, empresário de turnê da banda, lembra que seus dias de trabalho muitas vezes incluíam tentativas de acordar um Ozzy em coma: "Eu chutava as portas dos quartos de hotel para tirá-lo da cama. Digo, chutar literalmente a porta até derrubar e pagar pelos danos, porque saía mais barato do que perder um voo e cancelar uma apresentação".[679]

---

676. Scott Cohen, "Heavy Metal Showdown", *Circus*, 10 de outubro de 1978, p. 26.
677. David Tangye & Graham Wright, *How Black Was Our Sabbath: An Unauthorized View from the Crew* (London: Pan MacMillan UK, 2004), p. 212-213.
678. Rudy Leiren, entrevistado por Steven Rosen, de posse do autor.
679. Sue Flinker, "Black Sabbath", dirigido por Barbara Kanowitz, *Biography*, Biography Channel, 15 de julho de 2010.

Roth, pelo contrário, parecia tão bem condicionado quanto um atleta olímpico para Simmons, apesar de sua dieta fixa de bebidas, drogas e fast-food. A repórter, que viu Roth entreter um monte de admiradoras em um quarto de hotel, lembrou o notável "contraste entre a vitalidade, a energia e a determinação da banda de abertura e a desunião caótica da banda principal... O Van Halen parecia jovem, o Sabbath parecia ultrapassado; o Van Halen estava claramente em ascensão e o Sabbath, em declínio".[680]

As coisas não melhoraram para o Sabbath quando as duas bandas tocaram no Anaheim Stadium em Los Angeles em 23 de setembro com Boston como banda principal e o futuro vocalista do Van Halen, Sammy Hagar, abrindo. Semanas antes, Berle e Roth começaram a armar um esquema para roubar o show das outras bandas na programação. No meio da tarde, enquanto as outras bandas estavam na farra nos bastidores, o Van Halen pôs seu plano em ação. Eles escapuliram e se esconderam dentro de um furgão. Lá eles ficaram sentados por horas, bebendo, fumando e fazendo xixi em um pote de café, esperando pelo grande momento.[681]

Essa tática secreta fazia parte de um plano maior. Berle explica que ele contratou quatro paraquedistas e comprou quatro perucas, dois conjuntos de macacões idênticos e dois conjuntos de capacetes combinando. "Eu coloquei um furgão lá", ele lembra, "e a banda estava dentro usando os mesmos macacões. Não contamos a ninguém o que íamos fazer. Nos bastidores ninguém sabia que porra estava acontecendo".

Logo depois de Hagar sair do palco, um avião começou a sobrevoar o estádio, uma ocorrência que a princípio passou despercebida por todos, exceto os empresários e a equipe do Van Halen. Então, quatro paraquedistas pularam do avião. Eles abriram os paraquedas e desceram. Enquanto eles se aproximavam do chão, algumas pessoas começaram a apontar e vibrar, quando viam que os paraquedas tinham o logo do Van Halen desenhado. Na hora exata, uma voz saiu do sistema de PA: "Vindo do céu, o Van Halen entra no estádio!".

Em algum lugar no meio do mar de gente, todos com os olhos virados para cima, estava Tracy G. "Quando eles se aproximaram", ele diz sorrindo, "dava pra ver o grande *VH* nos paraquedas. Eles se aproximaram cada vez mais e todos berravam. Eu pensava: 'Não é possível, caralho'. Eles mostraram como ganhar o público antes mesmo de entrar

---

680. Sylvie Simmons, "Goodbye to Romance", *Mojo Classic: Ozzy: The Real Story*, abril de 2005, p. 48.
681. Zanes, *Revolutions in Sound*, p. 185.

no palco! Ora, eu não acho que fossem eles, mas não importa, porque todos acharam que fossem. Eles aterrissaram nos bastidores e chegaram correndo ainda com os paraquedas. Eu falava: 'caralho!'. Eles arrancaram os macacões e por baixo usavam suas roupas de astros do rock. Jogaram a guitarra para o Eddie e foi isso. Eu fiquei: 'que foda'; eles tinham tudo e pensavam em tudo!".

Berle explica como eles conseguiram fazer esse truque de mágica. "Eles aterrissaram logo atrás do palco. Nós fizemos a troca no furgão porque os verdadeiros paraquedistas entraram lá. O furgão parou do lado do palco e a banda saiu vestindo os macacões. Então foi *bem* verossímil", ele gargalha.

Os repórteres começaram a perguntar ao empresário do Van Halen se *realmente* foi a banda que pulou no céu da Califórnia, claro. Como um mágico que não revela seus segredos, ele fingiu ser verdade insistindo para o *Los Angeles Times*: "O grupo praticou por meses para essa entrada espetacular". Para o crédito da banda, a travessura deu tão certo que Robert Hilburn se recusou a dar uma declaração definitiva sobre quem pulou, escrevendo que seja quem for "que aterrissou, foi o Van Halen que correu de braços dados para o palco com roupa de paraquedista e recebeu o maior aplauso do dia". O Van Halen, ele afirmou, era "duro de resistir" e era uma banda que "poderia muito bem ser herdeira natural da coroa americana do hard rock do Aerosmith".[682]

Uma evidência mais tangível da ascensão às alturas do Van Halen no mundo do rock veio quase logo depois do show no Anaheim Stadium. No início de setembro, a banda soube que eles tinham vendido mais de 900 mil cópias do *Van Halen* nos Estados Unidos.[683] Então, no fim do mês, era oficial. O Van Halen, uma banda que não conseguia um contrato com uma gravadora em 1976, tinha ganhado disco de platina. Na edição da *Billboard* de 30 de setembro, a Warner Bros. Records anunciou que o quarteto tinha vendido 1 milhão de cópias de seu LP em um anúncio de página inteira.[684] Berle, para comemorar a ocasião, surpreendeu os quatro músicos com colares com o logo do Van Halen feitos de platina. A Warner Bros., para manter o ímpeto, lançou um quarto single de *Van Halen*, "Ain't Talkin' 'Bout Love", em outubro.

---

682. Robert Hilburn, "Jumping at the Big A", *Los Angeles Times*, 25 de setembro de 1978.
683. Sharon Gazin, "Lots of Life in Old Band Yet", *Utica (New York) Daily Press*, 8 de setembro de 1978.
684. "Platinum", *Billboard*, 30 de setembro de 1978, p. 94.

Esse sucesso veio quase no exato momento em que *Never Say Die*, o tão adiado álbum do Sabbath pela Warner Bros. Records, finalmente apareceu nas lojas de discos. Infelizmente para o Sabbath, o novo status do Van Halen como queridinhos da gravadora contribuiu para que o Sabbath ficassse em segundo plano em Burbank. Geezer Butler se recorda: "A Warner Bros. estava perdendo interesse em nós também. Eles estavam colocando todo aquele dinheiro no Van Halen e nos ignoravam completamente. A gravadora tinha essa festa para nós quando *Never Say Die* saiu. Nós chegamos à festa e ninguém sabia quem éramos. Eles não iam nem nos deixar entrar. Nós entramos e eles estavam tocando Bob Marley, porque ninguém gostava de Black Sabbath". Ozzy resumiu as coisas dizendo: "A gravadora não dava a mínima pra gente".[685]

Enquanto isso, o Van Halen aumentava seu sucesso ganhando o público, noite após noite. Eles "abriram" para o Sabbath tocando por longos 55 minutos, e com isso puderam tocar a maior parte do *Van Halen*, além de algumas faixas prontas para o próximo álbum. Todos os três instrumentistas se revezaram sob o holofote tocando solos breves, mas intensos: as notas de baixo de Anthony retumbavam do alto-falante como uma avalanche, que ele pontuava pisando em um pedal wah-wah. Alex bateu as baquetas sob uma luz de estroboscópio antes de aparecer para tocar em um anel de fogo, cortesia das baquetas em chamas mergulhadas em fluido para tochas de bambu. Edward, durante suas interpretações frenéticas de cair o queixo de "Eruption", impressionava o público fodendo com seus amplificadores, no melhor estilo Hendrix, enquanto o feedback jorrava dos alto-falantes.

Roth também evoluiu. Quando ele começou a turnê, ele vestia calças de couro pretas e plataformas no palco, mas em julho ele começou a se apresentar de calças justas listradas e sapatos de dança da Capézio, muito melhor para ele conseguir fazer seus pulos aéreos mortais e os espacates russos no ar, tocando os dedos dos pés e saindo da plataforma da bateria. Nos últimos minutos do set, eles se lançaram em uma jam prolongada durante "You Really Got Me", em que os membros da banda bateram cabeça ao ritmo da bateria de Alex. Roth então encerrou as coisas jogando champanhe no público antes de derramar na própria cabeça.[686] Pete Angelus, que trabalhou com Roth no roteiro do show, comenta: "A intenção de Dave era dar uma grande festa, todas as noites, e é exatamente o que eles faziam".

---

685. Flinker, "Black Sabbath".
686. Pete Oppel, "Black Sabbath Plods Through Heavy Evening", *Dallas Morning News*, 27 de novembro de 1978.

Esse tipo de performance artística começou a incomodar o Sabbath. Em algum lugar na turnê, Iommi convenceu Osbourne a repreender o quarteto de Pasadena por seu show exagerado. Depois que um Ozzy bêbado os colocou contra a parede, eles perguntaram: "Por que você está gritando com a gente?". O atrapalhado Osbourne não tinha resposta, pois não conseguia se lembrar da conversa que tinha acabado de ter com Iommi.[687]

A comitiva do Van Halen, assim como os membros do Sabbath, via que o equilíbrio de poder mudou. Edward lembra: "Essa foi nossa primeira turnê. Nós fizemos tudo e mais alguma coisa sobre o que lemos. Acho que nós fomos uma faca de dois gumes para eles. Nós os forçamos a se prepararem à altura da ocasião para nos acompanhar".[688] Na opinião de Berle, no outono um Sabbath gasto *não conseguiu* estar à altura da ocasião. "A turnê com o Sabbath foi excelente. Todos aqueles shows foram fenomenais. Num dado momento, nenhuma banda queria mais que o Van Halen abrisse para elas, porque não conseguiam acompanhar."

Algumas semanas depois, o Sabbath e o Van Halen se viram em uma caminhada longa pelo sul dos Estados Unidos. De volta ao hotel depois do show em Birmingham em 8 de novembro, Roth e Ozzy ficaram acordados a noite toda em um quarto no 15º andar, cheirando cocaína suficiente para parar o coração de meia dúzia de homens. Na manhã seguinte, eles ainda estavam lá, quase até o momento em que precisavam sair para viajar para Nashville. Roth e Ozzy declararam uma trégua em sua "Guerra de Krell", como Roth apelidou em sua autobiografia, por volta das 9h30, e subiram em seus respectivos ônibus.[689]

Quando eles chegaram ao Music City, um Ozzy de olhos vermelhos deixou o ônibus do Sabbath cambaleando com a chave do quarto de hotel de sua noite anterior ainda na mão. Depois de olhar para a etiqueta, ele seguiu para o 15º andar. Ozzy explicou: "Eu vinha de umas três ou quatro noites sem dormir... coloco minha mão no bolso e tiro a chave... olho pro número no chaveiro e a camareira estava saindo do quarto na hora. Eu entro".[690] Ozzy bateu a porta e desabou na cama. No sexto andar, o verdadeiro quarto de hotel de Ozzy permanecia desocupado.

---

687. Konow, *Bang Your Head*, p. 111.
688. Flinker, "Black Sabbath".
689. Roth, *Crazy from the Heat*, p. 249-251.
690. Flinker, "Black Sabbath".

Enquanto as bandas se preparavam para a apresentação da noite, todos começaram a perguntar por Ozzy. "Era para fazermos a passagem de som", Edward lembra, "mas ninguém conseguia encontrá-lo".[691] Angelus diz: "Eu me lembro de tê-lo visto sair do ônibus e atravessar a rua até o hotel. Eu pensei: 'Ele vai comer alguma coisa', porque todo mundo se dispersa quando sai do ônibus". Ninguém mais o viu desde então.

Enquanto isso, um público grande de 9.800 fãs começou a lotar a arena.[692] Naquele momento, os detetives da polícia de Nashville começaram a procurar por Ozzy, temendo que ele pudesse ter sido sequestrado ou se tornado "vítima de alguma outra forma de crime".[693] Angelus diz: "Eu me lembro de toda a comoção. 'Onde ele está? O que vamos fazer?' Estávamos apenas em compasso de espera. 'Achamos ele? Subimos ao palco?'". O Van Halen acabou subindo ao palco sem saber se o Sabbath viria depois.

Quando o Van Halen terminou, dois membros do Sabbath apareceram no camarim, perguntando para Roth se ele toparia substituir Ozzy. Roth recusou dizendo que não sabia as letras da banda.[694]

Uma hora depois, alguma pobre alma apareceu no palco e anunciou que o Sabbath não tocaria e que o show seria remarcado para o próximo domingo, dia 12 de novembro, que era um dia livre. Nathan Craddock, que estava na plateia, lembra-se de que isso não correu bem: "Nem precisa dizer que todos no lugar ficaram bem furiosos. Você tem de ver que esse não é um show cancelado do Pavarotti. Alguém jogou um extintor de incêndio em uma das baterias e as pessoas estavam arremessando acessórios no vidro que cercava toda a arena. Lembro-me de um cara chutando uma lata de lixo corredor abaixo, gritando, bem puto da vida".[695]

Bem cedo na manhã seguinte, Ozzy voltou à vida. "Só sei que", ele explicou em 2010, "eu acordei dizendo: 'Uau, foi uma boa noite [de sono]'".[696] Quando ele finalmente reapareceu, todos suspiraram, aliviados. Angelus conta: "Lembro de todos dizendo: 'Encontraram Ozzy! Ele está vivo! Ele está *vivo*!'".

---

691. Flinker, "Black Sabbath".
692. "Lead Singer Gets Lost", *Daily News (Huntingdon and Mount Union, Pennsylvania.)*, 13 de novembro de 1978.
693. "He Slept in The Wrong Room, Missed Show", *Sarasota Herald-Tribune*, 11 de novembro de 1978.
694. Roth, *Crazy from the Heat*, p. 249-251.
695. Joe Siegler, "Black Sabbath Concert Reviews", *Black Sabbath Online*, 1º de dezembro de 2009, acesso em 8 de julho de 2015, <http://web.archive.org/web/20110323072905>; <http://www.black-sabbath.com/tour-dates/1978/november_19_1978.html>.
696. Flinker, "Black Sabbath".

Nas últimas semanas da turnê, o Van Halen brilhava enquanto o Sabbath esmorecia. Ozzy explicou o efeito que essa dinâmica teve sobre sua banda: "Eles fizeram toda uma turnê mundial conosco e nos sentimos muito desmoralizados porque eles foram bons todas as noites".[697] Na opinião de Butler, sua banda "agonizava" depois de anos de sucesso.[698] Ozzy reconhece que não tem desculpas sobre como a temporada do Sabbath com o Van Halen realmente aconteceu: "Eles arrasaram conosco no palco todas as noites. Foi vergonhoso. Nós tivemos muitos problemas com drogas e não tínhamos mais ânimo. Eles eram jovens e ávidos. Eles acabaram com a gente, mas isso me convenceu de duas coisas: meus dias com o Black Sabbath tinham acabado e o Van Halen teria muito sucesso".[699]

Em 3 de dezembro, a turnê de nove meses do Van Halen para promover seu álbum de estreia terminou em San Diego. Durante esse período eles fizeram aproximadamente 180 shows em oito países diferentes, na frente de públicos pequenos de algumas centenas de pessoas ou grandes com mais de 80 mil pessoas. Eles também viram sua sorte profissional mudar radicalmente. Na primeira noite da turnê em março, quase ninguém em Chicago já tinha ouvido falar do Van Halen. Quando eles voltaram para Pasadena no início de dezembro, tinham se tornado astros internacionais.

Talvez o melhor indicativo desse sucesso tenha vindo na forma de vendas de discos. Depois de chegar ao número 19 da parada de LPs & fitas da *Billboard*, *Van Halen* permaneceu entre os 200 álbuns mais vendidos por espantosas 169 semanas direto. Considerando também o disco de platina conquistado na América, o Van Halen tinha vendido 2 milhões de álbuns no mundo todo até novembro.[700]

Embora o convencido Roth não tivesse dúvidas do sucesso do Van Halen, Edward lembrou sua surpresa com a estreia da banda, explicando para Steven Rosen que ele "não imaginava" que "o primeiro disco" já seria um hit.[701] Mas, à medida que o álbum ganhava força, a turnê avassaladora e o crescente triunfo comercial deixaram as coisas bem divertidas. Edward contou ao *Dayton Daily News* em 1995 que ele lembra de se sentir "animado" e com "muita energia" enquanto a banda subia

---

697. Mike Stark, *Black Sabbath: An Oral History*, ed. Dave Marsh (New York: Harper Collins, 2002), p. 38.
698. Paul Elliott, "Born Again", *Classic Rock*, fevereiro de 2010, p. 49.
699. Hedges, *Eddie Van Halen*, p. 53.
700. Claypool, "Big Rock"; Christe, *Everybody Wants Some*, p. 50.
701. Steven Rosen, "Van Halen", *Record Review*, abril de 1979, p. 5.

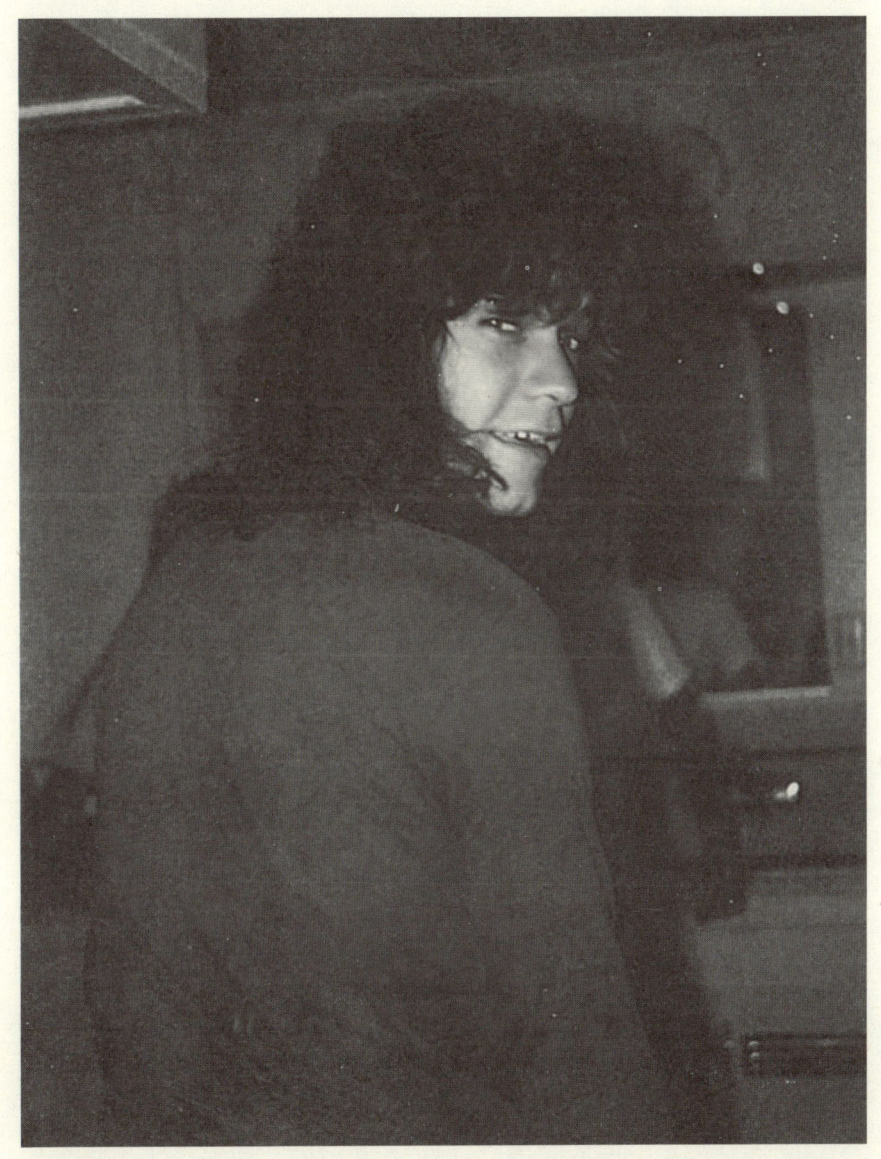

Edward Van Halen visita a casa de Velasco em Pasadena, Califórnia, em 1979.
Jan Velasco Kosharek

a escada do sucesso. Ele resumiu os acontecimentos dizendo: "Músicas que nós tocávamos nas casas noturnas há anos – finalmente estavam gravadas em um disco, e eu não fazia ideia do que ia acontecer. Apenas saímos em turnê pelo mundo por 11 meses e voltamos com um disco de platina duplo!".[702]

Mas nem todas as notícias eram boas. Depois de analisar as finanças da banda, os quatro músicos descobriram que deviam à Warner Bros. Records uma alta soma em dinheiro, apesar de venderem mais de 2 milhões de discos e se apresentarem sem parar. Edward explicou que o Van Halen "viajou pelo mundo. Nós fizemos 25 shows em 26 dias na Inglaterra e ainda devíamos 1 milhão à gravadora".[703] O que a banda aparentemente não entendeu até depois da turnê era que a Warner Bros. emprestou dinheiro à banda para patrocinar a turnê. Por mais injustos que tenham sido os termos do acordo, a Warner Bros. tinha bancado o ano de sucesso do Van Halen e agora era hora de a banda começar a pagar de volta.

Do ponto de vista da história, claro, o investimento que a gravadora fez para promover o álbum de estreia deu um retorno enorme à banda. Eles ganharam milhões de fãs em todo o mundo graças ao seu show explosivo. Eles também tomaram a decisão acertada de deter os direitos de publicação de suas músicas, o que ajudaria a deixá-los ricos na estrada. De fato, os royalties de *Van Halen* estavam longe de serem insignificantes, pois o álbum vendeu mais de 10 milhões de cópias desde seu lançamento. Em uma última análise, *Van Halen*, sem dúvida nenhuma o maior álbum de estreia da história do rock, serviu de alicerce para o sucesso que tornaria David Lee Roth e Edward Van Halen muito famosos e faria de sua banda uma das maiores da história do rock. Quem não aceitaria isso em troca de um empréstimo de 1,2 milhão de dólares?

---

702. Dave Larsen, "Eddie Van Halen Finds His Balance", *Dayton Daily News*, 21 de abril de 1995.
703. John Stix, "Eddie Van Halen Interviews Steve Lukather", *Guitar for the Practicing Musician*, setembro de 1993, p. 102.

Epílogo

Depois do retorno do Van Halen a Los Angeles, eles não tiveram descanso. Apenas uma semana depois da última data de sua turnê de 1978, o quarteto de Pasadena entrou mais uma vez no Sunset Sound Studios para gravar seu segundo álbum. Com uma dívida de 1,2 milhão de dólares pendente, a Warner Bros. Records agora tinha o poder para manter o Van Halen em um ciclo de "álbum-turnê" incansável, que continuaria com a formação original até 1984.

Apesar da abundância de material original da banda, Edward se preocupou com o que viria depois do álbum de estreia de platina. "Fiquei apavorado no fim de 1978", ele contou à *Circus*. "A gente estava sentado na Inglaterra perto do fim da turnê e eu digo: 'Gente, nós temos de gravar outro álbum assim que chegarmos em casa'. Eles respondem: 'Ô, não se preocupa com isso'. E eu sentado lá, sabendo que eu tinha de escrever a porra da música. Eu pensava comigo: 'Ai, meu Deus, como eu vou fazer isso?'"[704]

No fim, Edward e os outros conseguiram. Encabeçado pelo sucesso estrondoso da pop metal "Dance the Night Away", as vendas do *Van Halen II* aumentaram tão vertiginosamente que foi disco de ouro duas semanas depois de seu lançamento em março de 1979 e de platina no fim de maio.[705] A banda, ansiosa por aproveitar o impulso gerado na estrada em 1978, promoveu o LP com outra turnê mundial triunfante e animada.

O sucesso do Van Halen continuou nos anos seguintes. Os próximos três álbuns da banda – *Women and Children First* (1980), *Fair*

---

704. Richard Hogan, "Van Halen: Best Group, Best Guitar, Best Year Ever", *Circus*, 28 de fevereiro de 1985, p. 60.
705. Considine, *Van Halen!*, p. 59; Dodds, *Edward Van Halen*, p. 55.

Warning (1981) e *Diver Down* (1982) – também chegaram ao disco de platina, graças em grande parte ao êxito das espetaculares turnês em arenas da banda.

Mas o ápice do sucesso da formação original veio em 1984. O LP *1984* chegou ao número 2 da parada de álbuns da *Billboard*. Vendeu 4 milhões de cópias até outubro daquele ano, e os ingressos para todas as datas na turnê norte-americana da banda esgotaram.[706] O Van Halen provou ser uma banda capaz de escrever um hit pop eterno também, depois que a música conduzida por sintetizador "Jump" chegou ao número 1 na primavera de 1984. O sucesso do álbum estimulou os novos fãs a procurarem seus lançamentos mais antigos, o que impulsionou a volta do álbum de estreia da banda à parada top 200 de álbuns da *Billboard* seis anos depois de seu lançamento. No total, as vendas do catálogo de seus álbuns chegaram a 12 milhões quando o ano chegou ao fim.[707]

O quarteto também conseguiu uma influência cultural máxima. Com os vídeos do Van Halen em alta rotação na MTV e sua música no topo das paradas, David Lee Roth e Edward Van Halen atingiram um nível de fama que poucos músicos de rock experimentam. Roth se tornou o maior *frontman* do rock, extravagante e engraçado, atlético e carismático. Da mesma forma, o virtuosismo e a criatividade de Edward fizeram dele o guitarrista de rock mais admirado do mundo. Após anos de trabalho, desde seus anos de festas no quintal, 1984 foi o momento do Van Halen.

O enorme sucesso do Van Halen foi longe em garantir que a influência da banda no heavy metal fosse profunda e abrangente. O vocalista da banda nunca cansou de observar como o Van Halen mudou as regras do jogo do metal em 1978. Ele disse: "Nós fomos um dos pioneiros na música curta no rock pesado... Na época em que começamos a fazer discos, todos lançavam passagens de guitarra de dez minutos, cantavam outra estrofe e faziam seu solo de órgão. Esse era seu heavy metal tradicional".[708] O entusiasmo de Roth para revisitar esse ponto, sem dúvida, vinha da consciência de que ele foi a força motriz para moldar esse aspecto do som da banda.

Entretanto, o que Roth chamava de heavy metal tradicional, depois de ter sido deixado para morrer no fim dos anos 1970, logo renasceria. Jeans e couro, potência e volume e espetáculos do tamanho de arenas,

---

706. Christe, *Everybody Wants Some*, p. 100; Dodds, *Edward Van Halen*, p. 103-104.
707. Christe, *Everybody Wants Some*, p. 112.
708. Hedges, *Eddie Van Halen*, p. 123.

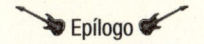

tudo fortalecido por riffs afiados e batidas ensurdecedoras, voltaram à moda em 1980.

Principalmente as bandas que não conseguiram muito sucesso nas paradas enfim avançaram. No caso do AC/DC, por exemplo, depois do top 20 *Highway to Hell* (1979) veio o arrasa-quarteirão *Back in Black* (1980), um álbum que vendeu 5 milhões de cópias até o fim de 1984.[709] Os Scorpions, da mesma forma, conquistaram discos de ouro e platina com *Blackout* (1982) e *Love at First Sting* (1984).[710] Depois de ter um grande sucesso com *British Steel* em 1980, o Judas Priest colocou dois álbuns consecutivos na parada top 20 com *Screaming for Vengeance* (1982) e *Defenders of the Faith* (1984).[711]

Com o crescimento do poder cultural do gênero, o guitarrista e o vocalista do Van Halen penavam para provar que sua banda diferia desses grupos de metal. "Não acho que somos heavy metal", Edward observou. "As pessoas que fazem isso não vão além do ornamento. Elas não vão além do volume e ouvem o que realmente acontece... quando eu penso em heavy metal, penso em AC/DC, Judas Priest e Black Sabbath. Eu simplesmente não consigo ver onde entramos nessa."[712] Roth também observou que, embora as frases de guitarra acrobáticas, as pancadas no final e os vocais pontuados por gritos do Van Halen refletissem elementos oferecidos por bandas de metal, o Van Halen não era uma banda dessas. "Se você tem cabelo comprido e usa calças justas", ele acrescentou, "você é qualificado como heavy metal".[713]

Na verdade, o Van Halen não era uma banda de heavy metal tradicional nesse sentido. Mas sua fórmula do "big rock", demonstrada no álbum de estreia da banda e nos cinco LPs seguintes, forneceu um mapa para o sucesso do *pop metal* nos anos 1980. De fato, toda uma geração de bandas "glam rock" prontinhas para a MTV (Mötley Crüe, White Lion, Ratt, Poison, Autograph, Loudness, Warrant, Quiet Riot, BulletBoys e Dokken, só para mencionar algumas) pegou muito do Van Halen em

---

709. Paul Grein, "106 Multiple Platinums Kick Off RIAA Award", *Billboard*, 15 de dezembro de 1984, p. 79, 81.
710. "Blackout" e "Love at First Sting", *RIAA Searchable Database*, acesso em 14 de outubro de 2014, <http://www.riaa.com/goldandplatinumdata.php?table=SEARCH>; Paul Grein, "106 Multiple Platinums Kick Off RIAA Award", p. 79, 81.
711. "Screaming for Vengeance", *Allmusic*, acesso em 18 de outubro de 2014, <http://www.allmusic.com/album/screaming-for-vengeance-mw0000194426/awards>;"-Defenders of the Faith", *Allmusic*, acesso em 18 de outubro de 2014, <http://www.allmusic.com/album/defenders-of-the-faith-mw0000194425/awards>.
712. "A Different Kind of Truth", *Wikipedia*, acesso em 8 de julho de 2015, <https://en.wikipedia.org/wiki/A_Different_Kind_of_Truth>.
713. Hedges, *Eddie Van Halen*, p. 66-67.

suas apostas para o topo das paradas da *Billboard* e ao se tornar astros do vídeo. Sejam as harmonias no melhor estilo Van Halen do Dokken ("In My Dreams"), nos riffs de Edward reciclados pela Ratt ("Round and Round") ou no vocal e na guitarra inspirados pelo Van Halen do Autograph ("Turn Up the Radio"), um quê de Van Halen na composição de suas músicas provou ser o segredo do sucesso para essas bandas.

Em uma demonstração ainda mais severa da influência do Van Halen, até os pioneiros do heavy metal dos anos 1970, os tradicionalistas de Roth, seguiram a receita do Van Halen em certo ponto ou outro nos anos 1980. Veja o caso do Accept, os mestres do metal teutônico. Em um esforço para fazer sucesso na América, o Accept lançou o álbum comercial *Metal Heart* em 1985. Na faixa-título do álbum, o guitarrista Wolf Hoffmann prestou homenagem a "Eruption" em um solo tempestuoso sem acompanhamento. O Accept também presenteou os ouvintes com "Screaming for a Love Bite", uma música com um gancho que parece saído do caderninho de Edward Van Halen.

Sem querer ficar para trás, em 1986, o Judas Priest lançou *Turbo*, um álbum que viu a banda centrada na guitarra seguir as pegadas do Van Halen acrescentando sintetizadores ao seu ataque instrumental. Deixando os sintetizadores de lado, ouça "Parental Guidance" do Priest com o Van Halen em mente. É uma música que se apropria sem a menor vergonha dos riffs do pré-refrão e do outro de "Jump".

Daí tem o KISS, que, em um esforço para continuar relevante, produziu um dos exemplos mais desavergonhados de plágio do Van Halen (uma façanha que não deve ser minimizada) em *Crazy Nights* de 1987. Em "No, No, No", Bruce Kulick introduz a faixa imitando "Eruption". Seus licks rápidos se juntam a um balanço no estilo da "Hot for Teacher", com uma performance vocal de Gene Simmons que lembra o estilo distinto de um cantor que ele "descobriu" lá em 1976.

Em outro sinal da influência do Van Halen, a técnica inovadora de Edward se tornou um padrão desejado por heróis da guitarra em treinamento. Depois de seus solos incríveis enviarem ondas de choque por todo o mundo da guitarra, dezenas de milhares de músicos ficaram em cima de *Van Halen* na vitrola em um esforço para colocar sua técnica no mesmo nível, em uma sequência repetida com o lançamento de cada álbum do Van Halen. Em 1984, havia um exército de guitarristas de rock empunhando guitarras no estilo de Edward Van Halen e tocando riffs inspirados nele.

No início dos anos 1980, esse tipo de adulação e inspiração se manifestou na guitarra shred ou rápida, um estilo de guitarra-solo totalmente centrado no domínio técnico do instrumento. Os grandes expoentes que tentaram assumir o desafio de Edward incluíam o guitarrista de

L.A. Randy Rhoads (morto tragicamente em uma queda de avião em 1982 enquanto tocava na banda de Ozzy Osbourne), o neoclassicista sueco Yngwie Malmsteen e o indicado ao Grammy Joe Satriani. Não é de se estranhar que David Lee Roth, talvez o indivíduo mais consciente da escala do heroísmo de Edward, tenha contratado dois dos músicos mais talentosos nessa técnica da guitarra rápida, Steve Vai e Jason Becker, para alguns de seus álbuns solo pós-Van Halen de maior sucesso.

Na verdade, a técnica distinta de Edward ficou tão influente nos anos 1980 que até chamou a atenção de músicos e produtores fora do gênero do rock. Essa tendência começou em 1982 quando o mega-astro do R&B/pop Michael Jackson e o produtor Quincy Jones convidaram Edward para tocar um solo de guitarra em "Beat It" de Jackson. O enorme sucesso da música e o significativo apelo da mistura encorajaram outros artistas a seguirem o exemplo do Rei do Pop e os solos de guitarra acrobáticos, antes exclusividade do rock pesado, logo começaram a ser ouvidos em músicas como o hit "Maniac" de 1983 de Michael Sembello e o sucesso estrondoso de 1990 de Janet Jackson, "Black Cat". Em suma, o "solo de guitarra" se resumia a "solo de guitarra no estilo de Edward Van Halen", mesmo em músicas pop e R&B.

No fim das contas, o lugar do Van Halen na história do rock foi gravado em pedra muito antes de a banda entrar em sua quinta década de existência. Desde 1978, o Van Halen, em todas as suas iterações, vendeu mais de 80 milhões de discos em todo o mundo. Essa proeza inclui dois álbuns com Roth (*Van Halen* e *1984*) que venderam 10 milhões de cópias cada apenas nos Estados Unidos, um feito alcançado por apenas outros quatro grupos de rock. E *A Different Kind of Truth*, quando Roth voltou a cantar com o Van Halen, vendeu mais de meio milhão de cópias em todo o mundo desde seu lançamento em fevereiro de 2012, uma performance incrivelmente forte em uma era em que as vendas de álbuns despencaram em toda a indústria.[714]

No entanto, ninguém deve esquecer que esse sucesso monumental e a influência duradoura derivam da ética profissional incomparável da banda e da autoconfiança crescente durante seus anos sem um contrato. Diante das recusas presunçosas ao seu talento e chances de sucesso, o Van Halen perseverou. Explicando como a banda continuou segura de si diante das críticas, Edward resumiu: "Principalmente na época em que estávamos adquirindo experiência, quando as pessoas diziam que

---

714. Hedges, *Eddie Van Halen*, p. 67.

não tínhamos disciplina nem potencial comercial, muitos dos donos das casas noturnas não davam a mínima pra gente. Mas nossa atitude era: 'Foda-se, nós somos bons e sabemos disso'".[715]

Mas, no fim, o que tornava o Van Halen não só bom, mas excelente, era a sinergia que fazia o todo maior do que a soma das partes. Sem David Lee Roth, Alex e Edward Van Halen poderiam ter se tornado os melhores músicos de heavy metal do mundo, mas, novamente, eles nunca teriam transcendido a cena musical de San Gabriel Valley. Roth, também, poderia ter se tornado um grande artista que canta e dança, mas, sem as composições e o virtuosismo de Edward, é improvável que tivesse se tornado uma lenda do rock. Sem os espetaculares vocais de apoio de Michael Anthony, é difícil imaginar que o Van Halen, na forma que fosse, tivesse desenvolvido seu som clássico, com seu apelo pop inegável.

Em uma última análise, é evidente que os quatro membros originais deram origem a uma banda que em 1978 era capaz de ser magnífica no palco e no vinil. Mas as sementes da excelência vêm de um tempo muito antes de a banda tocar em arenas e produzir discos de platina. Elas enraizaram em lugares como o Hamilton Park e a John Muir High School, em quintais e bares de motoqueiros, em auditórios improvisados e casas badaladas da Sunset Strip. Elas brotaram de sessões de ensaio ecléticas, com covers do Black Sabbath e James Brown a originais do protometal e futuros singles de sucesso do Van Halen. Elas floresceram diante de fracassos de público espetaculares e aparentes becos sem saída profissionais. Mesmo assim, o Van Halen se transformou em algo mágico muito antes de qualquer um fora de Los Angeles saber o segredo. Mas hoje todo fã de rock sabe: não dá mais para conseguir isso.

---

715. Hedges, *Eddie Van Halen*, p. 133.

Entrevistas do Autor

Alan Wood
Allen Lane
Allison Roth
Angelo Roman, Jr.
Ann Moorman
Art Agajanian
Audie Desbrow
Ben Rushing
Beverly Daugherty
Bill Hermes
Bill Matsumoto
Bill Maxwell
Bill Urkopina
Bill Velasco
Billy Cioffi
Bob James
Bobby Blotzer
Bobby Hatch
Brent Pettit
Brian Box
Brian Tannehill
Bruce Fernandez
Bruce Kim
Carl Haasis
Carol Doupe' Canterbury
Cary Irwin
Charlie Gwyn
Cheri Whitaker
Chris Holmes
Chris Koenig
Chris Legg
Chuck Wada
Cindy Yrigollen
Craig Jameson
Dan Hernandez
Dan Simcox
Dan Teckenoff

Dana Anderson
Dana MacDuff
Dana Spoonerow
Danny Sullivan
Dave Connor
Dave DiMartino
Dave Macias
Dave Weiderman
Dave Wittman
David Kiles
David Perry
David Shelton
David Swanson
David Swantek
Dean Chamberlain
Debbie Hannaford Lorenz
Debbie Imler McDermott
Denis Imler
Dennis Catron
Dennis Neugebauer
Dennis Travis
Dirk Van Tatenhove
Don Ross
Donn Landee
Donny Simmons
Doug Anderson
Doug Guenther
Doug Morris
Drake Shining
Emmitt Siniard
Eric Hensel
Forrest McDonald
Fred Taccone
Fred Whittlesey
Freddie Johnson
Gary Baca
Gary Nissley

Gary Ostby
Gary Putman
Gary Taylor
George Courville, Jr.
George Lynch
George Perez
George Rangel
Gloria Prosper
Greg Hardin
Greg Leon
Harry Conway
Hernando Courtright
Holly Clearman
Iris Berry
Jack Van Furche'
Jackie Fox
Jan Velasco
Janet Ross
Janice Pirre Francis
Jeff Austin Addison
Jeff Burkhardt
Jeff Hershey
Jeff Simons
Jeff Touchie
Jim Burger
Jim Mosley
Jim Pewsey
Jim Poore
Jim Steinwedell
Jim Wright
Joanne Resnick
Joe Berman
Joe Carducci
Joe Ramsey
Joe Wilson
John Crooymans
John Driscoll

John Nyman
John Warren
Jon Laidig
Joni Gleason
Jose Hurtado
Juliana Gondek
Karen Imler
Kevin Gallagher
Kevin O'Hagan
Kim Fowley
Kim Miller
Larry Abajian
Larry Logsdon
Lee Gutenberg
Leonard Haze
Leslie Ward-Speers
Lisa Berryman
Lisa Christine Glave
Liz Dollar Wiley
Loren Molinare
Lori Cifarelli
Lorraine Anderson
Maria Parkinson
Mario Miranda
Mark Algorri
Mark Kendall
Mark Poynter
Mark Swenston
Marsha Maxwell
Marshall Berle
Martha Davis
Mary Garson
Matt Marquisee
Matt Phillips
Michael Anthony
Michael Jensen
Michael Kelley
Michael McCarthy
Michael White

Mike Cochrane
Mike Crowley
Mike Gillin
Mike Harker
Mike Nichols
Mike Wolf
Miles Komora
Monte Zufelt
Myles Crawley
Nancy Christensen
Nancy Stout
Neil Zlozower
Nicky Beat
Nicky Panicci
Patti Fujii Carberry
Patti Smith Sutlick
Paul Blomeyer
Paul Fry
Pete Angelus
Pete Dougherty
Peter Burke
Peter Wilson
Rafael Marti
Randy Jones
Randy Linscott
Randy Rand
Renee Cummings
Ric Bennewate
Richard Garbaccio
Richard Kymala
Richard M. Ealy
Richard McKernan
Rob Broderick
Rob Haerr
Robert Vogel
Rodney Davey
Roger Renick
Ron Morgan
Roni Lee

Ross Velasco
Rusty Anderson
Scott Finnell
Scott Lasken
Scott McLean Rowe
Scott Reese
Scott Waller
Shiloh Kleinschmit
Sonny Hughes
Stanley Swantek
Steve Bruen
Steve Hall
Steve Loucks
Steve Plunkett
Steve Sturgis
Steve Tortomasi
Steven Tetsch
Susan Okuno
Susan Schops Gliedman
Taylor Freeland
Taylor Yewell
Ted Templeman
Terry Kilgore
Terry Vilsack
Tim McGovern
Tim Ryerson
Tim Tullio
Tom Allen
Tom Broderick
Tom Hensley
Tommy Girvin
Tony Scott
Tracy "G" Grijalva
Valerie Evans Noel
Victor Bornia
Vincent Carberry
Wally Olney
Werner Schuchner

Nota do editor internacional:

Fizemos todos os esforços para cumprir os requerimentos no que diz respeito aos direitos autorais do material.
Os autores e editores retificarão, prontamente, quaisquer omissões.

Referências Bibliográficas

"41 Years Ago Today – Van Halen Hits the Sunset Strip". *Van Halen News Desk*. 4 de abril de 2014. <http://www.vhnd.com/2014/04/04/40-years-ago-today-van-halen-hits-the-sunset-strip>.

"A Different Kind of Truth". *Wikipedia*. Acesso em 8 de julho de 2015. <https://en.wikipedia.org/wiki/A_Different_Kind_of_Truth>.

ALBERT, John. "Running with the Devil: A Lifetime of Van Halen". *Slake Los Angeles*. Acesso em 22 de junho de 2013. <http://slake.la/features/running-with-the-devil-a-lifetime-of-van-halen>.

"Alex Van Halen". *Drummerworld*. Acesso em 16 de maio de 2012. <http://www.drummerworld.com/drummers/Alex_Van_Halen.html>.

ANTHONY, Michael. "Michael Anthony of Van Halen & Chickenfoot Shares His Favorite Songs". *AOL Radio Blog*. 10 de março de 2010. <http://aolradioblog.com/2010/03/10/michael-anthony-van-halenchickenfoot-shares-favorite-songs>.

AQUILANTE, Dan. "Return of Diamond Dave". *New York Post*. 26 de fevereiro de 2012. <http://nypost.com/2012/02/26/return-of-diamond-dave/>.

ATKINSON, Terry. "Van Halen's Big Rock". *Rolling Stone*, 14 de junho de 1979.

BALTIN, Steve. "David Lee Roth Vents About Van Halen's Future". *Rolling Stone*. 12 de fevereiro de 2013. <http://www.rollingstone.com/music/news/q-a-david-lee-roth-vents-about-van-halens-future-20130212>.

_____. "Eddie Van Halen Dismisses Jimi Hendrix Comparisons". *Spinner*. 16 de março de 2009. Acesso em 9 de julho de 2015. <http://www.vhnd.com/2009/03/17/eddie-van-halen-dismisses-jimi-hendrix-comparisons/>.

BANGS, Lester. "Heavy Metal: The Sinal Folution". *Hit Parader*, março de 1978.

BASHE, Philip. *Heavy Metal Thunder: The Music, Its History, Its Heroes*. Garden City, New York: Doubleday, 1985.

_____. "Van Halen's Teen Hearts". *Circus*, 31 de julho de 1981.

BERESKIN, Laurie. "Van Halen's Invitation: Come Down and Party". *BAM*, julho de 1977.

"Bill Aucoin interview on 'The Rock and Roll Geek Show', 11.8.2007". *YouTube*. 28 de junho de 2013. <https://www.youtube.com/watch?v=bGj7p_04lDM>.

"Billboard Hot 100". *Billboard*, 11 de março de 1978.

"Blackout". *RIAA Searchable Database*. Acesso em 14 de outubro de 2014. <http://www.riaa.com/goldandplatinumdata.php?table=SEARCH>.

BLAIR, Iain. *Rock Video Superstars: Van Halen*, março de 1985.

BLATT, Ruth. "When Compassion and Profit Go Together: The Case of Alice Cooper's Manager Shep Gordon". *Forbes*. 13 de junho de 2014. <http://www.forbes.com/sites/ruthblatt/2014/06/13/when-compassion-and-profit-go-together-the-case-of-alice-coopers-manager-shep-gordon/>.

BLUSH, Steven. "Runnin' with the Devil". *Seconds*, 1994.

BONOMO, Joe. *Highway to Hell*. London: Continuum International Publishing, 2010.

BOSSO, Joe. "Michael Anthony: My 6 Career-Defining Records". *Music Radar*. 3 de maio de 2010. <http://www.musicradar.com/news/guitars/michael-anthony-my-6-career-defining-records-249695/7>.

BUTTNER, Christopher. "Michael Anthony of Van Halen". *PRThatRocks*. Acesso em 8 de julho de 2015. <http://www.prthatrocks.com/interviews/michael.html>.

"Carlton Johnson, 52, Film Choreographer and Tap Dancer, Dies". *Los Angeles Times*. 31 de dezembro de 1986. <http://articles.latimes.com/1986-12-31/local/me-1211_1_carlton-johnson>.

"Carmine Appice: Eddie Van Halen Seems to Be Out of His Tree Right Now". *Blabbermouth*. 6 de outubro de 2006. <http://www.blabbermouth.net/news/carmine-appice-eddie-van-halen-seems-to-be-out-of-his-tree-right-now/>.

CAVES, Richard E. *Creative Industries: Contracts Between Art and Commerce*. Cambridge: Harvard University Press, 2001.

CHRISTE, Ian. *Everybody Wants Some: The Van Halen Saga*. Hoboken, New Jersey: John Wiley & Sons, 2007.

CHRISTGAU, Robert. "Van Halen". *Robert Christgau*. <http://robertchristgau.com/get_artist.php?id=1646&name=Van+Halen>.

CODY, Randy. "Rocket Interviews George Lynch". *The Metal Den*. 15 de março de 2009. <http://themetalden.com/index.php?p=198>.

COHEN, Scott. "Heavy Metal Showdown". *Circus*, 10 de outubro de 1978.

COLLINS, Nancy. "David Lee Roth: The *Rolling Stone* Interview". *Rolling Stone*, 11 de abril de 1985.

CONSIDINE, J. D. *Van Halen!* New York: Quill, 1985.

"CPI Inflation Calculator". *Bureau of Labor Statistics*. Acesso em 1º de fevereiro de 2015. <http://data.bls.gov/cgi-bin/cpicalc.pl>.

CURCURITO, David. "Eddie Van Halen: The Esquire Interview". *Esquire*. 17 de abril de 2012. <http://www.esquire.com/the-side/music/eddie-van-halen-interview-2012-8147775>.

DAUPHIN, Edouard. "He Ain't Heavy! The Van Halen Boys Talk". *Creem Close Up: Van Halen*, verão de 1984.

"David Lee Roth and Alex Van Halen". Entrevista da UK Radio. 7 de junho 1978.

"David Lee Roth TV interview with Martha Quinn, 1982". *YouTube*. 13 de fevereiro de 2012. <https://www.youtube.com/watch?v=UkKwIm8M6D4>.

"Defenders of the Faith". *Allmusic*. Acesso em 18 de outubro de 2014. <http://www.allmusic.com/album/defenders-of-the-faith-mw0000194425>.

DERY, Mark. "David Lee Roth Takes Off His Warpaint". *Winner*, novembro de 1986. Acesso em 17 de julho de 2014 (precisa de login). <http://www.rocksbackpages.com/Library/Article/david-lee-roth-takes-off-his-warpaint>.

DODDS, Kevin. *Edward Van Halen: A Definitive Biography*. Bloomington, Indiana: iUniverse.

DOERSCHUK, Andy. "Alex Van Halen". *Playing from the Heart: Great Musicians Talk About Their Craft*. Editado por Robert L. Doerschuk. San Francisco: Backbeat Books, 2002.

DRISCOLL, John. "Tales from Old Pasadena". *The Inside*, verão de 1997.

ECHOLS, Alice. *Hot Stuff: Disco and the Remaking of American Culture*. New York: W. W. Norton, 2010.

"Eddie on the Record". *Guitar World Presents Guitar Legends*, abril de 1992.

EDREI, Mary J., ed. *Top Rockers of the 80s*. Cresskill, New Jersey: Sharon Publications, 1985.

ELLIOTT, Paul. "Born Again". *Classic Rock*, fevereiro de 2010.

_____. "Kiss Unmasked". *Classic Rock*, agosto de 2013.

ERMILIO, Brett; LEVINE, Josh. *Going Platinum: KISS, Donna Summer, and How Neil Bogart Built Casablanca Records*. London: Rowman & Littlefield, 2014.

FEE, Debi; BENJAMIN, Linda. "Van Halen's David Lee Roth". *Tiger Beat Super Special #3 Presents Rock*, junho/julho de 1980.

FLANS, Robyn. "Alex Van Halen". *Modern Drummer*, outubro de 1983.

FLINKER, Sue. "Black Sabbath". *Biography*. Dirigido por Barbara Kanowitz. Biography Channel. 15 de julho de 2010.

FORTE, Dan. "Van Halen's Stylish Raunch". *Record*, junho de 1982.

FOX, Doug. "15 Years On: Eddie Van Halen Interview Revisited". *Van Halen News Desk*. 8 de julho de 2013. <http://www.vhnd.com/2013/07/08/15-years-on-eddie-van-halen-interview-revisted/>.

FREEDLAND, Nat. "Punk Rock Due at L.A. Whisky". *Billboard*, 20 de novembro de 1976.

FRICKE, David. "Van Halen Hosts Rock's Biggest Party of '79, and You're Invited". *Circus*, 24 de julho de 1979.

_____. "Why Are Rockers Going Disco?". *Circus*, 13 de março de 1979.

GANADEN, Gerry. "The Return of the Hot Rod Guitar". *Premier Guitar*, fevereiro de 2009.

GANS, David. "Ted Templeman". *BAM*. 9 de outubro 1981. Acesso em 8 de julho de 2015. <http://dgans.com/writings/templeman/>.

GARGANO, Paul. "David Lee Roth: Past, Present & Future". *Metal Edge*, novembro de 1998.

"Gene Simmons Comments on Van Halen Demos, 12.28.2001, Eddie Trunk". *YouTube*. 21 de abril de 2012. <https://www.youtube.com/watch?v=sgcVjurMwmo>.

GENERAL TELEPHONE COMPANY OF CALIFORNIA. *City of Pomona, Street Address Directory for Pomona, Chino, Claremont, Diamond Bar, La Verne, San Dimas, Walnut, and Portions of Montclair*. Los Alamitos: GTE Directories Corp., 1975.

GILL, Chris. "A Different Kind of Trove". *Guitar Aficionado*, janeiro/fevereiro de 2013.

_____. "Cast a Giant Shadow", *Guitar World*, edição de aniversário de 2010.

_____. "Everybody Wants Some". *Guitar World*, novembro de 2014.

_____. "Home Improvement". *Guitar World*, fevereiro de 2014.

GILMORE, Mikal. *Night Beat: A Shadow History of Rock & Roll*. New York: Doubleday, 1998.

GODDESS. "David Lee Roth w/Steven Rosen in 1982". *Van Halen – The Band We Love*. 31 de janeiro de 2012. <http://vanhalen12.blogspot.com/2012/01/david-lee-roth-interview-w-steven-rosen.html>.

GOLD, Jude. "Ten Things You Gotta Do to Play like Eddie Van Halen". *Guitar Player*. 1º de fevereiro de 2009. <http://www.guitarplayer.com/artist-lessons/1026/10-things-you-gotta-do-to-play-like-eddie-van-halen/16950>.

GREENBERG, Peter S. "Clockwork Rodney's". *Newsweek*, 7 de janeiro de 1974.

GREIN, Paul. "106 Multiple Platinums Kick Off RIAA Award". *Billboard*, 15 de dezembro de 1984.

GUITAR WORLD STAFF. "Prime Cuts: Eddie Van Halen Breaks Down 10 Van Halen Classics from 'Eruption' to 'Right Now'". *Guitar World*. 13 de novembro de 2013. <http://www.guitarworld.com/article/eddie_van_halen_prime_cuts>.

HAMILTON, Rusty; CLAPTON, Diana. "David Lee Roth and the Van Halen Gang: Preening Prophets of Post-Cube Punkpop". *Oui*, novembro de 1981.

HANN, Michael. "David Lee Roth". *The Guardian*. 2 de fevereiro de 2012. <www.guardian.co.uk/music/2012/feb/02/david-lee-roth-van-halen>.

HAUSMAN, Jeff. "Growing Up with the Van Halens". *The Inside*, primavera de 1995.

_____. "New Kid on the Block". *The Inside*, primavera de 1999.

_____. "*The Inside* Interviews Wally 'Cartoon' Olney". *The Inside*, verão de 1997.

_____. "Tom Broderick". *The Inside*, verão de 1997.

HEDGES, Dan. *Eddie Van Halen*. New York: Vintage Books, 1986.

HIATT, Brian. "Secrets of the Guitar Heroes: Eddie Van Halen". *Rolling Stone*. 12 de junho de 2008. Acesso em 8 de julho de 2015. <http://web.archive.org/web/20080530133142/http://www.rollingstone.com/news/story/20979938/secrets_of_the_guitar_heroes_eddie_van_halen>.

HOGAN, Richard. "Van Halen: Best Group, Best Guitar, Best Year Ever". *Circus*, 28 de fevereiro de 1985.

HOSKYNS, Barney. "The Rock's Backpages Flashback: David Lee Roth and the Secret of Van Halen's Excess". *Rock's BackPages Archives*.

3 de janeiro de 2012. <http://music.yahoo.com/blogs/rocks-backpages/rock-backpages-flashback-david-lee-roth-secret-van-162040845.html>.

_____. *Waiting for the Sun: A Rock and Roll History of Los Angeles*. New York: Backbeat Books, 2003.

HUNT, Ron. "Van Halen: Too Hot to Handle". *Hit Parader*, agosto de 1984.

INGHAM, Tim. "David Lee Roth". *Metro*. 27 de outubro de 2009. <http://metro.co.uk/2009/10/27/david-lee-roth-636705/>.

JOHNSON, Rick. "Is Heavy Metal Dead?". *Creem*, outubro de 1979.

KITTS, Jeff. *Kisstory*. Los Angeles: Kisstory, 1994.

KITTS, Jeff; TOLINSKI, Brad, eds. *Guitar World Presents the 100 Greatest Guitarists of All Time*. Milwaukee: Hal Leonard, 2002.

KONOW, David. *Bang Your Head: The Rise and Fall of Heavy Metal*. New York: Three Rivers Press, 2002.

KUBERNIK, Harvey. *Canyon of Dreams: The Magic and Music of Laurel Canyon*. New York: Sterling Publishing, 2009.

KUMAR, Jay. "Exclusive: Recollections about EVH's Early Setup". *WoodyTone*. 24 de junho de 2009. <http://www.woodytone.com/2009/06/24/exclusive-recollections-about-evhs-early-setup/>.

LADD, Jim. "Van Halen". *Innerview*, KMET-FM, 1980.

LEAF, David; SHARP, Ken. *KISS Behind the Mask: The Official Authorized Biography*. New York: Warner Books, 2003.

LENDT, C. K. *Kiss and Sell: The Making of a Supergroup*. New York: Billboard Books, 1997.

"Love at First Sting". *RIAA Searchable Database*. Acesso em 14 de outubro de 2014. <http://www.riaa.com/goldandplatinumdata.php?table=SEARCH>.

LUND, Ann Scheid. *Historic Pasadena: An Illustrated History*. San Antonio: Historical Publishing Network, 1999.

MASINO, Susan. "Going Mad in Wisconsin". *The Inside*, primavera de 1999.

MATTHEWS, Gordon. *Van Halen*. New York: Ballantine Books, 1984.

MAY, Kirse Granat. *Golden State, Golden Youth: The California Image in Popular Culture, 1955-1966*. Chapel Hill: University of North Carolina Press, 2002.

MCGOVERN, Terry. "Van Halen". *Profiles in Rock*, 3 de maio de 1980.

MCLAUGHLIN, Mark; SHARP, Ken. *The Van Halen Story: The Early Years*. DVD. Dirigido por Eduardo Eguia Dibildox. North Hollywood: Passport Video, 2003.

MEHLER, Mark. "The Crowds Are Wild". *Circus*, 10 de outubro de 1978.

_____. "Will Disco Be the Death of Rock?". *Circus*, 16 de janeiro de 1979.

MERRILL, Kevin. "A Day in the Life of Kim Fowley". *Billboard*, 8 de outubro de 1977.

"Michael Anthony Biography". *Van Halen: The Official Website*. Acesso em 8 de julho de 2015. <http://web.archive.org/web/20000826221013/> <http://www.van-halen.com/newsite/mikebio.html>.

MILLER, Debby. "Van Halen's Split Personality". *Rolling Stone*, 21 de junho de 1984.

OBRECHT, Jas. "An Appreciation". *Positively Van Halen*, inverno de 1986.

_____. "Eddie Van Halen: The Complete 1978 Interviews". *Jas Obrecht Music Archives*. Acesso em 8 de julho de 2015. <http://web.archive.org/web/20150216183941>;<http://jasobrecht.com/eddie-van-halen-complete-1978-interviews/>.

_____. "The Van Halen Tapes: Early Eddie, 1978-1982". *Best of Guitar Player: Van Halen*, março de 1993.

OBRECHT, Jas, ed. *Masters of Heavy Metal*. New York: Quill, 1984.

"Our History". *Sunset Sound Recording Studio*. Acesso em 8 de julho de 2015. <http://www.sunsetsound.com/?page_id=68>.

PATTERSON, Rob. "Van Halen: In Search of the *Baaad* Chord". *Creem*, julho de 1978.

PHIPPS, Keith. "David Lee Roth". *A.V. Club*. 19 de junho de 2002. <http://www.avclub.com/article/david-leeroth-13772.

"Platinum". *Billboard*, 30 de setembro de 1978.

"Powerage". *RIAA Searchable Database*. Acesso em 14 de outubro de 2014. <http://www.riaa.com/goldandplatinumdata.php?table=SEARCH>.

QUICK DRAW. "Van Halen: Today L.A., Tomorrow the Galaxy". *Raw Power*, outubro/novembro de 1977.

REDBEARD. "In the Studio: 20th Anniversary of Van Halen". *In the Studio with Redbeard*, 1998.

_____. "In the Studio for Van Halen II". *In the Studio with Redbeard*. Acesso em 8 de julho de 2015. <http://www.inthestudio.net/redbeards-blog/van-halen-2-35th-anniversary>.

RIEGEL, Richard. "Van Halen". *Creem*, junho de 1978.

ROCCA, Jane. "What I Know About Women". *Brisbane Times*. 7 de abril de 2013. <http://www.brisbanetimes.com.au/lifestyle/what-iknow-about-women-20130403-2h66p.html>.

"Rock and Roll Over". *Wikipedia*. Acesso em 8 de julho de 2015. <http://en.wikipedia.org/wiki/Rock_and_Roll_Over>.

"Rock and Roll Over Tour". *KISSMonster*. Acesso em 8 de julho de 2015. <http://kissmonster.com/reference/inyourface7.php>.

ROSEN, Steven. "Ace of Bass". *Guitar World Presents Van Halen: 40 Years of the Great American Rock Band*, julho de 2012.

_____. "California Dreamin'". *Guitar World Presents Van Halen: 40 Years of the Great American Rock Band*, julho de 2012.

_____. "Diver Down Leaves No Sinking Feeling". *Record Review*, agosto de 1982.

_____. "On Fire". *Guitar World*, março de 2003.

_____. "The True Beginnings". *Classic Rock*, dezembro de 2005.

_____. "Unchained Melodies". *Guitar World Presents Van Halen: 40 Years of the Great American Rock Band*, julho de 2012.

_____. "Van Halen". *Record Review*, abril de 1979.

ROTH, David Lee. *Crazy from the Heat*. New York: Hyperion, 1997.

ROWLAND, Mark. "Twilight of the Guitar Gods?". *Musician*, março de 1995.

"Runnin' with Van Halen Radio Special", Warner Bros. Records, 1978.

SANTORO, Gene. "Edward's Producer on the Brown Sound". *Guitar World*, julho de 1985.

SCHNEIDER, Wolf. "Don Airey Revealed". *The Highway Star*. 8 de fevereiro de 2004. <http://thehighwaystar.com/interviews/airey/dafeb082004.html>.

"Scorpions". *RIAA Searchable Database*. Acesso em 14 de outubro de 2014. <http://www.riaa.com/goldandplatinumdata.php?table=SEARCH>.

"Screaming for Vengeance". *Allmusic*. Acesso em 18 de outubro de 2014. <http://www.allmusic.com/album/screaming-for-vengeance-mw0000194426/awards>.

SECHER, Andy. "Guitar Workshop with Gamma's Ronnie Montrose". *Hit Parader*, abril de 1981.

_____. "The Wild Bunch". *Hit Parader*, setembro de 1981.

SEGELL, Michael. "Van Halen's Party Gets a Whole Lot Better". *Rolling Stone*, 18 de maio de 1978.

SEKULER, Eliot. "Van Halen Wild and Wonderful". *Hit Parader*, setembro de 1982.

SHAPIRO, Peter. *Turn the Beat Around: The Secret History of Disco*. New York: Faber and Faber, 2005.

SHARP, Abel. *Van Halen 101*. Bloomington, Indiana: Author House, 2005.

SHEARLAW, John. *Van Halen: Jumpin' for the Dollar*. Port Chester, New York: Cherry Lane Books, 1984.

SIEGLER, Joe. "Black Sabbath Concert Reviews". *Black Sabbath Online*. 1º de dezembro 2009. Acesso em 8 de julho de 2015. <http://web.archive.org/web/20110323072905/http://www.black-sabbath.com/tourdates/1978/november_19_1978.html>.

SIMMONS, Gene. *Kiss and Make Up*. New York: Three Rivers Press, 2002.

SIMMONS, Sylvie. "Goodbye to Romance". *Mojo Classic: Ozzy: The Real Story*, abril de 2005.

_____. "The California Jam Festival". *Sounds*. 8 de abril de 1978. Acesso em 14 de outubro de 2014 (precisa de login). <http://www.rocksbackpages.com/Library/Article/the-california-jam-festival>.

_____. "Van Halen". *Sounds*. 7 de abril de 1979. Acesso em 8 de julho de 2015 (precisa de login). <http://www.rocksbackpages.com/Library/Article/van-halen-2>.

SIMONS, Dave. "Tales from the Top". *BMI*. 5 de setembro de 2008. <http://www.bmi.com/news/entry/Tales_From_the_Top_Van_Halens_Van_Halen_1978>.

SLEAZEGRINDER. "Desert Rats". *Classic Rock*, outubro de 2006.

SMITH, Robert. "Will Heavy Metal Survive the Seventies?". *Circus*, 11 de maio de 1978.

SPINA, James. "Spin Addict". *Hit Parader*, 15 de setembro de 1978.

"Stained Class". *RIAA Searchable Database*. Acesso em 14 de outubro de 2014. <http://www.riaa.com/goldandplatinumdata.php?table=SEARCH>.

STANLEY, Paul. *Face the Music: A Life Exposed*. New York: Harper One, 2014.

STARK, Mike. *Black Sabbath: An Oral History*. Editado por Dave Marsh. New York: Harper Collins, 2002.

STARR, Kevin. *California: A History*. New York: Modern Library, 2007.

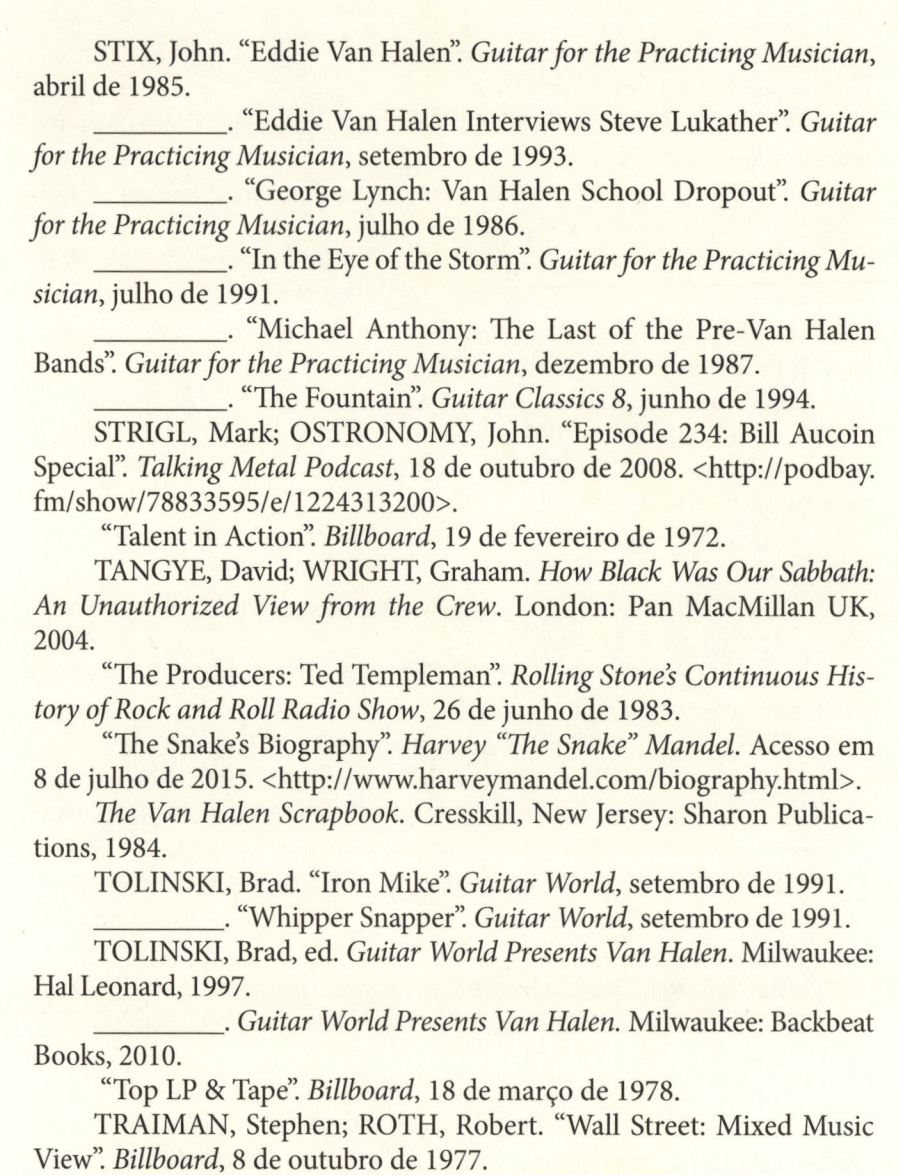

STIX, John. "Eddie Van Halen". *Guitar for the Practicing Musician*, abril de 1985.

_____. "Eddie Van Halen Interviews Steve Lukather". *Guitar for the Practicing Musician*, setembro de 1993.

_____. "George Lynch: Van Halen School Dropout". *Guitar for the Practicing Musician*, julho de 1986.

_____. "In the Eye of the Storm". *Guitar for the Practicing Musician*, julho de 1991.

_____. "Michael Anthony: The Last of the Pre-Van Halen Bands". *Guitar for the Practicing Musician*, dezembro de 1987.

_____. "The Fountain". *Guitar Classics 8*, junho de 1994.

STRIGL, Mark; OSTRONOMY, John. "Episode 234: Bill Aucoin Special". *Talking Metal Podcast*, 18 de outubro de 2008. <http://podbay.fm/show/78833595/e/1224313200>.

"Talent in Action". *Billboard*, 19 de fevereiro de 1972.

TANGYE, David; WRIGHT, Graham. *How Black Was Our Sabbath: An Unauthorized View from the Crew*. London: Pan MacMillan UK, 2004.

"The Producers: Ted Templeman". *Rolling Stone's Continuous History of Rock and Roll Radio Show*, 26 de junho de 1983.

"The Snake's Biography". *Harvey "The Snake" Mandel*. Acesso em 8 de julho de 2015. <http://www.harveymandel.com/biography.html>.

The Van Halen Scrapbook. Cresskill, New Jersey: Sharon Publications, 1984.

TOLINSKI, Brad. "Iron Mike". *Guitar World*, setembro de 1991.

_____. "Whipper Snapper". *Guitar World*, setembro de 1991.

TOLINSKI, Brad, ed. *Guitar World Presents Van Halen*. Milwaukee: Hal Leonard, 1997.

_____. *Guitar World Presents Van Halen*. Milwaukee: Backbeat Books, 2010.

"Top LP & Tape". *Billboard*, 18 de março de 1978.

TRAIMAN, Stephen; ROTH, Robert. "Wall Street: Mixed Music View". *Billboard*, 8 de outubro de 1977.

TUCKER, Ken. "Van Halen". *High Fidelity*, maio de 1978.

UNTERBERGER, Richie. *Music USA: The Rough Guide*. London: Rough Guides, 1999.

VAN DER LEUN, Gerard. "David Lee Roth". *Penthouse*, janeiro de 1987.

VAN HALEN. "The Van Halen Interview (Full Length)". *YouTube*. 8 de março de 2012. <http://www.youtube.com/watch?v=UOTidtqG-Ko>.

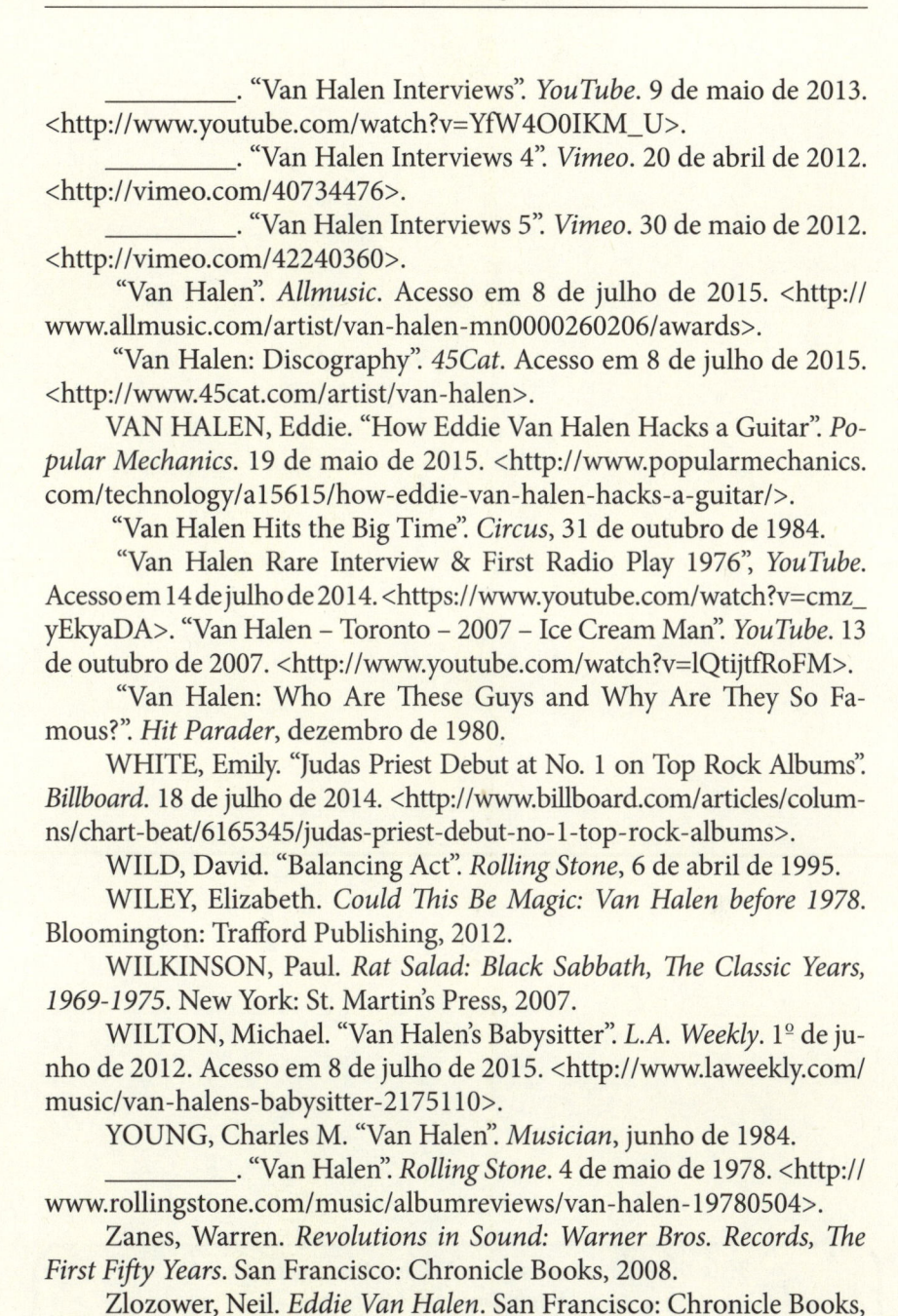

_____. "Van Halen Interviews". *YouTube*. 9 de maio de 2013. <http://www.youtube.com/watch?v=YfW4O0IKM_U>.

_____. "Van Halen Interviews 4". *Vimeo*. 20 de abril de 2012. <http://vimeo.com/40734476>.

_____. "Van Halen Interviews 5". *Vimeo*. 30 de maio de 2012. <http://vimeo.com/42240360>.

"Van Halen". *Allmusic*. Acesso em 8 de julho de 2015. <http://www.allmusic.com/artist/van-halen-mn0000260206/awards>.

"Van Halen: Discography". *45Cat*. Acesso em 8 de julho de 2015. <http://www.45cat.com/artist/van-halen>.

VAN HALEN, Eddie. "How Eddie Van Halen Hacks a Guitar". *Popular Mechanics*. 19 de maio de 2015. <http://www.popularmechanics.com/technology/a15615/how-eddie-van-halen-hacks-a-guitar/>.

"Van Halen Hits the Big Time". *Circus*, 31 de outubro de 1984.

"Van Halen Rare Interview & First Radio Play 1976", *YouTube*. Acesso em 14 de julho de 2014. <https://www.youtube.com/watch?v=cmz_yEkyaDA>. "Van Halen – Toronto – 2007 – Ice Cream Man". *YouTube*. 13 de outubro de 2007. <http://www.youtube.com/watch?v=lQtijtfRoFM>.

"Van Halen: Who Are These Guys and Why Are They So Famous?". *Hit Parader*, dezembro de 1980.

WHITE, Emily. "Judas Priest Debut at No. 1 on Top Rock Albums". *Billboard*. 18 de julho de 2014. <http://www.billboard.com/articles/columns/chart-beat/6165345/judas-priest-debut-no-1-top-rock-albums>.

WILD, David. "Balancing Act". *Rolling Stone*, 6 de abril de 1995.

WILEY, Elizabeth. *Could This Be Magic: Van Halen before 1978*. Bloomington: Trafford Publishing, 2012.

WILKINSON, Paul. *Rat Salad: Black Sabbath, The Classic Years, 1969-1975*. New York: St. Martin's Press, 2007.

WILTON, Michael. "Van Halen's Babysitter". *L.A. Weekly*. 1º de junho de 2012. Acesso em 8 de julho de 2015. <http://www.laweekly.com/music/van-halens-babysitter-2175110>.

YOUNG, Charles M. "Van Halen". *Musician*, junho de 1984.

_____. "Van Halen". *Rolling Stone*. 4 de maio de 1978. <http://www.rollingstone.com/music/albumreviews/van-halen-19780504>.

Zanes, Warren. *Revolutions in Sound: Warner Bros. Records, The First Fifty Years*. San Francisco: Chronicle Books, 2008.

Zlozower, Neil. *Eddie Van Halen*. San Francisco: Chronicle Books, 2011.

_____. *Van Halen*. San Francisco: Chronicle Books, 2008.

Este livro foi composto em Minion Pro, corpo 11,5/13.
Papel Luxcam 66.6g
Impressão e Acabamento
Orgráfic Gráfica e Editora — Rua Freguesia de Poiares, 133
— Vila Carmozina — São Paulo/SP
CEP 08290-440 — Tel.: (011) 2522-6368 — orcamento@orgrafic.com.br